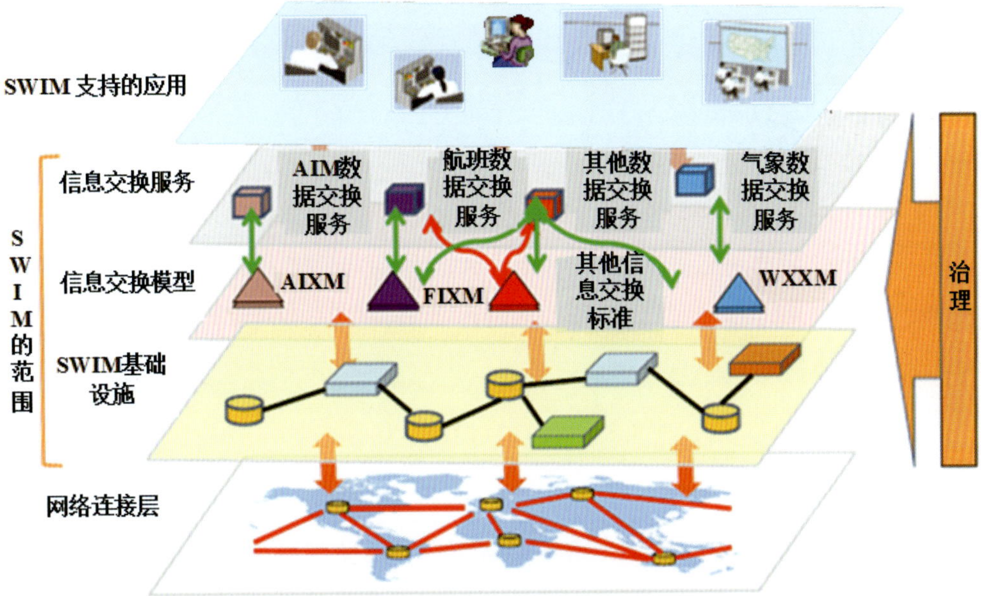

图 2.12 SWIM 全球互操作框架

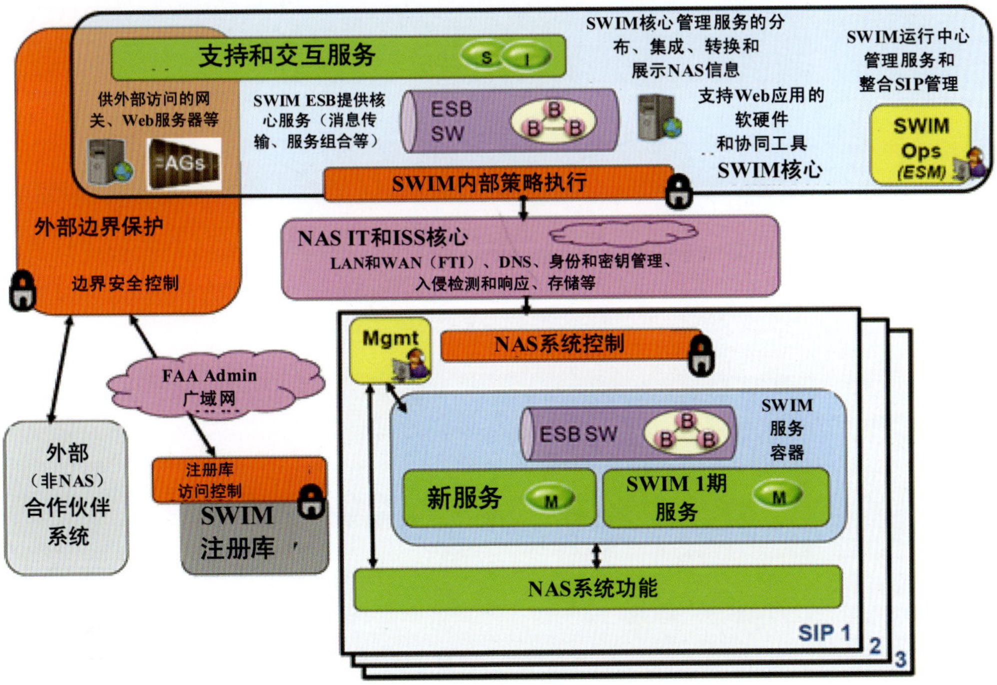

图 3.23 以 SOA 基础设施为核心的架构

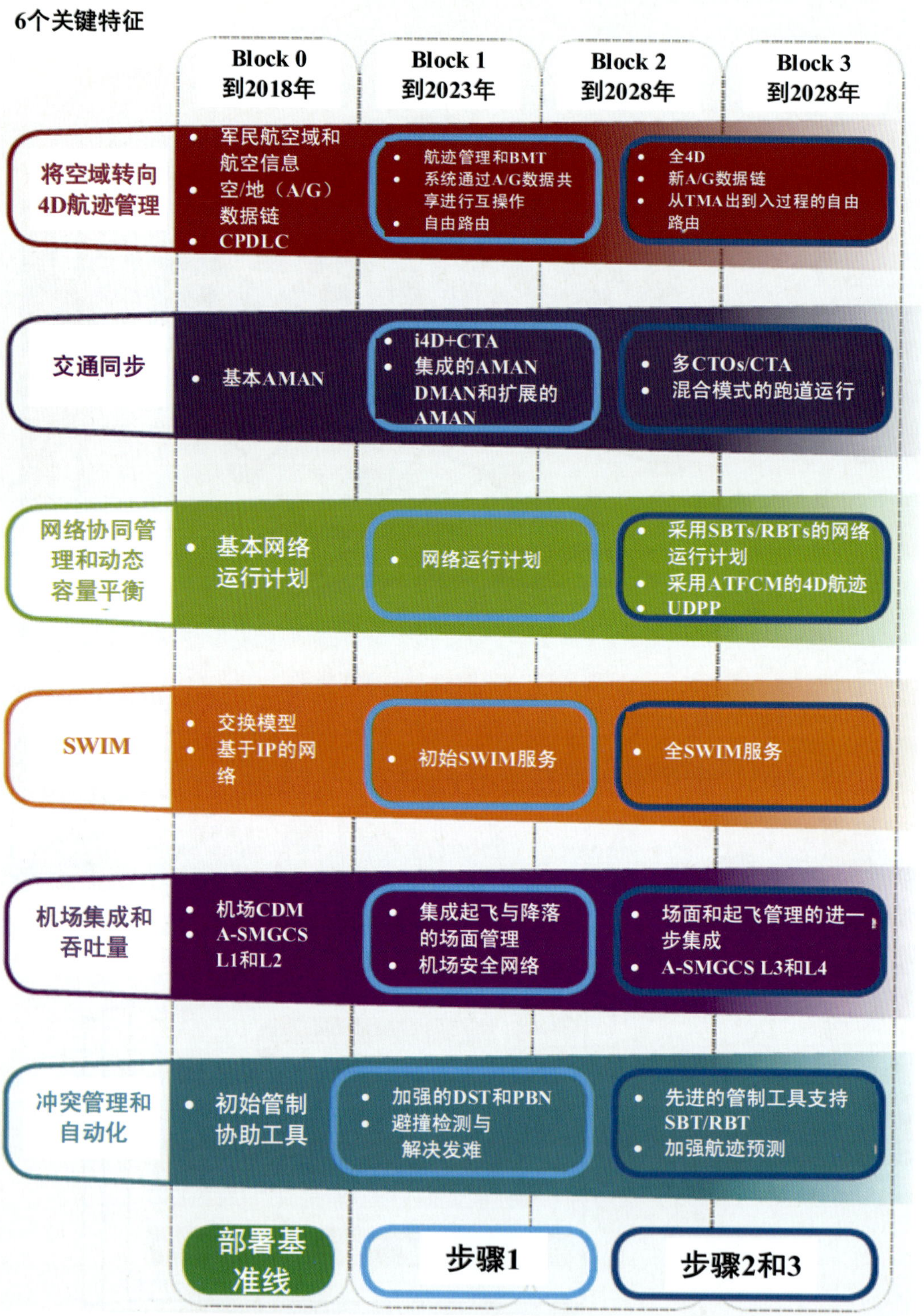

图 3.31 SESAR 与 ICAO ASBU 的对应关系

图 3.43　中美广域信息系统研讨会

图 3.44　中美 SWIM 和 NextGen 研讨会

图 3.45　全球 SWIM 系统

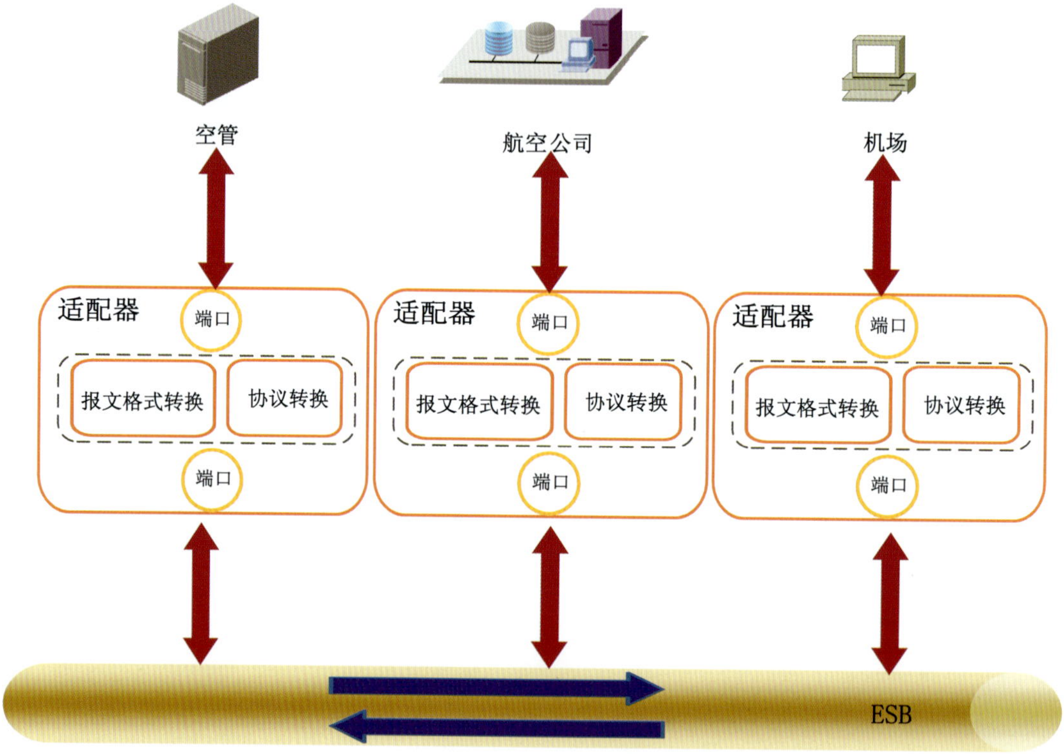

图 4.7　SWIM 系统的逻辑框架

图 6.2　TFMS 正在运行于 FAA 空中交通管制系统指挥中心

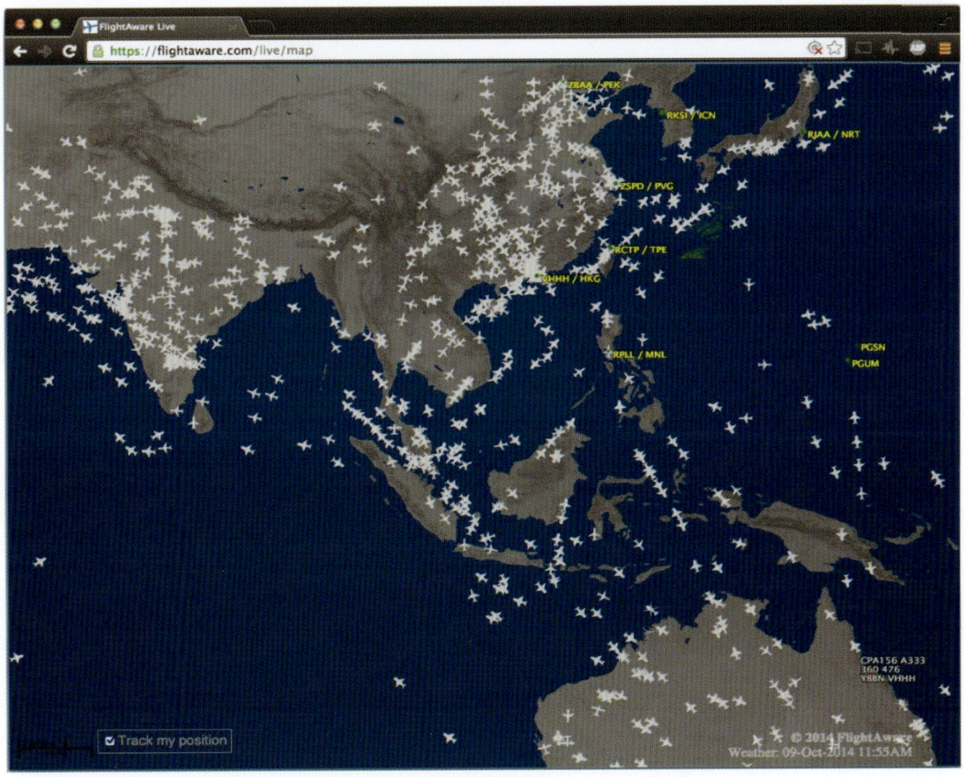

图 6.6　FlightAware Web 服务显示航班 ADS-B 位置

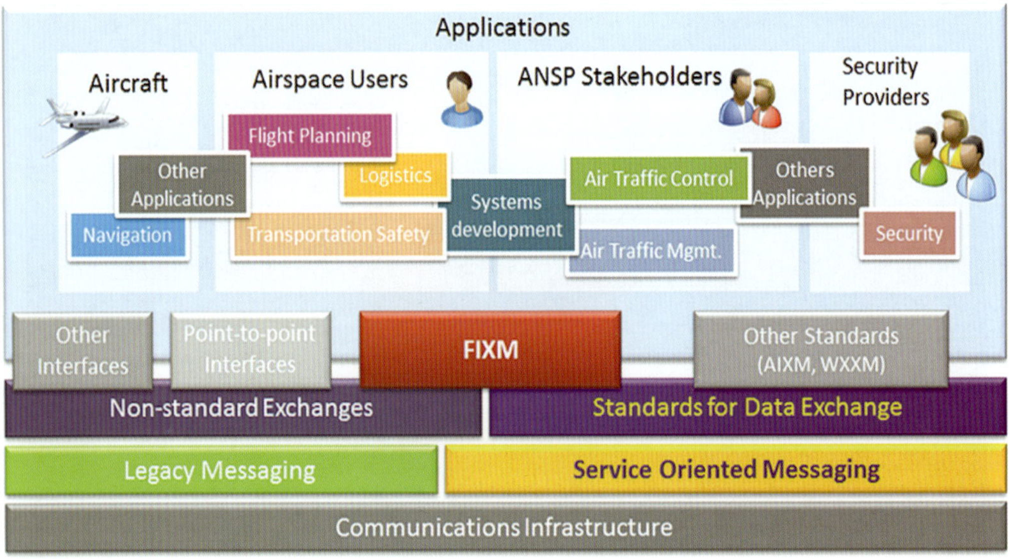

图 6.12　FIXM 模型在互操作架构中

图 6.41　某空域中航路信息

图 6.40　夏尔 · 戴高乐国际机场

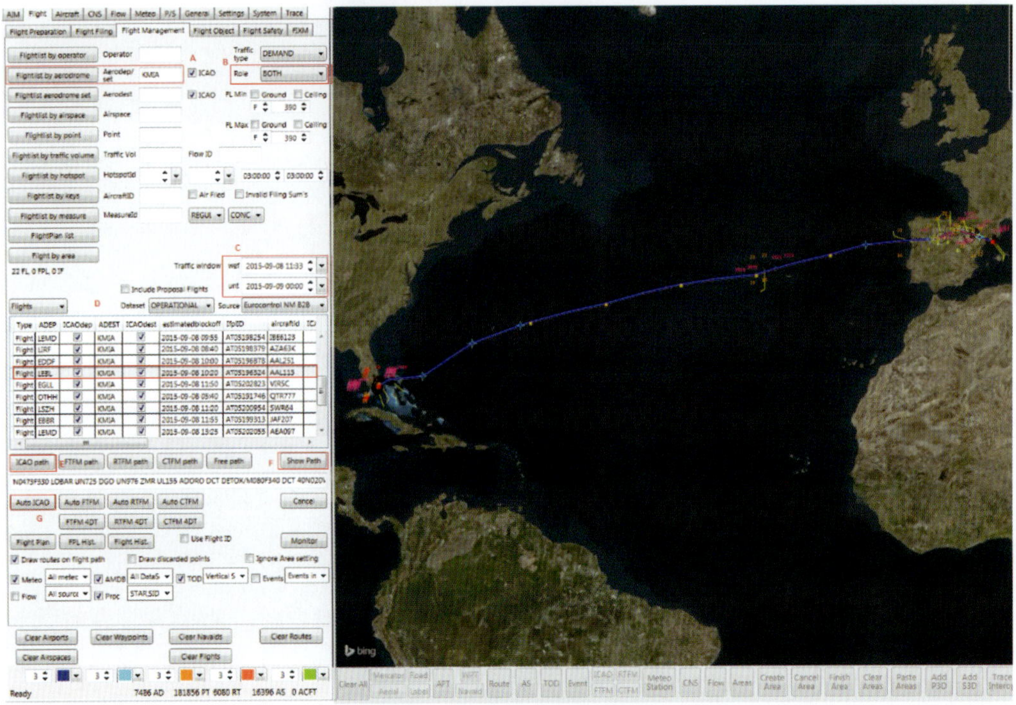

图 6.44　航班管理功能

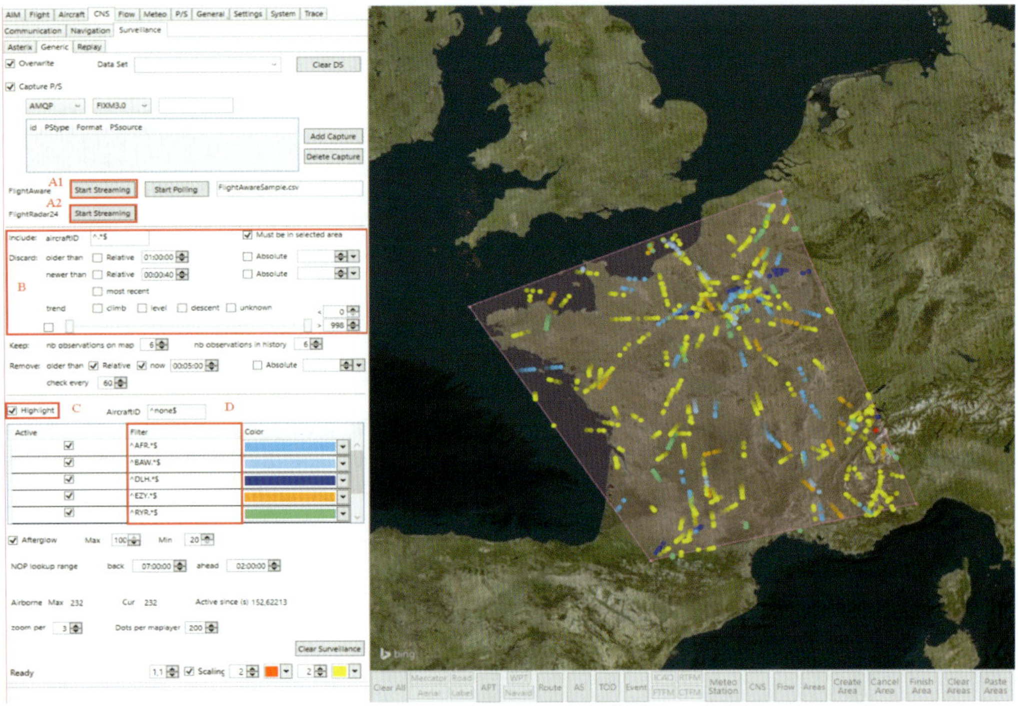

图 6.46　软件监视功能

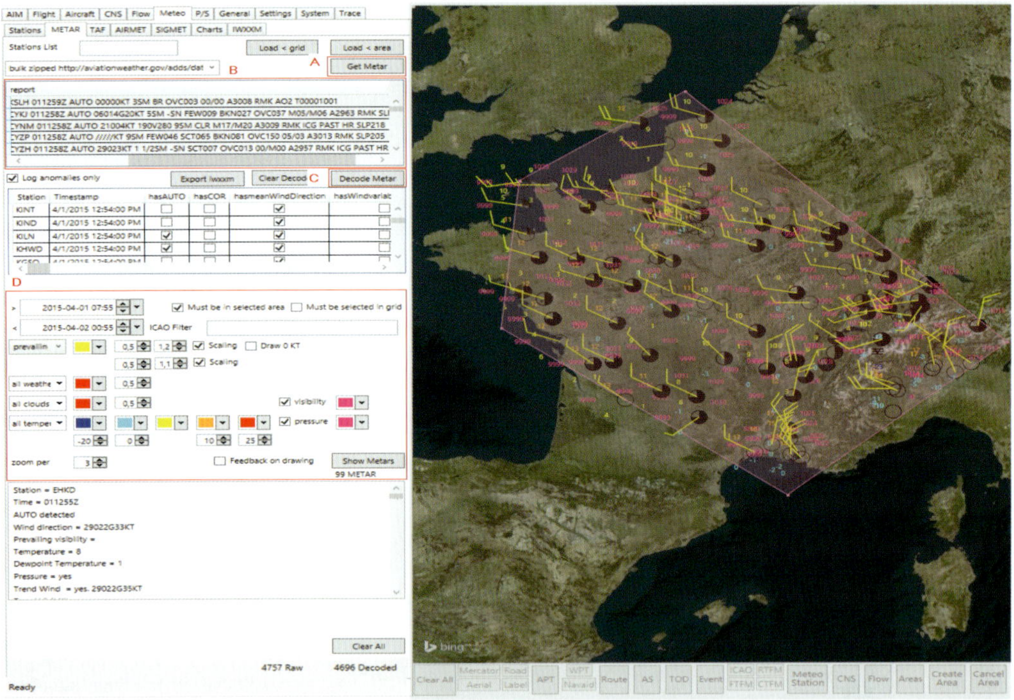

图 6.48　某区域地面气象站和风信息

卓越工程师培养计划
学术创新创业系列

民航广域信息管理技术

罗喜伶　王珺珺　编著

電子工業出版社
Publishing House of Electronics Industry
北京 • BEIJING

内 容 简 介

本书从理论与应用的角度详细介绍了民航广域信息管理技术的知识，内容包括：世界民航发展概述；民航广域信息管理概述；国际民航广域信息管理技术发展概况；我国民航广域信息管理技术发展概况及实施规划；民航广域信息管理的功能架构；民航广域信息管理技术进展与应用；民航广域信息管理技术未来展望。本书力求内容全面、概念清晰，每章均精选了一定的思考题，涵盖核心教学内容，难易适中，便于学生自学和教师施教。参考学时为36学时。

本书可作为高等工科院校本科生或研究生的教材和有关教师的参考资料，也可作为工程技术人员的参考用书。

图书在版编目（CIP）数据

民航广域信息管理技术 / 罗喜伶，王珺珺编著. —北京：电子工业出版社，2017.1
ISBN 978-7-121-30653-2

Ⅰ. ①民…　Ⅱ. ①罗…　②王…　Ⅲ. ①民航管理—信息管理—高等学校—教材　Ⅳ. ①F560.6-39

中国版本图书馆CIP数据核字（2016）第308380号

责任编辑：竺南直
印　　刷：北京京师印务有限公司
装　　订：北京京师印务有限公司
出版发行：电子工业出版社
　　　　　北京市海淀区万寿路173信箱　邮编 100036
开　　本：787×1 092　1/16　印张：17.5　字数：448千字　　彩插：4
版　　次：2017年1月第1版
印　　次：2017年1月第1次印刷
定　　价：58.00元

凡所购买电子工业出版社图书有缺损问题，请向购买书店调换。若书店售缺，请与本社发行部联系，联系及邮购电话：（010）88254888，88258888。

质量投诉请发邮件至 zlts@phei.com.cn，盗版侵权举报请发邮件至 dbqq@phei.com.cn。

本书咨询联系方式：davidzhu@phei.com.cn。

序

我国民航正处于快速持续发展阶段。随着空域用户和飞行数量的迅速增长，产生了大量的航班计划、飞行动态、航空气象、航空情报、机场、航空监视、空中／场面交通流量等信息需要高效管理。由于民航通信、导航、监视、空中交通管理等运行系统种类众多，数据业务类型和数据结构纷繁复杂，现行系统之间的数据交换和共享需要单独定制和维护，研发和维护的代价高昂，甚至形成了部分信息孤岛，严重阻碍了系统间的关键业务数据交换和共享。

广域信息管理系统（SWIM）是一个引起全世界关注的概念和发展计划，开创了全球民航信息高效共享和管理的新思维，是美国下一代航空运输系统（NextGen）规划、欧洲单一欧洲天空空中交通管理研究（SESAR）计划和我国新一代空中交通管理系统规划的技术核心之一。广域信息管理系统可构建数据共享功能的骨干基础架构，促进民航系统信息共享，提升国家空域系统内的态势知晓和灵活性，可实现在正确的时间将正确的信息送到正确的用户。国际民航组织（ICAO）已将广域信息管理系统的建设与实施纳入了《全球空中航行计划》航空组块升级计划（ASBU）统一方案和框架中。我国也相应开展了广域信息管理系统相关技术的研究、建设与国际交流合作等工作。

本教材是国内第一本系统介绍民航广域信息管理技术的专业书籍，体现了三个特色。在教材的编写组织上，编者以全面的视角，突出 SWIM 演变与发展历程主线，系统阐述了民航广域信息管理概念与内涵，以及该技术在美国、欧盟和我国的发展历程和规划；在教材的概念描述上，编者细致参照国际民航组织（ICAO）、美国联邦航空管理局（FAA）和欧洲航空安全组织（Eurocontrol）给出的描述或定义，严格综合凝练，阐述了民航广域信息管理的功能架构、核心服务、基础设施、企业治理和管理服务等核心内容；在教材的前沿发展上，编者阐述了国内外本领域的最新研发成果和应用情况。此外，编者所在国家空管新航行系统技术重点实验室开展了与欧洲航空安全组织的 SWIM 合作交流，本教材也包含了在此基础上研发的 SWIM 仿真平台内容。

国家“十三五”规划明确提出实施创新驱动发展战略，加快世界一流大学和一流学科建设。本教材的出版，将有利于促进我国民航空管信息化与新一代空中交通管理系统的发展，加快民航创新人才的培养，推动我国从民航大国向民航强国迈进。

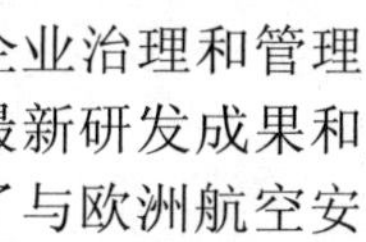

中国工程院院士

前 言

广域信息管理是一种从信息层面整合空中交通管理网络的全新的覆盖全系统范围的民航信息管理方式，可以通过“虚拟信息池”提供高质量、一致的民航运行信息，并进行共享与交换，推动信息交换由传统的点到点的专用信息交换方式向基于网络化的分布式交换方式转换，使得地理位置相对分散的多个数据源能够协同更新同类数据，并使得同类信息能够及时、准确地到达所需用户，以达到不同用户能够根据多源、异质的信息进行协同决策，实现在运行层面保持共同的情景意识和态势感知，进而推动新一代空中交通管理运行概念和模式的实现。

本书主要介绍民航广域信息管理技术，内容共 7 章，第 1 章简要介绍世界民航发展概况、主要民航组织和现代民航概况；第 2 章介绍民航广域信息管理概况，包括需求背景、发展与内涵、架构与核心及其优势和对我国民航发展的意义；第 3 章介绍国际民航广域信息管理技术发展概况，主要以欧美为代表，阐述了整体建设规划、组织机构及运行机制、技术发展历程等，并介绍了国际合作与交流；第 4 章介绍我国民航广域信息管理技术发展概况及实施规划，描述了我国民航信息化建设和广域信息管理研究现状，以及广域信息管理实施规划；第 5 章详细阐述了广域信息管理的功能架构、核心服务、基础设施和治理等内容；第 6 章介绍了广域信息管理技术进展和应用，介绍了欧美 SWIM 最新进展、民航业务数据交换和 SWIM 技术的应用，阐述了自主研发的空管广域信息共享仿真平台；第 7 章介绍了广域信息管理技术的未来展望，包括航空器接入 SWIM 和新技术融合等。

本书在编写中，重点体现了以下几个方面的特色：

（1）突出 SWIM 的演变与发展历程。详细介绍了以美国、欧洲和 ICAO 为代表的国际上 SWIM 的演变与发展历程，结合我国的发展，阐述了 SWIM 的概念、发展和实施的演进变迁。

（2）力求概念准确、内涵丰富。详细准确地描述了 SWIM 的管理与功能架构、核心服务、基础设施、企业治理和管理服务等定义和概念，阐述其丰富内涵。

（3）体现理论与实际相结合。介绍欧洲航空安全组织、美国联邦航空管理局的最新研发成果，以及编者最新组织研发的 SWIM 仿真平台，阐述了全球 SWIM 的发展与实践。该平台是“十二五”国家级空天电子信息实验教学示范中心重点建设内容之一。

编者依托北京航空航天大学交通信息工程及控制一级学科，瞄准国际广域信息管理技术发展前沿，以国家空管新航行系统技术重点实验室、民航数据通信及新航行系统科研基地、地球空间信息技术协同创新中心、先进航空导航与空管技术教育部工程研究中心、网络化协同空管技术北京市重点实验室、通用航空技术北京实验室近年取得的相关科研成果为主线，根据编者主持或参与完成的与广域信息管理系统（SWIM）研究相关的系列课题项目研究，结合自主研发的空管广域信息共享仿真平台，编撰而成此教材。

本书由罗喜伶副教授、王珺珺副教授编著。在编写过程中得到了王忠波、赵汨龙、范佳欣、孟庆涛、杨斯、罗斐翔、曾峰、刘硕、刘佳、张博俊、左一村、王小磊、陈朝勇、孙海宁、王菲菲等大力支持和帮助；民航局空管局技术中心齐鸣高工、北京航空航天大学张有光教授和曹先彬教授对本书进行了审校。在此一并表示感谢。

感谢民航局空管局和北京航空航天大学等单位、民航局空管局技术中心张宝江、陆松涛、宋若嘉等专家对本书编写工作的大力支持；特别感谢欧洲航空安全组织（Eurocontrol）为本书提供了欧洲 SWIM 平台和国际互联研究的支持。

本教材适用于交通信息工程领域、通信与信息技术领域的本科生、硕（博）士生，以及民航领域的专业人士；也可供从事新一代空中交通管理、民航信息化等相关领域的研究人员和民航爱好者参考。

限于编者的水平，书中难免有不足之处，诚恳地希望读者批评指正。

编　者

2016 年 11 月 18 日

于北京航空航天大学新主楼

目 录

第1章

世界民航发展概述

一直以来，人们总是向往着飞上蓝天。1903 年美国莱特兄弟发明第一架飞机并试飞成功，人类在空中自由飞翔的愿望得以实现。发明飞机一百多年来，飞机已经广泛应用于国际政治、经济、军事、科技、社会生产和生活各个方面。今天的民用航空已经成为现代人们生活和国家经济发展不可或缺的重要组成部分，成为交通运输的重要经济部门。

1.1 世界民航发展概况

1.1.1 民航的发展初期

从远古时代开始，人类就幻想着像鸟类一样翱翔天空，对飞行的探索与研究从未间断过。人类首次真正飞上天空应追溯到1783年法国的蒙哥尔菲兄弟制造的热气球载人升空，随后德国人采用气球运送邮件和乘客，这是民航的起步。1852年法国人亨利·吉法尔制造了可部分操纵的飞艇，1884年法国人勒纳尔和克雷布斯制造出了可全面操纵的飞艇。整个19世纪是气球、飞艇等轻于空气的航空器主宰航空的时代，但由于这些飞行器体积大、速度慢、操纵不方便，因而它们的出现并没有开辟真正的航空时代。

1903年美国的莱特兄弟制造的载人动力飞机“飞行者”一号（如图1.1所示）腾空而起，这是第一次有动力的持续飞行，人类的飞行时代从此拉开帷幕，预示着航空新纪元的开始。1909年法国人布莱里奥驾驶着自己设计制造的“布莱里奥”X1号飞机，成功飞越40千米宽的英吉利海峡，开创了历史上第一次国际航行。1914-1918年的第一次世界大战极大地推动了航空工业和技术的发展，飞机的制造技术和飞行性能得到了较大的提升，飞机已不再是木制机身和蒙布机翼，变成了金属制造。战争结束后，欧洲各国政府极力支持民用航空的发展。1919年巴黎和会上，法国政府建议签署国际航空公约，作为巴黎和约的一部分，后来有38个国家签署了这一条约，被称为《巴黎航空公约》，于1922年生效，这是国际上第一个关于空中立法的条约。“一战”结束，剩余大量的军用飞机和飞行员，各国很快将这些飞机转为民用。1919年初德国成立了世界上第一家航空公司“德国航空运输公司”，开辟了国内民航运输航线。同年8月，英法之间开通了定期航班。到年底，欧洲有6家较大的航空公司成立，早期的航空运输网络基本形成，这也标志着民航历史的正式开始。

图1.1 莱特兄弟和飞行者一号

从 1919 年到 1939 年这 20 年是民航初创和发展的年代，民航迅速从欧洲发展到北美，然后普及至亚、非、拉美各洲，并迅速扩展到全球各地。中国在 1920 年用“京汉”号飞机（如图 1.2 所示）开通了我国第一条民用航线（北京—天津）。

图 1.2　“京汉”号飞机

1939 年第二次世界大战爆发，由于在“一战”中飞机表现出无可比拟的优势，加上“二战”期间技术的发展，发动机技术有了新突破，出现了涡轮喷气发动机。较之活塞－螺旋桨发动机，涡轮喷气发动机能提供更强的动力，在高速（特别是突破音障）环境下仍能保持足够的动力和稳定性。1939 年德国首先试飞成功第一架喷气式飞机，1941 年英国也试飞成功第一架喷气式飞机，并出现了电子对抗飞机和安装雷达、可夜间作战的战斗机，从而使作战飞机的性能比一战时整整更新了一代。6 年的战争使航空工业和技术获得突飞猛进的发展。战争结束后，由于航空技术的高速发展和大量军用飞机转为民用，为以后民航的发展奠定了基础。

图 1.3　查尔斯• 林白独自飞过大西洋

1.1.2　民航的大发展

1945 年“二战”结束到 1958 年，民航由恢复进入大发展阶段，民航的发展主要有以下几个方面。

1. 国际民航的迅速发展

1944 年“二战”结束前夕，为促进全世界民用航空安全、有序的发展，在美国芝加哥召开了由 54 个国家参加的国际民用航空会议，签署了《国际民用航空公约》(《芝加哥公约》)，该公约涉及政治、经济、技术等方面，为现在国际航空法奠定了基础。该公约在 1947 年生效，根据公约的规定成立了国际民航组织（International Civil Aviation Organization，ICAO）。

2. 民航运输网络开始形成

随着科学技术和经济的发展及航空运输需求的激增，世界各国掀起了机场、空中管制、航路网等基础设施的建设热潮，随着飞机等设备性能的不断提高，使民航由过去点线结构向面上发展，逐步形成了全球范围内的航空网。

3. 民用飞机种类不断增加，性能不断提升

1941 年英国成功试飞第一架喷气式飞机，1947 年飞机的速度首次超过音障。1954 年，波音 707（如图 1.4 所示）首飞，开启了“7 系列”喷气式飞机称霸民航客机领域的时代。通用航空业务也得到了快速发展，特别是直升机进入民航服务，成为民航的又一主要航空器，开辟了民航新的领域。

4. 喷气式民用飞机进入实用阶段

第一架喷气式飞机由纳粹德国的亨克尔首度试飞成功，1956 年图 104 客机（如图 1.5 所示）投入航线，1958 年，美国的波音 707 和 DC-8 进入航线，这标志着喷气航空时代的开始。由于喷气式飞机的投入运营，促使民航由一个国家或一个大陆少数人使用的运输手段，变成为全球性、大众性的运输行业，极大促进了全球交通的发展。

图 1.4　波音 707

图 1.5　图 104 客机

1.1.3　民航的全球化

经过民航大发展，航空运输成为交通运输的重要组成部分，随着科技进步和需求的增加，民航逐步走向全球化和大众化。1958 年，喷气式飞机的大量使用，给整个民

航运输系统带来了巨大的生机。对于航空公司而言，喷气飞机的使用，使得远程、廉价和大众化的航空运输成为可能。由于喷气式飞机逐渐大型化、载重增加及起飞滑跑距离的增长等因素，旧时的机场已经无法满足需求，于是需要改建、扩建、新建机场来适应和满足飞机性能和客货运输量增加的需要，极大地促进了机场等基础设施性能的改善和提升。在航空管理系统的设施设备等方面，为了满足喷气时代的速度和容量，从空中交通控制到航路建设、航行情报服务和通信导航设施等都在进行更新改造。这些标志着民航进入全球化和大众化的新阶段。

20 世纪 70 年代之后，民航继续朝着高速化和大型化发展，由英法合作生产的超音速客机“协和”飞机（如图 1.6 所示）在 1969 年首飞成功，并于 1976 年正式投入商业运输服务，主要用于执行从伦敦希思罗机场和巴黎夏尔・戴高乐国际机场往返于纽约肯尼迪国际机场的跨大西洋定期航线，其比普通民航客机节省超过一半的时间。1970 年，最大载客量达到 400 多人的美国波音 747 宽体客机（如图 1.7 所示）的投入使用，是飞机大型化的一个重要标志。

图 1.6　“协和”超音速客机

图 1.7　波音 747 宽体客机

通用航空到 20 世纪 70 年代步入繁荣时期。进入 80 年代，由于全球性的经济衰退、通用航空飞机数量的相对饱和、技术创新减少等各种不利因素影响，导致通用航空开始下滑并陷入低谷。而 90 年代以来，随着世界经济的持续增长、各国政府不断出台鼓励政策、航空产品的推陈出新，通用航空又呈现复苏和重新崛起的态势，且具有强劲的后势。

国际航空运输组织的不断发展，加强了国际航空运输方面的组织和协调。同时随着国际民航运输的发展，一些发达国家如美国在国内实行“放松管制法”，在国际航空领域中推行“开放天空”的政策，也推动了国际民航的发展。

进入 21 世纪，受经济全球化、发达国家放松航空管制以及向后工业化转变等一系列因素的影响驱动，世界民航业呈现出一些值得关注的重要特征和趋势，使得发展格局和利益获取已经发生了深刻的变化，而现在这种变化还在进一步加深。这种变化主要体现在以下几个方面：

（1）大力发展民航业成为国家和地区战略的重要组成部分；

（2）航空运输的管理体制和方法的自由化持续发展；

（3）全球性航空战略联盟占据市场主体地位；

（4）枢纽辐射式航线结构成为运营的主导模式；

（5）通用航空正在蓬勃发展；

（6）高新科技引领民用航空发展；

（7）航空安全受到世界各国的高度重视。

1.2 中国民航发展概况

我国是研究飞行最早的国家，无论是嫦娥奔月、列子御风，还是肖史和弄玉乘龙跨凤飞上天等，都体现了我们祖先心中翱翔天宇的渴望。五千年来，我们的祖先怀着这样的梦想，不断地进行探索。在春秋战国时代，鲁班和学者墨翟曾制造出能飞的木鸢；东晋的葛洪在《抱朴子·内篇·杂应》中，提出了鸟类翱翔是由于上升气流托举的见解，这是对鸟类飞行原理的重要发现，蕴含了滑翔机的最初理论；“孔明灯”可以看成是一种原始的热气球；“中国陀螺”竹蜻蜓被西方学者视为现代旋翼机的雏形。

1.2.1 解放前我国民航的发展

继 1903 年莱特兄弟发明第一架飞机，1909 年旅美华侨冯如驾驶自己设计制造的飞机试飞成功，这是中国历史上第一架试飞成功的飞机。1911 年，冯如携助手及两架飞机回国。后被委任广东革命军政府飞行队队长，不幸在 1912 年因飞机失事而英年早逝。国民政府立碑尊为“中国首创飞行大家”。

1910 年 8 月清政府筹办航空事业，在南苑开办飞机修造厂试制飞机，并修建了供飞机起降的简易跑道。自此，南苑机场成为中国第一个机场。辛亥革命后，袁世凯于 1913 年在南苑创建了中国第一所正规的航空学校——南苑航空学校，并买进 10 架法国“高德隆”双翼教练机。第二次直奉战争后，航空学校停办，但它前后培养的 100 多名飞行员在中国航空史上起了重要作用，成为后来民航飞行的骨干。

1918 年，北洋政府设立航空事务处，这是中国第一个主管民航事务的正式管理机构。第二年，北洋政府从英国购买 2 架爱弗罗小飞机和 6 架汉德利-佩奇飞机，筹办京津、京沪、京汉和张家口至库伦（现乌兰巴托）之间的民用航线。1920 年，用“京汉”号飞机开通的北京—天津航线是我国的第一条民用航线（1920 年 4 月 22 日试飞成功，5 月 8 日正式开航，运载旅客和邮件，中国民航也由此拉开了序幕）。1928 年，国民政府交通部开始筹办民用航空，购入了 2 架瑞安 B-5 型水路机，开通了由广州飞往武昌的航线，这是中国民航首条长途航线。1929 年 4 月，美国柯蒂斯•赖特公司的子公司航空开发有限公司（Aviation Exploration，Inc.）与中国航空公司签订合同，以垄断邮件以及旅客运输为条件，投资和援建中国的商业航空，并获得了从上海到汉口、北平（今北京）和广州三条航线的经营权以及 10 年的航邮权。美方为此成立了中国飞运公司，使用 5 架美制洛宁 C2H 型水陆两栖飞机（如图 1.8 所示）经营中国的商业航空业务。同年，交通部出资 60 万元成立沪蓉航空管理处，在上海、南京、汉口等地修建 5 个飞机场，在上海设立修理厂，购入美国史汀生飞机公司的踹特式上单翼小旅客机 4 架。7 月，开航上海—南京航段，一年内飞行 15 万千米，载客 1200 人次和许多邮件。

图 1.8　中国飞运公司使用的美制洛宁 C2H 型水陆两栖飞机

1930 年 7 月，中华民国交通部将中国飞运公司、中国航空公司（旧）和交通部沪蓉航空线管理处合并为新的中国航空公司（China National Aviation Corporation，CNAC），属交通部管辖，基地设在上海龙华机场。1936 年 7 月，西南航空公司开辟了中国广州—越南河内的国际航线，这是中国的第一条国际航线。广州石牌跑马场机场成为中国第一个通航国外的国际机场。

在抗日战争期间，随着国际形势的变化和战争局势的推移，中国民航经历了一段曲折的历史。其转折点就是 1941 年 12 月 7 日爆发的太平洋战争。之前，中国民航运输事业在挣扎中求生存，业务日益衰落；在太平洋战争爆发后，“中航”在驼峰空运中得到发展机会，开辟了“驼峰航线”（如图 1.9 所示），逐渐壮大自己的力量。抗日战争结束后，中国航空股份有限公司（简称“中国航空公司”或“中航”）与中央航空运输股份有限公司（简称“中央航空公司”或“央航”）获得缓冲时机。抗战后期改组的“央航”缺乏运力，要开展航空运输困难重重，实际可使用的飞机只剩下两架。1945 年 11 月，“央航”通过向银行贷款，买下美军在印度的一批剩余物资，包括 C-45 型和 C-47 型运输飞机 8 架，再加上后来购买的 CV-240 飞机，到 1949 年 10 月，“央航”已拥有 42 架运输飞机，运力已与“中航”旗鼓相当。

图 1.9　驼峰航线图

1.2.2 新中国民航的发展

1949 年以前，我国大陆用于航空运输的主要航线机场仅有 36 个，且大都设备简陋。除上海龙华和南京大校场机场可起降 DC-4 型运输机外，一般只适用于当时的 DC-2、DC-3 型运输机。

1.2.2.1 初创时期（1949—1957 年）

1949 年 10 月 1 日中华人民共和国成立。11 月 2 日中共中央政治局会议决定，在人民革命军事委员会下设民用航空局，受空军司令部之领导。原国民政府的“中航”和“央航”在 11 月 9 日发生了“两航起义”，12 架飞机从香港启德机场飞往内地（中航 10 架，央航 2 架）。同日，在香港的中航、央航的 2000 多名员工通电起义，中航连同中央航空公司一夜之间瓦解。12 月 5 日，军委民航局宣布政务院通知，中国、中央航空公司归民航局领导。在“两航起义”中起义的这一批前中航员工，组成了新中国民航的第一代骨干。回归的 12 架飞机，加上后修复的国民党遗留的 17 架飞机，构成了新中国民航事业创建初期飞行工具的主体。

1950 年 3 月 27 日，中国政府和苏联政府签订《关于创办中苏民用航空股份公司的协定》。7 月 1 日成立中苏民用航空股份公司，并自即日起开辟北京至赤塔、伊尔库茨克、阿拉木图 3 条国际航线，这是新中国民航首次开辟国际航线。8 月 1 日，天津经汉口至重庆，天津经汉口至广州航线正式开辟，这是新中国民航国内航线的正式开航。11 月 1 日，中央人民政府人民革命军事委员会颁发《中华人民共和国飞行基本规则》，这是新中国颁布的第一部飞行基本规则。同日，军委民航局公布了《外国民用航空器飞行管理规则》。

1952 年初，军委民航局颁布了一系列民航相关的规则和制度，为民航业的发展奠定了法律基础。5 月 7 日中央军委、国务院作出《关于整编民航的决定》。将民航局改归空军建制，并将民用航空的行政管理和业务经营机构分开，改设民用航空局和民用航空公司。1953 年 12 月 12 日，民航局颁发《飞行安全暂行规定》，中国民航局第一次把飞行安全提到“首要位置”。

1954 年民航局归国务院领导并更名为中国民航总局。中国根据苏联的经济体制建立了自己的民航体系。由于民航局在业务上仍然从属于空军领导，民航是一个半军事化的行业，主要服务于政治和军事目的，所以航空运输和通用航空的发展受到很大的限制。

1.2.2.2 调整时期（1958—1965 年）

1958 年国务院将中国民用航空局划归交通部领导。7 月 18 日，中国民航与北欧航空公司签订联运代理合同，这是中国民航与不通航中国的外国航空公司签订的第一个联运代理合同。7 月 20 日，中国正式加入 1929 年 10 月 12 日签订的《统一国际航空运输某些规则的公约》（简称《华沙条约》）。

1960 年 11 月 17 日，经国务院编制委员会讨论原则通过，决定中国民用航空局改称“交通部民用航空局”（对国外行文仍用原名）。为部属一级管理全国民用航空事业的综合性总局，负责经营管理运输航空和专业航空，直接领导地区民用航空管理局的工作。1962 年 4 月，决定将民航局名称改为“中国民用航空总局”，英文缩写为 CAAC。并且《关于改变民航管理体制的通知》决定将中国民用航空总局由交通部部属局改为国务院直属局。

1965 年，国内航线增加到 46 条，国内航线布局的重点，也从东南沿海及腹地转向西南和西北的边远地区。通用航空的发展在这个时期稳步上升。到年末，中国民航拥有各类飞机 355 架。

为了适应机型的更新和国际通航发展的需要，在此期间，新建和改建了南宁、昆明、贵阳等机场，并相应改善了飞行条件和服务设施，特别是完成了上海虹桥机场和广州白云机场的扩建工程，并建立起以北京为辐射中心的单线式的航空网络。

1.2.2.3　曲折前进时期（1966—1976 年）

由于特殊的社会背景，1969 年 11 月 20 日，《关于进一步改革民航体制和制度的报告》决定把民航划归中国人民解放军建制。在这一时期的前五年，民航受到了严重的破坏和损失，基本处于停滞状态。1971 年 9 月后，中国民航将工作重点放在开辟远程国际航线上。到 1976 年底，中国民航的国际航线已发展到 8 条，通航里程达到 41000 千米，占通航里程总数的 41%；国内航线增加到 123 条。

1974 年，中国承认《国际民用航空公约》（简称《芝加哥公约》）和有关修正议定书，并在国际民用航空组织第 21 届大会当选为理事国。11 月 29 日，民航北京管理局使用波音 707 型 2418 号飞机首航北京至卡拉奇至巴黎航线，这是中国民航开辟通往西欧的第一条远程国际航线。

1975 年，中国正式加入在海牙签订的《修改 1929 年 10 月 20 日华沙签订的统一国际航空运输某些规则的公约议定书》（简称《海牙议定书》）。中国民航企业从本年开始扭亏为盈，1976 年共获利近 3500 万元，从而扭转了长期亏损和依靠国家补贴的被动局面。

1.2.2.4　新的发展时期（1977—2001 年）

我国在联合国席位的恢复使我国的民航事业得到了生机。1978 年党的十一届三中全会召开，将党和国家的工作重心放到了国民经济建设上，从此，民航开始从计划经济向市场经济转变。中国民航事业抓住机会加快前进步伐，取得了非常大的成绩。

1980 年，邓小平同志指出，民航一定要走企业化的道路。同年三月，民航局再次改为由国务院领导的直属局，不再由空军代管。7 月 4 日，中国民航参加国际航空电信公司，向各航空公司提供通信服务。1982 年，将“中国民用航空总局”改为“中国民用航空局”。1983 年后，通过贷款、国际租赁和自筹资金相结合的方式，购买了波音 747-200 型客机 2 架、波音 737 型客机 5 架和 MD-80 型客机 2 架，使中国民航使用的运输飞机达到国际先进水平。到 1990 年末，中国民航已拥有各型飞机 421 架，其中运输飞机 206 架，通用航空和教学校验飞机 215 架。大、中型客机的引进，客观上要求民航机场有一个与之相适应的发展水平和配套设施，民航机场出现了前所未有的兴旺局面。

“八五”（1991—1995）期间，中国民航继续保持持续、快速发展的势头。到 1995 年，全行业完成运输总周转量 71.4 亿吨千米，旅客运输量 5117 万人，货邮运输量 101 万吨,五年年均增长率为 23.4%、25.3%和 22.2%，航线总数达到 797 条。

“八五”时期是我国民用飞机数量增长最快的时期。1995 年末，我国民用飞机总架数达到 852 架，其中运输飞机 416 架，通用航空和教学校验飞机 436 架。五年融资租赁飞机 198 架；使用车船飞机购置贷款 86.4 亿元，购置飞机和特种车辆。飞机维修方面也具备了对我国部分在用飞机、发动机的 D 级检修和大修的能力。 并且在“八五”期间共完成基本建设和技术改造投资 320 亿元，新建、迁建机场 19 个，改扩建机场 15 个，同时，新开工了一些大型机场建设项目。到 1995 年末，有航班运营的机场 139 个，其中能起降波音 747 飞机的 14 个，起降波音 737 飞机的 81 个。

1995 年 1 月 12 日，民航总局批准公布《中国民航新航行系统（CNS/ATM）实施政策》，并于 9 月由国际民航组织第 31 届大会对外公布。同年 10 月 30 日，颁布《中华人民共和国民用航空法》，并于 1996 年 3 月 1 日起施行。

在这一时期内，中国民航在管理体制方面进行了改革，以原有 6 个管理局为基础，分别组建了 6 家国家骨干航空公司。此外，以经营通用航空业务为主兼营航空运输业务的中国通用航空公司也于 1989 年 7 月成立；积极支持各地、各部门创办航空公司；将机场和航务管理分开，机场成立独立的企业单位；航务管理归属政府部门，受地区管理局领导。民航总局作为国务院管理民航事业的部门，不再直接经营航空业务，主要行使政府职能进行行政管理，统一管理全国民航的机构、人员和业务，逐步实现企业化管理。

2000 年 1 月 5 日，广州空中交通管制区域实施雷达管制指挥，这是中国民航首次在一个大的飞行区域范围内进行雷达管制。同日，经修改的《中国民用航空空中交通管理规则》开始施行。同年，中国航空油料股份有限公司、中国民航信息网络股份有限公司成立。2001 年 1 月 1 日起，全国共有 3765 家航空运输销售代理企业使用自动打票机销售 BSP 中性机票，自此手写机票在中国成为历史。

为了与国际标准接轨及促进我国航空业国际化，2001 年 8 月 9 日，民用机场高度表拨正程序和过渡高度层改革正式实施。8 月 28 日，我国第一个空港国际物流区在天津滨海国际机场举行奠基仪式，标志着我国航空港国际物流的发展步入了一个全新的阶段。

1.2.2.5　2002 年至今的高速发展时期

2002 年航空运输实现了快速增长，全行业完成运输总周转量、旅客运输量和货邮运输量达到 162 亿吨千米、8425 万人和 198 万吨，均高于年初预期。

为促进民航改革进入实施阶段，2002 年 3 月 3 日颁发了《民航体制改革方案》。改革的主要内容包括：重组运输航空公司，机场实行属地管理（北京首都国际机场和西藏地区内民用机场除外），改革空中交通管理体制，改组民航服务保障企业，改革民航行政管理体制，改革民航公安体制。10 月 11 日，中国航空集团公司、中国东方航空集团公司、中国南方航空集团公司、中国民航信息集团公司、中国航空油料集团公司和中国航空器材进出口集团公司宣告成立，与民航总局脱钩，标志着民航体制改革迈出重大步伐。2002 年 12 月 28 日，中国首都机场集团公司成立，它是以北京首都机场集团公司为基础，联合天津滨海国际机场、中国民航机场建设总公司、金飞民航经济发展中心、中国民航工程咨询公司组建的大型国有企业。在 8 月份，中国东方航空武汉有限责任公司和四川航空股份有限公司分别成立，这两家公司的成立，是中央所属企业与地方所属企业实施联合、同时又有民营企业参与的重组案例。2003 年新型民航管理体制初步建立，完成了三大体制改革任务：一是民航行政管理体制改革；二是机场管理体制改革；三是机场公安管理体制改革和组建空中警察部队。2004 年 7 月 8 日，民航总局正式将兰州、敦煌、嘉峪关、庆阳四个机场移交甘肃省人民政府管理，民航机场属地化管理画上句号，这标志着民航新一轮体制改革各项任务完成。

2005 年，我国民航全行业完成运输总周转量 261 亿吨千米、旅客运输量 13827 万人、货邮运输量 307 万吨，分别比上年增长 13.1%、14.1%和 10.8%，在国际民航组织 188 个缔约国中排名保持第二。实现了民航发展“十五”规划目标。“十一五”期间的前两年，民航持续高速发展，并顺利完成空管系统、“政企分开”、运行一体化改革，出台了多项财经等方面的新政策和加强了宏观调控。2008 年 3 月，“中国民用航空总局”由国务院直属机构改制为部委管理的国家局，归交通运输部管理，同时更名为中国民用航空局。2010 年，民航运输生产迈出坚实的步伐，基础设施建设取得了巨大的发展，经济效益创历史最高水平，完成了各项重大航空运输保障任务和紧急航空运输任务，各项工作取得了显著成绩，也标志着“十一五”规划目标的圆满完成。期间，为了促进我国通用航空的发展，使其成为民航新的经济增长点，国务院、中央军委颁布了《关于深化我国低空空域管制改革的意见》，对通用航空的发展起到积极的推动作用。

“十二五”初期，航空安全形势稳定，旅客运输和通用航空继续保持较快增长，运行质量和经济效益得到提升，基础建设稳步推进，教育科技有力扩展，为民航的快速发展奠定了基础。2013 年，民航行业深入贯彻党的十八大、十八届二中、三中全会会议精神，认真落实《国务院关于促进民航业发展的若干意见》，坚持稳中有进，加强安全生产，各项工作取得较好成绩。民航运输总周转量 671.72 亿吨千米，比上年增加 61.40 亿吨千米，增长 10.1%，如图 1.10 所示；旅客运输量 35397 万人次，比上年增加 3461

万人次，增长 10.8%，如图 1.11 所示；货邮运输量 561 万吨，比上年增长 3.0%，如图 1.12 所示；定期航班航线 2876 条（其中港澳台航线 107 条）；通用航空生产作业飞行 59.1 万小时，比上年增长 14.3%。并且截至 2013 年底，获得通用航空经营许可证的通用航空企业 189 家，其中，华北地区 48 家，中南地区 39 家，华东地区 36 家，东北地区 20 家，西南地区 24 家，西北地区 16 家，新疆地区 6 家。通用航空企业适航在册航空器总数达到 1519 架，其中教学训练用飞机 340 架。可以看出，我国民航发展取得了巨大的成绩，成为国民经济战略中重要的一部分。

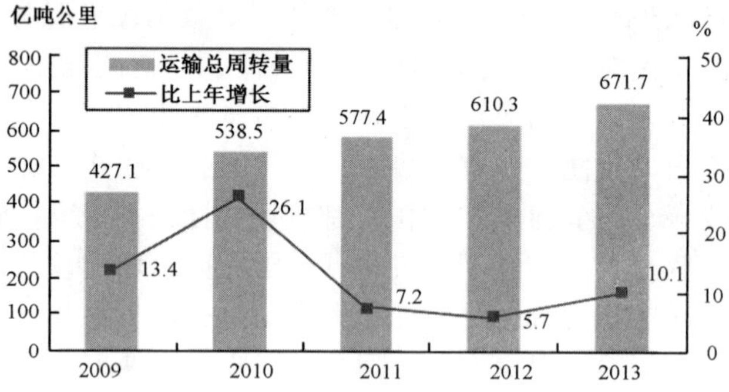

图 1.10　2009—2013 年民航运输总周转量

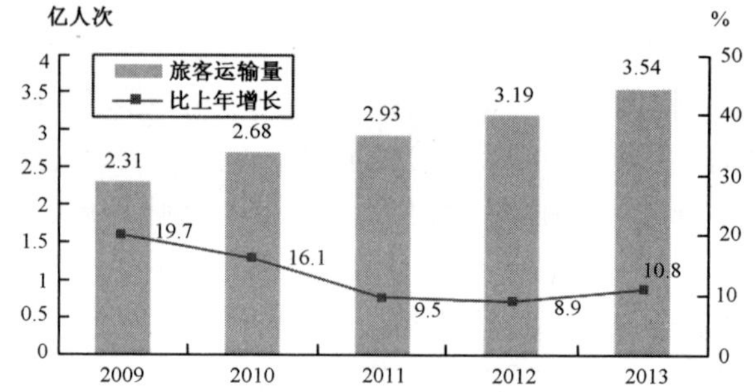

图 1.11　2009—2013 年民航旅客运输量

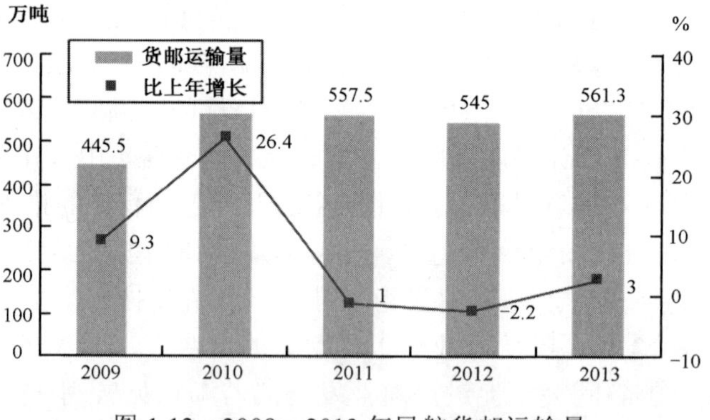

图 1.12　2009—2013 年民航货邮运输量

改革开放三十多年来，民航运输总周转量年均增长 17%以上，远远高于其他交通运输方式，民航已经成为世界第二大航空运输系统，民航业在我国的经济、政治、社会、军事、外交、文化等领域发挥着十分重要的作用，《国务院关于促进民航业发展的若干意见》明确把民航业定为战略性产业，把发展民航业提升为国家（地区）战略，这对中国民航的发展将会起到巨大的推动作用。

我国是发展中的大国，正处在工业化、信息化、城镇化、市场化和国际化深入发展的阶段，民航业发展的潜力巨大。中国民航正步入持续高速发展的蓬勃时期，正在朝着“共保民航安全，共促民航发展，共建民航强国”目标不断努力！随着航空科技的不断进步，机场、地面服务设备、设施现代化程度的提高，民航内部改革与各项管理体制的进一步完善，中国民航参与世界合作与竞争的能力进一步提升，使中国由民航大国向民航强国迈进。

1.3　主要民航组织

1.3.1　国际民航组织机构

1.3.1.1　国际民用航空组织

国际民用航空组织，简称国际民航组织（International Civil Aviation Organization，ICAO），成立于1947年，是联合国系统中负责处理国际民航事务的专门机构。总部设在加拿大蒙特利尔，迄今已有191个会员国。其为国际法的主体，主要活动是研究国际民用航空的问题，制定民用航空的国际标准和规章，鼓励使用安全措施、统一业务规章和简化国际边界手续。

图 1.13　Mr. E. Warner
第一届 ICAO 大会主席

国际民航组织前身为根据1919年《巴黎公约》成立的空中航行国际委员会（ICAN）。由于第二次世界大战对航空器技术发展起到了巨大的推动作用，使得世界上形成了一个包括客货运输在内的航线网络，但随之也引起了一系列急需国际社会协商解决的政治上和技术上的问题。因此，在美国政府的邀请下，52个国家于1944年11月1日至12月7日参加了在芝加哥召开的国际会议，签订了《国际民用航空公约》（通称《芝加哥公约》），按照公约规定成立了临时国际民航组织（PICAO）。1947年4月4日，《芝加哥公约》正式生效，国际民航组织也因之正式成立，并于5月6日召开了第一次大会。同年 5 月 13 日，国际民航组织正式成为联合国的一个专门机构。

国际民航组织由大会、理事会和秘书处三级框架组成。

大会是国际民航组织的最高权力机构，由全体成员国组成。参加大会的每一个成员国只有一票表决权，大会决议一般以超过半数通过。大会召开期间，一般分为大会、行政、技术、法律、经济五个委员会对各项事宜进行讨论和决定，然后交大会审议。

理事会是向大会负责的常设机构，由大会选出的 36 个缔约国组成。理事国分为三类（比例分配为 10∶11∶12）：第一类是在航空运输领域居特别重要地位的成员国，第二类是对国际航空运输的发展有突出贡献的成员国，第三类是区域代表成员国。一类理事会成员为澳大利亚、巴西、加拿大、中国、法国、德国、意大利、日本、俄罗斯、英国和美国。理事会下设财务、技术合作、非法干扰、航行、新航行系统、运输、联营导航、爱德华奖八个委员会。

秘书处是国际民航组织的常设行政机构，由秘书长负责保证国际民航组织各项工作的顺利进行，秘书长由理事会任命。秘书处下设航行局、航空运输局、法律局、技术合作局、行政服务局五个局以及财务处、外事处。

国际民航组织的主要工作：

① 修订现行国际民航法规条款并制订新的法律文书；

② 制订并刷新关于航行的国际技术标准和建议措施；

③ 制定“航空安全审计计划（Safety Audit Program）”，要求所有的缔约国必须接受国际民航组织的安全评估；

④ 制止非法干扰即我国通称的安全保卫或空防安全；

⑤ 实施新航行系统（ICAO CNS/ATM Systems），即“国际民航组织通信、导航、监视/空中交通管理系统”；

⑥ 制定并维护航空运输服务管理制度，在航空运输领域的重点工作为“简化手续（Facilitation）”；

⑦ 对各缔约国民航各方面进行统计，并协助各国规划民航发展；

⑧ 积极推动各国之间的技术合作；

⑨ 向各国和各地区的民航训练学院提供援助。

1.3.1.2 国际航空运输协会

国际航空运输协会（IATA）是由各国航空公司于 1945 年成立的世界范围的非政府组织，其前身是国际航空业务协会（International Air Traffic Association）。1944 年 4 月，各国航空公司在哈瓦那审议了协会章程，58 家航空公司签署了文件。1945 年 10 月，国际航空运输协会第一届年会在加拿大蒙特利尔召开，主要目的和宗旨是：为世界人民的利益，促进安全、准时和经济的航空运输的发展，扶持航空商业并研究与之相关的问题；为直接或间接从事国际航空运输服务的各航空运输企业提供协作的途径；为开展与国际民航组织、其他国际组织和地区航空公司协会的合作提供便利。

国际航空运输协会的会员分为正式会员和准会员两类。国际航空运输协会正式会员向直接从事国际经营的航空公司开放，而国际航空运输协会准会员身份只向国内航空公司开放。我国的中国国际航空公司、中国南方航空公司和中国东方航空公司等都是该协会会员。国际航空运输协会成员包括世界领先的客运和货运航空公司，占世界空中交通的 84%。

国际航空运输协会由全体会议、执行委员会、专门委员会和分支机构组成。

全体会议是国际航空运输协会的最高权力机构，每年举行一次会议。所有正式会员在决议中都拥有平等的一票表决权，全体会议的决定以多数票通过。在全体会议上，审议的问题只限于涉及国际航空运输协会本身的重大问题，如选举协会的主席和执行委员会委员、成立有关的委员会以及审议本组织的财政问题等。

执行委员会是全会的代表机构，对外全权代表国际航空运输协会。执委会成员必须是正式会员的代表。执委会的职责包括管理协会的财产、设置分支机构、制定协会的政策等。执委会的理事长是协会的最高行政和执行官员，在执委会的监督和授权下行使职责并对执委会负责。执委会下设秘书长、专门委员会和内部办事机构，维持协会的日常工作。

国际航空运输协会总部设在加拿大蒙特利尔，主要机构还设在日内瓦、伦敦和新加坡。协会还包括运输部、法律部、技术部、政府和行业事务部、行业自动化和财务部、公共关系部等。

1.3.1.3 国际机场理事会

国际机场理事会（Airports Council International，ACI），原名为国际机场联合协会（Airports Association Council International），于 1991 年 1 月成立，1993 年 1 月 1 日改称国际机场理事会。国际机场理事会是全世界所有机场的行业协会，是一个非盈利性组织，其宗旨是加强各成员与全世界民航业各个组织和机构的合作，包括政府部门、航空公司和飞机制造商等，并通过这种合作，促进建立一个安全、有效、与环境和谐的航空运输体系。

国际机场理事会总部设在瑞士的日内瓦，由六个地区分会组成：非洲地区分会、亚洲地区分会、欧洲地区分会、拉丁美洲/加勒比海地区分会、北美地区分会和太平洋地区分会。该理事会目前拥有 169 个国家和地区的 554 名正式会员。北京首都国际机场于 1996 年 11 月 17 日被国际机场理事会正式批准成为该组织的会员。

国际机场理事会目前有五个常务委员会，制定各自范围内的有关规定和政策，分别是技术和安全委员会、环境委员会、经济委员会、安全委员会、简化手续和便利旅客流程委员会。

1.3.1.4 国际民用航空导航服务组织

国际民用航空导航服务组织（Civil Air Navigation Services Organisation，CANSO）

于 1998 年成立，是一个代表民用航空导航服务提供商（Air Navigation Services Providers，ANSPs）利益的全球性组织。它的目标是为客户和驱动民航服务发展的利益相关者提供一个全球的交流平台，以保障其提供的服务安全、有效。其使命是成为全球空中交通管理（ATM）航空系统改造的代表；为其成员和利益相关者创造价值。

国际民用航空导航服务组织的会员分为正式会员和准会员两类。任何民用航空导航服务提供商，都可以加入 CANSO 成为正式会员。为空中交通管理行业提供商品和服务的组织、学术机构和飞机运营商可以成为准会员。目前正式会员 87 个，准成员 80 个。CANSO 主任国际民航组织事务总部设在加拿大蒙特利尔。

CANSO 执行委员会为 CANSO 的整体运营负责，包括：总干事的任命、预算的批准和政策的审查与批准。CANSO 设有三个常务委员会，即安全常务委员会、政策常务委员会、操作常务委员会。

1.3.1.5 国际航空电信协会

国际航空电信协会（Society International De Telecommunicatioan Aero-nautiques，SITA）是一个专门承担国际航空公司通信和信息服务的合资性和非营利性组织，是航空运输业世界领先的电信和信息技术解决方案的集成供应商。1949 年 12 月 23 日，由荷兰、法国、英国、瑞士、莎伯那等 11 家欧洲航空公司代表在比利时的布鲁塞尔成立。其成员占据的全球航空企业 90%以上，该理事会是最具代表性的与航空运输相关的机构。

SITA 是由 450 个活跃会员主导的组织，会员涉及航空公司、机场、基于机场的组织和空中交通管理机构。其经营着世界上最大的专用电信网络，全球 95%的国际目的地和 13500 行业站点都通过 SITA 的网络连接。SITA 的发展目标就是带动全球航空业使用信息技术的能力，并提高全球航空公司的竞争能力，不仅为航空公司提供网络通信服务，还可为其提供共享系统，如机场系统、行李查询系统、货运系统、国际票价系统等。SITA 建立并运行着两个数据处理中心，一个是设在美国亚特兰大的旅客信息处理中心，主要提供自动订座，离港控制、行李查询、旅客订座和旅行信息；另外一个是设在伦敦的数据处理中心，主要提供货运、飞行计划处理和行政事务处理业务。

该协会的机构组成有：SITA 理事会、董事会和秘书处。SITA 理事会由 34 名代表组成，SITA 董事会包括 13 个董事会成员，SITA 秘书处负责监督和执行法定治理职能和要求。中国民航于 1980 年加入 SITA，此后中国民航通信网和 SITA 联网，中国的航空通信可以及时地和国外的航空公司及驻外办事处进行通信及处理国际航空运输业务。

1.3.1.6 与国际航空运输有关的其他国际组织

① 国际货运协会

国际货运协会（The International Air Cargo Association，TIACA）为全球航空货运和航空物流业等所有主要领域中非营利性的行业协会，涉及领域包括：货运航空公司、货运代理、机场、地勤、公路承运人、报关行、物流公司、货主、IT 公司、飞机和设备制造商、贸易媒体和教育机构等。TIACA 的目标包括：促进和监测整个航空货运供应链电子商务实践的执行情况；支持安保措施；开发和推广健全的环境政策，解决公众的疑虑；对传统实践进行改革和现代化，提高行业业绩标准等。

② 国际虚拟航空组织

国际虚拟航空组织（International Virtual Aviation Organisation，IVAO）是一个利用网络平台为各种模拟飞行软件提供服务的组织，其致力于通过虚拟环境创造和改进飞行模拟技术。截至2014年1月，该组织共有来自全球57个成员国/地区的会员。IVAO的管理制度分为常务大会、理事会、日常管理-执行部、日常运作-其他部门和全球各分部。IVAO的虚拟模拟平台在航空安全方面具有极其重要的作用，其通过改进飞行模拟技术，提供高实时航空环境仿真，再现飞行运行中的状况，为飞行员和管制员的技术水平提高服务。其主要手段是通过在线的方式。

③ SKYTRAX

SKYTRAX是一家成立于1989年、总部位于伦敦的顾问公司，并且也是航空运输研究认证机构。其主要业务是为航空公司的服务进行意见调查，透过对国际旅行的问卷调查进行统计分析，从而找出现有服务提供者中拥有最佳空中服务员、最佳航空公司、最佳航空公司酒廊、最佳机上娱乐、最佳膳食及其他与航空公司相关的服务意见调查。最广为人知的是每年一度举办的年度全球最佳航空公司奖及年度全球最佳机场奖，该组织每年对全世界200多家航空公司在机场及客舱内的各项服务品质进行全面审核，按“一星”到“五星”分5个等级进行评定，“五星”为最高评价。

1.3.1.7 国际航空企业战略联盟

① 星空联盟

星空联盟（Star Alliance）是一个正式成立于1997年5月14日的国际性航空联盟，初期是由5家分属不同国家的大型国际航空公司结盟。今日的星空联盟成员数已发展到26个，它的成立掀起20世纪末期一股航空联盟热潮，其他对手航空公司竞相联合伙伴成立联盟团队，例如天合联盟（SkyTeam）与寰宇一家（oneworld）。

星空联盟成员如今每天有19700个航班飞往世界175个国家的1077个目的地。其成员2009年共发送6.035亿乘客，营业额达到1712亿美元。该联盟的收费客千米（RPK）占全球市场份额的28%，大于三大主要航空联盟外的所有航空公司的总和。所有星空联盟的成员总共聘有超过458817名飞行员、乘务员和其他工作人员。星空联盟还在2007年至2009年连续三年被Skytrax评为年度世界最佳航空联盟。

星空联盟的企业识别标志是一个由5个三角形图样组合而成的五角星，如图1.14所示，象征创立联盟的5个初始会员。

为了推广星空联盟的合作与统一形象，所有会员航空所属的飞机机身上皆绘有代表联盟的五角型标志。而除一般标准版本的机身涂装外，所有星空联盟成员都必须将旗下至少一架飞机改为星空联盟的统一特殊涂装，如图1.15所示，以提升星空联盟的统一形象。

图 1.14　星空联盟标志

图 1.15　涂装星空联盟标志的飞机

② 天合联盟

天合联盟（SkyTeam）是由 20 家航空公司所形成的航空联盟。初期是由 4 家分属不同国家的大型国际航空公司结盟。2000 年 6 月 22 日由法国航空、达美航空、墨西哥国际航空和大韩航空联合成立，2004 年 9 月与拥有 4 名成员的航翼联盟合并后，荷兰皇家航空亦成为其会员，成为全球第二大航空联盟。今日的天合联盟成员数已发展到五大洲 20 个之多，是迄今为止最年轻、规模第二的航空联盟。

截至 2014 年 3 月，天合联盟成员航空公司的目的地覆盖全球 178 个国家和地区的 1064 个目的地，每天营运 17500 个航班，拥有 4400 架飞机。天合联盟及成员的员工人数为 459781 人。另外，天合联盟在全球范围拥有 564 个贵宾休息室，每年运载旅客 5.88 亿人。

2010 年，为庆祝天合联盟成立十周年，每个成员航空公司的机队机身将会涂上特别的涂装，如图 1.16 所示。

图 1.16　天合联盟标志及涂装标志的飞机

为了推广天合联盟的合作与统一形象，所有会员航空所属的飞机机身上皆绘有代表天合联盟的彩带图样。而除一般标准版本的机身涂装外，所有天合联盟成员都必须将旗下至少一架飞机为天合联盟的统一彩带涂装。

③ 寰宇一家

寰宇一家（oneworld）是全球第三大的航空联盟，于 1999 年成立，初时总部位于加拿大温哥华，其后于 2011 年 5 月 26 日正式宣布把总部迁往美国纽约市。其成员航空公司及其附属航空公司在航班时间、票务、代码共享、乘客转机、飞行常客计划、机场贵宾室及降低支出等多方面进行合作。

寰宇一家现有 16 家成员航空公司，通达 152 国家、共 994 个航点，每日航班数目 14011 次，以 3324 架的机队接载超过 5 亿名乘客。

2009 年，为庆祝寰宇一家成立十周年，每个成员航空公司的机队机身将会涂上特别的涂装，如图 1.17 所示。

图 1.17　寰宇一家标志及涂装标志的飞机

1.3.2　国内民航机构组成

1.3.2.1　政府部门

① 中国民用航空局（Civil Aviation Administration of China，CAAC）

中国民用航空局是中国民航事务的最高管理机构。2008 年以前，中国民用航空局是国务院民用航空主管部门。2008 年，根据党的十七大和十七届二中全会精神，国务院机构改革，组建交通运输部，将中国民航总局的职责整合划入交通运输部，组建中国民用航空局，由交通运输部管理。

中国民用航空局现有主要职责是：

a）提出民航行业发展战略和中长期规划、相关规划建议，拟订规划和年度计划并实施和检查。起草相关法律法规草案、规章草案、政策和标准；

b）承担民航安全监管责任；

c）负责民航空中交通管理工作；

d）承担民航空防安全监管责任；

e）拟订民用航空器事故及事故征候标准，按规定调查处理民用航空器事故；

f）负责民航机场建设和安全运行的监督管理；

g）承担航空运输和通用航空市场监管责任；

h）拟订民航行业价格、收费政策并监督实施，提出民航行业财税等政策建议；

i）组织民航重大科技项目开发与应用，推进信息化建设；

j）负责民航国际合作与外事工作，维护国家航空权益，开展与港澳台的交流与合作；

k）管理民航地区行政机构、直属公安机构和空中警察队伍；

l）承办国务院及交通运输部交办的其他事项。

中国民航局现有内设机构有：综合司、航空安全办公室、政策法规司、发展计划司、财务司、人事科教司、国际司（港澳台办公室）、运输司、飞行标准司、航空器适航审定司、机场司、空管行业管理办公室、公安局、直属机关党委（思想政治工作办公室）、党组纪检组、驻民航局监察局、全国民航工会、离退休干部局。

中国民航局下设 7 个地方管理局，每个地方管理局向所辖省（市、自治区）派出民航安全监督管理机构。7 个地方管理局分别是：中国民用航空华北地区管理局、中国民用航空东北地区管理局、中国民用航空华东地区管理局、中国民用航空中南地区管理局、中国民用航空西南地区管理局、中国民用航空西北地区管理局、中国民用航空新疆管理局。

② 中国民用航空局空中交通管理局（Air Traffic Management Bureau.CAAC，ATMB.CAAC）

1978 年十一届三中全会以前，中国民航空中交通管理体制和制度是根据民航政企合一和国务防空的需要制定的，日常的生产飞行组织和实施由民航总局掌管，同时受空军飞行分区制约。2004 年 6 月，民航空中交通管理体制改革顺利完成，形成了民航局空中交通管理局、7 个地区管理局空中交通管理局、38 个空中交通管理中心（站）上下一体三级管理的民航空中交通管理体系。

中国民用航空局空中交通管理局的主要职责是：

a）贯彻执行国家空管方针政策、法律法规和民航局的规章、制度、决定、指令；

b）拟定民航空管运行管理制度、标准、程序；

c）实施民航局制定的空域使用和空管发展建设规划；

d）组织协调全国航班时刻和空域容量等资源分配执行工作；

e）组织协调全国民航空管系统建设；

f）提供全国民航空中交通管制和通信导航监视、航行情报、航空气象服务，监控全国民航空管系统运行状况，负责专机、重要飞行活动和民航航空器搜寻救援空管保障工作；

g）研究开发民航空管新技术，并组织推广应用；

h）领导管理各民航地区空管局，按照规定，负责直属单位人事、工资、财务、建设项目、资产管理和信息统计等工作。

中国民用航空局空中交通管理局下辖 7 个地区空管局，分别是：民航华北管理局空中交通管理局、民航华东管理局空中交通管理局、民航中南管理局空中交通管理局、民航西南管理局空中交通管理局、民航西北管理局空中交通管理局、民航东北管理局空中交通管理局、民航新疆管理局空中交通管理局。

1.3.2.2 民航企业

民航企业是从事和民航业有关的各类企业，最主要的是航空运输企业。航空运输企业主要分为两个部分：一是航空器的使用（飞行）维修和管理，另一部分是公司的经营和销售。它们掌握航空器从事生产运输，是民航业生产收入的主要来源。

国内民航主要的运输航空公司有以下几个：

① 中国航空集团公司

中文全称：中国航空集团公司

中文简称：中航集团

英文全称：China National Aviation Holding Company

英文简称：CN Air Holding，英文缩写：CNAH

中国航空集团公司以中国国际航空公司为主体，联合中国航空总公司和中国西南航空公司组建而成，是中央直属的特大型国有航空运输集团公司，于 2002 年 10 月 11 日正式成立，注册资金 55 亿元人民币。

中国航空集团公司由以下航空公司组成：中国国际航空、北京航空、大连航空、西藏航空、澳门航空、深圳航空、山东航空、昆明航空、青岛航空和中国国际货运航空有限公司，如图 1.18 所示。

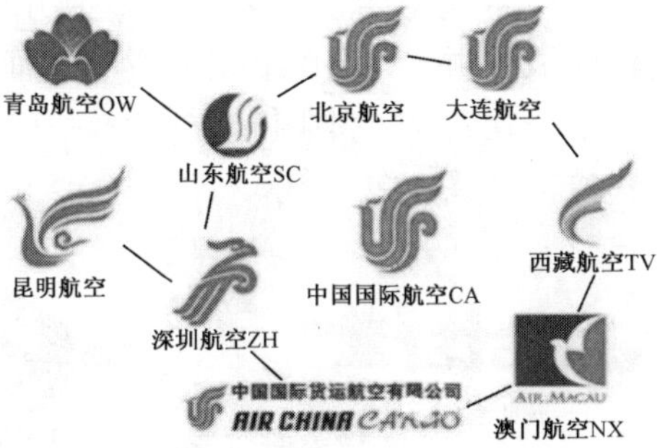

图 1.18 中国航空集团旗下各子航空公司

② 中国南方航空集团公司

中文全称：中国南方航空集团公司

中文简称：南航集团

英文全称：China Southern Air Holding Company

英文简称：CS Air Holding，英文缩写：CSAH

中国南方航空集团公司成立于 2002 年 10 月 11 日，是以中国南方航空（集团）公司为主体，联合新疆航空公司、中国北方航空公司组建而成的大型国有航空运输集团，是国务院国资委直接管理的三大骨干航空集团之一，主营航空运输业务，兼营航空客货代理、飞机发动机维修、进出口贸易、金融理财、建设开发、传媒广告等相关产业。南航集团现有员工近 8 万人，运营总资产达 2000 多亿元人民币。

南航集团主要由中国南方航空、厦门航空、河南航空、珠海航空、重庆航空、贵州航空、汕头航空、河北航空和江西航空等航空公司组成，如图 1.19 所示。

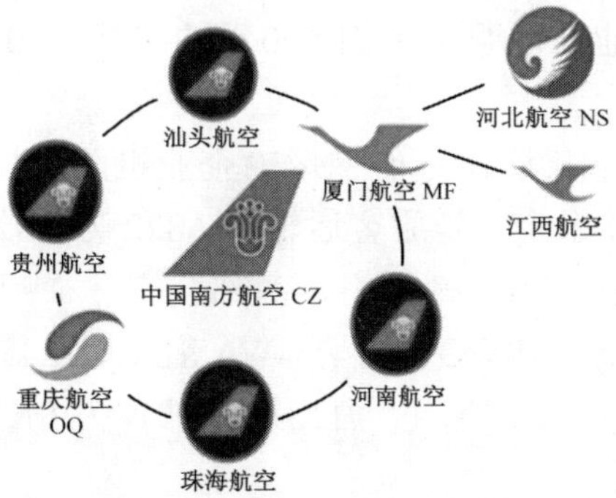

图 1.19 中国南方航空集团旗下各子航空公司

③ 中国东方航空集团公司

中文全称：中国东方航空集团公司

中文简称：东航集团

英文全称：China Eastern Air Holding Company

英文简称：CE Air Holding，英文缩写：CEAH

中国东方航空集团公司成立于 2002 年，总部设于上海。东航集团是中国三大国有骨干航空运输集团之一，它以原东航集团公司为主体，兼并原中国西北航空公司，联合原中国云南航空公司组建而成，并在 2010 年完成了与上海航空公司的联合重组。

东航集团主要由以下航空公司组成：中国东方航空、中国货运航空、幸福航空、上海航空、捷星香港和中联航，如图 1.20 所示。

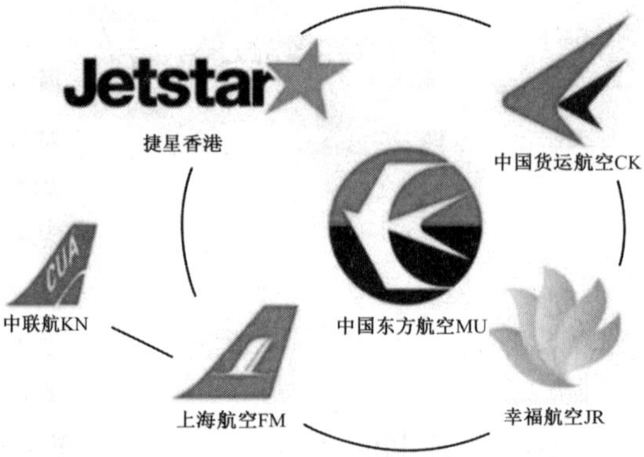

图 1.20　中国东方航空集团旗下各子航空公司

④ 海航集团

英文名称：HNA

海航集团是在中国改革开放的时代背景下快速成长起来的大型跨国企业集团。伴随着我国改革开放的时代大潮，海航逐渐发展壮大，从单一的地方航空运输企业发展成为以航空、实业、金融、旅游、物流为支柱的大型企业集团，业务版图从南海明珠初步发展到全球布局，总资产近 4800 亿元，参控股上市公司 10 家，2014 年实现收入逾 1300 亿元。经过 20 多年的艰苦创业，海航已跻身中国航空业前四强，中国 500 强企业第 120 位，正向世界 500 强企业阔步迈进。

截至 2015 年 2 月，海航集团旗下航空运输企业机队总规模 541 架，开通国内外航线 680 余条，通航城市 210 余个，年旅客运输量 6822 万人次。运营管理海南航空、天津航空、金鹿公务、祥鹏航空、首都航空、西部航空、福州航空、乌鲁木齐航空、北部湾航空、扬子江快运、myCARGO、加纳 AWA 航空、法国蓝鹰航空等航空公司，其中中国部分子航空公司如图 1.21 所示。海南航空被评为 SKYTRAX 五星航空公司。

图 1.21　海航集团旗下各子航空公司

其他类型的航空企业如信息技术、油料、航材、销售等，都是围绕着运输企业开展活动的。国内的主要相关集团公司有以下几个：

⑤ 中国民航信息集团公司

中文全称：中国民航信息集团公司

中文简称：中国航信

英文全称：China Travel Holding Company

英文简称：Travel Sky Holding，英文缩写：CTH

中国民航信息集团公司正式组建于 2002 年 10 月，属国务院国有资产监督管理委员会管理的中央企业，总部设在北京。

中国航信的主营业务是面向航空公司、机场、机票销售代理、旅游企业及民航相关机构和国际组织，全方位提供航空客运业务处理、航空旅游电子分销、机场旅客处理、航空货运数据处理、互联网旅游平台、国际国内客货运收入管理系统应用和代理结算清算等服务，是目前航空旅游行业领先的信息技术及商务服务提供商。

⑥ 中国航空器材进出口集团公司

中文全称：中国航空器材进出口集团公司

中文简称：中国航材

英文全称：China Aviation Supplies Imp. & Exp. Group Corporation

英文简称：China Aviation Supplies，英文缩写：CASGC

中国航空器材集团公司是国务院国有资产监督管理委员会监管的中央企业。2002 年 10 月，民航运输及服务保障企业联合重组，中国航空器材进出口集团公司作为六大航空及保障集团公司之一，经国务院批复正式组建。2007 年 12 月更名为中国航空器材集团公司。

中国航材是国内最大的、中立的、第三方航材保障综合服务提供商，在国际航空市场具有较高的知名度和良好的市场品牌形象，与国内各航空公司及波音、空客等国外飞机制造厂商保持着密切的合作；具有遍布全国的航材分销网络，致力于优化行业航材资源配置、打造全行业的航材共享平台。

⑦ 中国航空油料集团公司

中文全称：中国航空油料集团公司

中文简称：中国航油

英文全称：China Aviation Oil Holding Company

英文简称：China Aviation Oil，英文缩写：CAOHC

中国航空油料集团公司成立于 2002 年 10 月 11 日， 是以原中国航空油料总公司为基础组建的国有大型航空运输服务保障企业，是国内最大的集航空油品采购、运输、存储、检测、销售、加注为一体的航油供应商，是国务院国有资产监督管理委员会管理的中央企业，是国务院授权投资机构和国家控股公司试点企业。

中国航油已成为亚洲第一大航油供应商。2011 年以 2221 亿元的营业收入荣登《财富》世界 500 强第 318 位、2012 年中国企业 500 强第 38 位。

1.3.2.3 民航机场

机场是民用航空和整个社会的结合点，机场也是一个地区的公众服务设施。因此，机场既带有营利的企业性质同时也带有为地区公众服务的事业性质，因而世界上大多数机场是地方政府管辖下的半企业性质的机构，主要为航空运输服务的机场称为航空港或简称空港，使用空港的一般是较大的运输飞机，空港要有为旅客服务的地区（候机楼）和相应设施。我国把大型民用机场称为空港，小型机场称为航站。

按航线性质，可分为国际航线机场（国际机场）和国内航线机场。

按机场在民航运输网络中所起作用，可分为枢纽机场、干线机场和支线机场。

按机场所在城市的性质、地位，可分为Ⅰ类机场、Ⅱ类机场、Ⅲ类机场和Ⅳ类机场。

按服务对象，可分为军用机场、民用机场和军民合用机场。

机场作为商用运输的基地可划分为飞行区、地面运输区和候机楼区三个部分。飞行区是飞机活动的区域；地面运输区是车辆和旅客活动的区域；候机楼区是旅客登记的区域，是飞行区和地面运输区的接合部位。

1.3.2.4 国内民航社团组织

① 中国航空运输协会

中国航空运输协会（China Air Transport Association，CATA）是在民政部登记的全国性社会团体，成立于 2005 年 9 月 9 日，其行业主管部门为中国民用航空局，由八家航空运输企业和一家民航院校共同发起设立，现有会员 66 家。2009 年被民政部评为全国 5A 级社团组织，2010 年被民政部评为全国先进社会组织。

② 中国民用机场协会

中国民用机场协会（China Civil Airports Association，CCAA）是经中国民用航空总局、民政部批准的中国民用机场行业（不含香港、澳门和台湾）唯一的合法代表。协会总部设在北京，目前现有 106 个会员机场，会员机场旅客吞吐量、货运量和航班起降架次均达到全国总量的 99%以上。

③ 中国民航科普基金会

中国民航科普基金会（China Civil Aviation Science Popularization Foundation，CCASPF）于 2003 年 7 月 31 日经民航总局批准成立。基金会宗旨为：动员国内外社会团体有关组织以及个人，自愿捐赠资金，积极支持参与中国民航博物馆的建设与发展；收集中国民航文物史料；促进民航科普宣传教育；进行民航学术交流。

④ 中国民用航空维修协会

中国民用航空维修协会（Civil Aviation Maintenance Association of China，CAMAC）于 2005 年 6 月 23 日经民航总局批准成立，民航总局为该协会业务主管单位。中国民用航空维修协会的宗旨是：遵守宪法、法律、法规和国家政策，遵守社会公德；贯彻执行行业规章和有关政令，在政府主管部门与企业之间发挥桥梁与纽带的作用；制定行业标准，规范行业行为，促进行业发展，协调同业关系，提升行业竞争力，为航空公司和其他用户提供优质服务；维护会员单位的利益和业内工作者的权益；促进与国际维修业同行的交流与合作。

⑤ 中国私有航空器拥有者及驾驶员协会

中国航空器拥有者及驾驶员协会（Aircraft Owners and Pilots Association of China，AOPA-China）于 2004 年 8 月 17 日成立，是中国民用航空局主管的全国性的行业协会，也是国际航空器拥有者及驾驶员协会（IAOPA）的国家会员，也是其在中国（包括台湾、香港、澳门）的唯一合法代表。

中国航空器拥有者及驾驶员协会代表中国航空器拥有者及驾驶员利益，接受国际航空器拥有者及驾驶员协会的监督、指导及相关规章约束。

1.4　现代民航概述

现代民用航空领域是指飞机在民用航空应用中与飞机运营相关的领域的总称，是使用各类航空器从事除了军事性质（包括国防、警察和海关）以外的所有的航空活动。

民用航空分为两大类，分别是商业航空和通用航空。

1.4.1 商业航空

商业航空也称为航空运输，是在具有航空线路和飞机场的条件下，利用飞机作为运输工具进行经营性的旅客或货物运输的一种运输方式的航空活动。它的经营性表明这是一种商业活动，以盈利为目的；它又是运输活动，这种航空活动是交通运输的一个组成部门，与铁路、公路、水路和管道运输共同组成了国家的交通运输系统。

图 1.22 用于运输旅客的民航客机

图 1.23 北京首都国际机场

20 世纪 90 年代起，全球经济一体化、经济贸易的持续增长、产业结构的调整、中国航空运输业实现了快速增长。期间尽管受到非典、雪灾、地震等突发性事件的影响，但总体上仍保持增长的行业态势，2004 年至 2012 年中国民航旅客运输量复合增长率约为 12.9%，而根据国际航空运输协会数据显示，同期全球民航业旅客运输复合增长率仅为 5.0%。

航空运输是以高新技术装备起来的现代化运输方式，具有快捷性、舒适性、机动性、安全性和国际性的特点，对旅客运输的占有率不断提高，在综合运输体系中的地位已经由改革开放前的从属地位和运输辅助力量，成长为旅客运输的主力之一，特别是长途客运和国际运输最主要的运输方式，也是某些其他运输工具不能通达地区和特殊需要的主要运输方式 。

改革开放是我国的基本国策，中国经济与世界经济接轨，融入世界经济体系，必须有航空运输作为支撑，发展航空运输对把外国企业“请进来”都有重要的促进和支撑作用。因此，随着我国开放度的加大，航空运输必须有一个更快的发展。我国幅员辽阔，人口众多，资源丰富，适合发展快捷便利的航空运输。经济持续快速增长，改革开放不断深入，人民生活逐步提高，都将促进航空运输发展;对外交往增多，旅游外贸发展，将对航空运输产生更大需求。我国民航航空运输的发展前景十分广阔。

1.4.2 通用航空

2003 年 5 月 1 日起实施的《通用航空飞行管理条例》中，对通用航空的定义如下：“所谓通用航空，是指除军事、警务、海关缉私飞行和公共航空运输以外的航空活动，包括从事工业、农业、林业、渔业、矿业、建筑业的作业飞行和医疗卫生、抢险救灾、气象探测、海洋监测、科学试验、遥感测绘、教育训练、文化体育、旅游观光等方面的飞行活动。”正如定义中所说，通用航空包括多项内容，范围十分广泛，涉及的方面非常多，可以大致分为下列几类：

（1）工业航空：包括使用航空器进行工矿业有关的各种活动。

图 1.24　中国搭载时间域航空电磁系统的新型航空物探 Y12IV 型飞机

（2）农业航空：即使用民用航空器从事农业、林业、牧业、渔业生产及抢险救灾的作业飞行等一系列航空服务活动

图 1.25　从事农业作业的通航飞机

图 1.26　从事海洋渔业作业的通航飞机

（3）航空科研和探险活动：包括新技术的验证、新飞机的试飞，以及利用航空器进行的气象天文观测和探险活动。

（4）飞行训练：除培养空军驾驶员外培养各类飞行人员的学校和俱乐部的飞行活动。

图 1.27　中国民用航空飞行学院学员的飞行训练

（5）航空体育运动：用各类航空器开展的体育活动，如跳伞、滑翔机、热气球以及航空模型运动。

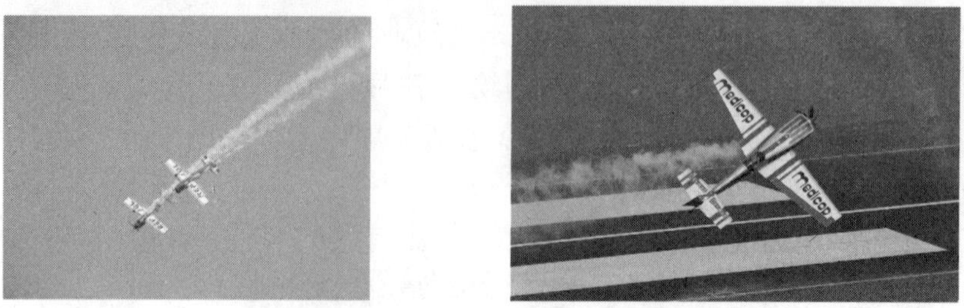

图 1.28　在中国国际航空体育节上表演的通航飞机

（6）公务航空：大企业和政府高级行政人员用单位自备的航空器进行公务活动。

（7）私人航空：私人拥有航空器进行航空活动。

图 1.29　满足企业和私人各类活动的公务机和私人飞机

通用航空以其服务的多样性、起降要求低、灵活机巧的飞行方式日渐赢得以上行业的青睐。改革开放以来，我国民航业飞速发展，运输航空的规模不断扩大，已成为全球第二大航空运输系统。但与之形成对比的是，通用航空在我国经历几十年的发展，底子仍然较薄，整体规模较小，发展中还存在种种问题，和欧美等发达国家仍有一定差距。

作为民用航空领域中“鸟之两翼，车之两轮”中之一的通用航空产业具有高技术、高产出、高附加值的特点，拥有巨大的发展潜力。通用航空在拉动国家整体及地方区域经济增长、工农业发展、应急救援、保障社会民生等方面有着不可替代的推进和激励作用。

鉴于发展通用航空的巨大作用和重要意义，其发展也越来越受到从中央到地方各级政府以及民航系统的高度重视。2010 年，国务院出台《关于深化我国低空空域管理改革的意见》和《关于加快培育和发展战略性新兴产业的决定》，拉开了充分开发低空资源、促进通航发展的序幕，正式从国家意志层面将通航列为战略性新兴产业之一。2012 年，国务院出台的《国务院关于促进民航业发展的若干意见》中，提出了到 2020 年，“通用航空实现规模化发展，飞行总量达 200 万小时，年均增长 19%”的发展目标，并提出了通用航空发展的主要任务：“大力发展通用航空。巩固农、林航空等传统业务，积极发展应急救援、医疗救助、海洋维权、私人飞行、公务飞行等新兴通用航空服务，加快把通用航空培育成新的经济增长点。推动通用航空企业创立发展，通过树立示范性企业鼓励探索经营模式，创新经营机制，提高管理水平。坚持推进通用航空综合改革试点，加强通用航空基础设施建设，完善通用航空法规标准体系，改进通用航空监管，创造有利于通用航空发展的良好环境。”

在国务院低空空域改革和将通用航空列为发展战略政策的直接推动下，近年来通用航空取得了快速发展。

（1）作业时间

2012 年，全行业完成通用航空生产作业飞行 51.7 万小时，比上年增长 2.8%。其中，工业航空作业完成 7.71 万小时，比上年增长 36%；农林业航空作业完成 3.19 万小时，比上年降低 3.9%；其他通用航空作业完成 40.81 万小时，比上年降低 1.2%。

2013 年，全行业完成通用航空生产作业飞行 59.1 万小时，比上年增长 14.3%。其中，工业航空作业完成 9.64 万小时，比上年增长 25%；农林业航空作业完成 3.41 万小时，比上年增长 7.0%；其他通用航空作业完成 45.89 万小时，比上年增长 12.5%。

（2）通用航空企业

截至 2012 年底，获得通用航空经营许可证的通用航空企业 146 家，其中，华北地区 41 家，中南地区 27 家，华东地区 29 家，东北地区 16 家，西南地区 16 家，西北地区 11 家，新疆地区 6 家。

截至 2013 年底，获得通用航空经营许可证的通用航空企业 189 家，其中，华北地区 48 家，中南地区 39 家，华东地区 36 家，东北地区 20 家，西南地区 24 家，西北地区 16 家，新疆地区 6 家。

（3）机队规模

2012 年底，通用航空企业适航在册航空器总数达到 1320 架，其中教学训练用飞机 328 架。

2013 年底，通用航空企业适航在册航空器总数达到 1519 架，其中教学训练用飞机 340 架。

2014 年 11 月 22 日，全国低空空域管理改革工作会议在北京召开。国务院副总理、国家空管委主任马凯指出，自 2010 年国务院出台《关于深化我国低空空域管理改革的意见》后至今，改革试点四年多来，各有关单位认真贯彻落实中央决策部署，实施低空空域分类划设管理，简化通航飞行审批程序，建设完善空管信息服务保障体系，有力促进了试点地区通用航空发展，保证了军民航飞行安全和空防稳定。在未来，要继续最大限度盘活低空空域资源，积极促进通用航空产业的快速、健康、有序发展。

我国通用航空还处于起步阶段，与欧美等国还有较大的差距。经过政府和社会各界的努力，我国已基本具备发展通用航空的环境。在 2016 年 5 月，政府颁布的《国务院办公厅关于促进通用航空业发展的指导意见》指出，到 2020 年，建成 500 个以上通用机场，通用航空器达到 5000 架以上，年飞行量 200 万小时以上，通用航空机场基本覆盖所有地级以上城市、农产品主产区、主要林区、50%以上的 5A 级旅游景区。与 2015 年底的统计数据相比，5 年内新增通用航空机场 200 个，新增通用航空器 3000 余个，年飞行量增长 173%，年复合增长率达到 22.26%。这将进一步促进通用航空业的发展和部署，进一步明确通用航空发展的目标，并将扩大低空空域开放力度。

随着世界经济的发展和全球化进一步深入，世界各国民航的发展进程明显加快。民航新技术的研发和应用，是未来民航业的发展趋势和必经之路。现代空管系统是一个高度依赖信息技术的民航专业领域，信息的来源涉及通信、导航、监视、气象情报、空中交通服务（管制自动化系统）、流量管理、空域管理、航空公司运行、机场运行等各类应用系统，这些信息是向空管部门、航空公司、机场等行业用户和广大公众用户提供精确信息服务的基础。但是这些系统相互独立，系统信息在类型、结构和协议上存在较大差异，随着空管信息多元化发展，信息处理、信息交换和信息服务的能力，逐渐成为航空运行效率、航空运输安全水平的重要影响因素，成为亟待解决的难题。现代网络通信技术、网络管理技术、信息管理技术、信息安全技术和信息自动处理技术的高度发展，使空管信息化成为可能，通过研发、验证和建设，逐步建立民航空管信息处理与服务平台，实现空管信息在利益相关方之间的透明传输和无缝交换，为用户提供一致的、准确的、完整的空中交通信息。

在该背景下，欧美提出了广域信息管理系统（System Wide Information Management，SWIM），该系统能够提供透明化的平台架构，屏蔽现代民航基础设施的多样性和复杂性，采用强标准、松耦合、优良的接口或契约，实现实时、高效、安全、准确的信息共享。该系统具有以下优势：数据资源利用率高，服务传递灵活，信息服务管理能力强，数据交换的安全性和可靠性高，获取数据成本和开发成本及维护成本低。其为未来民航高效协同运行提供了基础，充分发挥了空天地一体化网络的效能，在空管、航空公司、机场以及飞行员等空中交通运输的参与者之间，实现一体化、标准化、灵活的通信、导航、监视、运行、气象、情报数据的发布，从而满足未来民航高效协同运行的需求。所以，广域信息管理系统（SWIM）将成为民航和空管信息化的核心，也将成为欧美和中国等国家和组织的新一代空中交通管理（ATM）系统的基石。

本 章 小 结

在本章中，我们介绍了世界民航发展概况，主要包括国际民航发展概况、中国民航发展概况、主要民航组织和现代民航概述。

在世界民航发展概况中，我们从人类拥有飞行的梦想开始说起，以时间顺序为轴，以影响重大的、具有里程碑式意义的事件为点，多点成面，介绍了人类对飞行的不懈探索与研究。首先，从民航发展初期、大发展和全球化三个阶段介绍了世界民航的发展概况。其次，按照解放前中国民航和新中国民航的发展两个时期对我国民航发展进行了介绍。再次，介绍了国际民航和我国民航的主要组织机构。最后，介绍了民航运输业的分类、用途和发展趋势。

现代民航业可分为商业航空和通用航空，商业航空运营模式已比较成熟，而通用航空与商业航空还存在一定的差距，这也是未来社会经济发展的一个重要方向。在现代和未来民航系统中将会涉及大量的业务系统和数据，这对现存民航系统运营模式是一个比较大的挑战。并且，随着利益相关者越来越依赖于及时、准确和高效的民航信息交换，民航信息系统技术亟待更新。为了满足未来民航业信息共享的需求，欧美等国际组织提出了民航广域信息管理系统（SWIM），这将推动民航信息系统的革新。后面章节将为大家详细讲述 SWIM 系统的概念。

思考题

1-1　世界民航的发展分为几个阶段？试举例每阶段的一个重要事件。

1-2　新中国民航的发展分为几个阶段？试举例每阶段的一个重要事件。

1-3　列举 5 个国际民航组织机构。

1-4　阐述现代民航的概念。

第 2 章

民航广域信息管理概述

民航广域信息管理系统（System Wide Information Management，SWIM）对大家来说可能比较陌生，但随着科技的进步和民航业务需求的激增，其对提升现有民航系统的信息管理和高效共享发挥重大作用。为系统阐述 SWIM 的内涵和核心思想，本章主要从以下几方面进行介绍，包括 SWIM 的需求背景、概念演变、主要结构框架及其优势等。

2.1　民航广域信息管理需求背景

纵观全球经济的发展，随着以信息技术（Information Technology，IT）为标志的科技日新月异，科技成果向现实生产力的转化越来越快。信息资源已经成为国民经济和社会发展的战略资源，信息化水平是衡量一个国家和地区综合实力、经济成长力和现代化程度的重要标志，全球信息化正在引发当今世界的深刻变革，并重塑着世界政治、经济、社会、文化和军事发展的新格局。信息化也是民航迅速发展的推进器，这将给民航信息化快速发展带来难得的机遇。加快信息化发展，已经成为世界各国的共同发展目标。

民航是高度依赖信息技术的行业，我国民航实施信息化建设以来成绩显著，信息化管理水平不断提升，旅客货物进出的便利化水平越来越高。据中国民用航空局对民航行业发展统计显示，2015 年全行业完成运输总周转量 851.65 亿吨千米，旅客周转量 7282.55 亿人千米，货邮周转量 208.07 亿吨千米。我国民航运输总周转量已连续 11 年稳居世界第二。2015 年全国民航运输机场旅客吞吐量 9.15 亿人次，货邮吞吐量 1409.40 万吨，年旅客吞吐量 100 万人次以上的运输机场达 70 个，年货邮吞吐量 1 万吨以上的运输机场达 51 个，其中北京、上海和广州三大城市机场分别占全部机场旅客吞吐量和货邮吞吐量的 27.3%和 50.9%。北京首都机场旅客吞吐量 0.90 亿人次，连续六年位居世界第二；上海浦东机场货邮吞吐量 327.5 万吨，连续八年位居世界第三。全国在册运输飞机 2650 架，颁证运输机场 210 个，定期航班航线 3326 条，航空公司 55 家，我国航空运输系统已成为仅次于美国的全球第二大航空运输系统。我国作为世界第二民航大国，在国际舞台上不断发挥重要的作用。

我国民航通过近 30 年的发展，民航信息化水平得到全面提升，通信、导航和监视等空管信息系统等基础信息网络及系统建设已具备规模，管理能力和公共服务不断加强，企业信息资源不断整合与共享，信息化标准和规范日趋完善，航空电子商务发展异军突起，新一代航空运输系统正在加快推进建设步伐，促进了航空运输系统安全和高效的运行。在航空服务方面，已建立比较成熟的旅客订座系统、货运系统、全球分销系统、收入结算系统和电子政务系统等，推动了民航信息化建设进程。我国正在稳步由民航大国迈向民航强国。

随着美国航空运输业放松管制和欧盟航空运输市场一体化的日益成熟，航空运输自由化也开始向国际市场进一步扩展，逐步形成世界航空运输大市场。以美欧为代表的航空强国和地区逐渐认识到，现有的航空运输系统已不能满足 21 世纪的发展需求，难以满足不断增长的航空运输需求，需要建设一个具有经济价值，国家安全性、机动性、通达性，环保价值和超级运输量的航空运输系统，从根本上改变现有系统的结构。为此，美国实施的“下一代航空运输系统”（Next Generation Air Transportation System，NextGen）和欧盟提出的“单一欧洲天空空中交通管理研究”（Single European Sky ATM Research，SESAR）计划，均提出要实现基于卫星的通信、导航和监视技术，将传统的“陆基”空管发展为“星基”空管，全球无导航盲区；通讯手段从话音向数据链过渡，使航路上飞机间的数字通信更加方便可靠；在航路上将允许使用自由飞行功能，空中交通管理系统自动化程度得到极大提高；空中交通管理的程序和方法将从目前的由管制员为主导过渡到由飞行用户主导，从对飞行目标的管理过渡到交通流的管理，空中交通管制和空中交通流量管理的界限将被打破，提供统一的空中交通管理服务。实现我国由民航大国向民航强国跨越的关键，是发展我国的新一代民航运输系统，其中新一代空中交通管理系统（NGATM）为其核心之一，NGATM 提出以飞行运行为中心，以空管、航空公司和机场当局三方共同参与的运行决策机制为手段，以卫星和网络等代表的新技术为支撑，通过基于四维轨迹的飞行、基于性能的服务、基于协同决策的信息平台等技术，决策者从地面管制部门的独立决策逐步转移到以飞行员和航空器性能为主体，以地面管制部门为支撑，基于高度共同态势感知的协同决策；空中交通管理（ATM）服务从战术管理航空器间隔转变为战略上平滑空中交通流。

民航广域信息管理系统（SWIM）是实现上述系统或计划的基础和基石，通过对民航各种异构信息和数据信息格式进行规范，让授权用户能够以恰当的方式从服务资源及时获得准确的信息，实现民航内部不同系统、不同部门或用户之间的信息交互和高效共享，以满足对航空运输系统在低成本、低碳化和绿色化等方面的需求。

民航广域信息管理系统可以有效解决目前存在于民航信息系统中因系统接口专用、系统端到端直连和企业安全等造成“信息孤岛”的难题，这些难题限制了民航各系统之间不断增长的信息高效共享需要。SWIM 将采用基于标准的数据交换模式代替专用接口，使数据交换标准化，提高不同业务系统之间的互操作性。由于目前世界各国的民航系统间互联主要采用端到端的直接方式，开发新系统将会使接口数目呈几何形式增加，加大了系统开发成本，SWIM 将采用“虚拟信息池”的概念使用户信息访问透明化。民航领域对飞行安全十分敏感，SWIM 将为流入和流出信息系统的数据进行安全性管理，从而实现民航各信息系统之间高效、实时和安全的信息共享，使所有利益相关者具有共同的态势感知。

目前世界很多国家和地区都在积极推广 SWIM 概念、SWIM 研究和建设，如最早开始的美国和欧盟，还有中国、澳洲和日本等国家。考虑到各个国家国情和民航发展实际情况不同，全球各个国家和地区的 SWIM 研究、开发和建设工作内容和进度稍有差异，但都取得了丰硕的阶段性成果，为后续全球广域信息管理奠定了坚实基础。

2.2 民航广域信息管理发展与内涵

目前，全球的民航信息系统均存在以下不足：

（1）开发、测试、部署、维护新接口与应用的代价过于高昂；

（2）不是一个敏捷开发且灵活的系统；

（3）系统之间的数据共享是劳动密集型；

（4）难以及时获得共性数据；

（5）缺乏支持空管高效运行的工具。

在 SWIM 概念还未出现时，不同的 ATM 系统之间的信息共享是采用专用电缆和信息接口协议进行连接的，即每两个互联的应用系统之间都有一对专用数据接口。随着民航信息系统的不断增长，系统之间信息共享的连接电缆和接口协议不断增多，使得空中交通管理系统的接入成本不断攀升，难以实现可持续发展。SWIM 的目标是突破传统信息共享方式，通过采用新的系统信息共享体系架构，构建“虚拟信息池”，可有效降低民航系统之间的互联复杂维度，并制定标准化协议接口、服务发布和安全管理，实现服务的全生命周期管理，达到可持续发展下的信息高效共享目标。

SWIM 可实现便于信息获取的网络化基础设施服务的全新信息管理方式，从关注信息的生成转变为关注信息的标准化获取，从以应用为中心过渡到以数据和服务为中心，提供共同的情景意识和态势感知，为信息的提供者和消费者提供了一种信息共享和交换的平台。简单地说，SWIM 的核心目标是促进民航软硬件各不相同的业务系统或应用之间实现高效和安全的信息共享。

民航广域信息管理系统（SWIM）从网络拓扑结构层面改变了传统的数据共享架构，即由传统的点对点模式，转为以 SWIM 为数据传输、交换、管理等核心的共享架构，如图 2.1 所示。在传统点对点的模式中（见图 2.1（a）），当增加一个新业务系统或应用，就必须在相关业务系统或应用中增加特定的接口来与之通信。例如对有 N 个不同的业务系统，需要 $N(N-1)$ 个特定的接口使系统间进行联通。开发接口的数量将随着业务系统的增加，以几何形式增加，这样不仅增加了开发成本，而且造成不必要的资源浪费。而对以 SWIM 为共享架构的模式（见图 2.1（b）），只需要为新增的业务或应用开发通用的接口，即有 N 个不同的业务系统接入，只需开发 N 个接口，从而大大减少专用接口的开发数量，极大提升不同软硬件系统间的内部细节屏蔽和透明服务的能力。SWIM 从信息共享机制和系统架构层面规范了接口的统一使用和管理标准，促进了不同类型和结构数据的交换和共享，加强了民航信息各部门各系统间的协同作业，以达到对民航信息资源高效利用的目的，为民航运输业的迅猛发展提供信息服务保障。

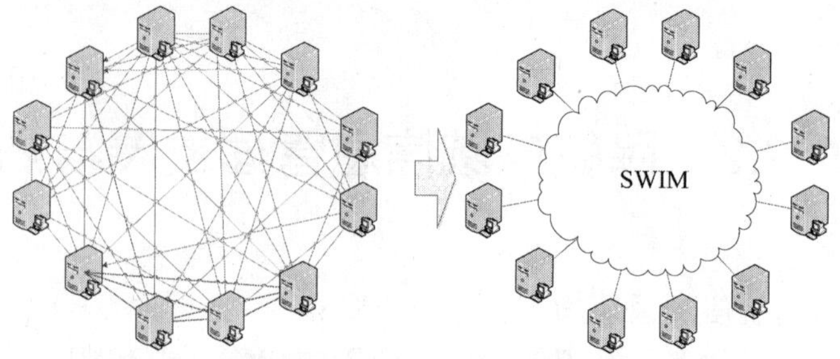

（a）传统民航信息共享拓扑　　（b）SWIM民航信息共享拓扑

图 2.1　广域信息管理系统（SWIM）可有效减少系统之间的接口

广域信息管理系统（SWIM）最早由欧洲和美国在 20 世纪 90 年代末提出。随着欧美民航运输业的快速增长，美国联邦航空局（Federal Aviation Administration，FAA）和欧洲航空安全组织（European Organization for the Safety of Air Navigation，Eurocontrol）意识到当时现有的民航信息基础设施将不能满足民航信息数据的爆发式剧增。因此，有必要建立一个可以提供信息数据高效、安全、有序共享和可管理的广域信息管理系统，为世界民航发展提供高质量和高安全性的信息服务。随着美国和欧洲在 SWIM 研究、开发、建设、部署等方面开展工作，SWIM 由以信息数据交换共享为目标逐渐过渡到以信息数据交换、共享和管理为核心，同时在接口规范和管理、企业决策和管理以及信息安全保障等各方面进行功能和架构的完善，逐渐形成了以面向服务架构（Service-Oriented Architecture，SOA）为原则的完整架构体系，广域信息管理系统（SWIM）的概念、核心思想、架构以及功能也逐渐得到丰富和完善。因此，国际民航组织（International Civil Aviation Organization，ICAO）也对民航广域信息管理系统（SWIM）有了定义和规范，在《ICAO SWIM Concept Working Version v9c》中进行了正式声明，在世界范围内宣传和推广广域信息管理系统（SWIM）的概念、研究和建设，进而推进全世界民航信息服务的现代化进程。

2.2.1　广域信息管理系统的基本组成

广域信息管理系统（SWIM）的基本组成要素包括：广域系统（System-wide）、标准和治理（Standards and Governance）、体系架构（Architecture）和信息管理（Information Management）。

2.2.1.1　广域系统（System-wide）

为实现广泛的信息共享，广域系统一般尽量将民航现有运行和未来建设的各个信息系统纳入到共同域中。广域信息管理系统（SWIM）通常具有支持所有信息域和飞行域的能力，如图 2.2 所示。信息域包括航空监视、航空情报、航空气象、飞行数据和空域状态等，管制部门根据不同的信息分别操作不同的终端，包括空域、航班、流量、交通态势和飞行间隔等，并且这些终端功能是通过现有民航航空公司、机场和空管相关的应用和服务实现的。飞行域包括场面、终端、航路和洋区等。

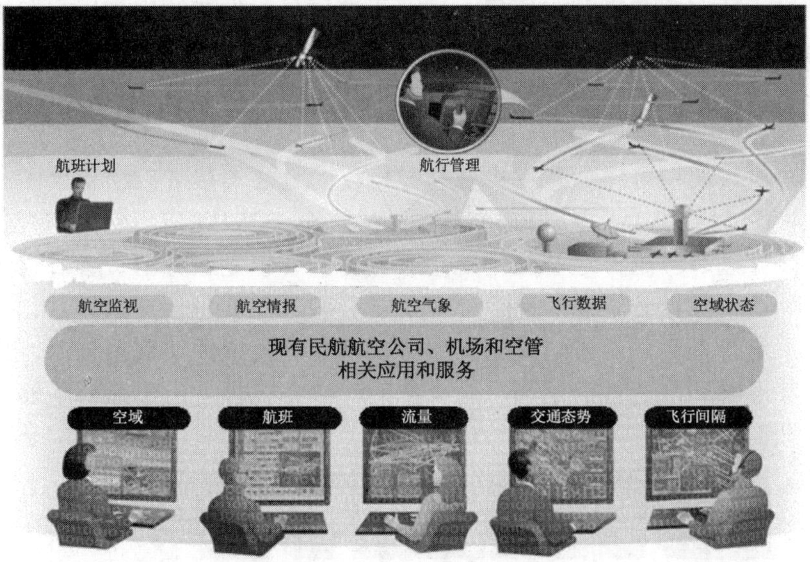

图 2.2 广域信息系统（SWIM）支持所有信息域和飞行域

2.2.1.2 标准和治理（Standards and Governance）

为实现上述广域系统所包含能力的可持续性运行和升级，就需要全球各国家和地区要共同制定相应的体系架构、接口、服务和安全等标准。标准保障了信息管理系统间的互操作和数据交换，其中，消息交换就是一个应用相关标准的实例，如 Java 消息服务（Java Message Service，JMS）；由 FAA 和 ICAO 共同开发的航空信息交换模型（Aeronautical Information Exchange Model，AIXM）是一个数据交换标准的实例，其实现了协调和电子分发的功能。

标准可以通过国际组织（如 ICAO）牵头，结合各个国家和地区的需求来组织制定，反映全球对广域系统的共识。标准的具体实施可根据本地实际情况而作适当调整。例如，FAA 对服务质量（Quality of Service，QoS）及信息安全和保护质量（Quality of Protection，QoP）有特殊的需求，故 FAA 在这些方面着重对标准进行调整以符合本地需求。

2.2.1.3 体系架构（Architecture）

为实现广域系统各个系统和用户的高效运行和共享，需设计优良的层次结构、运行模式、调用关系等方面来构建系统的体系架构，如面向服务的架构（SOA）。该体系架构应具有灵活性、兼容性、可扩展性、松耦合性和安全性，能够灵活地包容所有现有系统，将这些系统纳入共同域中；能够兼容所有老系统或遗留系统，以较少的代价接入域，如通过适配器等；能够根据未来需求进行扩展，以连接越来越多的新系统；还需要保证各系统间松散的耦合性；同时还需要加强系统体系架构的安全性。

以系统耦合性为例，现有系统之间的紧耦合主要体现在三个方面：用户系统接口专用、数据格式特定和数据源固定单一。在广域信息管理系统中，用户系统接口经过标准化，避免接口重复开发；数据格式统一，避免特定数据格式变化而引起用户系统接口变化的连锁反应；数据源多样，并且数据在“虚拟信息池”中经过融合和处理，增强数据的可靠性。

广域系统体系架构可将信息提供者与被授权的合法消费者以松耦合的方式进行连接，图 2.3 主要包括 SWIM 应用和 SWIM 核心服务，SWIM 应用包括监视、气象、航空信息和流量计划等应用，这些应用既是服务提供者也是服务消费者，它们通过对应的接口连接到通用数据传输总线上。SWIM 核心服务主要包括接口管理、消息服务、安全服务和系统管理等。通过这种架构服务，消费者无须关注数据来源，只需要确保共享数据能够及时和准确地满足需求。类似的，服务提供者也不需要了解具体消费服务的应用，从而在一定程度上实现了松耦合。

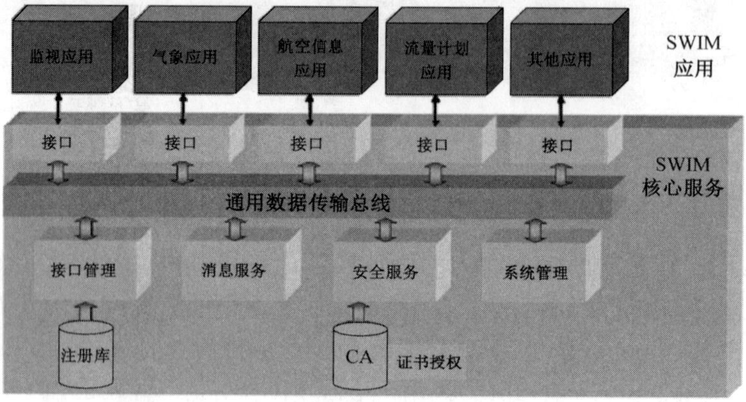

图 2.3　SWIM 架构提供服务以促进应用间的数据交换

为使消费者能够发现和调用数据和服务，提供服务的应用必须以符合数据架构的标准对数据进行整合与描述。广域系统架构必须实现互操作的标准，以满足在广域系统内将精确完整的信息及时地传送给被授权的用户。而且，架构应该支持民航信息系统内的所有地面和空中用户，其中民航信息系统的参与者包括航行服务提供商、航空公司、机场、空管机构和公众等。其他政府部门和军航作为独立的域，将通过边界网关与民航广域信息管理系统进行连接。

2.2.1.4　信息管理（Information Management）

信息管理包括管理服务和管理工具。首先，在管理服务方面，广域信息管理系统（SWIM）提供一系列通用信息管理服务即核心服务，以促进各用户间的信息交换。这些服务支持企业间信息系统运行的互异性，例如在应用操作系统、程序语言、数据格式和通信标准等方面。此外，管理服务还可提供给用户信息的安全性和完整性，并具备监视和故障检测功能。

其次，在管理工具方面，文档化和配置控制工具可提供连接到广域信息管理系统

（SWIM）核心服务的通用接口，从而促进用户更容易接入广域信息管理系统。该工具还可以使提供给每个用户的数据和服务都能够进行适当的定制，如数据格式重新调整、服务协同编排等，以满足对数据准确性、及时性和完整性的需求。

2.2.2 广域信息管理系统概念的演变

广域信息管理系统目标是在航空业界，共享空管业务数据，提供准确、高效、安全的信息服务。

广域信息管理系统的概念起源于 20 世纪 90 年代末期的欧洲和美国。1997 年美国 FAA 提出国家空域系统（National Airspace System ，NAS）信息服务的概念，简称为 NWIS（NAS-Wide Information System），1998 年 Eurocontrol 将其确定为目前的名称和缩写，即广域信息管理系统（SWIM）。

之后随着信息技术的不断发展与成熟，各国开展了一系列的研究，并开发了一些广域信息管理系统的原型。2001 年，波音公司提出了公共信息网络（CIN）的概念。2002 年，FAA 联合国际电话电报公司（International Telephone and Telegraph Corporation，ITT）开发出了 NAS 中的广域信息管理系统的功能和物理架构。这项工作也是由波音公司主导与 FAA 合作的全球通信、导航和监视系统（Global Communications，Navigations and Surveillance Systems，GCNSS）项目的一个重大成果。

对广域信息管理系统的定义，美国和欧洲存在些许的不同，并且随着时间的推进和技术的发展，其定义也在更新迭代。其中国际民航组织（International Civil Aviation Organization，ICAO）参照美国和欧洲对广域信息管理系统的定义，给出了适合全球范围内的概念。下边对美国、欧洲和国际民航组织的广域信息管理系统概念演变分别进行介绍。

（1）美国

目前 FAA 开展的 SWIM 项目是在 2007 年由 FAA 与 ITT、波音等多家公司和机构一起确立，目前已完成需求分析与架构设计，及部分工程实施。FAA 在 SWIM 一期项目需求中对 SWIM 的操作概念解释为：广域信息管理系统为 NAS 操作数据提供了一个开放、灵活、模块化、可管理、安全的以及可共享的架构。这些数据包括航空信息、飞行数据、交通流量管理数据、监视数据以及气象信息等。为了实现这一概念，广域信息管理系统的策略是将 NAS 应用程序逐步迁移到一个松耦合、专注信息共享和开放的分布式环境中。

2008 年美国开展广域信息管理系统由一期工程到二期工程过渡的研究，美国 FAA 对 SWIM 的描述为：为了适应不断变化的需求，广域信息管理系统概念应该逐渐地演变和发展，应当支持松耦合、多对多的数据交换接口。在部署之后，广域信息管理系统应当为信息提供者和信息消费者提供安全、健壮和基于标准的环境。在《下一代航空运输系统研究计划》中，将广域信息管理系统定义为：向授权用户提供国家空域系统信息共享和交换的一整套信息技术基础设施。主要目的是使民航系统从以应用程序为中心过渡到以数据为中心；提供共同的情景意识和态势感知；确保系统之间的互操作性；降低信息交换的成本；增加美国国家空域系统架构的灵活性和可扩展性。

广域信息管理系统是美国 NAS 企业架构路线图的一个重要组成部分，也是 NextGen 计划的重要组成部分，其采用面向服务的架构（SOA），通过基于通用标准开发一系列 NAS 服务来消除现存的性能隔阂。2009 年，广域信息管理系统二期工程中考虑了核心服务基础设施的硬件和软件拓展问题，以构建国家空域系统网络中心基础设施。

同时，FAA 对 SWIM 的定义为：广域信息管理系统是一个运行在后台的 IT 基础设施工程，给授权用户提供所需的数据。其核心思想是在准确的时间将准确的信息传递到正确的位置，以促进情景意识共享和协调决策（Collaborative Decision Making，CDM）。SWIM 将实现面向服务的架构（SOA），并促使创建新系统接口更加快速和廉价，将增强下一代航空运输系统（NextGen）的数据共享。

2010 年，美国 FAA 对广域信息管理系统的服务对象进行了全面的说明，不仅考虑国家空域系统内部成员，还添加了国家空域系统外部合作伙伴，即非国家空域系统成员等利益相关者。在广域信息管理系统二期项目需求中对 SWIM 的操作概念描述为：通过 SWIM 信息技术基础设施，促进国家空域系统数据互操作，以及国家空域系统和非国家空域系统中的服务消费者与提供者之间的数据交换，并提供一个开放、灵活、模块化、可管理、信息安全的架构模型。

在提供标准化接口以及信息交换方面，图 2.4 提供了 SWIM 角色的概念性描述。SWIM 基础设施在 FAA 电信基础设施（FAA Telecommunications Infrastructure，FTI）IP 骨干网之上，提供消息服务、接口管理及其他方便交互与重用的核心服务，FTI IP 可以提供物理和网络级的接口功能。

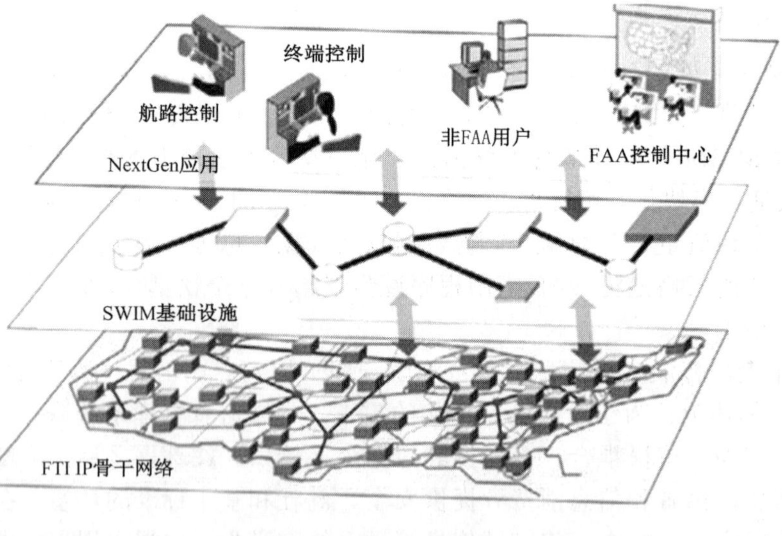

图 2.4　广域信息管理系统（SWIM）概览

2011 年，广域信息管理系统依然是一个运行在后台的 IT 基础设施工程，给授权用户提供所需的数据。该系统可以降低信息成本、提高创建接口的速度、提供通用的情景意识及提高国家空域系统的灵活性。其中，降低信息成本主要通过采用标准的系统接口、数据格式和协议来实现，并且低成本灵活地管理数据也可以促进更多的数据共享，从而增加共同的情景意识。图 2.5 将广域信息管理系统概览的核心服务层细分为 SWIM 基础设施层和数据交换的标准层，其中数据交换标准层主要对相关数据进行标准化建模，详细介绍见后续章节。

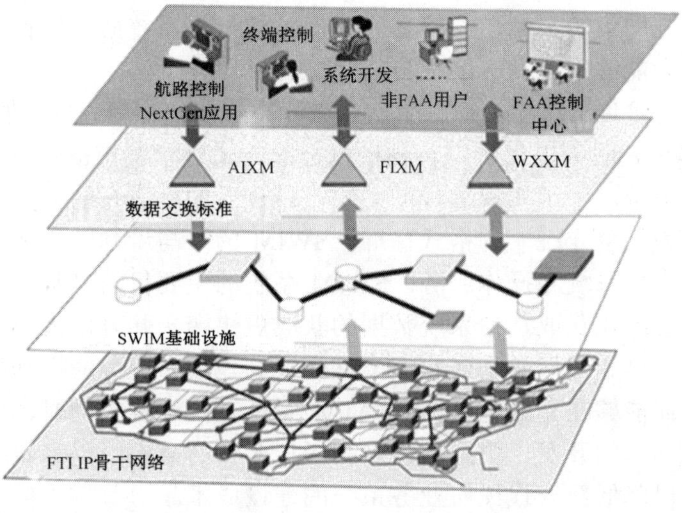

图 2.5 广域信息管理系统（SWIM）概览

在二期工程解决方案指南中对 SWIM 定义描述为：广域信息管理系统包括标准、基础设施和治理，其可以使国家空域系统和利益相关者之间通过互操作服务进行以网络为中心的 ATM 操作和信息交换。

SWIM 基于面向服务架构（SOA）的原则，为系统之间的信息交换奠定了基础。SOA 是一种粗粒度、松耦合的服务架构，服务之间通过简单、精确定义的接口进行通信，不涉及底层编程接口和通信模型。SOA 使企业 IT 更适合异构环境中的互操作，并且组织之间的互联不用考虑底层基础架构，这就为现有服务的授权、共享以及重用打开了一扇门。同时也简化了现有终端系统接口的建设，并保证新系统和应用程序可以更快地进行创建与集成，以创建满足下一代航空运输系统（NextGen）需求的新功能。

此外，广域信息管理系统还需要一定的治理策略，以保证服务满足 SWIM 规定和 FAA 面向服务架构的标准。基于此，SWIM 可降低国家空域系统内部服务开发与部署的成本，促进民航信息系统间信息高效共享，提高民航运行效率。

（2）欧洲

在欧洲广域信息管理系统的研究和发展主要分为两个时期：一个是在 SWIM-SUIT（System-Wide Information Management SUpported by Innovative Technologies）项目下，其主要时间跨度为 2007 年到 2010 年，由欧洲委员会总局第六框架项目（FP6）“交通与能源”支持的研究项目，主要活动包括：规范 SWIM 实施、SWIM 原型设计与开发、对 SWIM 概念有推动作用的技术加以验证、对法律和财务等问题进行评估等；另一个是在 SESAR 计划中，从 2011 年开始将广域信息管理系统纳为其 6 个关键特征之一，其余 5 个关键特征分别为：空域转向 AD 航迹管理、交通同步、网络协调管理和动态容量平衡、机场集成和吞吐量、冲突管理和自动化，这六个关键特征也组成了完整的 SESAR 解决方案。

在 SWIM-SUIT 项目阶段，欧洲提出了《单一欧洲天空空中交通管理研究计划》，在 SESAR 的运行概念中将 SWIM 定义为：广域信息管理系统能够提供一种便于获取网络化基础设施服务的全新信息管理方式。关注点从系统架构转移到系统中传输的信息，这使开发者能够根据自身的业务需求进行应用开发。

在空中交通管理网络中，每一个参与者既是服务提供者，也是服务消费者。因此，在 SWIM 环境中，服务提供者以一种松耦合的方式进行发布信息，服务消费者在一定时间内接收并消费。为了实现这样的系统，最重要的是所有的提供者都应当遵循统一的格式标准。为了遵守统一的格式标准，SWIM 的参与者都应当通过统一的服务模型和互操作模式实现系统互操作服务。SWIM 系统的主要目的是从关注信息的生成转变为关注信息的标准化获取，使系统数据的获取更快捷。并可以为服务提供者和消费者提供一个信息共享和交换的平台，使 IT 基础设施建设和业务应用功能开发保持一定的松耦合度，进而能够在充分利用旧有 ATM 系统基础设施的同时，使用户能够更加专注于业务应用功能的开发，更好的满足其运行业务的需求，提高新应用的开发速度和灵活性，并可以降低新一代民航业务系统的建设成本。

图 2.6 描述了广域信息管理系统架构的分层架构，包括网络层、技术服务层、ATM 数据访问服务层和 ATM 应用服务层，其中下边两层为 SWIM 基础设施，顶层为 SWIM 支持的 ATM 功能，第二层既包含部分 SWIM 基础设施，也包含部分 ATM 功能，对它们的详细介绍见第 3 章。

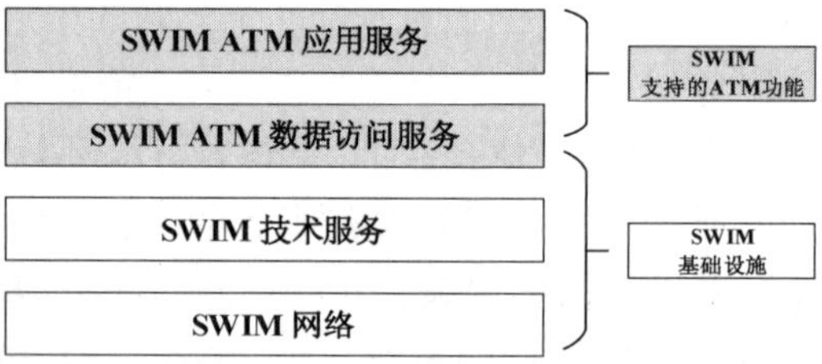

图 2.6　广域信息管理系统（SWIM）分层架构

在 SESAR 的 6 个关键特征中，SWIM 是一个非常重要的组成部分。自 2012 年开始，每年欧洲都会举办 SWIM Master Class，其目标是进一步开发和验证空中交通管理中最先进的信息技术，面向的对象是所有感兴趣的团队，这些团队进行开发和验证支持广域信息管理系统的应用，该活动有利于经验和技术的分享，并在最后会评出最好的应用程序，颁发证书作为奖励。

这个阶段对 SWIM 的概念进行了比较明确的定义：广域信息管理系统由标准、基础设施以及治理部分组成，可以促进 ATM 信息管理，并且可以通过互操作的服务实现各部门之间的信息交换。其中，标准包括 ATM 信息参考模型（ATM Information

Reference Model，AIRM）、信息服务参考模型（Information Service Reference Model，ISRM）和其他技术标准等；基础设施包括 SWIM Node（主要功能包括消息传输、安全管理、记录和接口管理等）和其他功能，如注册和监视等；治理包括对身份认证、政策、验证、安全和服务生命周期的管理。

为了避免混乱使用 SWIM 概念的情况，需要一系列的指导原则。这些指导原则为所有利益相关者提供了设计和开发等方面的指导，为信息或解决方案的提供者和消费者提供了流程、标准以及技术方面的指导。SESAR 对 SWIM 提出了 10 项关键原则，促使业务运行保持一致，即持续地将准确的信息在准确的时间提供给正确的人。这些广域信息管理系统的指导原则包括如下 10 项。

① 可获得性：通过共用服务接口和网络连接，利益相关者可以直接提供或使用民航相关信息。

② 公平性：利益相关者个体不得控制、限制所提供的或被其他利益相关者使用的信息。

③ 灵活性：提供者、用户及其提供和使用的服务或信息具有动态变化的能力。

④ 性能：结合利益相关者以及所提供的基础设施，必须保证所需的性能水平、安全性和可恢复性，并且提供有效的事件及进程管理。

⑤ 质量、完整和安全：利益相关者为信息的质量、完整、安全和可用性负责，同时，接口以及基础设施技术也保证了信息交换的完整性。

⑥ 实施和演变：关于操作、技术、制度以及实施和进展有明确的前景和发展蓝图；减少个别专门的使用接口和连接。

⑦ 成本：降低持续信息交换的成本，根据需求以及利益相关者的支付能力适当减少系统发展的费用。

⑧ 面向服务：面向服务的方法支持利益相关者使用服务与数据，实现信息共享。

⑨ 公开的标准：将为信息发布和服务构建等 SWIM 建设、验证、测试和部署提供公开的及国际认证的标准。

⑩ 全球适用性：SWIM 将综合考虑国际标准和当地实际情况，以创建协同的民航信息环境。

由以上 SWIM 要求的原则可以看出，欧洲 SWIM 的定位是推动民航系统间的互联互通，并提供一个灵活、开放、共享的民航信息系统。其要求相关国家和组织在开发实施 SWIM 的时候，必须遵循这些原则。基于上述原则，SWIM 的实施将涉及以下部分：ATM 信息参考模型（AIRM）、信息服务参考模型（ISRM）、信息管理功能、SWIM 基础设施和 SWIM 支持的应用。

① ATM 信息参考模型（AIRM），在 SESAR 工程开发阶段，AIRM 为数据模型提供参考，描述了 ATM 相关的民航和军航信息结构，如提供者和消费者交换信息的定义、域模型的定义和管理等。由于大量不同参与者提供的信息可以被所有的 ATM 信息消费者使用，因此信息需要具有明确唯一的定义，即需要语义互操作。这就需要对系统间交换的信息在概念层面和数据层面进行详细的定义。AIRM 能够满足该需求，

通过统一的概念性和逻辑的数据模型，实现所有 ATM 信息中立的定义，包含如机场、ATS 航路、空域、飞行程序以及将时间和地理因素考虑在内的基本模型等部分的通用定义。

② 信息服务参考模型（ISRM），ISRM 是由 SESAR SWIM 委员会联合开发的模型，为每个服务提供完整的描述，包括功能、行为和逻辑接口等描述。服务交换的信息与 AIRM 模型中定义的信息保持一致，保证了交换信息在提供者和消费者之间具有统一的含义。并且在 ISRM 中服务的描述是平台中立的，即 ISRM 不包含具体的实现细节，不同的利益相关者可以根据自身的特点采用不同技术开发服务，这也体现了松耦合、透明化的特点。

③ 信息管理功能（包括治理），为了支持信息共享，用户身份管理、资源发现、认证加密和授权、通知服务和注册等都需要进行定义。SWIM 治理几乎影响 ATM 系统内所有的角色和它们之间的相互操作。此外，信息管理的相关政策、每个利益相关者的权限、数据所有权、数据供应和数据使用等规则需要定义和统一。

④ SWIM 基础设施，是地地和空地网络中可互操作的（运行阶段）技术基础设施，实现数据的分发与传输。根据具体需求，数据的分发与传输依赖于主流的 IT 技术，如在物理层中，专用和安全可靠的 IP 网络和互联网将提供地地连接的底层基础。

⑤ SWIM 支持的应用，SWIM 的实施使民航业务能确保在准确的时间为正确的人提供准确信息。

欧洲不断地推进 SESAR SWIM 的研究与建设进程，通过系列项目和工程创建了大量 SWIM 原型系统，具有比较成熟和完整的原型测试手段，在 SWIM 概念推广和技术研究等方面做出了突出贡献。同时 SWIM 建设工作的推进也有助于全欧洲单一天空计划的实现。

2.2.2.1 国际民航组织（ICAO）

国际民航组织也在积极开展 SWIM 概念制定和推广等方面的工作。2005 年，国际民航组织在 Doc 9854 全球 ATM 操作概念中提出广域信息管理的概念，描述为：广域信息管理是一种从信息层面整合空中交通管理网络的，覆盖广域系统范围的民航信息管理方式，可以通过“虚拟信息池”提供高质量、一致的民航运行信息，并推动信息交换由传统的点到点的专用信息交换方式向基于网络化的分布式交换方式转换，使得地理位置相对分散的多个数据源能够协同更新同类数据，使得同类信息能够及时、准确到达所需用户，以达到不同用户能够根据多源、异质的信息进行协同决策，实现在运行层面保持共同的情景意识和态势感知，进而推动新一代空中交通管理运行概念和模式的实现。

2008 年，国际民航组织在 Doc 9882 ATM 需求文件明确表示广域信息管理系统的建设和部署是未来全球 ATM 系统的必备技术。2012 年，在 Doc 9965 协同的空中交通流量管理文件中对协作环境中的航班和流量信息（Flight and Flow — Information for a Collaborative Environment，FF-ICE）进行了详细的介绍，与在全球 ATM 运行概念中构想的一样，协作环境中的 ATM 社区成员之间的通知、管理和协调都需要航班和流量信息。FF-ICE 对 SWIM 环境有比较高的依赖性，其中对 SWIM 的介绍为：广域信息管理系统将整合所有民航有关的数据，从而为整个民航系统的信息管理形成技术基础，并且对民航业务系统高效的运行是非常必要的。相应的信息管理解决方案将建立在整个系统层面上，而不是某些主要的子系统和接口上。SWIM 旨在以信息的角度集成民航各业务系统，而不仅仅以系统的角度。

2013 年，国际民航组织在官方正式文件《ICAO SWIM Concept Working Version v9c》中，以 Eurocontrol 对广域信息管理系统的定义为蓝本，结合当前世界民航信息化的现状和发展瓶颈，将 SWIM 定义为：广域信息管理系统由标准、基础设施和治理三部分组成，该系统可促进民航空管信息管理，并且通过互操作服务在各部门之间进行民航信息数据交换。并将 SWIM 的规划和目标纳入航空系统组块升级（Aviation System Block Upgrades，ASBU），ASBU 是各国家根据自身需求对航空系统进行现代化的模板，每个组块包含技术提升和功能更新，持续时间为 5 年。以欧洲 ASBU 为例，组块 1 完成时间为 2018 年，组块 2 完成时间为 2023 年，组块 3 完成时间为 2028 年。其中组块 B1-31 通过应用 SWIM 改进空中交通管理系统的性能，组块 B2-31 通过 SWIM 促使航空器参与协同的空中交通管理，即实现地地和空地 SWIM。

SWIM 的范围如图 2.7 所示，包括基础设施、信息和服务、治理，以及部分 SWIM 支持的服务。其中基础设施、信息和服务、治理组成了 SWIM 核心，为顶层 SWIM 支持的服务提供必要的技术和政策支持，同时，SWIM 支持的服务需要依据相关标准进行开发和发布。广域信息管理系统的基础设施是顶层应用终端信息交换需要的硬件和软件基础技术。通过开发特定的功能服务，实现服务提供者与消费者之间高效可靠的信息交换。此外，要实现整个广域信息管理系统有效的互通互联，还要遵循既定的治理策略。根据具体业务需求，数据的分发依赖于主流的 IT 技术，如在物理层中，专用和安全可靠的 IP 网络为服务提供地地连接的底层基础设施，促进服务和应用的交互操作。

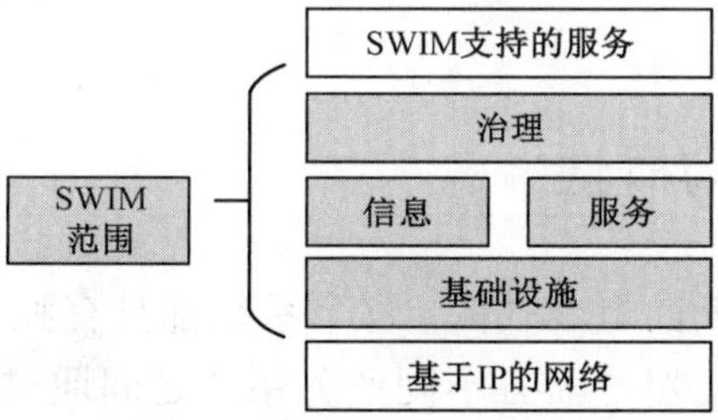

图 2.7 广域信息管理系统（SWIM）的范围

SWIM 架构定义了一些通用的信息模型和相关技术标准，促使全球民航系统互联互通。这些信息模型和标准规范，为不同的业务领域，如情报、航班、气象和监视等，提供统一的概念和逻辑数据模型，如航空信息交换模型（AIXM）、航班信息交换模型（Flight Information Exchange Model，FIXM）以及气象交换逻辑模型（Weather Exchange Logical Model，WXXM），它们分别采用统一的技术标准，对相应的数据以可共享和可重用的方式进行编排与发布。

SWIM 的目的是通过用户间的互操作促进信息共享。互操作功能是不同组织的不同系统进行信息交换的能力，这不仅包括通信和交换数据的能力，而且还具有解释交换信息的能力。这些信息应该是高质量的，并且在准确的时间提供给正确的用户，从而使民航以数据和服务为中心进行运行。为了实现该目标，应该遵守以下广域信息管理系统的准则：

① 信息提供和消费的分离。在 ATM 网络中，几乎每一个参与者都是信息的提供者和消费者。事先确定谁需要什么信息、从何地以及何时获得信息是不适合的，这是紧耦合的表现。问题的关键是对信息提供者和潜在的消费者进行去耦合，只有这样，消费者的数量和属性才可以随时间演变。

② 松散的系统耦合。每个组件尽可能少的了解或使用其他组件的直接定义，从而最小化系统和应用之间的影响。

③ 使用开放的标准。一个开放的标准是公开可用的，并具有与之相关联的各种使用权利。

④ 使用可互操作的服务。通过分析业务域的过程和需求，开发所需要的功能，对一组可互操作的服务进行包装和实施，可以在多种不同系统内以灵活的方式使用。

另外，广域信息管理系统的利益相关者涉及机场、空域提供者、空域使用者、ATM 服务提供者、支持 ATM 的行业、国际民航组织、监管部门和国家政府部门等。他们都是信息的提供者和消费者，构成了整个系统的核心团队。SWIM 在国际民航组织和各个国家的推广、研究和建设，为全球广域信息管理系统的建立奠定了基础。

2.3 民航广域信息管理架构与核心

2.3.1 民航系统架构概述

原有的民航系统都是纵向烟囱式的，每个系统都具有独立的用户接口、任务逻辑、任务信息、安全和接口适配器，而且不同业务系统之间通过特制的接口进行通信，即点对点地进行数据交换，如图 2.8 所示，系统 A、系统 B 和系统 C 之间需要分别建立 A-B 接口、B-C 接口和 A-C 接口，并且每个系统维持着不同的接口。当增加一个新业务系统时，就必须在其他相关业务系统中增加特定的接口与之通信。假设有 N 个不同的业务系统，就要开发 $N(N-1)$ 个特定的接口。当业务系统增加时，要开发接口的数量将以几何形式增加，这样不仅增加了开发成本，而且造成不必要的资源浪费，极大影响民航信息的共享。

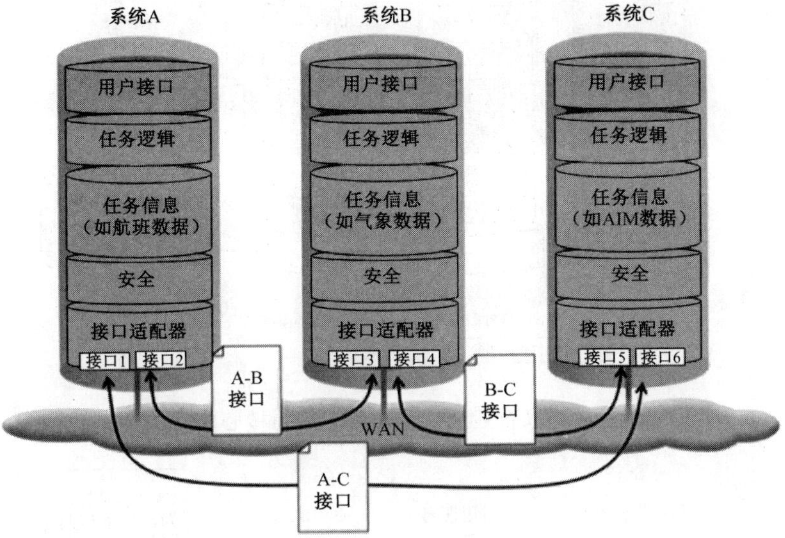

图 2.8　纵向烟囱式架构

为解决这个问题，引入了广域信息管理系统的概念，其可以为每个业务系统开发标准的信息接口，代替传统系统中的特定接口，避免重复工作和资源浪费。对每个不同的业务系统，只需要开发标准的接口。简单地说，SWIM 的核心目标是促进民航原本软硬件各不相同的业务系统或应用间进行高效、安全、有序的数据交换和共享。

所以对民航信息化的架构演变过程可以总结为：从纵向烟囱式架构（如图 2.8 所示），转换到混合架构（如图 2.9 所示），再到以企业消息传递骨干网为核心的架构（如图 2.10 所示），最终演变为以广域信息管理系统为核心的架构（如图 2.11 所示）。

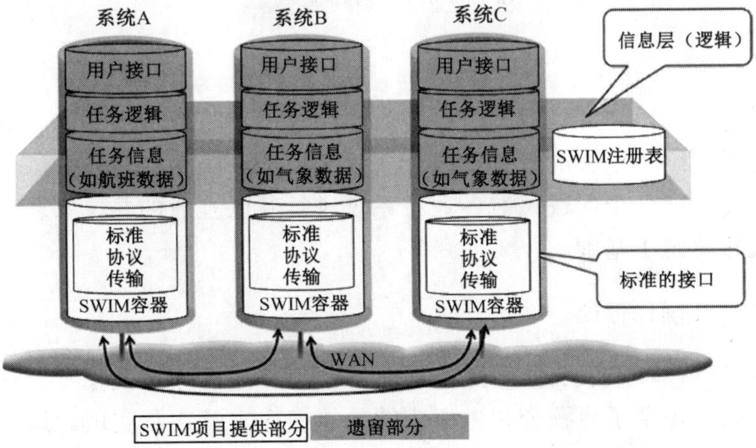

图 2.9　混合架构

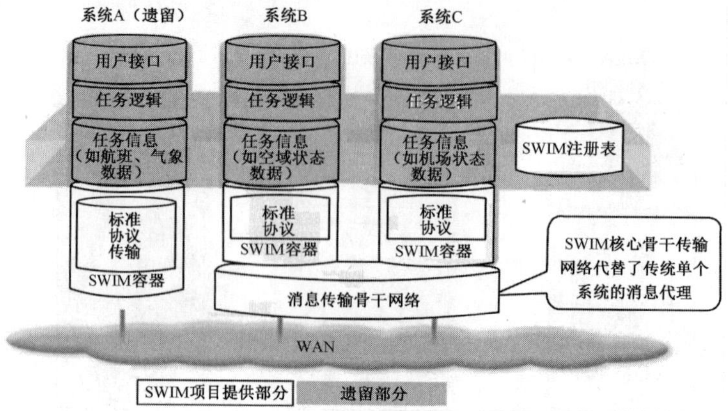

图 2.10　以企业消息传递骨干网为核心的架构

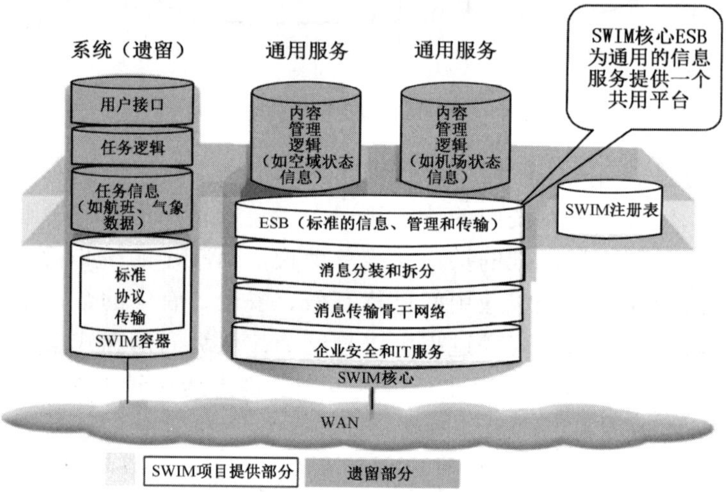

图 2.11　以广域信息管理系统（SWIM）为核心的架构

由架构的演变过程可以看到，广域信息管理系统将业务系统间点对点的数据交换模式转换为以网络为中心的数据交换模式，从以应用为中心转换为以服务和数据共享为中心，从而建立一个促进民航各业务系统进行互联互通的共享平台，为民航数据资源价值最大化奠定了基础。

2.3.1.1　互操作框架

在广域信息管理系统的实际操作层面，SWIM 互操作框架把复杂的系统问题分解成若干子问题，每个子问题分别由相应的功能模块来解决和实现。这种分而治之的层次化设计方法实际上在很多领域都有应用，如程序设计、邮政系统、银行系统和物流系统等。

为了对广域信息管理系统信息共享的机制进行详细介绍，下面将介绍广域信息管理系统全球互操作框架的 5 层结构，如图 2.12 所示。该框架自上而下分别是：SWIM 支持的应用层（SWIM-enabled Applications）、信息交换服务层（Information Exchange Services）、信息交换模型层（Information Exchange Models）、SWIM 基础设施层（SWIM Infrastructure）和网络连接层（Network Connectivity），各层分别承担不同的功能，同时还需要一定的治理实现政策和规则引导。

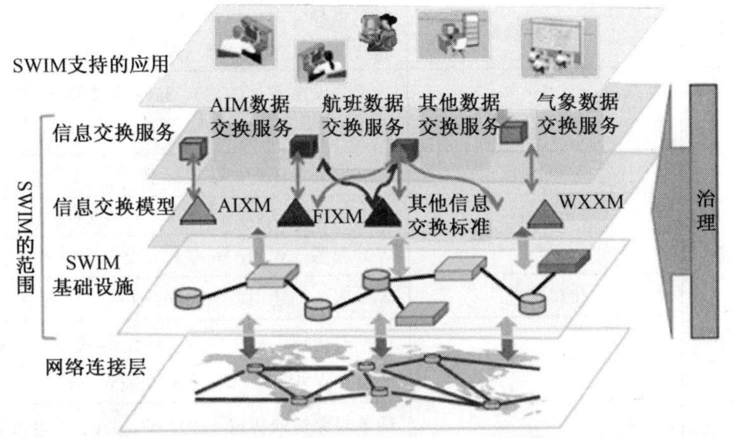

图 2.12　SWIM 全球互操作框架

① 应用层：涉及民航各领域应用服务，全球范围内服务提供者发布服务和数据，服务消费者使用服务和数据，如空中交通管理者和空域使用者，可以通过 SWIM 共享环境中的应用互联互通。

② 信息交换服务层：在相关标准和治理规范下，对每个民航信息领域内和跨领域的服务进行定义，并由 SWIM 的利益相关者进行协商开发。SWIM 环境中的应用层通过该层的具体服务进行数据交换和通信。

③ 信息交换模型层：为实现在 SWIM 环境中信息的共享，对信息交换服务层中服务用到的数据和信息，使用特定的、统一的标准进行规范。该层的信息交换标准定义了上面两层交换数据的结构、内容和格式。

④ SWIM 基础设施层：要实现上面 3 层数据和服务的共享，必须依靠该层基础设施的支持，它提供 SWIM 核心服务，如接口管理服务、服务传输服务、安全管理服务和企业管理服务等。

⑤ 网络连接层：该层属于物理层，为上层服务提供包括硬件在内的综合电信服务，这个基础设施是不同利益相关者相互连接的网络基础设施，是专用或公共的互联网协议（IP）网络。

目前，全球关注的信息交换涉及航空、气象、监测和航班等信息，未来将有可能定义其他领域的服务和跨领域的组合服务。对框架中 5 层现有的功能和标准介绍如下表 2-1 所示，其中部分标准、模型和实现方法还没有统一，不过随着广域信息管理系统（SWIM）的快速发展，相关的标准也会进行完善和补充。

表 2-1 全球互操作框架的功能和标准概述

框架中的层	各子层功能	待选的标准、模型和实现
SWIM 应用层		空中交通服务（ATS）、交通流量管理（TFM）、航空公司运维
信息交换服务层		研发中
信息交换模型层	航空、气象和航班信息	航空信息交换模型（AIXM）、航班信息交换模型（FIXM）和气象交换逻辑模型（WXXM）
SWIM 基础架构层	企业服务管理	数据分发服务（DDS）、Java 管理服务、简单网络管理协议（SNMP）
	政策	Web 服务（WS）：政策标准
	可靠性	Web 服务（WS）：消息可靠性（RM）及其政策
	安全	Web 服务（WS）：安全和安全套接层（SSL）
	接口管理	Web 服务描述语言(WSDL)和统一描述、发现和集成(UDDI)
	数据描述	可扩展标记语言(XML)、XML 模式定义（XSD）、Web 地图服务（WMS）、网络特征服务(WFS)
	消息	简单对象访问协议（SOAP）、Java 消息服务（JMS）、数据描述服务（DDS）
	传输	超文本传输协议（ HTTP）、Java 消息服务（JMS）、消息队列（MQ）
	边界保护	无全球标准
网络连接层	安全网络连接	IPv4、IPv6
	命名与寻址	域名系统（DNS）
	身份管理	无全球标准
	事件检测与响应	无全球标准

为了举例说明互操作框架各层运行机制，假设两个 SWIM 支持的应用需要共享有关航班计划的信息。很多 ATM 服务对象都可以使用这些 SWIM 支持的应用服务，如 ATM 服务提供商（ASPs）、空域使用者（AUs）或紧急服务提供商等。在一个全球 SWIM 环境中，两个交互的应用在地理位置上可以位于世界任何地方，也可以由不同的组织或不同的类型机构进行操作。互操作进程如图 2.13 所示。

SWIM 全球互操作架构中，各层的目标和操作行为描述如下：

① 在最顶层，一个 SWIM 支持的应用请求航班信息服务。通过使用一系列下层互操作的标准，应用能够与下面的各层进行交互。

② 在信息交换服务层，描述请求信息服务的特征属性。比如，飞行航路服务提供者可能根据航班的全球唯一航班标识符（Globally Unique Flight Identifier ，GUFI）的请求提供飞行航路信息。在该层中，还包括应用层的错误条件判断（如 GUFI 无法识别）和异常情况处理。

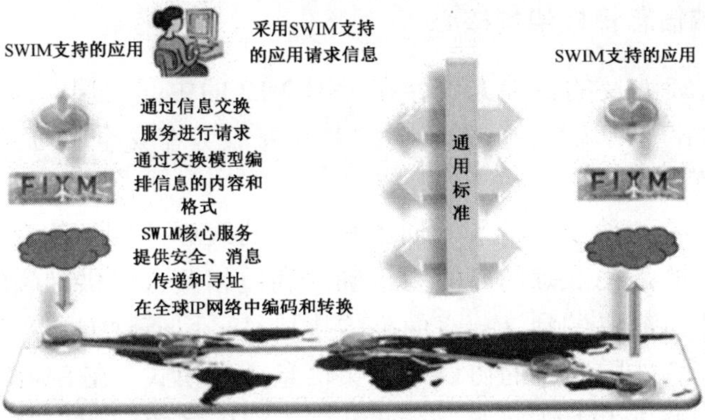

图 2.13　互操作进程

③ 在信息交换模型层，描述信息交换服务层所用的数据特性，包括信息内容、结构和格式，如 GUFI 和飞行航路将通过与航班信息交换模型（FIXM）兼容的数据元素进行描述。

④ SWIM 基础设施层，提供了 SWIM 核心服务，如接口管理、消息服务、安全服务和企业服务管理等。在该层中，应用层消息要按照规定的互操作协议传递信息服务。消息核心服务提供寻址和消息路由转发等功能，安全服务提供认证和授权等功能。

⑤ 最后，消息通过全球网络传输，将应用层的请求信息传递给航班服务提供者。

上述描述的过程在某种程度上类似于 OSI 七层网络协议架构，其中每层从上层得到有效载荷（参见图 2.14），并对数据信息进行重组和封装。在接收方，此过程恰恰相反，上层从其下层得到对应的数据，并进行解析，最终将服务请求提交给服务的提供者。在网络连接层，互操作可以直接进行。在 SWIM 核心服务层，为了恢复信息，允许接收者知道其相关的编码标准。最后，服务提供者将对应的信息以同样的方式传递到服务消费者。

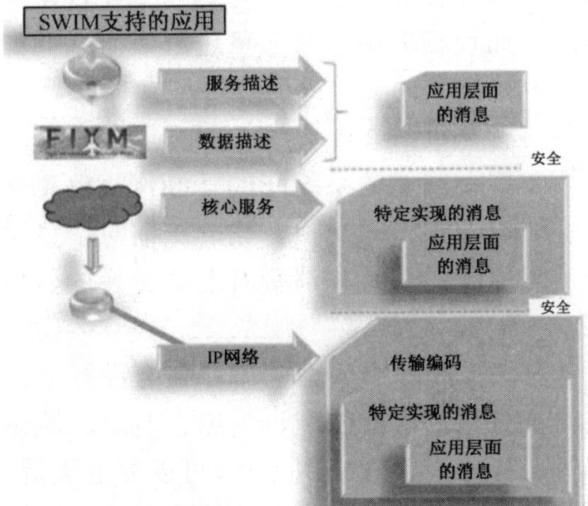

图 2.14　消息层层封装

2.3.1.2 广域信息管理架构核心

实际上，SWIM 涉及的范围大致存在于图 2.12 的中间三层，涉及信息交换服务、信息交换模型和SWIM基础设施，以及对这些功能服务在安全和可靠性等方面的治理。

（1）信息交换服务

正如前面提到的，对 ATM 系统创新和性能的改进，信息共享是一个关键的推动力量。SWIM 的目的是在准确的时间为正确的利益相关者提供准确的信息，以改善和促进信息共享。然而，要做到这一点面临的挑战是采用何种方式实现信息共享，一般需要基于利益相关者共同商定的协议来定义信息交换模式。在 SWIM 的概念中通过采用面向服务的方法解决了上述问题，在此基础上业务系统应用程序的功能通过服务发布出来，以供服务消费者使用。

SWIM 可以通过定义良好的信息交换服务进行互操作，其中，信息交换服务是SWIM 实施的基本构建块。在 SWIM 全球互操作框架下，信息交换服务可以确保 ATM系统中服务和应用间进行有效的互操作。服务提供者和消费者所提供和消费的信息必须服从 SWIM 的标准，并进行规范化。一个信息服务进行标准化后，必须指明其提供什么样的服务、服务的消息内容是什么、具有什么样的行为、服务水平如何，以及如何可以访问该服务等。

不同业务系统间能够互联互通，是通过利益相关者发布的服务，在实施层面上使用共同协商的数据交换模型、适当的技术和标准来实现。服务的定义和实施规范可作为开放的标准，其中服务的定义还包含了非功能性需求，如稳定性和并发性等。

服务消费者可以根据相关规则将所需要的服务整合在一起。例如，在具有协同决策（CDM）功能的欧洲机场中，一系列 SESAR 服务可以促进机场协同决策（A-CDM）过程的自动化。为支持共同的态势感知，“进港航班发布服务”为 A-CDM 合作伙伴发布关于进港航班的信息，其他 A-CDM 发布的服务对该服务进行补充，包括离港航班发布服务和 A-CDM 警报发布服务等。通过组合这些 A-CDM 所必需的服务，实现机场协同决策的信息共享，从而使相关用户对航班进港具有共同的态势感知。

（2）信息交换模型

当信息由大量不同参与者提供，并由大量 ATM 服务消费者使用时，信息交换模型是必不可少的。并且要实现不同业务系统间的互操作，信息必须被明确地定义和充分地理解，要求在概念层面以及系统间交换数据的层面对信息进行详细定义。信息交换模型的概念可以用于定义服务提供者和消费者之间交换的信息格式和内容，以及定义和管理信息域模型等。

信息域的概念可以以更小的和易于管理的单元组合进行定义。图 2.15 描述了几个国际民航组织已经确定的信息域，包括航空、气象、航班、流量和监视等信息域。

通过由信息交换模型支持的SWIM应用服务，可以促进无缝信息交互概念的实现。这意味着服务提供者和消费者分别提供和消费的信息服务可以关联到一个或多个信息域，进而能够与一个或多个利益相关者持有相同的态势感知。

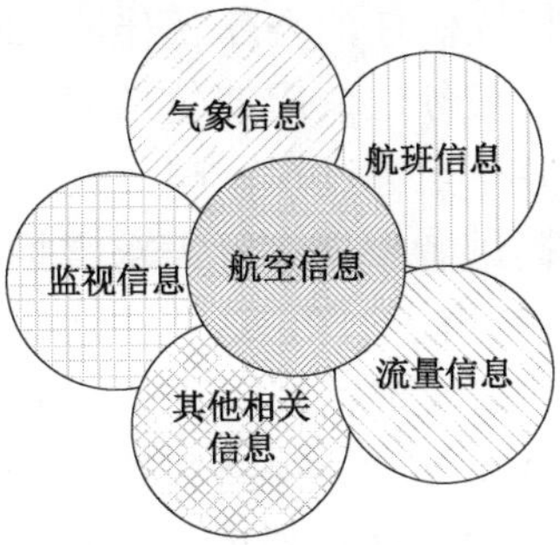

图 2.15 潜在的信息域

（3）SWIM 基础设施

在全球互操作环境下，目前用户不再受限于某些特殊的空中航行服务提供商，可以将服务开发和使用依托于不同的 SWIM 基础设施。因此，在全球不同的 SWIM 实现中，SWIM 基础设施可能有不同的构架（功能架构或物理架构），故需要商定一个符合全球层面的架构概念，以容纳不同基础设施的差异。这个架构概念可称为“SWIM 接入点”。

SWIM 接入点是捆绑了一些技术能力的逻辑实体，如消息服务、安全服务、接口管理和日志服务等核心服务，在实施层面，为不同应用服务接入 SWIM 提供了实现方式。SWIM 基础设施是 SWIM 接入点的集合，SWIM 接入点由服务提供者以及服务消费者共同协商实现。对于提供者和/或消费者系统，SWIM 接入点的功能可以在外部或内部实现，一些 SWIM 接入点也可以被多个系统共享，如图 2.16 所示，其包括共享的、独立的和内嵌的 SWIM 接入点，用户 APP 可以通过 SWIM 接入点进行互联。经过授权，连接到 SWIM 接入点的消费者可能与连接到其他 SWIM 接入点的任何供应商进行通信。

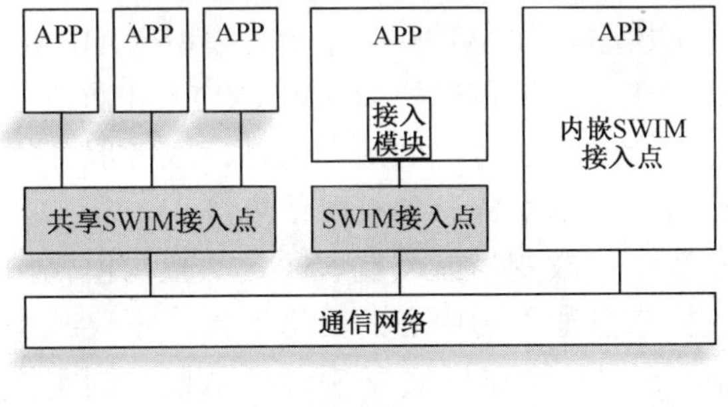

图 2.16 SWIM 接入点实施选择

（4）服务治理

服务治理也是 SWIM 系统的一个重要组成，在所有 ATM 系统中实现互操作的行为都需要统一的治理，其中注册库是关键要素，它把与 SWIM 相关的互操作服务存储在一起，并且在必要的地方和必要的时间执行相关政策。它允许服务提供者发布信息，也允许消费者根据注册库中已发布的服务搜索适合自己的服务。服务注册也可以进行资质认定，让参与者之间成为相互信任的合作伙伴，从而相互协作地推进服务生命周期的管理。服务生命周期管理，服务生命周期包括识别业务需求、服务设计、服务开发、服务发布、服务运行和服务终止等过程，整个过程需要一个独立进程进行管理。

通过 SWIM 注册库，服务提供者根据实际需求维护和发布相关服务。在不同的企业或地区可以有多个不同的 SWIM 注册库，这些注册库通过网络连接在一起，组建成一个统一的逻辑服务注册库，从而实现授权用户共享的目的。

SWIM 注册库实现了对 SWIM 服务的存储和管理，提高了信息的可访问性。图 2.17 描述了服务提供者和消费者使用 SWIM 注册库的过程，服务提供者将服务发布到注册库中，经过授权的服务消费者根据需求在注册库中查找服务，然后根据服务描述使用服务，即调用服务提供者的服务以满足业务需求。

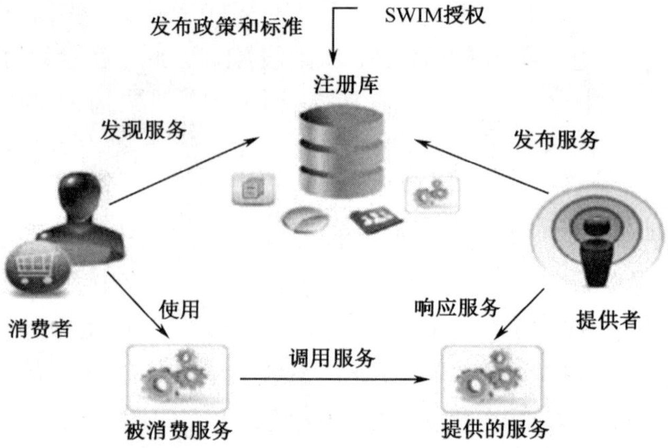

图 2.17　SWIM 注册库的概念

注册库中的资源包括服务实例、参考模型、数据标准、政策规则和参与者信息等。服务实例，由不同服务提供者提供的可用的 SWIM 服务列表；参考模型，定义服务和信息结构可供参考的通用模型，如 ATM 信息参考模型（AIRM）；数据标准，如航空信息交换模型（AIXM）、气象交换逻辑模型（WXXM）和航班信息交换模型（FIXM）等；政策规则，如出于安全或其他考虑的约束条件，或者服务执行策略等；参与者信息，包含服务提供者和消费者基本信息和权限信息等。

综上所述，SWIM 系统将改变当前民航烟囱式的架构模式，使民航系统由点对点连接转为以 SWIM“虚拟信息池”为中心的网络连接，不仅减少系统复杂度，而且降低系统开发成本。其中，5 层互操作框架为 SWIM 从概念到实施提供了指导和方法。国际民航组织以及欧美等组织和国家对 SWIM 概念的不断更迭和推广，得到了世界不同国家和地区认可。随着时间的推进和技术的发展，根据不同的需求，SWIM 的概念和实施方式会继续进行更新完善。

2.4　民航广域信息管理优势

民航广域信息管理系统（SWIM）作为一种便于信息获取的网络化基础设施服务的全新信息管理方式，从关注信息的生成转变为关注信息的标准化获取，从以应用为中心过渡到以数据和服务为中心，提供共同的情景意识和态势感知，为信息的提供者和消费者提供了共享和交换的平台。采用面向服务架构（SOA）体系的民航广域信息管理系统具有以下优势：

①#民航广域信息管理系统从网络拓扑结构改变了数据共享架构，不再需要应用程序或系统之间唯一的点对点的网络链接。由传统的点对点模式，形成以民航广域信息管理系统（SWIM）为传输核心的共享架构，提升接口管理能力，加强空管信息系统间的协作关系，达到对数据资源高效利用的目的。

②#民航广域信息管理系统从传输模式方面，从传统的数据直连、网关中介和报文传输三种接口传输方式转换为通过广域信息共享平台发布/订阅和请求/响应的传输方式，如图 2.18 所示，使服务实现虚拟化，架构具备较强的松耦合度。

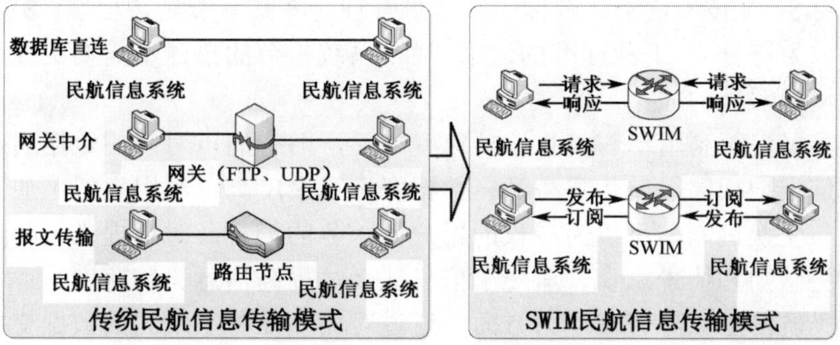

图 2.18　SWIM 与传统民航信息系统的对比

③#民航广域信息管理系统在系统的灵活性方面有巨大优势。松耦合的特性，使得新的业务程序或应用程序可以在不需要修改现有的服务提供者应用程序的情况下轻松加入 SWIM 中。

④#民航广域信息管理系统在公共信息安全方面，有完善的安全管理功能，如识别、身份认证、访问控制、信息加密、入侵检测、数据验证、数字签名、用户管理、角色/权限管理、审计跟踪捕获等。SWIM 中的每个应用程序都可以利用这些信息安全服务，而不用各自再去设计、建造和测试其昂贵的、独一的安全方案。

⑤#民航广域信息管理系统在系统整体运行的管理和治理方面，提供统一的治理规则和制度，最大程度保证 SWIM 中各业务系统或应用程序的正常、高效、安全运行，提升系统运行效率，保障民航信息的交换和共享。

2.5 民航广域信息管理对我国民航发展的意义

民航广域信息管理系统使得 IT 基础设施建设和业务应用功能开发保持一定的松耦合度，确保系统之间的互操作性，进而能够在充分利用旧有 ATM 系统基础设施的同时，使用户能够更加专注于业务应用功能的开发，更好地满足其运行业务需求，提高新应用的开发速度和灵活性，降低新一代民航业务系统建设的成本。

具体来说，民航广域信息管理系统对我国民航的发展具有重要意义，包括提高成本效益，提高数据资源利用率与信息流转速度，增强民航信息服务管理能力，保障数据交换的安全性和可靠性，提高服务供应速度，以及为未来民航高效协同运行提供基础。

在提高成本效益率方面，SWIM 可降低民航业务系统获取数据成本。通过面向服务架构（SOA），建立松耦合的系统接入机制，需要获取相关业务数据的系统仅需要与相应的民航广域信息管理系统接口互联，从而大幅降低系统接入成本；降低民航信息系统维护成本，现有点到点的数据通信方式需要维护繁杂通信线路和相应的数据接口，SWIM 将利用 SOA 技术优势，进行广域信息管理，降低系统复杂程度；SWIM 基础设施能够设计成为符合 IT 工业标准的通用产品，系统平台的搭建不需要更改原有民航系统设施，而增加额外的成本。

在提高数据资源利用率与信息流转速度方面，旧有的点对点的数据通信方式要求不同民航系统维护相同民航信息资源，数据资源冗余度高，利用率低；通过搭建统一的信息共享与交换机制，可以为授权的用户以服务的形式及时地提供运行数据，提供了共同的态势感知和情景意识，避免了信息孤岛，提高信息流转速度。

在增强民航信息服务管理能力方面，通过对民航业务系统间的数据交换以及服务生命周期的管理，提升民航信息综合服务管理能力；SWIM 向空管、航空公司、机场提供一致的民航运行信息，进而能为公众与旅客提供有效的公共信息服务，使得各方对航班运行持有共同的态势感知；搭建统一的信息管理平台，提升接口管理能力，能够加强空管信息系统间的协作关系。

在保障数据交换的安全性和可靠性方面，SWIM 的体系结构中提供了多种安全防护技术手段，可以满足用户不同层次的安全需求，保障运行安全；点对点数据通信系统信息交换能力有限，端口占用和系统满载会导致信息难以及时可靠地传输，降低了服务质量，而 SWIM 允许多个用户同时以标准的格式访问信息数据，从而提高共享运行效率，保障数据交换的可靠性。现行民航信息核心生产系统在负责数据生产与维护的同时，还要负责信息交换的管理，SWIM 能够以服务管理的形式降低基础系统工作负荷，提高数据交换的安全性和可靠性。

在提高服务供应速度方面，SWIM 通过对服务进行组合，可以快速构建出新的服务，使民航业务系统可以灵活地响应服务需求。同时，通过重用现有的系统和服务，可以缩短软件开发生命周期，从而更迅速地进行新的民航业务与服务的开发，还能够在短时间内对各种改变做出快速的响应。

在为未来民航高效协同运行提供基础方面，充分发挥空天地一体化网络的效能，在空管、航空公司、机场以及飞行员等空中交通运输的参与者之间，实现一体化、标准化、灵活的通信、导航、监视、运行、气象、情报数据的发布，满足未来民航高效协同运行的需求，如图 2.19 所示。

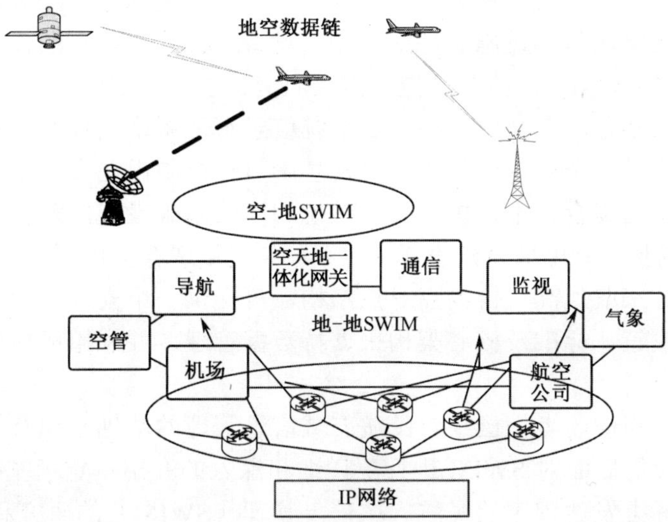

图 2.19　未来空天一体化的 SWIM 网络

民航广域信息管理系统无论从信息系统架构所采用的设计思想和原则，还是从网络拓扑结构、信息传输模式、公共信息安全，以及系统整体运行的管理和治理等各方面，相比传统的信息系统都有全面和巨大的优势。这种全面的优势性，正是在民航运输新发展挑战下民航信息系统所亟需的。民航广域信息管理系统的发展、建设和部署运行，将为未来民航的高效协同运行提供坚实的信息共享和交换基础。

本 章 小 结

在本章中，我们介绍了民航广域信息管理的基础知识。

主要介绍了民航广域信息管理需求背景、发展与内涵、架构与核心思想三部分内容。首先，我们了解到我国民航蓬勃发展的现状，目前已是航空运输系统第二大国，同欧美等国相似，也存在着系统接口专用、系统端到端直连和企业安全等问题，导致了“信息孤岛”现象，这些问题都是妨碍民航信息化进程的障碍，亟待解决。欧美等国提出的 SWIM 将有利于解决这些限制。其次，介绍了民航广域信息管理的发展与内涵，明确了民航广域信息管理（SWIM）的定义和发展历程。最后，对民航广域信息管理的架构和核心思想进行了介绍。民航信息化的系统架构演变过程是一个循序渐进的、随着实际需要不断发展和完善的过程，大致为从纵向烟囱式架构，转换到混合架构，再到以企业消息传递骨干网为核心的架构，最终演变为以广域信息管理系统为核心的架构。为了让读者对 SWIM 的架构有更为深刻的认识和理解，我们继续对 SWIM 的互操作框架进行详细介绍。

在民航广域信息管理优势中，总结了民航广域信息管理系统（SWIM）作为一种便于信息获取的网络化基础设施服务的全新信息管理方式所具有的优势，以及民航广域信息管理系统（SWIM）对我国民航的发展具有的重要意义。

为进一步澄清概念，有必要掌握广域系统信息管理系统是什么？不是什么？广域系统信息管理系统是一个企业级的项目，是基于可行范围内已有的系统和网络；不是某些航空电子设备的集合，不是民航空管系统和电信基础设施的替代品。该系统利用可复用、松耦合的接口，可减少建设新应用系统、连接现存应用系统的时间和复杂性；可提供共享的服务来取代高代价的点对点结构，可提供一个安全的国家空域系统广域信息网，可提供决策、标准及核心架构来支持数据管理，并利用成熟的技术来降低花费和风险。

读完本章后，相信读者们已经对民航广域信息管理的基础知识有了一定程度的了解和掌握，这为我们后面对 SWIM 进行更详细和深入的介绍奠定了基础。接下来，我们将详细介绍国际上发达国家的民航广域信息管理（SWIM）的研究和发展现状。

思考题

2-1 简要叙述当前民航广域信息管理的需求与背景。

2-2 简述国际民航组织对 SWIM 概念的描述。

2-3 民航广域信息管理系统的基本组成属性有哪些？

2-4 美国和欧洲对民航广域信息管理系统的发展规划了哪几个阶段？

2-5 全球互操作框架由哪几层组成，并简述其功能和作用。

2-6 简述民航广域信息管理系统的架构思想及其各部分主要组成。

2-7 描述服务注册库、服务提供者和服务消费者之间的关系。

2-8 民航潜在的信息域包括哪些？

2-9 民航广域信息管理系统相比传统民航信息系统有哪些优势？

2-10 民航广域信息管理系统对我国民航发展的意义有哪些？

第3章

国际民航广域信息管理技术发展概况

广域信息管理系统旨在提供一致、直观化的管理规范和标准，将民航信息及时、高效共享给所需用户。SWIM 系统将涉及所有空中交通管理系统、信息域和广大空中交通管理利益相关者。为此，SWIM 系统在方案设计时需考虑兼容并蓄。SWIM 的系统方案主要基于 SOA 开放式体系架构，并采用当前主流技术。为理解 SWIM 的概念，需要厘清其涉及的利益相关者和数据信息。

SWIM 系统涉及的利益相关者或用户包括：空中交通管制部门、航空公司运行中心、机场运行中心、航空器和其他用户，如图 3.1 所示，他们通过无缝互操作的数据交换，实现对航班、空域和气象等信息的共享。其中，空中交通管制部门需要合理组织和管理国家空域，并通过空中交通服务来有效管理经过其空域的交通行为。航空公司运行中心负责排班计划、规划飞行路线、机组排班、航班调配和飞行监控等；机场运行中心负责飞机进港、离港、场面运行和停机位管理等；航空器需要共享信息以便顺利进行起飞、导航和着陆操作，以及对气象、空域和流量等信息具有共同的态势感知；其他用户包括政府、军方和普通民众等，他们访问相关数据信息以完成各自不同的需求。

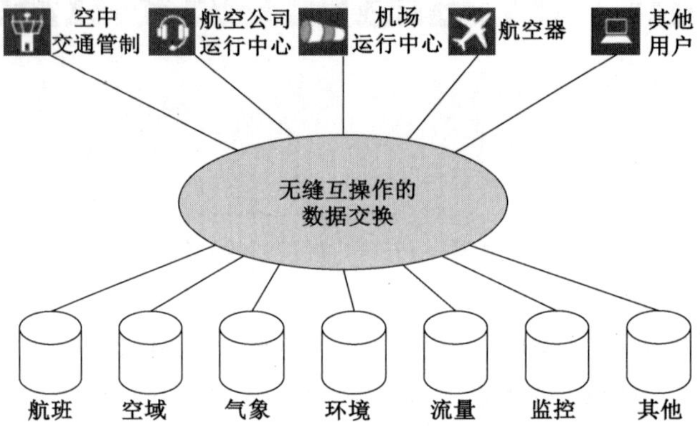

图 3.1　SWIM 涉及的利益相关者和数据信息

需要共享的信息包括航班、空域、气象、环境、流量、监控和其他信息。其中航班信息主要包含航班基本属性信息，如航空器固有属性、计划和航路等。空域信息描述某空域的实时信息，如当前空域的管制者信息和禁飞状态信息等。气象信息主要指过去、现在和将来的与空中交通有关的气象状态。环境信息主要描述某空域的环境信息，如是否有火山喷发等情况。流量信息描述了某空域或机场等的航班流量信息，可以为管理者提供空域容量优化的基础信息。监控信息可以根据多数据源进行融合实现对航空器的实时状态监控。还有一些其他相关信息，如机场运行信息，主要描述机场各方面的状态信息，包括跑道和滑行道等信息。此外，在 SWIM 系统建设、部署和运行等阶段，需要遵循开放的信息管理标准。

欧美针对当前空中交通管理存在的问题分别提出了 NextGen 和 SESAR 计划，SWIM 是它们关键组成部分。欧美各自实际情况的不同，导致了欧美在对 SWIM 系统的开发实施存在某些差异，如 SESAR SWIM 系统采用分布式的方式管理信息，而 NextGen SWIM 系统是采用集中式的方式，这对我国建设符合国情的 SWIM 系统可提供有益的参考。下面将介绍以欧美为代表的 SWIM 发展历史及其现状，并在最后介绍国际 SWIM 工作的合作与交流。

3.1　美国 SWIM 发展概况

为了促进民用航空的不断发展，美国联邦航空局（FAA）构建了国家空域系统（NAS），国家空域系统覆盖美国所有空域、导航设备和机场等，它们具有各自关联的信息、服务、规则和策略。原有美国空域系统的运行依赖于特定业务系统，这些系统通过定制、点到点和固定网络连接的数据接口进行互联，甚至有一些是完全孤立的。美国联邦航空局意识到这种信息共享模式存在的诸多缺陷，例如开发、测试、部署和维护新接口与应用的成本偏高；具有该共享模式的空管系统缺乏灵活性；难以及时获得共同的数据；缺乏支持高效管控的工具等。

随着美国国家空域系统现代化进程步伐的推进，民航广域信息传输和共享得到了包括美国 FAA 在内的多个部门和研究机构的广泛重视，构建了国家空域系统范围内的信息系统概念模型。其针对多元异构模式下不同类型信息，开发了用于定义和管理这些数据交换与共享的应用，并以此为基础构建了信息系统的架构模型。从 2003 年起，美国联邦航空局开始采用广域信息管理系统（SWIM）作为该系统的名称。

美国 NAS 范围内的信息系统概念模型声明了广域信息管理系统基础原则，即将准确的国家空域系统信息在准确的时间发布到正确的地点，进而促进参与方的协调、合作和决策。在当前该系统环境中，用于协调、合作和决策的信息通常由存在于多个独立系统中的信息组成。广域信息管理基础设施就为多个信息源以及相应的处理系统提供连接，从而取代特定系统的点到点通信方式。

2005 年，美国 FAA 开始规划下一代航空运输系统（NextGen），其目标为允许更多的飞机在优化的航路上以更小的间距飞行；减少航班延误与拥堵；降低二氧化碳的排放和燃料的耗费等，从而促进经济发展与环境保护。NextGen 将民航系统从地基空中交通管制系统转变为星基空中交通管理系统。FAA 对 NextGen 相关系统和应用进行实验、验证和部署，从而动态调整 NAS 系统现代化实施方案。NextGen 是一个灵活、智能的空管系统，并为高效安全的空中交通管理制定新概念和新方式。其重要功能是为空中交通服务提供者和国家空域系统用户提供实时可用的信息，这依赖于对当前和未来国家空域系统状况的共同理解，同时为 ATM 运行提供一个支持高效安全、动态调整的环境。

目前 NextGen 主要包含 7 个子工程：广播式自动相关监视（Automatic Dependent Surveillance-Broadcast，ADS-B）、协同 ATM 技术（Collaborative Air Traffic Management Technologies，CATMT）、数据通信（Data Communication，Data Comm）、国家空域系统语音系统（National Airspace System Voice System，NVS）、NextGen 气象（NextGen Weather）、广域信息管理系统（SWIM）和终端航班数据管理（Terminal Flight Data

Manager，TFDM）。其中 ADS-B 是一个精确的星基监视系统，CATMT 是对现有交通流量管理系统（TFMS）的增强，数据通信主要负责增强管制员与机组人员的通信，NVS 将替代航路和管制终端设备中的遗留语音交换系统，NextGen 气象将减小气象对航空运输的影响，SWIM 系统负责 NextGen 系统中高效交换和共享实时信息的功能，TFDM 是 NextGen 系统中场面管理方案。这些技术和系统使国家空域系统运行更安全、高效、高容量和可预测。

图 3.2 描述了 NextGen 系统涉及的关键技术，与其子工程对应。其中广域信息管理系统是下一代航空运输系统的核心系统，将各个系统和应用有机地联合在一起。航路自动化升级（En Route Automation Modernization，ERAM）系统是交通流量管理的关键系统，可以通过 NAS 语音交换和数据通信，将航空器无缝地接入国家空域系统。基于 NextGen 网络的气象（NextGen Network Enabled Weather，NNEW）是一个基于网络的、虚拟的四维气象数据魔方，整合了多个组织机构的气象数据信息，为决策制定计划和方案提供全面的气象信息。ADS-B 技术能够促进民航系统从地基空中交通管理系统向星基空中交通管理系统转变。另外，SWIM 系统可以通过适配接入其他非标准系统，从而促进 NextGen 系统中所有用户间无缝交换和共享民航相关信息。

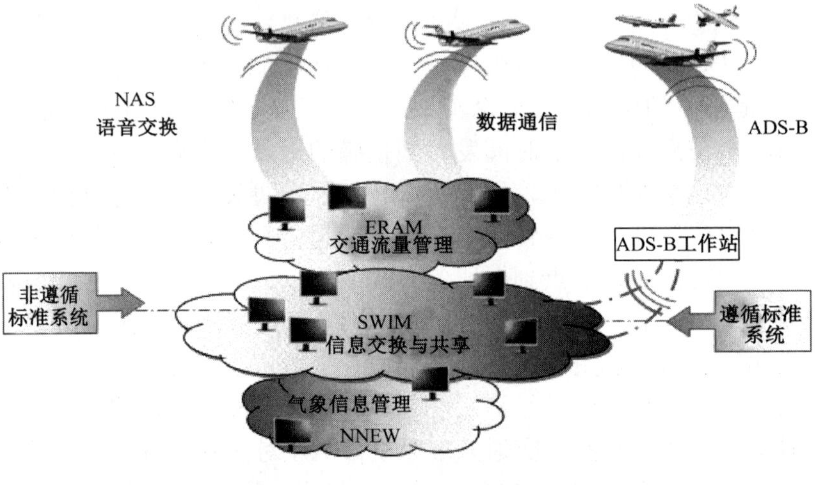

图 3.2　SWIM 整合下一代航空运输系统关键技术

由于广域信息管理系统架构具有可复用和松耦合等优点，能够解决当前美国基础设施所存在的缺点。美国 FAA 把广域信息管理系统定义为：向授权用户提供国家空域系统信息共享和交换的信息技术基础设施。由此可见，它不是某些航空电子设备的集合，不是美国国家空域系统的代替品，也不是 FTI 的替代品。通过整合来自美国 NAS 系统及其用户的各种信息，SWIM 系统能够促使空中交通管理系统从以应用为中心过渡到以数据为中心；提供共同的情景意识和态势感知；确保 NAS 系统之间的互操作性；降低信息交换成本；增加 NAS 系统架构的灵活性和扩展性。

基于广域信息管理系统的重要性，美国 FAA 针对 SWIM 系统建设实施提出了相关的业务需求、技术架构和物理架构等，同时将其融入美国下一代空中交通管理系统研究和部署的整体框架中，作为信息技术方面的底层基础设施。此外，SWIM 系统也可以推进美国下一代航空运输系统运行概念的实现。

为了使广域信息管理系统工程的实施有条不紊地进行，美国将 SWIM 系统建设分为 N 个阶段，每个阶段具有不同的规划和任务。当前美国 FAA 已经完成了第一阶段实施计划，实现了基于现有基础设施架构的“航空信息管理、航班和流量管理、气象管理”三大类、九种功能的研究与建设，对核心功能和外围通信标准协议接口进行了研究与定义。目前正在实施第二阶段计划，进一步扩展 SWIM 覆盖范围，整合现有数据接口信息，建立 SWIM 核心服务，实现民航系统中 SWIM 功能的全覆盖。

3.1.1　整体建设规划

美国联邦航空局将广域信息管理系统作为美国发展下一代航空运输系统（NextGen）的主要技术动因和基石，并从 21 世纪初开展相关技术研究与数据交换体系建设，整个过程分“概念探讨——技术预研——系统建设”三个阶段。

3.1.1.1　第一阶段：概念探讨（1997—2001 年）

1997 年，美国联邦航空局就曾提出广域信息管理系统（SWIM）的相关概念，最初将其称为国家空域系统信息服务，简称为 NWIS（NAS-Wide Information Service）。随着信息技术的不断发展与成熟，2001 年，波音公司提出了公共信息网络（Common Information Network，CIN）的概念。同年，航空无线电技术委员会将与广域信息管理系统相似的概念“国家空域系统范围内的信息服务（NAS Wide Information System，NWIS）”整合了 NAS 运行概念和未来远景。

3.1.1.2　第二阶段：技术预研（2002 —2006 年）

2002 年，美国联邦航空局与国际电话电报公司（ITT）签署合同，让其为 NAS 设计了广域信息管理系统的功能和物理架构。

2003 年，ITT 与美国联邦航空局联合完成了广域信息管理系统的基础功能分析与 NAS 级的需求开发，并于 2004 年开展了 SWIM 的物理结构相关研究、过渡选择和建议以及结构仿真和确认等方面的工作。

从 2004 年开始，波音公司和美国联邦航空局合作，在现有和设想的国家空域系统（NAS）空中交通运行和通信系统框架下来定义广域信息管理系统（SWIM）的职责和定位。

2006 年，美国联邦航空局（FAA）原型验证系统合作伙伴（麻省理工大学的林肯实验室）开始基于气象信息系统，研究相关信息技术，研制广域信息管理系统（SWIM）的系统原型。

3.1.1.3 第三阶段：系统建设（2007 年至今）

目前 FAA 开展的 SWIM 项目是在 2007 年由 FAA 与国际电话电报公司（ITT）、波音等多家公司和机构一起确立的，已完成需求分析与架构设计工作，并开始工程实施。在 2007 年 6 月 13 日，FFA SWIM 项目正式成为美国下一代航空运输系统（NextGen）计划的组成部分。SWIM 项目的重点在于开发信息管理和数据共享系统，其充分利用现存的项目、系统和网络，并将各种技术整合到下一代航空运输系统中，以确保由 NextGen 系统提供的信息对民航用户实时可用。SWIM 项目是分阶段进行实施和开发的，如图 3.3 所示，每一阶段都会开发系列美国 NAS 系统服务，并添加企业基础设施以支持每阶段相关功能的实现。一期主要完成国家空域系统内部基于标准的信息交换，二期及以后 N 期主要侧重基础设施的建设和新功能的添加，如空地 SWIM 系统等，以实现以网络为中心的美国国家空域系统，其中基础设施包括面向服务架构的基础设施、基本信息技术基础设施和信息系统安全（Information System Security，ISS）基础设施。SWIM 基础设施服务可以使用户在需要相关信息的时候进行请求和接收，也可以进行实时地订阅和发布信息，从而促进不同系统间信息的共享。通过 SWIM 系统的建设和实施，还将改善民航系统的运营操作，适应新的数据、服务和系统，以及新的数据用户和决策者，从而降低民航系统运行的成本和复杂度。

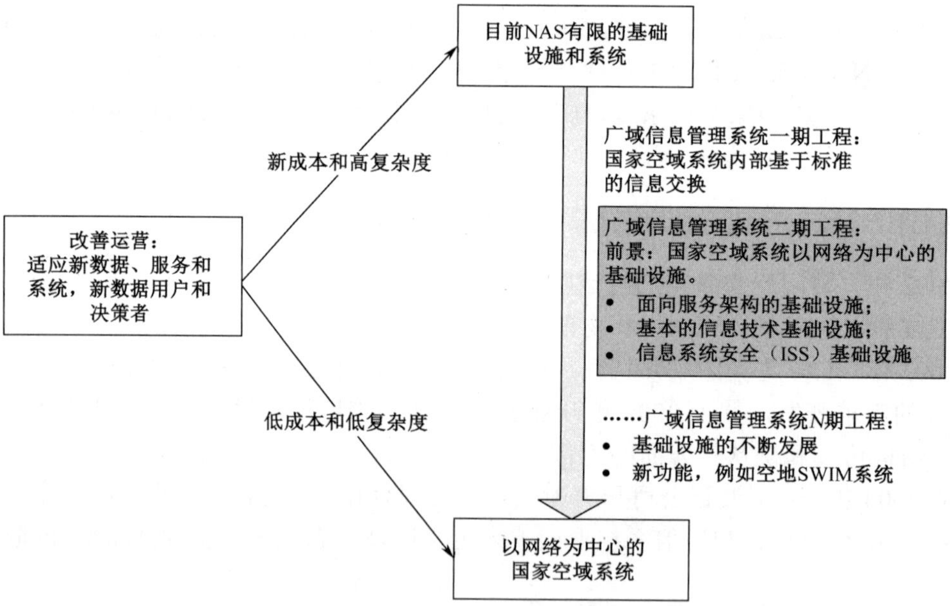

图 3.3 FAA SWIM 的发展前景

图 3.4 所示为美国联邦航空局对广域信息管理系统的开发和实施规划的时间概览，其中包括 SWIM 一期工程和二期工程 a 阶段主要完成项目的时间跨度。

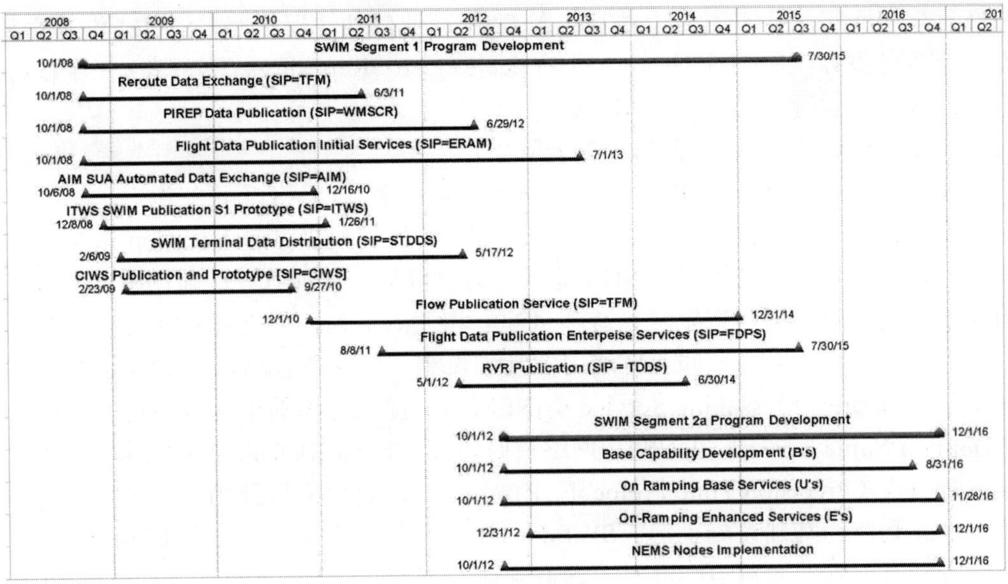

图 3.4　FAA SWIM 一期和二期时间概览

（1）FAA SWIM 一期工程（2009—2015 年）

美国联邦航空局 SWIM 一期工程围绕“航空信息管理、航班和流量管理、气象管理”三大类、九种功能开展建设，如图 3.5 所示，后续将对其进行详细介绍。这些功能是基于现有的基础设施架构实现的，而不重新搭建新的基础架构，重点提高信息服务的可用性。一期工程中广域信息管理系统功能由 SWIM 实施项目（SWIM Implementing Programs，SIPs）进行实施。

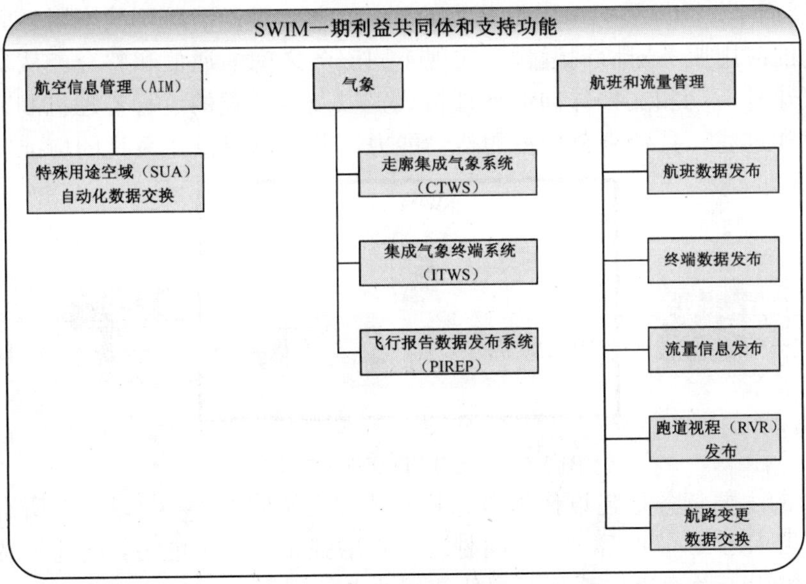

图 3.5　SWIM 一期工程三大类，九种功能

目前，一期实施基本完成，并且美国 FAA 商业软件注册中心、SWIM 维基百科、国家空域系统服务注册/注册库（NAS Service Registry/Repository，NSRR）三个核心服务正式投入生产运行，实现了计划目标。

（2）FAA SWIM 二期工程（2012 年至今）

广域信息管理系统（SWIM）二期工程对一期工程中 NAS 项目在治理、标准和政策等方面进行扩展，其包括三个目标：支持必要数据交换以满足 NextGen 系统操作性的提升；为一期工程中已授权的 SIPs 提供面向服务架构（SOA）基础设施；为所有适合面向服务架构的美国国家空域系统项目建立相关的治理，并支持其开发和部署。通过二期工程建设，应用系统间存在通用的基础设施，规划内容包括：NAS 企业消息服务（NAS Enterprise Messaging Service ，NEMS），提供通用的消息传输功能；域名服务（Domain Name Service，DNS）、网络授时协议（Network Time Protocol，NTP）和精确授时协议（Precision Time Protocol，PTP）等；制定更多敏捷的治理策略；促进一期项目过渡到新的基础设施上等。SWIM 二期工程包括两部分：2a 阶段和 2b 阶段，每个阶段都有不同的侧重点。并且美国联邦航空局对 2a 阶段给出了明确的时间跨度。

① SWIM 2a 阶段（2012—2016 年）

根据 2012—2015 财年实施规划，构建 NAS 企业消息服务（NEMS），使其成为广域信息管理系统 IT 基础设施的核心。NEMS 和其他美国联邦航空局电信服务相似，可以提供消息传递的功能，以满足美国联邦航空局 SWIM 项目的要求。NEMS 与现有美国国家空域系统电信网络以及安全基础设施集成，创建了一个逻辑上的企业服务总线（Enterprise Service Bus，ESB），如图 3.6 所示，服务提供者和消费者通过运行 IP 和相关业务服务连接到 SWIM ESB 的 NEMS 节点上，从而实现消息传输和交换。ESB 从 SOA 发展而来，提供了网络中最基本的连接中枢，可以消除不同应用之间的技术差异，让不同的应用服务器协调运作，实现不同服务之间的通信和整合。从功能上看，ESB 提供了事件驱动和文档导向的处理模式，以及分布式的运行管理机制，支持基于内容的路由和过滤，具备复杂数据的传输能力，并可以提供一系列的标准接口。

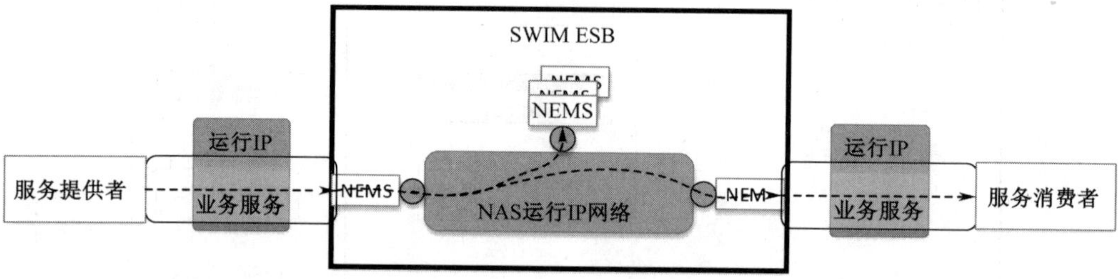

图 3.6　通过 ESB 交换数据信息

该阶段的主要任务是建设作为信息共享基础设施的 NEMS，以及在所有航路交通管制中心部署 NEMS 节点等工作。同时进一步增强系统安全能力，构建消费者对数据订阅的自管能力。并通过一系列面向外部消费者的交通流量数据服务，维护美国国家空域系统共同态势感知的能力。

② SWIM 2b 阶段

该阶段建立在 SWIM 2a 阶段建设的基础设施之上，对 SWIM 基础设施建设进一步完善，并添加一些新功能。任务主要包括：增加和完善 SWIM 航班数据发布服务（SWIM Flight Data Publication Service，SFDPS）功能；通过身份认证和访问控制，增强美国 NAS 数据流的安全性；通过添加服务提供者和消费者的状态信息创建现存基础设施的监控能力；在发布信息的 SWIM 终端数据分发系统（SWIM Terminal Data Distribution System，STDDS）列表中添加终端数据，并丰富现存服务的功能；在 NAS 系统中添加支持复杂数据的查询功能；促进信息标准全球化进程，包括航空信息交换模型（AIXM）、气象交换逻辑模型（WXXM）和航班信息交换模型（FIXM）。

二期工程是在一期的基础上对广域信息管理系统覆盖范围进行扩展，并整合现有数据接口信息，建立 SWIM 核心服务，最终实现民航系统中的 SWIM 功能全覆盖，如图 3.7 所示，其描述了 SWIM 整体功能架构示意图，用户包含 NAS 人员和非 NAS 人员，通过一定的服务接口接入到 SWIM 服务功能，对 SWIM 功能架构的详细介绍见后续章节。在该阶段美国 FAA 通过与中间件厂商合作，构建消息服务、接口管理服务和安全服务，以及企业服务管理等四个核心服务。

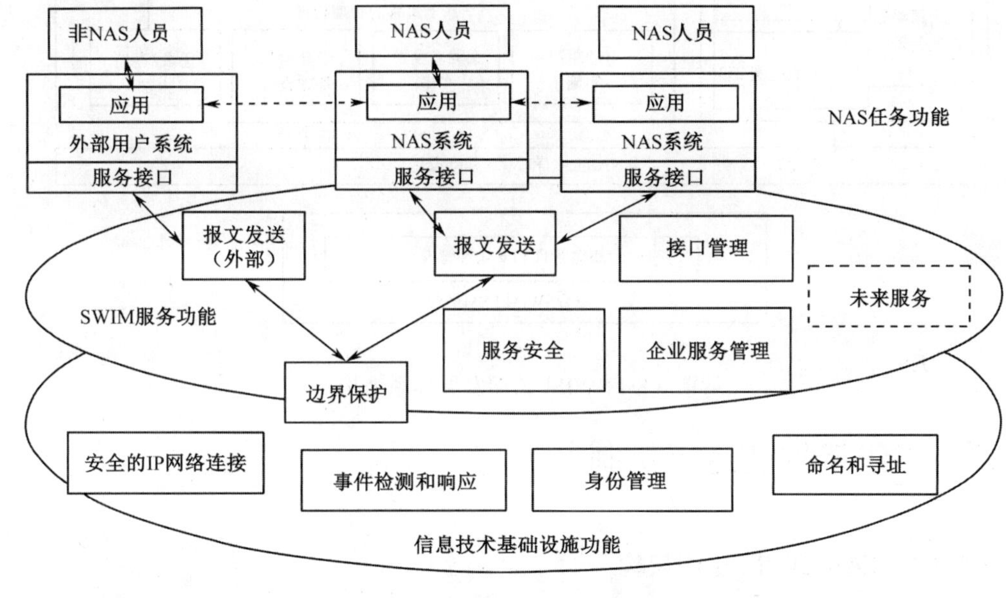

图 3.7 FAA SWIM 功能架构

③ FAA SWIM 未来发展规划

2012 年，广域信息管理系统（SWIM）项目组发布“美国联邦航空局云计算战略规划”，规划试图在美国国家空域系统设立“私有云”，从目前的面向服务架构逐渐过渡转变为“云架构”，以降低信息化成本，提高系统效率，并逐步形成如图 3.8 所示的长期发展结构体系。所有 NAS 系统通过 SWIM 服务器与 SWIM 综合组件连接，外部用户系统（非 NAS）通过外部广域网接入 NAS 外部的 SWIM 综合组件，SWIM 综合组件能够实现基于策略的管理和代理。然后所有系统可以通过 NAS 局域网和广域网基础设施实现交互，并且综合 SWIM 企业服务管理（Enterprise Service Management，EMS）平台可实现策略管理和安全性管理。同时，美国联邦航空局也在推广航空器 SWIM 接入技术（AAtS），该技术将 SWIM 的数据服务对象从地面信息系统扩展到天空，提高航空器的环境感知能力。在新技术引入的基础上，美国联邦航空局（FAA）SWIM 团队也将在未来大力推进 SWIM 全球化的进程，通过多国合作实现全球民航信息共享。

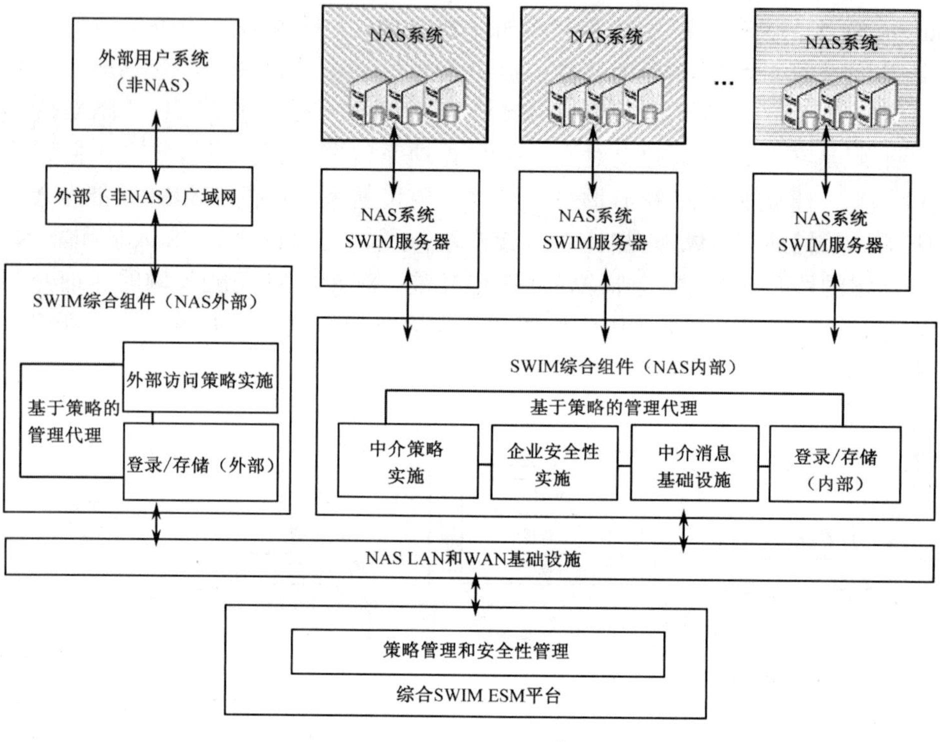

图 3.8 SWIM 长期发展体系结构

3.1.2 组织架构及运行机制

3.1.2.1 FAA SWIM 组织架构

在美国联邦航空局的整体组织架构中，广域信息管理系统（SWIM）隶属于首席运行官负责的技术运行中心，是系统运行服务部下属空管通信部门的子部门，在美国联邦航空局内部的组织架构位置如图 3.9 所示。

广域信息管理系统（SWIM）办公室内部的组织架构按照工程管理需求分为三层，第一层是决策层，由项目经理负责，对项目施行统一决策制定；第二层是管理层，由采购和项目控制部门组成，制定项目计划并统筹管理项目的生产资料；第三层是执行层，由需求与治理部门、改革与协调部门，以及实施部门组成，执行层的部门主要负责项目的计划具体实现工作。三层组织架构如图 3.10 所示。

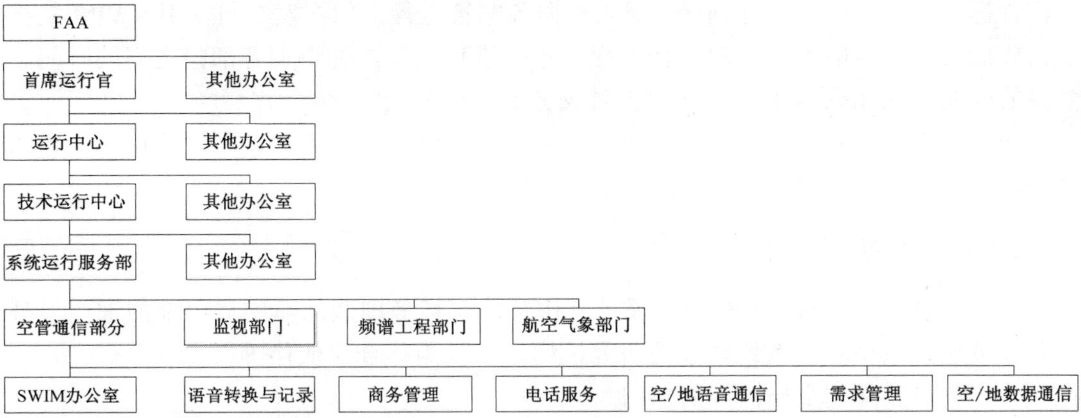

图 3.9 FAA SWIM 组织架构

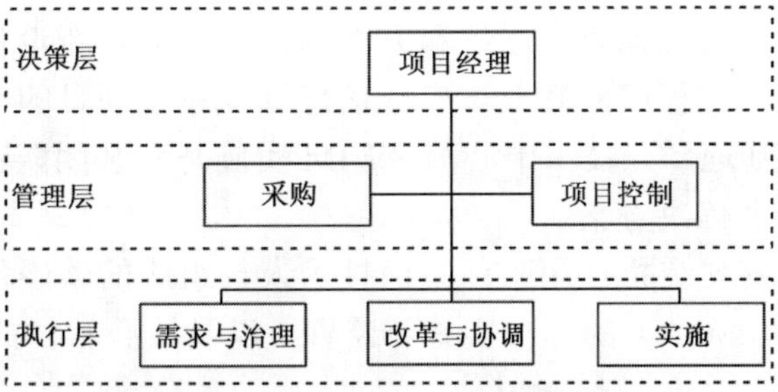

图 3.10 FAA SWIM 办公室组织架构

各部门的具体功能和组织情况如下。

（1）项目经理：主要负责从项目的投资决策开始到项目结束的全过程中计划、组织、指挥、协调、控制和评价，宏观层面确保项目顺利进行，包括制定项目整体方案，主持项目会议，审核管理层的工程、财务计划，代表团队与合作伙伴开展跨国、跨行业合作等工作。目前项目经理团队由美国联邦航空局（FAA）SWIM 项目负责人艾哈迈德·乌斯马尼（Ahmad Usmani）负责，由包括负责人在内的 11 人组成。

（2）采购：主要负责项目团队的生产资料采购，如软件、硬件设备等。采购团队由 1 名主管和 8 名成员组成。

（3）项目控制：主要根据制定的计划和标准，定期或不定期地对项目实施的所有环节进行调查、分析、建议和咨询，发现项目的进展与标准之间的偏离，提出切实可行的实施方案，供项目的管理层决策。项目控制团队由 1 名主管和 10 名成员组成。

（4）需求与治理：主要负责调查分析美国国家空域系统所涉及的空管信息系统，结合面向服务的新兴技术，开展项目需求分析，明确数据、标准、产品等各个系统的目的、范围、定义和功能，并在项目实施中根据实际情况调整需求方案，治理整体需求整合后出现的问题。需求与治理团队由 2 名主管和 17 名成员组成。

（5）改革与协调：主要应对项目开展过程中 SWIM 办公室各部门之间、实施团队与空管运行部门之间的协作问题，团队根据各空管运行部门在发布与使用 SWIM 数据交换前后工作流程的不同，对工作流程和系统进行改革，并协调各部门之间的时间、资源的分配。该团队由 1 名主管和 5 名成员组成。

（6）实施：主要负责项目中解决方案的执行，软硬件的安装、配置和调试。该团队由 1 名主管和 8 名成员组成。

3.1.2.2 SWIM 项目合作单位

广域信息管理系统（SWIM）项目合作单位包括美国联邦航空局内部的部门、外部合作单位、原型验证系统搭建的研究机构，以及国际合作伙伴等。

（1）美国联邦航空局内部的部门

美国联邦航空局威廉·休斯技术中心：是美国联邦航空局研究、开发和探测项目的国家级科学测试基地，中心活动包括测试和评估空中交通管制、通信、导航、机场、飞行安全和安保。其负责长期更新系统和方案的开发，以及新设备和软件的开发，也负责服务中的现有系统和程序的修改。广域信息管理系统项目的实验设备安置在技术中心，是重要的实验基地。该技术中心与 SWIM 实施与安装团队密切合作，提供及时的系统工程协助与技术解决方案。

广域信息管理系统安装执行团队：是由技术人员组成的软硬件安装团队，负责实现基于面向服务架构（SOA）的标准实施、监管，以及核心软件的安装等 SWIM 项目的具体实施。

美国联邦航空局国家空域系统办公室：提供空管业务支持，SWIM 项目团队与美国联邦航空局国家空域系统办公室合作确保在安全、保密、配置管理、质量管理等方面正常进行。

（2）美国联邦航空局外部合作单位

航空工业与贸易组织：是航空业界的重要团体的总称，包括政府机构、航空公司、空域用户和机场协会等在内的利益相关者。通过这些组织，广域信息管理系统项目不仅能够争取航空业内的支持，增加推广 SWIM 技术的积极性，更能够发掘潜在的 SWIM 数据使用者，使该项目能够更好地服务于航空业。

联合规划与发展办公室：负责协调美国下一代航空运输系统建设团队与交通部、国防部、国土安全部、商务部、美国联邦航空局、国家航空和宇宙航行局白宫科学与技术办公室之间的关系。作为美国下一代航空运输系统建设团队之一，SWIM 项目与联合规划与发展办公室合作保障整体计划的一致性，架构的良好契合，以及其他项目之间的协同运行。

（3）原型验证系统搭建的研究机构

麻省理工学院林肯实验室和约翰·A·沃尔普国家运输系统中心：提供了航空系统专家并与广域信息管理系统（SWIM）项目组合作开发原型验证系统。约翰·A·沃尔普团队负责研发了气象信息集成系统 ITWS（Integrated Terminal Weather System）

的原型验证系统；林肯实验室负责研发了飞行繁忙区域走廊集成气象系统 CIWS（Corridor Integrated Weather System）的原型验证系统。

（4）国际合作伙伴

单一欧洲天空计划联合研究机构：包括欧洲航管组织、欧盟委员会、欧洲各国航空机构，以及欧洲工业服务部门与机场组织在内的空管技术研究机构，负责开发欧洲 SWIM-SUIT 项目和 SESAR 计划等。

3.1.2.3　美国 SWIM 决策与监管架构

在美国国家空域系统层面，广域信息管理系统是美国下一代航空运输系统的核心构件之一，项目执行情况直接影响美国下一代航空运输系统推广进程，因此，相关决策不仅由国家空域配置管理委员会审批，还需上报美国国家空域系统技术架构委员会所属的技术审查委员会，对项目决策进行审批。

在广域信息管理系统办公室内部，各部门之间根据功能不同，负责相应的决策制定。需求与治理团队负责面向服务架构（SOA）治理计划、策略和标准的制定；实施团队负责服务等级协议、安装测试、协调安装执行团队、注册中心的身份认证等方面的决策；SWIM 配置控制委员会由各团队的代表组成，负责项目计划变更的审批。项目的核心内部合作单位——SWIM 安装执行团队负责具体安装计划和服务提供/消费协议的制定。具体的决策与监管架构如图 3.11 所示。

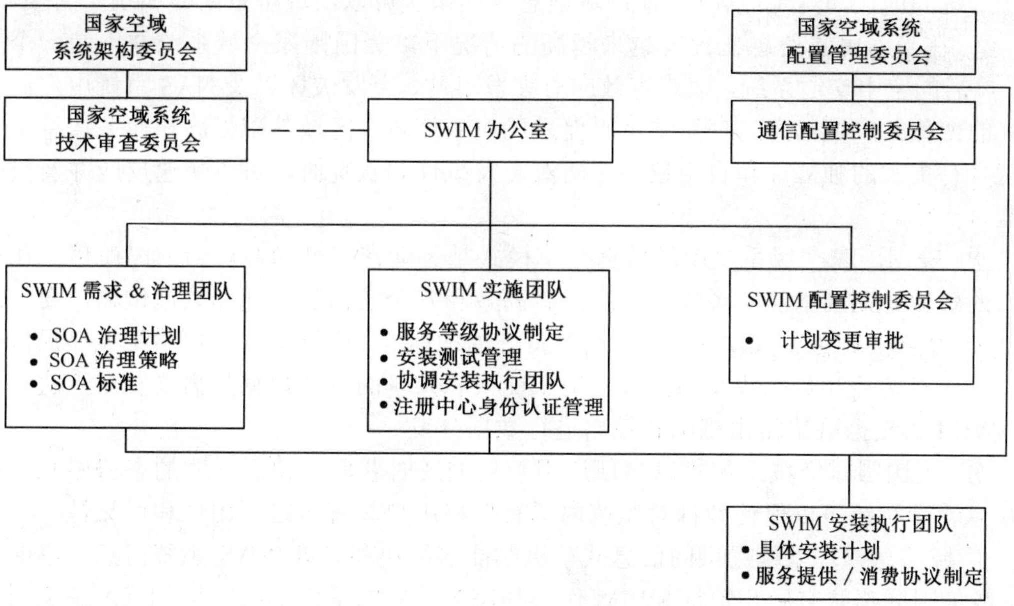

图 3.11　具体的决策与监管架构

3.1.3 技术发展历程

3.1.3.1 FAA SWIM 一期工程阶段

在美国联邦航空局实施 SWIM 一期工程之前，美国国家空域系统中包含大量针对特定目的而创建的各类业务信息系统，这些系统随着民航不断发展而难以满足业务需求，并且它们之间通常是点对点的独立连接。当根据现有需求而制定相关决策时，每个接口都需要花费高昂的人力、财力、物力和精力进行定制化设计、开发、管理和维护。美国下一代航空运输系统（NextGen）采用一种新的概念模型，旨在将更多的民航数据、各类业务信息系统综合和关联起来，从而使不同部门根据不同需求，以通用和标准化的数据结构、格式和类型请求或订阅相关服务，使数据及时、高效、准确和安全地进行传输。

基于上述的信息及数据服务需求，美国联邦航空局于 2005 年 6 月在广域信息管理系统任务不足声明（Mission Shortfall Statement，MSS）中表明了美国国家空域系统目前存在的主要缺陷与问题，而通过 SWIM 系统可以解决这些问题，主要体现在以下几个方面：

① 开发、测试、部署、维护新接口与应用程序的成本太高，当前民航各类业务信息系统间的接口是定制化的，而广域信息管理系统可以实现可重用的和统一的接口。

② 在当下民航信息化程度越来越高的情况下，美国国家空域系统并不是一个敏捷、灵活的空中交通系统，很难有效应对突发事件、突发破坏以及 NAS 系统用户商业模式的变化。广域信息管理系统可以促进民航系统内各区域基础设施和业务信息系统运营具有更大的独立性和自主权。在面对突发事件和状况时，可以快速反应并及时采取应对措施。

③ 美国国家空域系统中的数据分享模式是劳动密集型的，但当前民航信息化所需要的敏捷性则要求能实现快速、广泛、高效和安全的信息传播和数据传输，而当前的 NAS 基础设施更新成本高，且不具备良好的敏捷性。广域信息管理系统能够提供一种新的信息传播和数据传输的方式，用于交换和共享的各类数据只需要发布一次，然后 SWIM 将根据既定路由规则和策略进行数据分发。

④ 美国国家空域系统难以实现通用数据的及时获取，缺乏共同的态势感知。广域信息管理系统可以促使数据对系统内所有授权用户具有实时可用性和可见性。

广域信息管理系统提供的信息共享机制能够解决和弥补 NAS 系统信息共享的不足，故美国联邦航空局开始将 SWIM 作为其民航发展的重要推动力量。FAA 是美国国家空域系统信息最大的提供者、收集者、消费者以及传播者，广域信息管理也是 FAA 实现民航系统高效运行的重要手段。

2007 年，美国联邦航空局在《广域信息管理系统最终项目需求一期》中对 SWIM 的操作概念解释为：广域信息管理系统为 NAS 操作数据提供了一个开放、灵活、模块化、可管理、安全的以及可共享的架构。这些数据包括航空信息、飞行数据、交通流量管理数据、监视数据以及气象信息等。为了实现这一概念，广域信息管理系统的策略是将 NAS 应用程序逐步迁移到一个松耦合、专注信息共享和开放性的分布式处理环境中。该架构能够降低成本、减少安全风险、支持新服务灵活部署，同时对已存在的服务进行兼容和适配。

为了广域信息管理系统一期工程的顺利开展和实施，SWIM 系统工程师与利益相关者密切合作，这些 SWIM 的利益相关者也被称为利益共同体（Communities of Interest，COIs），他们拥有相关专业知识，并能够准确描述当前在 NAS 系统中信息是如何使用的，能够预测未来 NAS 系统的信息需求，以及如何利用以网络为中心的解决方案来最好地满足这些需求。目前利益共同体涉及领域包括航空信息管理（Aeronautical Information Management，AIM）、气象、飞行流量管理（Flight and Flow Management，F&FM）及其他方面（如监视等），并且逐步进行开发、部署和使用工作。广域信息管理系统一期工程 COI 包括航班流量管理、航空信息管理和气象信息利益共同体。

航空信息管理利益共同体（AIM COI）管理的数据包含特殊用途空域自动化（Special Use Airspace (SUA) Automated）交换的数据；气象信息利益共同体（Weather COI）管理的服务包括走廊集成气象服务（Corridor Integrated Weather Service ，CIWS）、集成终端气象服务（Integrated Terminal Weather Service ，ITWS）和飞行报告数据（Pilot Report（PIREP）Data）发布的服务；航班流量管理利益共同体（F&FM COI）管理的数据包括航班数据（Flight Data）、终端数据（Terminal Data）、流量信息（Flow Information）、跑道视程（Runway Visual Range，RVR）和重路由数据（Re-Route Data）等。

SWIM 一期工程开发的航空信息、气象、航班与流量（F&F）三大类九种服务系统，具体如下所述。

特殊用途空域（SUA）自动数据交换服务，属于航空信息管理。通过创建 SUA 与 ATC 分配的空域（Air Traffic Control Assigned Areas，ATCAA），并存储于集中配置管理的航空信息数据库中，用户可以通过标准的数据访问接口进行获取数据。同时，SUA 数据发布服务可以向 NAS 系统及公众动态发布 SUA 数据，并允许用户订阅并动态接收 SUA 信息。SWIM AIM SUA 还能够确保特殊空域的形状、时间安排、当前状态由 NAS 自动管理，同时确保特殊空域状态一旦变更立即被捕获，故该数据交换服务可以提升 NAS 的功能与效率，可以通过改善空域管理为 NAS 用户提升空域相关操作的效率。

走廊集成气象系统（CIWS）数据发布服务，属于气象信息管理。CIWS 可以提供两小时对流性天气变化趋势预报，数据能够为空管决策提供辅助支持，从而减小由对流天气造成航班延误等。CIWS 数据发布服务还可以向航空公司运营中心（Airlines Operations Centre，AOC）等非 NAS 用户提供 CIWS 数据服务，通过扩大气象数据共享范围提升共同的态势感知能力。同时，基于 SWIM 标准的气象数据格式可以降低数据整合成本。

集成终端气象系统(ITWS) 数据发布服务，属于气象信息管理。ITWS 可以在相关机场、航空公司和管制中心显示强对流天气的影响，这些恶劣天气包括风暴、强降雨、风切变、闪电以及龙卷风等。在机场实时强对流气候影响图片的帮助下，管制员可以与调度员合作在必要时重新制定飞行路线，以提升 NAS 系统运行效率。ITWS 数据发布服务将 ITWS 产生的数据提供给航空公司等订阅单位，通过共享气象数据可以提升共同的态势感知，减少因天气造成的延误。

飞行员报告（PIREP）数据发布服务，属于气象信息管理。航空气象中心（Aviation Weather Center，AWC）可以提供 7×24 小时专用航空服务，发布重大天气影响公告，如飞行员气象信息（AIRMET）和重大气象信息（SIGMETs）。飞行员报告（PIREP）是 AIRMET 和 SIGMET 的重要组成部分。目前，飞行员将近 90%的语音回复是没有报告的。SWIM 一期开发的该数据发布服务，使航路管理员能够在航路自动化升级（ERAM）系统中有效获取飞行员报告，同时 ERAM 将其转发到气象信息交换中心，再由 AWC 发布给其余的 NAS 用户，这对提升 NAS 系统的效率和安全性具有十分重要的意义。

SWIM 航班数据发布服务（SFDPS），属于航班和流量信息管理。SFDPS 将提供航班数据的发布与共享，确保通过相关标准保持 NAS 系统中数据的一致性，以及通过注册库对航班数据服务进行维护。

SWIM 终端数据分发系统（STDDS），属于航班和流量信息管理。将来自机场塔台的原始地面数据转换成可读取和访问的数据，然后将其发送给相应的机场终端雷达进近管制（TRACON）设备，接下来终端雷达进近管制设备再将收到的信息通过 SWIM 消息服务提供给相应的航空公司等用户。还可以为管制员提供场面数据，辅助管制员对航班进行流量管制。2013 年 8 月，迈阿密的 TRACON 成为了第一个安装调试 STDDS 的设备。

流量信息发布服务、跑道视程（RVR）数据发布服务和航路变更数据（Reroute Data）交换服务，都属于航班和流量信息管理。其中，流量信息发布服务中流量信息描述了当前与计划中的空中交通流量，由 NAS 系统发布，ERAM 与其他相关系统可以订阅其中的服务。SWIM 使 RVR 数据的发布系统不再仅限于空中交通流量管理系统（Traffic Flow Management System，TFMS），可以在更多的 NAS 系统中进行共享。RVR 数据发布服务将基于成熟的 Web Service 标准与网络协议，使增加新订阅用户变得更为便利。空中交通流量管理系统是一个协同决策系统，可以使制定航路变更方案变得尤为方便。当一个航班计划在 En Route 系统建档之后，TFMS 需要与 En Route 及时交换预离港航路变更信息。

广域信息管理系统一期工程采用联合的方式来实现这九种 SWIM 功能，并且 SWIM 项目为 SIPs 提供治理、标准及相关软件，以支持开发可重复使用和兼容 SWIM 的服务。SWIM 一期工程的实施并不是共用基础设施，而是扩充现有的基础设施、应用程序、资源和物流链等。每个应用程序采用支持 SWIM 的软件进行消息传递。在向 SWIM 过渡期间，这种联合的方式可以认为是在美国国家空域系统内部面向服务架构（SOA）形式的早期集成。在一期工程结束时，服务被部署到所有的航路交通管制中心

（Air Route Traffic Control Centers，ARTCCs）、39 个终端雷达近场管制（Terminal Radar Approach Controls，TRACONs）、空中交通管制系统指挥中心（Air Traffic Control System Command Center，ATCSCC）、威廉·J·休斯技术中心（William J. Hughes Technical Center，WJHTC），以及网络的企业管理中心（Network Enterprise Management Centers，NEMCs）。

广域信息管理系统提供一系列的核心功能，如消息服务、接口管理、安全服务和企业服务管理等。这些功能可以促进 SWIM 系统种服务的开发与实施，以及促进美国国家空域系统向面向服务架构应用的迁移。SWIM 系统发布服务提供者的服务使其信息可被发现，同时潜在的用户通过 SWIM 核心功能可以查询得到相关服务。服务消费者使用核心功能来定位和下载公开服务的相关信息，创建合适的接口来使用或重用服务。SWIM 的概念是基于面向服务架构（SOA）的设计原则和思想，在 SOA 环境中，服务的提供和消费有两种方案：一是采用发布/订阅模型，二是采用请求/响应模型。SWIM 一期工程服务通过 SWIM 项目办公室和利益共同体的利益需求进行开发。服务开发前，服务提供者和消费者需要通过利益共同体解决需求与架构体系匹配的问题，每个服务开发者，包含服务提供者和消费者在内，需要根据 SWIM 政策与准则进行开发服务。

广域信息管理系统服务开发完成之后，服务会基于运行时环境在美国国家空域系统平台上部署和监控。在服务执行过程中，平台通过 SWIM 提供的软件进行服务监控，包括监控服务提供者与消费者之间消息的交换、服务消费者捕获并报告任何服务执行异常等。图 3.12 提供了如何发布与发现 SOA 服务的高层次描述，服务注册库连接服务提供者与消费者。服务提供者通过向注册库提供待发布服务的相关信息，如接口描述和服务属性等，来发布已准备好的服务。例如，在“设计阶段”（Design-Time），一个 Web 服务可以通过 Web 服务描述语言（WSDL）来发布服务。注册库提供搜索的功能，如通过服务目录进行搜索服务信息。服务消费者可以在“设计阶段”利用注册库来寻找并发现一种服务的属性，如使用已注册的 WSDL 文件。为了在“运行阶段（Run-Time）”消费使该用服务，服务消费者使用预编译的接口代码来连接服务提供者，以调用对应的服务。

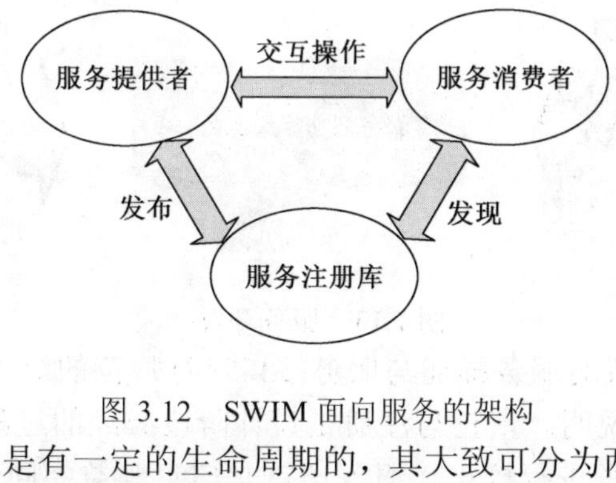

图 3.12　SWIM 面向服务的架构

服务从开发到运行是有一定的生命周期的，其大致可分为两个阶段：设计阶段与运行阶段。设计阶段是指服务操作执行之前的开发活动，运行阶段是指系统运行期间的活动。为了避免两个生命周期阶段功能之间的混淆，将对每个阶段进行比较详细的描述，也体现了 SWIM 帮助用户创建、发布、发现、管理、激活与消费使用服务的功能。

（1）设计阶段（Design-Time）

服务的开发从鉴定功能和定义需求开始，需求的阐释和设计决策的制定凸显了服务传递的方式。特别地，服务可以单独地进行开发，但通常会利用现有的服务来提供综合的功能。也就是说，服务在开发阶段本身也可以是其他服务的消费者。服务的开发开始于通过广域信息管理系统来发现可用的其他服务。例如，某个开发者想开发一种可以预报航班到达目的机场时间的服务，其可能为了给飞行轨迹建模，目前哪些服务是可用的，然后根据要求综合利用这些已存在的服务，实现预测航班到达目的机场的功能。开发者将会通过使用 SWIM 系统来发现和使用相关的服务信息，如通过服务注册库查找相关服务。具有详细描述输入、输出以及性能特点的服务是必要的，当发现了一种合适的可重用的服务之后，开发者就可以下载服务接口的这些描述，使其能够被新的服务调用。采用合适的服务安全策略来保证满足服务安全兼容性的要求。同样，服务的开发也要求与对应的治理政策和规则相一致。图 3.13 提供了一个服务开发的示意图，服务开发者既是服务提供者也是服务消费者，其根据信息需求在注册库中查找符合要求的服务，然后通过整合和编排构建更完善的业务服务，并将服务的元数据发布到注册库中，供其他用户使用。

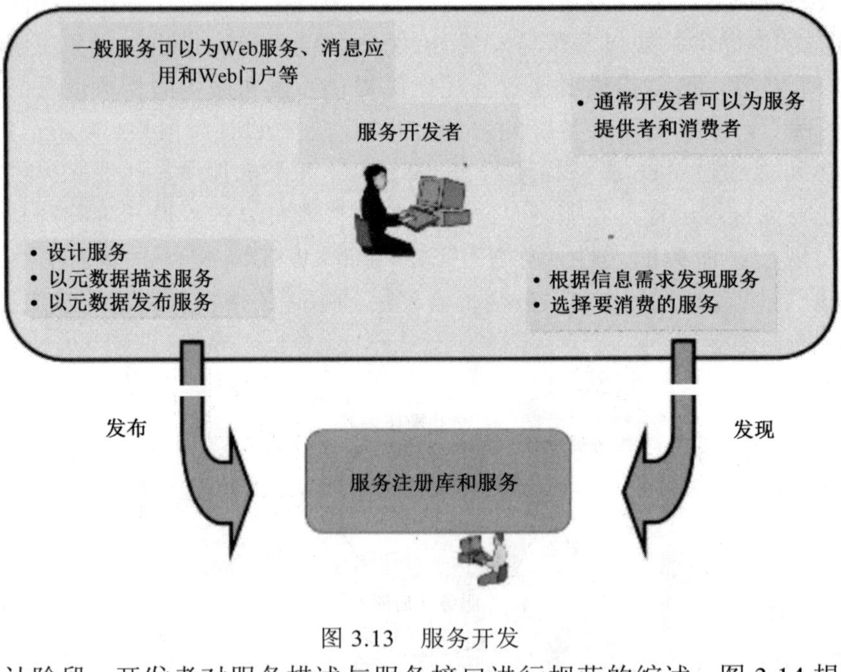

图 3.13　服务开发

在设计阶段，开发者对服务描述与服务接口进行规范的综述，图 3.14 提供了对服务开发、审查、注册的说明。审查与注册是设计阶段必经的过程，不符合要求的服务将被拒绝，并退给开发者进行校正。服务评审是信息利益共同体（COI）或美国国家空域系统内部一个概念上的角色，其评价服务是否符合相应的广域信息管理系统（SWIM）准则与政策，只有经过批准的服务才能够注册到注册库中。

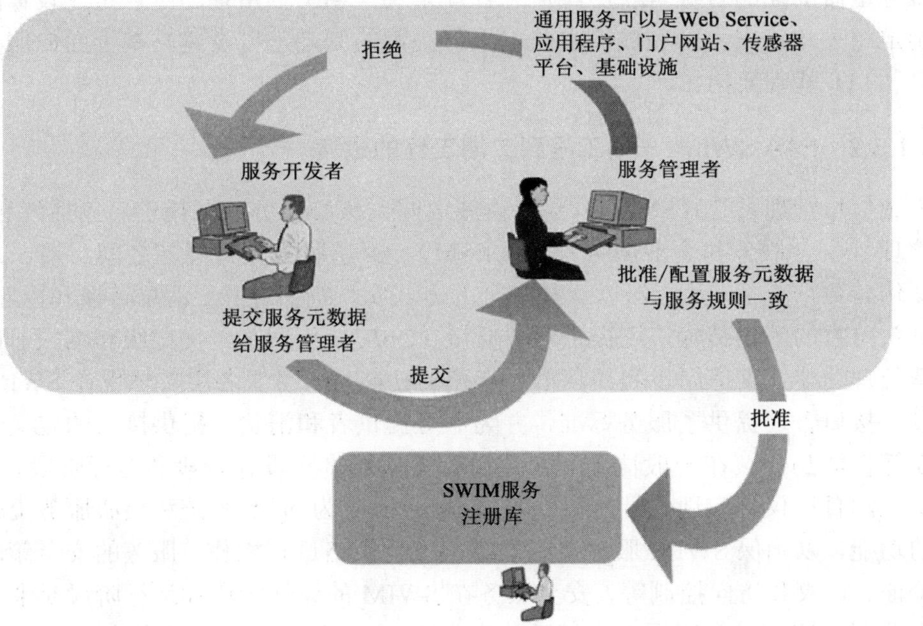

图 3.14 服务的注册

（2）运行阶段（Run-Time）

服务一旦经过开发、审批与注册之后就可以放置在适当的平台和系统上来使用，如计算机、门户网站或服务器平台等。这就标志着广域信息管理系统中服务运行阶段的开始。图 3.15 提供了服务运行阶段交互和监管的示意图，服务提供者在注册库中注册调用信息和发布服务接入点信息，并执行服务；服务消费者获取调用信息和服务接入点信息，并调用服务的执行结果；同时系统对提供者和消费者之间的交互进行监控。

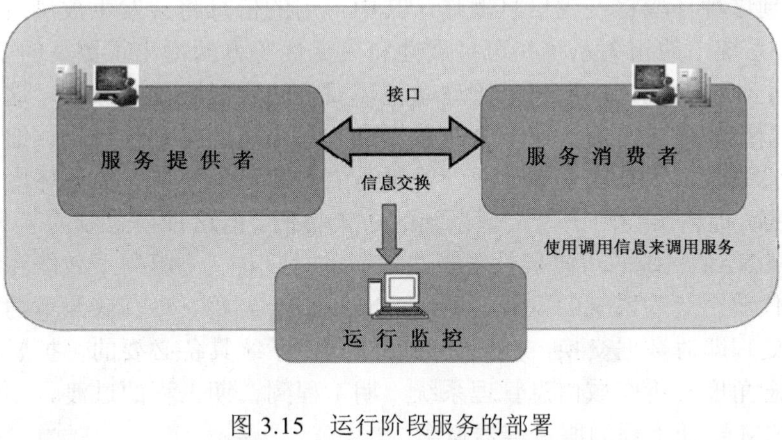

图 3.15 运行阶段服务的部署

成功的面向服务架构（SOA）的开发与运行依赖于具有良好定义的与目标环境一致的政策与规则。成功实施SWIM项目，需要建立必要的流程与治理计划，治理包括所有服务生命周期的管理等。广域信息管理系统一期工程治理的重点是在设计阶段，通过制定相关政策来协助完成需求的定义与决策的制定，以及建立基于面向服务架构（SOA）的IT基础架构。

3.1.3.2 FAA SWIM 一期工程到二期工程的过渡

广域信息管理系统（SWIM）基础设施由四大核心服务共同提供，包括消息服务、接口管理、安全服务和企业服务管理（ESM）。消息服务支持终端之间一对一或一对多的操作与数据交换，其能够以一种安全的方式实现消息路由、消息转换和内容分配，以及有效可靠的消息传输，还提供服务质量（QoS），包括基于优先级和响应时间要求的特殊处理功能，支持同步和异步信息交换的功能，消息服务主要体现在SWIM的运行阶段。接口管理提供了服务标准，并为服务提供者和消费者提供接口的定义、描述和发现等核心功能。在一般情况下，接口管理功能贯穿设计阶段和运行阶段，SWIM一期工程的目标仅是实现设计阶段的功能。安全服务为NAS系统和核心服务提供安全方面的功能，以确保SWIM服务按照既定的安全策略进行操作。服务的安全策略包括身份验证、授权和访问控制等，安全服务在SWIM的设计阶段和运行阶段是非常必要的。企业服务管理对美国国家空域系统中 SWIM 系统发布的服务进行管理，并支持SWIM核心服务本身的管理，其包括对差错、配置、决算、性能和安全性等进行监测和控制。企业服务管理的服务贯穿设计阶段和运行阶段，一期工程企业服务管理的功能由SIPs酌情决定。

根据下一代航空运输系统（NextGen）相关文件和资料显示：未来民航对数据信息具有比较高的需求；未来将采用更加先进的计划和工具来解决系统的复杂性，并扩大可利用数据的规模。网络支持的信息访问是数据交换的基础，而数据交换是支持美国联邦航空局分布式和高度自动化决策的前提，对美国NAS系统的运行有着相当大的影响。过渡到这种环境将产生信息爆炸，其中可用的信息将会发生数量级的增长，这对所有NAS系统中的相关系统在可扩展性和灵活性等方面提出了更高的要求。为了实现下一代航空运输系统，广域信息管理系统需要传输实时准确的数据，这些数据应该具有统一的结构和格式，后边章节会对数据格式和描述的标准化进行详细介绍。

目前空管系统依然是以空中交通管管制为中心的运作模式。在该环境下，系统将处理完的数据，提供给美国国家空域系统的决策者们。但这种模式制约了NAS系统的扩展能力，将NAS系统的可扩展性限于决策者的处理能力，阻碍了效能和利用率的增长以及下一代航空运输系统的发展。所以，NextGen 需要一种彻底改革的方法，能够灵活性地去处理即时数据交换，并且使高度自动化系统具备必要的可扩展性。接下来将从操作概念角度分析广域信息管理系统一期工程到二期工程的过渡。

（1）SWIM一期工程的服务容器概念

由上一小节对一期工作情况进行的整体介绍，可以看到一期工程只是广域信息管理系统开发部署的初级阶段。在操作概念的角度，一期工程中引入了服务容器的概念。SWIM 一期工程为每个 SIP 都部署了独立的基础设施，每个 SIP 参与部分或全部 SWIM 基础设施的设计、开发、部署和管理。这种基础设施由两部分组成：IT 基础设施和 SWIM 服务功能，其中 IT 基础设施为 SWIM 服务容器提供所需的硬件设施和软件系统等；SWIM 服务功能是组成服务容器的一系列应用软件，装载在 IT 基础设施上，用来提供 SWIM 核心功能。

现考虑下面的例子，对两个终端区域的服务容器进行部署实施。每个终端有一套在特殊程序总线（Program-Specific Bus，PSB）上运行的应用程序，该应用程序利用面向服务的架构（SOA）提供服务。每个终端子系统也可有一套针对特定利益共同体（COI）的应用程序，比如气象和监视等。尽管两个终端区域的程序有各自的实施方案，通过一期工程的服务容器，它们能够进行互联。如图 3.16 所示，每个 SIP 利用发布/订阅或请求/响应进行交互，通过中间件和 Web 服务技术进行服务容器之间的信息连接，从而实现不同应用间的交互。

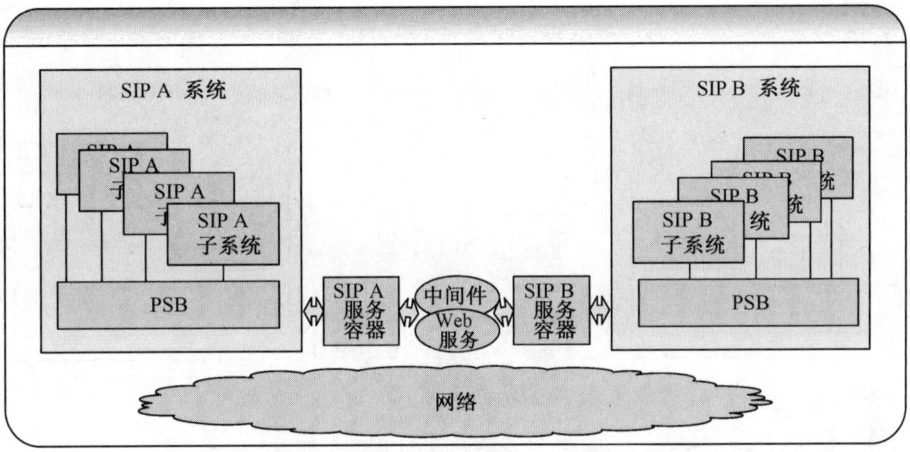

图 3.16　SIP 之间消息传递方法

在这个模式中，两个终端系统是由 SIP 子系统和特殊服务总线组成，其代表了在美国国家空域系统设施中地理位置分散的系统应用，特殊服务总线提供业务系统之间的消息交换功能，并且所有的网站或系统通过网络连接在一起。这两个终端系统都使用服务容器与外部交互，且各自选择一套应用软件，以达到 SWIM 对信息共享的要求。然后，每个系统对各自的特殊服务总线（PSB）与服务容器进行配置，以实现业务系统间互联。一旦有 SIP 给服务容器发布服务，那么两个 SIPs 可以选择发布或者订阅其他数据信息。

由于 SIP 系统选择面向消息的中间件（Message-Oriented Middleware，MOM）作为 SIP 服务容器之间信息传输的媒介，如果每个 SIP 选择不同的中间件产品，那么它们之间的兼容性就会出现问题，或者为了兼容而产生功能冗余。即使 SIPs 选择相同的中间件产品，也有可能出现版本的兼容性，因此在 SIPs 之间必须协调好这个问题。并且，每个服务容器支持不同的应用，导致了配置问题进一步复杂化。随着每个 SIP 解决 SWIM 的需求和管理他们的执行方案，可能出现维持服务容器中各种应用程序版本的控制风险。所以每个 SIP 必须维护系统外的数据交换环境，协调所有其他的 SIP 进行规划升级，同时保持各自独立的环境。并且还有一些其他潜在的问题，所以一期过程没有很好的解决信息共享的问题。在二期过程中提供一个过渡到共享服务模式的操作概念，以弥补一期工程中的缺陷。

（2）二期工程共享服务模型

下一代航空运输系统（NextGen）和广域信息管理系统（SWIM）概念强调空中交通管理系统的协作和对信息的高度共享。其中，共享基础设施是投资价值最大化和遗留系统复用的常用策略，并且面向服务架构（SOA）的主要优势也是重用。通过多方研究讨论，提出了如图 3.17 所示的共享服务模型，其集中了某些美国 NAS 系统应用程序的通用功能。此处只对二期共享服务模型进行介绍，二期工程的详细成就与规划见下一小节。

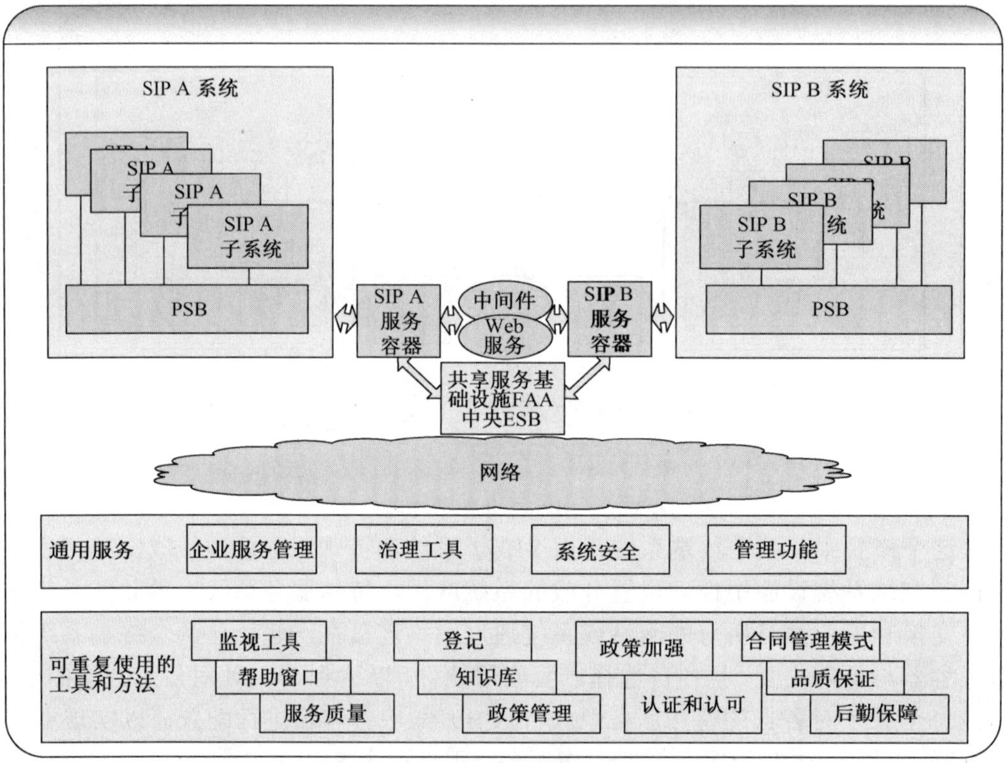

图 3.17　共享服务模型

美国联邦航空局（FAA）中央企业服务总线（ESB）提供了一个集成的公共信息平台，任何美国国家空域系统应用程序可以通过访问和使用这个平台来交换信息。其中通用功能包括：企业服务管理、治理工具、系统安全和管理功能等，可重用的工具和方法包括：监视工具、帮助窗口、服务质量、登记、知识库、政策管理、政策加强、认证和认可、合同管理模式、品质保证和后勤保障等。

并且 SIPs 可以自由建立特殊服务总线（可以采用 ESB 实现），以满足自身在国家空域系统中高效信息传递的需求。同时，通过建立各自的服务总线，也加强了 NAS 应用服务的性能。共享服务模型对底层的 IT 基础设施和 SWIM 服务功能进行抽象，将模型中的各元素集成到网络中，并对终端用户以服务进行发布。这是以网络为中心操作的基础，并会提高系统运行效率和重复利用率。治理、企业服务管理、系统安全、企业消息传输可以在美国国家空域系统应用中跨不同系统中以一致的标准策略进行实施。

（3）一期工程到二期工程运行概念的转变

美国 SWIM 工作组谨慎地实施服务模型的部署，使 NAS 系统向集中管理的基础设施迁移，以实现更小的硬件设施规模和 SIP 业务依赖性。

图 3.18 描述了从一期联合的服务容器到 FAA 中央企业服务总线（ESB）的转变，其提供了一个逻辑一致的企业服务总线。尽管地理位置可能比较分散，但该模型对应用数据和服务提供者进行标准化，从而确保消费者可以有选择的满足自身需求。通过建立一个标准的 ESB，SIPs 可以根据平台的互操作格式和标准结构进行交换信息。

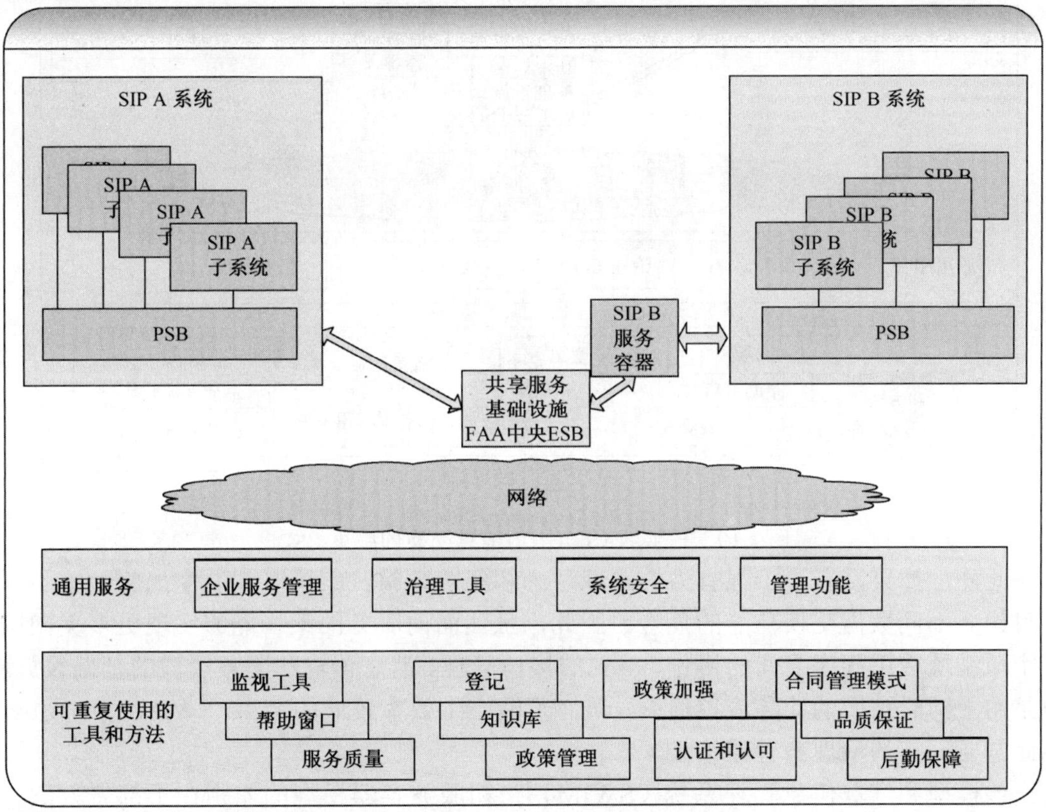

图 3.18　一期到二期服务的转变

（4）二期工程扩展信息交换功能

共享服务总线提供了一个互联互通的环境，在该环境中，地理位置分散的功能可以与中央 ESB 保持逻辑一致，并提供美国国家空域系统范围内的消息交换。如图 3.19 所示，针对以面向服务架构（SOA）实施为目标的新应用或包含特殊程序总线（PSB）的遗留应用，可以选择多个标准化的接口集成到中央 ESB 上。遗留系统和现存的系统可以通过消息中间件（MOM）、Web 服务或通用接口等集成到中央 ESB，并赋予它们灵活的部署方法，以降低成本和复杂度。这种将应用服务直接迁移到 ESB 上，转变为共享服务，可以减少服务容器的开发。

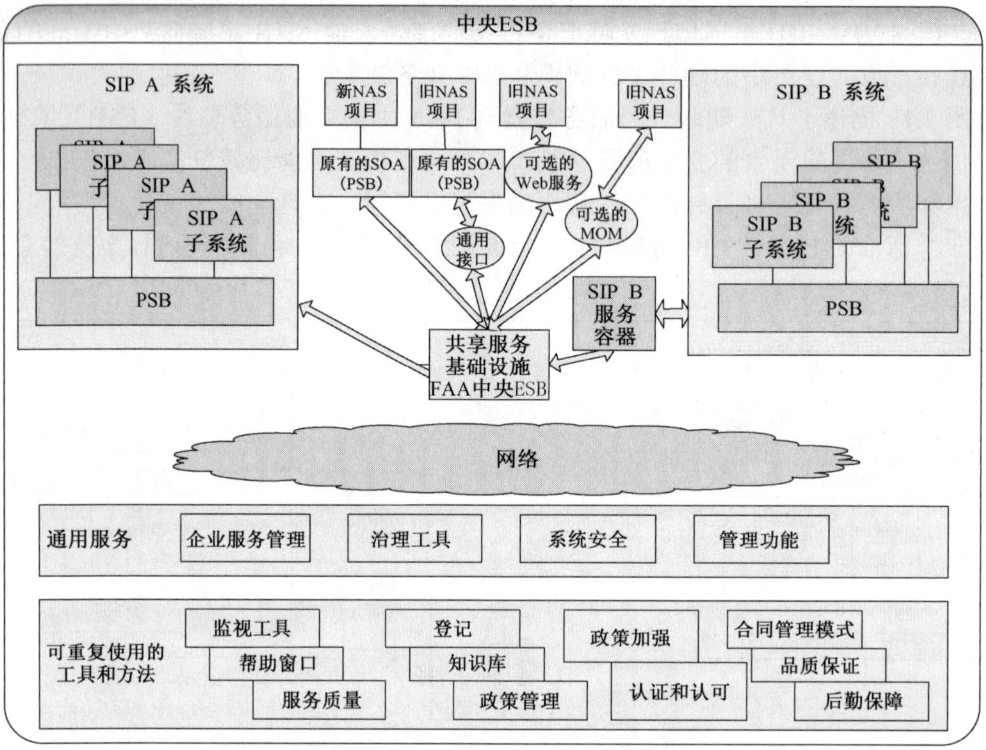

图 3.19　提供 NAS 范围内消息交换的中央 ESB

此外，如果没有一个强有力的治理理念和经营政策，美国联邦航空局将面临不同项目建立不同数据交换功能的危险。因此，虽然面向服务的架构能够实现更多美国国家空域系统应用程序之间的协作、单独的接口管理、消息传输和服务管理的基础设施，但是由于同时被旧的业务流程约束，从而可能产生效率较低的 IT 和 SWIM 基础设施，因此需要一定的治理和管理策略。

该模型和广域信息管理系统（SWIM）一期服务容器模型的差别在于部署方法。SWIM 一期工程中服务容器可能创造出新的烟囱式的服务。SWIM 二期工程提供如何从一对一的服务发展为一对多的服务模型，其中信息服务经过一次发布，被多个用户订阅，并可以继续进行优化再利用。共享服务战略创建了信息交换的平台，使决策者可以采用越来越自动化的信息产品完成其所需的业务。在该环境中可以提高决策能力、改进美国 NAS 系统吞吐量和容量利用率，并促进实现下一代航空运输系统（NextGen）的目标。

（5）SWIM 一期和二期工程整体架构选择

图 3.20 为 SWIM 二期工程架构的高层次描述，正如图中所示，该架构包括特定领域的 NAS 系统、SWIM 核心、NAS IT 和信息系统安全（ISS）核心，外部（非 NAS）系统或用户通过外部网络连接 SWIM 核心，然后通过 FAA 管理的广域网访问 SWIM 注册库。其中，特定领域的 NAS 系统由 SIPs 部署和运营，如航路自动化升级（ERAM）系统、交通流量管理系统等。SWIM 核心包括由 SWIM 项目部署和运营需要的面向服务架构的基础设施。NAS IT 和信息系统安全（ISS）核心，其提供基本网络连接、安全和其他 IT 基础设施，可支持 FAA 电信基础设施（FAA Telecommunications Infrastructure，FTI）等项目部署和运行。其中，NAS IT 为 SWIM 系统中各业务间互联提供软硬件支持，包括通信、域名系统、存储等功能。ISS 为 SWIM 实施提供必要的安全保障，如身份认证、访问控制、入侵检测等。

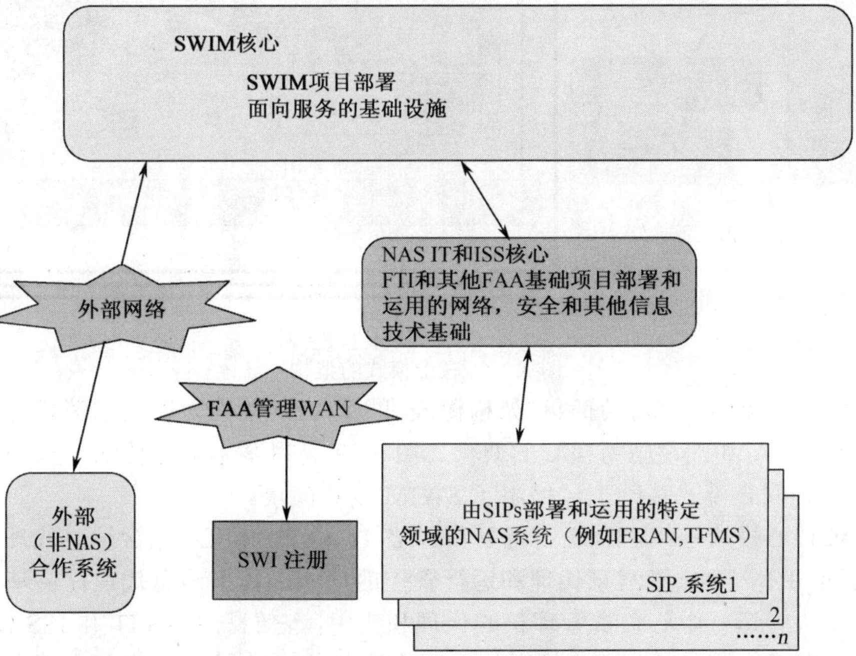

图 3.20 SWIM 二期工程架构概览图

SWIM 一期工程采用的架构为联合的模式，如图 3.21 所示。其中 SWIM 核心服务由国家空域系统范围内的 SIPs 提供，SWIM 提供的基础设施只有 SWIM 注册库。在每个 SWIM 实施项目（SIP）中，国家空域系统的功能通过 SWIM 服务容器，经由 NAS 系统控制，与外部 NAS IT 和 ISS 核心相连。其中 SWIM 服务容器中包含一期工程的服务和新发布的服务，它们通过企业服务总线进行传递消息。另外，还需要对服务的运行进行监控和管理。NAS IT 和 ISS 核心为 SWIM 提供必要的 IT 基础设施和信息系统安全服务，包括局域网、广域网、域名系统、身份和密钥管理、入侵检测和响应，以及存储等。通过 SIP 应用网关与外部非 NAS 系统通信。其中，SWIM 提供的基础设施 SWIM 注册库，用来存储服务的描述信息，最终实现 NAS 系统内外的互联互通。该联合模式减小了 SWIM 和 IT/ISS 工程的短期风险和成本，但 NAS 系统仍然是紧耦合的，还没有构建集中共享信息的基础设施。

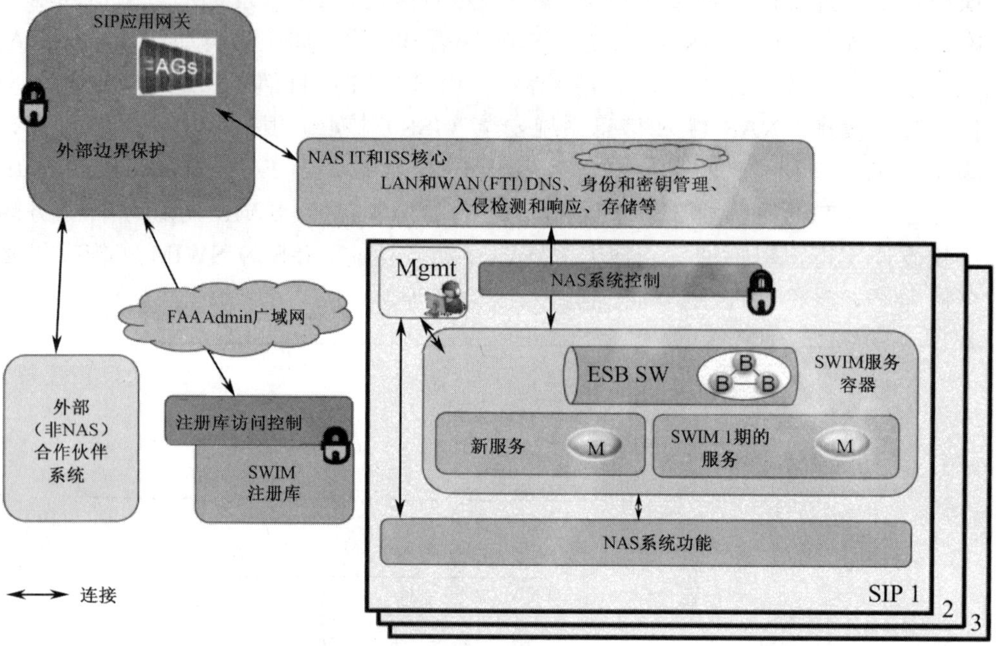

图 3.21　联合模式的架构

在 SWIM 二期工程中，有两种架构模式可以选择，分别为以基本消息传输为核心的架构和以 SOA 基础设施为核心的架构。图 3.22 为以基本消息传输为核心的架构，其在一期工程联合模式基础上，增添了 SWIM 核心模块。

SWIM 核心模块连接 SIP 应用网关和 NAS IT 和 ISS 核心，包含消息代理和 SWIM 运行中心两部分，提供了消息代理和运行管控的功能。其中消息代理提供基本消息传输功能，SWIM 运行中心负责管理核心代理和应用，它们与 NAS IT 和 ISS 核心交互，实现 SIP 中的服务能够通过 NAS 系统控制连接到 SWIM 核心。以基本消息传输为核心的架构可以减小 SWIM 和 IT/ISS 工程的短期风险和成本，但是没有为 SWIM 核心提供应用层服务。

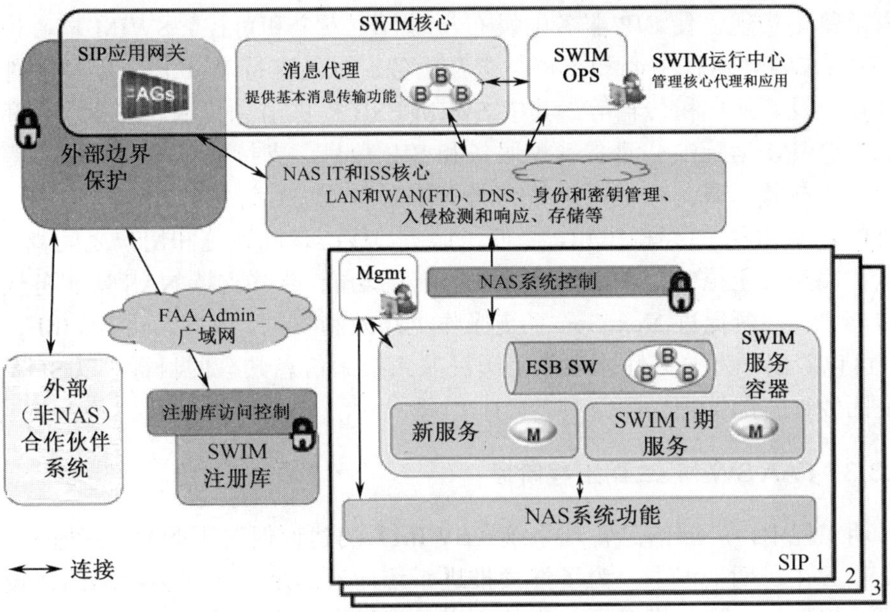

图 3.22 以基本消息传输为核心的架构

另一种架构为以 SOA 为核心的架构，如图 3.23 所示。与图 3.22 所示的架构不同主要在 SWIM 核心的改变，从以基本消息传输为核心转变为以 SOA 基础设施为核心。

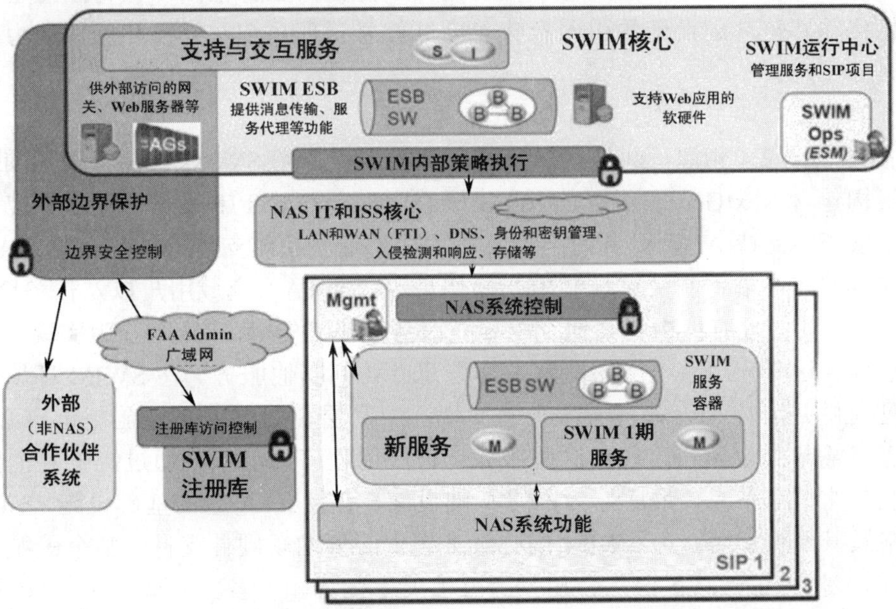

图 3.23 以 SOA 基础设施为核心的架构

NAS IT 和 ISS 核心经过 SWIM 核心与网关相连，实现外部用户与 NAS 系统内服务的交互。并且 NAS IT 和 ISS 核心与 SWIM 核心之间不是直接连接，而是通过执行

SWIM 内部策略实现，使 SIP 服务的发布与运行更安全和可控。SWIM 核心模块包含 SWIM ESB、SWIM 运行中心和支持与交互服务，以及支持 Web 服务的软硬件，主要对服务进行分发、聚集和传输等。其中 SWIM ESB 提供消息传输、服务组合和代理等核心功能，SWIM 运行中心负责管理服务和 SIP 项目，支持服务与交互服务等应用层服务能够实现与外部服务交互，后边会对应用层服务进行详细介绍。

该架构采用 SOA 的架构思想，降低了服务、核心基础设施和用户之间耦合度，并且在消息传输和安全控制等方面具备比较完善的功能。能够支持 NAS 新服务快速部署到 SWIM 核心，同时促进 NextGen 系统操作更高效和安全。由后续对 SWIM 二期工程的介绍，可以看出，为了更好地实现美国民航系统间信息共享的目标，以 SOA 为核心的架构是比较理想的选择。

3.1.3.3 FAA SWIM 二期工程阶段

在一期工程中，广域信息管理系统（SWIM）的建设促进了 NAS 系统间基于标准的信息交互。在二期工程中，为了继续推进系统向着满足既定任务需求的建设，并与预期的项目规划相一致，设定下一步的方案是建设国家空域系统以网络为中心的基础设施（见图 3.17），该基础设施包括一个面向服务架构的基础设施层，还包含基本的信息技术基础设施（比如局域网和广域网等网络设施）和信息系统安全的基础设施（比如身份认证和密钥管理等）。广域信息管理系统的后续工程除了增强国家空域系统以网络为中心的基础设施的服务能力外，还将进一步扩大其服务范围，如将涵盖空中与地面的信息传输。该基础设施的引入意味着广域信息管理系统在开发和操作能力上发生了变化。

（1）SWIM 二期工程的互操作架构

图 3.24 与图 2.4 相同，此处是从互操作架构角度介绍 SWIM 二期工程的演变。该互操作架构包含 NextGen 应用层、SWIM 核心服务层和 FTI IP 骨干网络层。应用层为 NextGen 系统中支持 ATM 业务的终端应用程序。这些系统支持的用户包括：ATM 操作者，如航路与终端管制员、控制中心操作员等；非 FAA 空域用户以及任务合作者，如航空公司、其他政府机构和其他空中导航服务提供者（ANSPs）等。为实现 NextGen 系统的目标，这些应用系统应该能够共享信息并访问其他服务。在 SWIM 环境中，这些是通过提供并消费 SWIM 业务服务来实现。中间层 SWIM 基础设施提供核心服务，包括消息传输基础设施和治理，这些服务允许应用程序终端系统通过提供并消费对方的业务服务来共享信息。最底层为网络基础设施，包括 FAA 电信基础设施（FTI） IP 骨干网络及其组件服务，为 SWIM 核心服务提供必要的软硬件支持。整个民航系统采用 SOA 的架构思想，具备松耦合和灵活可扩展等优势。

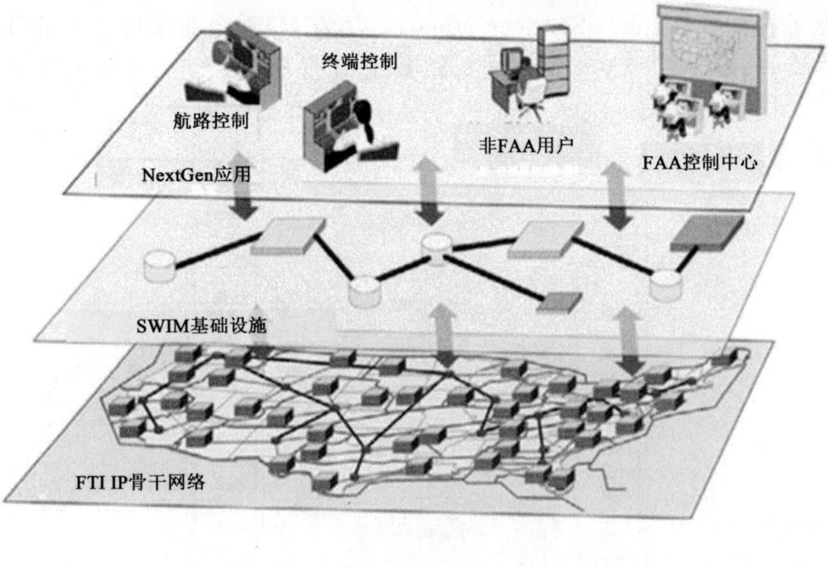

图 3.24　SWIM 二期工程互操作架构

为了进一步促进实现系统应用间的松耦合，业务服务的信息交换需要统一的数据标准和格式。图 3.25 在图 3.24 的基础上，在提供 SWIM 核心服务的基础设施层与 NextGen 应用程序终端层之间，添加了数据交换的标准层，包括航空信息交换模型（AIXM）、航班信息交换模型（FIXM）和气象交换逻辑模型（WXXM），在航空信息、航班和气象方面实现交换数据的标准化，从而促进了 SWIM 环境中信息的高效共享。

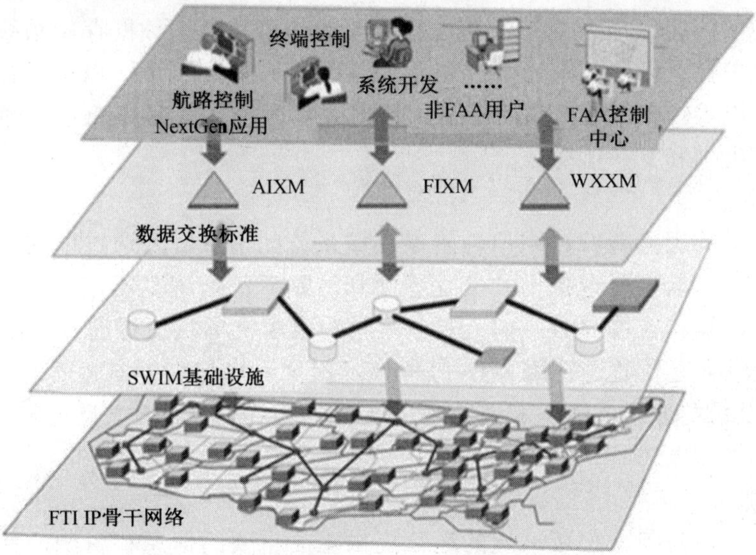

图 3.25　添加数据交换标准的互操作架构

（2）SWIM 二期工程的功能架构

为了与其他正在进行的工作保持一致，FAA 选择了一种功能架构，该架构基于 NAS 企业服务功能层次（SV-4），SV-4 为美国国防部结构框架（DoDAF）的视角之一，即系统或服务视角（Systems/Services View），其为 NAS 企业架构的一部分。在 NAS 下一代空中交通系统中，SV-4 整体框架如图 3.26 所示，其自上而下包括交互服务层、任务服务层、支持服务层、SOA 核心服务层和技术基础设施服务层，还包含企业治理和管理服务。

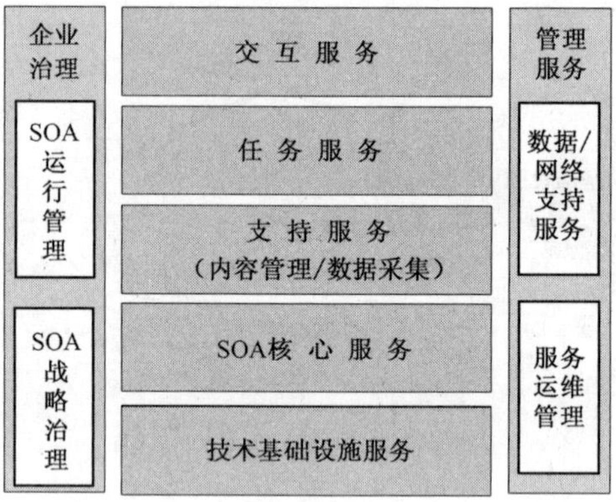

图 3.26　NextGen NAS SV-4 整体框架

其中，交互服务层为系统用户或管理者提供服务接口，包括可视化终端和门户，以及通知提醒服务等；任务服务层包括发布 NAS 系统中的操作服务，以支持空中交通操作；支持服务层负责为 NAS 任务服务和 NAS 数据获取服务提供查找、发现和管理功能；SOA 核心服务层提供 SWIM 消息服务、接口管理、安全服务和企业服务管理等，支持服务消费者和提供者之间实时的通信，以确保正确理解相关信息，并协调合作；技术基础设施服务层包括系统开发和运行阶段的计算平台、数据存储系统、网络基础设施和边界保护等；企业治理包括 SOA 治理和运行阶段的管理，以对运行阶段的系统进行治理和监控等；管理服务包括网络和数据库管理服务以支持 SOA 服务，并为服务配置管理提供处理和支持服务。

① 交互服务

交互服务层的服务能够让用户与国家空域系统的信息资源通过以网络为中心的基础设施进行交互。其主要包括用户交互界面和网站，包括浏览器、客户端、网络应用等，可以提供通知和告警服务，如天气、流量约束和机场状况等通知。在 SWIM 二期工程中，这些服务主要通过使用 Web 服务技术提供用户与服务器之间的交互。交互服务可以通过使用 NAS 任务服务和支持服务提供的内容进行创建，反过来，也可以为这些服务提供其他相关内容。

② 任务服务

任务服务主要为国家空域系统的运营提供至关重要的信息和资源，并根据支持服务提供的数据信息进行统筹和管理，进一步生成交互服务层需要的对应的服务信息。主要包括任务分离管理、航迹管理、飞行和状态数据管理、流量应急管理、短期容量管理、长期容量管理、系统和服务分析、系统和服务管理、航空信息管理、气象信息管理、监视信息管理、导航支持和安全管理等，但不局限于这些部分，管理者可以根据交互服务层的业务需求添加对应的服务。

③ 支持服务

支持服务主要为任务服务提供信息管理的功能，并且可以从任务服务中提取、汇总和转换相关信息，同时通过包含消息服务、接口管理等功能的底层 SOA 核心服务层提供的服务，将信息传送给任务服务，进而传送给对应的用户。支持服务主要包括内容管理服务和数据采集服务，其中内容管理服务包含内容发现、气象数据管理、航空数据管理和监视数据管理等；数据采集服务包括气象数据采集、监视数据采集和维护数据采集等。

④ SOA 核心服务

美国 SWIM 建设实施主要采用面向服务的架构，在其功能架构中，SOA 核心服务的开发是 SWIM 实施的核心。其中，SOA 核心服务主要消息服务、接口管理、安全服务、企业服务管理和协作服务。消息服务是一个提供消息通信并确保信息安全的通用服务，该服务包含发布订阅、请求响应、消息路由、消息中介等功能。接口管理核心服务的功能主要包括管理服务提供者发布有关信息的服务，并为消费者寻找有关信息提供服务。安全服务主要为面向服务架构的核心服务提供安全的保障功能，主要包括服务策略实施和访问管理，以及服务的安全监视等。企业服务管理（ESM），顾名思义，可以在运行阶段为服务管理提供全面综合的服务视角。协作服务可以使人们在一个共享的平台上协调一致的工作。

⑤ 技术基础设施服务

技术基础设施服务包括基本的 IT 技术和信息系统安全（ISS）的基础设施，其为广域信息管理系统和国家空域系统的实施部署提供支持。技术基础设施服务在很大程度上是由国家空域系统以网络为中心的“IT 技术和 ISS 基础设施”提供的。其包含边界保护、支持信息系统安全的基础设施、支持 SOA 的平台、Web 应用承载能力、数据存储、计算平台、地面网络通信、空地通信等。

⑥ 企业治理

企业治理包括 SOA 运行管理和 SOA 战略治理，主要对基于 SOA 为核心的服务进行战略和策略上的治理。其中，SOA 运行管理包含服务编排、安全策略管理、服务策略管理和服务等级管理，主要是在运行阶段对服务进行管理和控制，如根据系统业务需求和服务策略进行编排服务，在服务运行时，执行安全策略和服务等级管理。SOA 战略治理包含战略上 SOA 的治理、服务设计治理、运行和操作治理、SOA 治理服务台的支持，主要侧重设计阶段对服务进行治理，如基于面向服务的架构，在战略或策略上对服务进行设计，并对服务在运行和操作时的状态和情况进行治理和控制。

⑦ 管理服务

管理服务主要对支持服务的数据和网络，以及服务运维提供管理服务。其中，数据/网络支持服务包含数据库管理服务、网络支持服务、信息系统安全支持管理服务、事件监测和响应服务、业务连续性管理以及帮助台。服务运维管理包含服务诊断、服务开发集成和测试、服务供应、认证软件管理以及培训支持。

NAS 企业服务功能架构也可以视为 SWIM 的功能架构，其包含的交互服务、任务服务、支持服务、SOA 核心服务和技术基础设施服务，再加上必要的企业治理和管理服务，构成了完整协作的面向服务的广域信息管理层次架构，其为后续 SWIM 的建设奠定了基础。

（3）SWIM 2a 期工程阶段

SWIM 系统可以使遗留系统和 NextGen 新系统之间能够在准确的时间在正确的地点之间传递准确的信息，并通过提供 IT 基础设施来实现该目标。IT 基础设施支持系统发布相关信息给 NAS 系统中的用户，支持对授权用户的请求和访问，以满足 FAA 对安全与可用性的需求。

如前所述，在 SWIM 2a 期工程实施的规划中，SWIM 项目提供的 IT 基础设施的核心是 NAS 企业消息服务（NEMS），其是 SWIM 核心服务，能够提供消息传递的功能。并且在部署实施阶段，通过 NEMS 节点实现 NEMS 的建设，结合 NAS 运行 IP 网络，共同组成了 SWIM 环境中具有消息传输功能的企业服务总线（ESB）。

① 2a 期工程 SWIM 概述

SWIM 包括标准、基础设施和治理，它们可以促使实现以网络为中心的 ATM 操作以及 NAS 系统中实体和利益相关者之间通过互操作服务进行信息交换。利益相关者包括 FAA 任务支持部门、服务提供者、航空公司和其他美国政府机构，以及国外空中导航服务提供商（ANSPs）等。

SWIM 基于 SOA 原则为民航信息系统之间的数据交换提供了基础，SOA 是一种面向服务的架构思想，能够使应用程序作为服务被调用、发布、发现和消费。SOA 使企业 IT 更适合异构环境中的互操作，组织之间的互联不用考虑各自支持的基础架构，这就为现有服务的代理、共享以及重用创造了条件。同时简化了现有终端系统接口的建设，保证新系统和应用程序可以被更快地创建与集成，有利于创建 NextGen 需要的新功能。

在 SWIM 2a 期工程中，SWIM 系统部署了由 NEMS 节点组成的 ESB 以及其他的基础设施支持组件，并且 SWIM ESB 与现有 NAS 电信以及 IT 基础设施进行集成，并辅以灵活的治理，构建了比较完善的数据传输和服务管理的基础。SWIM 一期建立的系统也可以过渡到使用 NEMS 的消息传输基础设施环境中。

SWIM 2a 期工程的功能包括企业消息传输服务、信息保障服务和 SWIM 治理等。企业消息传输服务提供一种标准的政策驱动方法，该方法实现 NAS 和非 NAS 用户之间的信息交换，该过程可以通过 Java 消息服务（Java Message Service，JMS）和 Web 服务传输协议来完成。NEMS 通过在服务粒度控制的基础上，允许服务提供者和消费者连接到消息基础设施，并加强服务功能的访问控制，提供信息保障服务。NAS 边界保护服务（NAS Boundary Protection Service，NBPS）增强了与 SWIM/SOA 安全控制的结合，并关联相关功能以支持 SWIM ESB 与非 NAS 系统之间的通信。SWIM 治理包含一组在整个业务服务生命周期中使用的执行控制活动，SWIM 治理制定适当的政策、流程与标准，通过使用灵活、模块化的基于 SOA 的服务来实现与 FAA 企业目标更好的协调。SWIM 治理通过共享服务的创建、部署以及重用实现更好的灵活性，并降低总成本。服务生命周期管理流程（Service Lifecycle Management Process，SLMP）是一个在 SOA 服务从概念到退役过程中执行 SWIM 治理原则的总体流程，使用 SWIM 消息基础设施的用户项目必须遵守 SLMP。

② 2a 期工程 SWIM 的基础设施

SWIM 一期工程实施使用的是一种联合的方法，并且 SWIM 实施的基础设施主要关注 NAS 系统内注册库管理功能的开发。此外，NBPS 着重建设 NAS 企业安全网关（NAS Enterprise Security Gateways，NESGs），为非 NAS SWIM 用户以及 IP 通信提供边界保护。SWIM 2a 期工程继续利用这些基础设施，同时在 FTI 服务基础设施基础上，增加消息传输的功能。

a）NAS 服务注册/注册库（NSRR）

NSRR 是一种支持任务服务跟踪与发现的 NAS 系统内的注册库，是 SWIM 系统中可用服务的权威信息资源池。服务注册在 NSRR 中涉及将服务产品的描述、服务生命周期和一系列配套文件的存储注册。提供者必须在 NSRR 中注册并发布服务，从而消费者可以发现这些服务。NSRR 中可存储已可用服务和正在开发的服务，目前已更新为 2.0 版本。

b）NESGs 与 NAS 边界保护

NESGs 是为 NAS 系统与非 NAS 系统网络通信提供安全控制的 NAS 边界保护的重要部分。2011 年大西洋城和亚特兰大的增加 NESGs 以支持外部消费者，并在 2013 年进一步升级以支持外部的消费者和提供者。盐湖城和俄克拉荷马州的 NESGs 也在同一年升级支持外部的提供者和消费者。

c）SWIM ESB

通过在 NAS 航路交通管制中心（ARTCCs）和其他 NAS 设备上实施 NEMS 节点来提供消息传输服务，通过运行的 IP 网络互连，这些节点的结合构成了 SWIM ESB。这些 NEMS 节点支持来自 Oracle 与 FuseSource 公司的商业 ESB。当前 NEMS 的部署包括亚特兰大、大西洋城、盐湖城与俄克拉荷马州等地的航路管制中心处的 NAS 消息传输节点。

d）NAS IP 网络

贯穿本文所讨论的互联互通都是基于 IP 的，为了安全原因 NAS 内部系统和网络与外部系统和网络是隔离的。对于 NAS 内部应用程序终端系统，到 NEMS 的连接可以通过 NAS 运行 IP 网络实现。在某些情况下，这些可能是局域网服务，也可能是广域网，但这对终端系统是透明的。外部应用程序终端系统将会通过 NBPS 的 NESG 组件连接到 NEMS。这些到 NESG 的外部连接可能是通过加密专用电路来实现的，也有可能是通过用户提供的外部网络加密虚拟专用网络来实现的。

e）域名系统（DNS）

DNS 提供 NAS 运行 IP 网络之间的命名和名称到地址的解析服务。SWIM ESB 将会利用 DNS 实现更为健壮的 NEMS 服务，也就是说，为服务提供者和消费者提供一个到ESB的灵活、健壮的连接。提供者和消费者都将知道他们连接到了SWIM ESB，但是他们没有必要知道在特定的时间连接的是哪个NEMS节点。

f）NAS企业管理系统

NAS企业管理系统包括FAA网络企业管理中心、FTI网络操作控制中心和FTI安全运行中心。这些管理和运行中心被用来管理SWIM ESB的功能，允许用户遵循相关流程创建和部署新服务。它也允许NEMS的监视和控制功能与FTI、NAS运行IP网络以及NBPS功能进行集成。

美国是发展民航广域信息管理系统的最早国家之一，从最初的概念探讨，到相关技术预研，再到具体系统的建设，其分阶段、有条不紊地发展与建设SWIM系统。美国具有完整的组织机构和运行机制，从而保障了SWIM发展的不断推进。在具体的建设方面，美国采用分阶段进行，每个阶段具有不同的目标和实施方案。经过一期工程和二期工程2a阶段的建设，建成了三大类、九种功能服务，并构建了NAS服务注册中心/注册库和NEMS等系列应用和系统，为FAA SWIM后续阶段建设奠定了基础，从而促进在美国全面开展SWIM系统的部署。

3.2 欧洲SWIM发展概况

20世纪80年代以来，欧洲的航空运输持续增长，但由于欧洲各国空中交通管制独立管理，各自为政，这种空域分割严重等因素可能致使航空公司重新调整航线，从而可能导致航班延误和经济损失。航班延误每年给欧洲的航空公司造成的经济损失高达13～19亿欧元，仅瑞士航空公司由航班延误直接导致的月成本就达340万瑞士法郎。预计未来15年内欧洲空中交通量将以年4%的速度增长，到2020年将达到目前的2倍。据统计，现在欧洲每天航班数量多达33000架次，越来越多的航班需求和越来越拥挤的空域对经济的增长和欧洲航空运输系统的国际竞争力都是实际的制约，对欧洲天空安全管理立法、空管技术革新等提出了迫切的要求。单一欧洲天空（Single European Sky，SES）就在此背景下由欧洲委员会于2004年提出，其为一个富有前景的计划，将对欧洲ATM的架构进行改革。单一欧洲天空的主要目标包括：重组欧洲空域、创建增值能力和增加ATM系统整体运行效率。2012年欧洲委员会对SES设置了高层次的目标，到2020年实现：增加3倍的航班容量，同时减少地面和空中的延误时间；安全性能提高10倍；航班对环境的影响减小10%；至少减少50%的成本，为空域用户提供ATM服务。

2004年，欧洲委员会、欧洲航行安全组织和一些企业联手启动了名为单一欧洲天空空中交通管理研究（SESAR）的工业项目。SESAR是一个对欧洲空域和空中交通管理进行全面改革的协作工程，由SESAR联合事业体（SESAR Joint Undertaking，SJU）负责针对支持欧洲ATM转型新概念的开发、运行校验和系统验证，其是为一个公私合营的组织。SESAR 计划包含三个步骤：基于时间的运行、基于航迹的运行和基于性能的运行，详细信息将在后续介绍。SESAR 是单一欧洲天空的技术实现，由最先进的创新技术支持以促进 SES 目标的实现。

SESAR 将优化欧洲空中导航系统，使之更加安全和可靠。例如，使用新的数字和语音通信技术，新的特殊机载系统计算飞机到地面距离以及对于颠簸气流的探测等。SESAR 将成为欧洲伽利略卫星导航系统的首批实际用户。作为欧洲继伽利略项目之后的最重要的高科技项目，整个 SESAR 项目的投资将达 500 亿欧元，并将会产生 20 万个高技能工种的工作岗位。从环保角度来看，2002 年欧洲航空交通业产生了全部温室气体排放量的 12%，而 SESAR 则可以将每一航班次的温室气体排放量降低 4%~10%（因不同机型而定）。此外，SESAR 还可以将航空管制的基础设施整体能力提高 3 倍，将航空管制安全性能提高 10 倍，而且将各个航空公司所负担的航空交通管制费用降低一半。SESAR 项目是欧盟和欧洲空中航行安全组织之间合作项目，该项目实施是一个巨大的挑战。

Eurocontrol 在对欧洲范围内航空信息统一管理方面，将 SWIM 架构的建设作为核心。在欧盟第六框架（FP6）研究项目中设计了基于创新技术的 SWIM（SWIM-supported by Innovative Technologies ，SWIM-SUIT），在 SESAR 的定义下，SWIM 的基础设施将分布于各传统民航空管系统中，实现全欧洲空中交通管理系统的高度互联和航空数据的共享。故 SWIM 架构的建设是实现 SESAR 的重要环节。

在 SESAR 的运行概念中将 SWIM 定义为提供一种便于信息获取的网络化基础设施服务的全新信息管理方式，从关注信息的生成转变为关注信息的标准化获取，为信息的提供者和消费者提供了一种共享和交换的平台，使得 IT 基础设施建设和业务应用功能开发保持一定的松耦合度，进而能够在充分利用旧有民航系统基础设施的同时，使用户能够更加专注于业务应用功能的开发，更好地满足其运行业务需求，提高新应用的开发速度和灵活性，降低新一代民航业务系统建设的成本。

SESAR 理念的实施运行是一个长期的过程，需要通过 SWIM 网络实现全欧洲空中交通管理系统的高度互联，如图 3.27 所示，连接系统包括：网络信息管理系统、先进的空域管理系统、航空信息管理系统、民用与军用空中交通管制系统、空域使用部门（军方及航空公司在内的民航运营商）、机场（机场空中交通管制和空侧）、航空器等。

现行的数据通信系统需要从点到点的信息交换模式转变为共同“虚拟信息池”的共享模式。SWIM 技术架构使用户可以专注于信息本身，而不是信息的生产者和管理者。单一欧洲天空空中交通管理研究计划下的 SWIM 管理平台要求共享的数据包括飞行数据、监视数据、航空数据、气象数据、流量和需求数据，以及 ATFCM 方案数据等。

SESAR 对上述信息的共享确定的时间框架包括长期规划、中短期规划、执行阶段和后执行阶段。欧盟从 2007 年开始研究面向服务的数据高效共享机制，包括其框架和架构，技术实现蓝图。目前，Eurocontrol 已经完成了原型系统的开发，实现了航班数据、监视数据和情报数据的高效共享，并逐步开展 SWIM 系统的集成测试验证与基础设施建设工作。

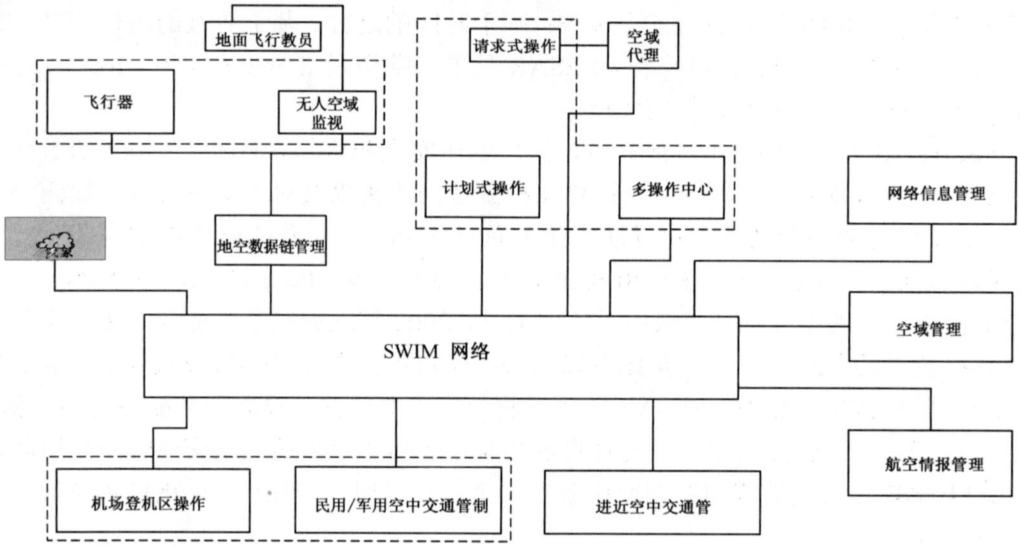

图 3.27　SESAR 架构

3.2.1　整体建设规划

欧洲由于国家众多、地理位置分散，各国机场、空管和航空公司等利益相关方的底层基础设施差异较大、信息化程度各有不同，建设 SWIM 时遇到与美国不同的挑战。因此，欧洲航管组织主要从航班对象和航空信息模型研究出发，按照“概念探讨——标准制定——原型研制——系统建设”四个阶段逐步开始针对 SWIM 的建设。

第一阶段：概念探讨（1997 年—2001 年）

欧洲航行安全组织（Eurocontrol）关于 SWIM 发展在概念探讨阶段的时间、探讨内容与美国联邦航空局基本相同，两者同于 1997 年提出广域信息管理系统的相关概念。Eurocontrol 将广域信息管理系统缩写为 SWIM，并在此基础上逐步确立了 SWIM 的概念。

第二阶段：标准制定（2002 年—2006 年）

2002 年起，欧洲航行安全组织开始着手民航数据信息共享标准的制定、修改与推广。2005 年 3 月发布关于航班对象一致性建议标准（FOIPS）的方案，包括方法论、分析存在的限制和假设、架构框架等内容，为航班对象提供传输模型。

从 2006 年开始推进航空信息交换模型由 AIXM4.5 版本向 AIXM5.0 版本过渡的研究，使航空信息交换数据标准基于工业界的通用标准来构建，为全系统甚至全球范围内的航空信息交换和共享奠定基础。

第三阶段：原型研制（2007 年—2010 年）

2007 年，欧洲航行安全组织开始研究 SWIM 的规则、框架和标准，以及为技术实现而设计的蓝图，并将其融入 SESAR 发展计划的整体框架中。通过 SWIM 原型验证项目 SWIM-SUIT，尝试建立适用于欧洲民航运行环境的 SWIM 系统。SWIM-SUIT 是由欧洲委员会总局第六框架项目（FP6）“交通与能源”支持的研究项目，主要活动包括：规范广域信息管理系统的实施、广域信息管理系统原型设计与开发、对广域信息管理系统概念有推动作用的技术加以验证、对法律和财务等问题进行评估等。

第四阶段：系统建设（2011 年至今）

在该阶段，对 SESAR 的实施方案进行了完善，其包括六个主要组成部分，分别为：空域转向 4D 航迹管理、交通同步、网络协调管理和动态容量平衡、机场集成和吞吐量、冲突管理和自动化、广域信息管理系统（SWIM）等。其中 SWIM 是实现 SESAR 最终单一欧洲天空目标的重要部分，并通过每年举行一次的 SWIM Master Class 来促进 SWIM 的建设。在该阶段欧洲 SWIM 系统建设工作围绕治理、标准与基础设施三个方面展开，如图 3.28 所示。治理主要针对信息/服务的内容、生命周期管理、流程等进行全方位的管理，并通过协调监管信息/服务和各利益相关方之间关系，制定相关制度，建立 SWIM 系统治理体系。标准建设包括制定高效可用的信息模型与服务架构，并通过先进的技术架构将两者结合，实现统一的标准体系。基础设施涵盖了系统建设中所需的软硬件设备，保障民航系统间的连接，确保治理和标准在具体的工程环境得以实现。

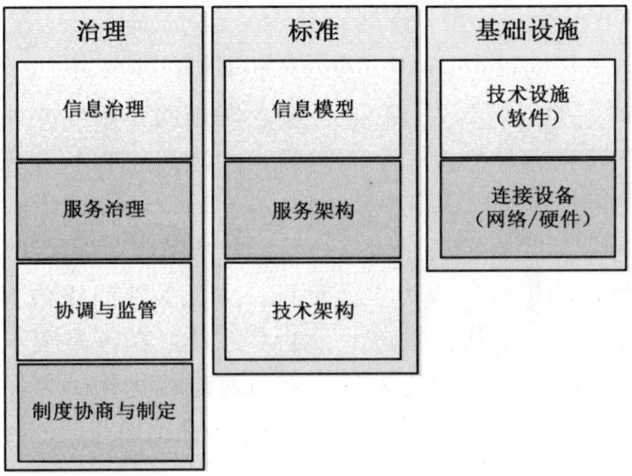

图 3.28 SWIM 系统建设

其中，整个 SESAR 项目分为以下三个阶段：

第一阶段：定义阶段（2005—2008 年），提供 ATM 总体规划，包括制定具体内容、开发和部署下一代的 ATM 系统的计划。该阶段由 Eurocontrol 主持，欧洲交通传输网络下的欧洲委员会（EC）资助，并由所有空中交通利益相关者参与执行。并且专门为此阶段成立的 SESAR 共同事业体，由多家航空公司、机场以及空中服务及人员提供者组成，其主要工作目标是在两年内为项目制定路线图，其中包括技术选择以及整个项目的组织框架。

第二阶段：开发阶段（2008—2013 年），开发在定义阶段定义的新一代技术系统和组件，该阶段由 SESAR 共同事业体管理。工作将主要包括开发路线图中所确定的关键性技术等。

第三阶段：部署阶段（2014—2020 年），大规模建设和部署新的空中交通管理基础设施，可以保证欧洲航空运输系统的高效运行。

图 3.29 描述了以性能为基准的 SESAR 整体规划，SESAR 实施步骤在部署基准线的基础上主要分为步骤 1、步骤 2 和步骤 3 等三部分。部署基准包含操作和技术解决方案，步骤 1 到步骤 3 的运行分别基于时间、航迹和性能的。

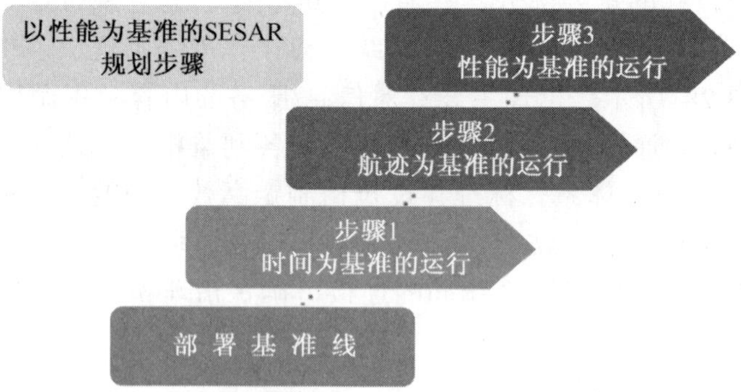

图 3.29　SESAR 三步骤及与部署基线的关系

步骤 1，“基于时间的运行”是 SESAR 概念实施的开始，并关注航班效率、可预测性和环境保护等。其目标是建设一个实时同步的欧洲 ATM 系统，在该系统中合作者可以感知民航系统运行态势，并为优化网络进行协作。在该步骤中，机场对到达的航班采用时间优先制。

步骤 2，“基于航迹的运行”成为主要目标，主要关注航班效率、可预测性、环境保护和容量等。该目标为一个基于航迹的 ATM 系统，在该系统中合作者通过网络中通用的 4D 航迹信息和用户定义的优先顺序对航迹进行优化。为促使战术规划和避撞路线的调整，“基于航迹的运行”通过采用 SWIM 和空地航迹交换来启用基于 4D 的航迹管理。

步骤 3，“基于性能的运行”将通过高性能的运行以实现 SESAR 计划，其目标为实现一个高性能、集成、以网络为中心、协同和空地无缝连接的欧洲 ATM 系统。

图 3.30 所示为 SESAR 六个关键组成部分的详细规划，其中包含了对 SWIM 的分步实施计划，与 ICAO 的 GANP/ASBU 相对应。在部署基准阶段，SWIM 系统的提升主要包括：航空数据交换的优化，包括航行通告（Notice to Airmen，NOTAM）和航空信息交换模型（AIXM）；将地地 ATM 网络基础设施从 X25 的技术转换为支持消息交换的互联网协议（IP）。

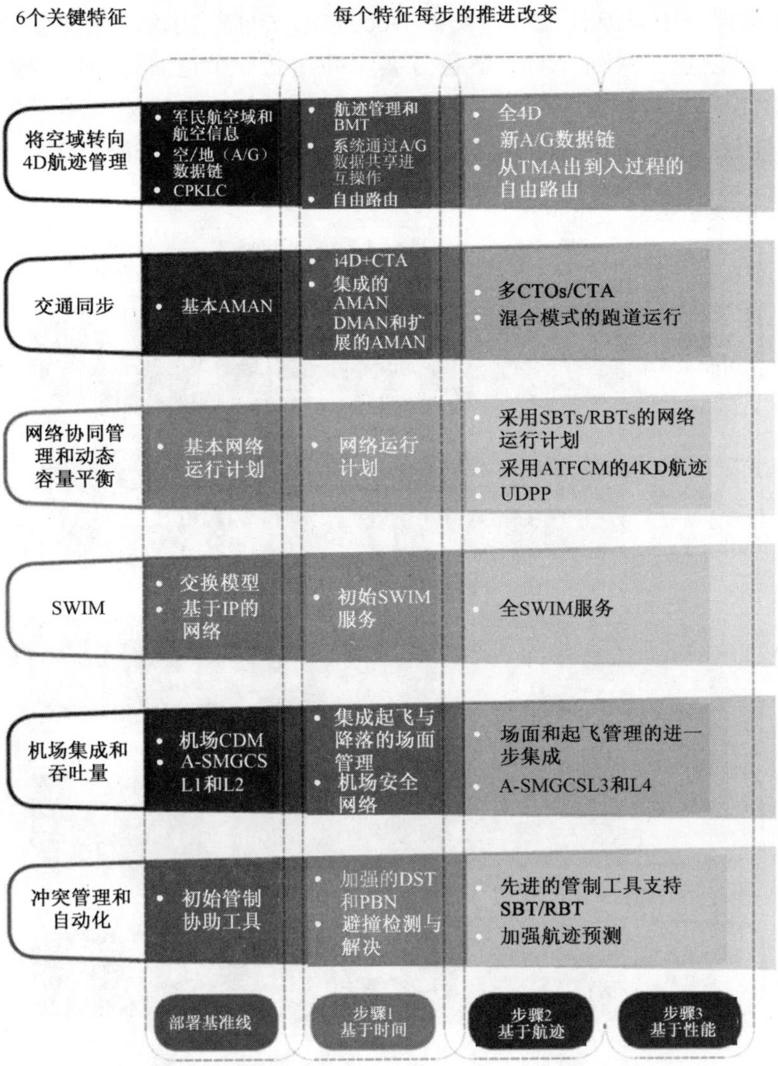

图 3.30 实现 SESAR 操作概念的规划

步骤 1，基于 SESAR 工作基础，如网络运行计划 B2B 服务的引入、飞行对象标准（如 ED133）的开发和验证、欧洲航空信息服务（Aeronautical Information Service，AIS）数据库服务的演进等，ATM 基础设施向 SWIM 进行转变。SWIM 将促进 ATC 中心之间航班信息的数字化交互，支持大量的协同决策，以平衡交通流量的需求和容量。该阶段的成本效益主要体现在以下部分：通过提供一个全球集成的数据共享功能，以代替多个分散的数据交换架构；标准数据和协议的应用将减少处理信息所需要的时间，在创建新应用时提供更高的敏捷性。

步骤 2 和 3，将逐步引进 SWIM 治理和标准，同时部署更多支持 SWIM 的服务。SWIM 技术基础设施将不断进行演进，并且越来越多的 ATM 利益相关者通过 SWIM 进行连接，从而建立起完整的 SWIM 环境。

ICAO 在全球空中导航计划（即文件 Doc9750）中描述了航空组件升级（ASBU），其利用现在技术创建一系列 ATM 解决方案，并建立一个过渡计划以达到全球互操作的目的。ASBUs 包括一组灵活、可扩展的构建模块，每一个模块描述了具体的性能提升。SESAR 计划根据欧洲民航的实际情况，设置整体时间规划如图 3.31 所示。

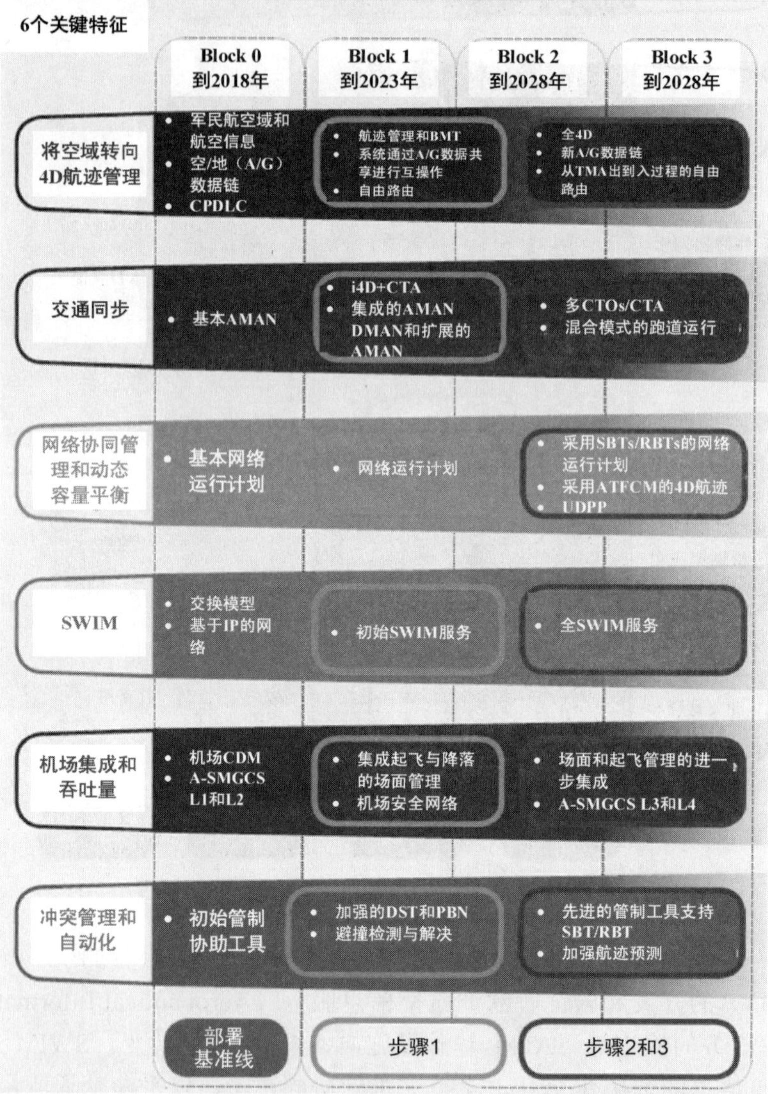

图 3.31 SESAR 与 ICAO ASBU 的对应关系

其中部署基准对应模块 0，时间截止到 2018 年，步骤 1 横跨模块 1 和模块 2，分别对应时间为 2023 年和 2028 年，步骤 2 和 3 横跨模块 2 和模块 3，时间截止到 2028 年。

以上是对 SESAR 和 SWIM 的整体规划做了简要介绍，可以看到它们的实施开发主要分三步进行，不同的步骤有不同的要求，也要实现不同的功能，从而最终实现单一欧洲天空的目标。

3.2.2 组织机构及运行机制

在单一欧洲天空空中交通管理研究（SESAR）中，提出广域信息管理系统的研究、建设和部署等，若要顺利开展并取得成功，一个强有力的管理结构和策略是至关重要的。鉴于欧洲航空组织机构的特殊性和统筹欧洲空中交通管理的复杂性，管理主要分为两方面：一般管理和 ATM 管理。

① 一般管理

一般管理包括两种基本方面：第一，建立管理领导组织，以确定谁有权作出某些决定。第二，包括机制和政策，即组织用来计算和控制这些决策实施方式的机制和政策。两个方面共同构成一般管理的框架。

IT 管理和 IT 活动保持一致性，使组织成为一个整体。管理包括和 IT 投资相关的政策决策权力，以及用来计算和控制 IT 决策优先级和执行的决策、实践和过程。

SOA 管理是 IT 管理的延伸，它致力于服务的生命周期管理和建立在这些服务基础上的复合应用。

② 欧洲 ATM 管理

欧洲的 ATM 环境下的管理和一般管理之间存在根本的区别。欧洲国家众多，而每个国家国土面积又比较小，对于每个国家的空管机构和航空公司而言，几乎所有的航班都是跨国或跨地区飞行的。因此，欧洲空中交通管理需要处理好的难题之一便是协调好这些相互竞争的、相对独立的、在某一地区或国家具有垄断性的组织。

由于欧洲航空组织机构或企业等的分散性和独立性，欧洲的空中交通管理更接近于类似互联网化管理，而不是传统的行政机构的组织管理或企业的管理。所以，单一欧洲天空空中交通管理研究（SESAR）下的 SWIM 管理框架更多地依赖于以下几方面：最大化的竞争、一套正确的激励机制和性能审查委员会。

单一欧洲天空空中交通管理研究（SESAR）中确定 SWIM 的首要步骤之一是建立适当的管理结构。在考虑广域信息管理系统研究、建设以及部署过程中可能出现的问题和困难的前提下，结合欧洲空中交通管理的特殊性和复杂性，SWIM 的运行机制和管理包括战略和政策管理、服务管理、实施管理和运行管理。

（1）战略和政策管理

单一欧洲天空空中交通管理研究（SESAR）是 Eurocontrol 旨在利用先进的技术对欧洲空域和空中交通管理（ATM）进行全面整顿，以彻底改变欧洲空域和空中交通管理的协同工程，是 Eurocontrol 提出的一个中长期的战略规划。从 2010 年开始，Eurocontrol 开始将广域信息管理系统（SWIM）纳入该规划的一个重要组成部分，并制定了发展规划和相关政策包括定义管制流程、政策和标准；商业战略（投资、转出计划、业务和投资计划的联动、权衡）；定义 SWIM 系统路线图（服务类型和时间优先级）；定义目标、成功标准；以及技术战略等。

（2）服务管理

广域信息管理系统（SWIM）是一个基于面向服务架构（SOA）的庞大而又复杂的信息交换和共享的平台，以服务为系统架构的核心部分。所以，在广域信息管理系统的研究、建设和部署进展中，服务管理扮演着至关重要的角色，也在一定程度上决定着最终系统的性能表现、安全水平、完善程度、监管力度等。广域信息管理系统的服务管理主要有以下几个关键点：设计 SWIM 用户需要的合适的服务；维护一个共同的数据字典，服务规范和元数据存储；维护逻辑和物理架构模型；确保新服务的定义符合 SWIM 的设计原则和政策；架构咨询和协助；以及服务指标质量和详细的 SLA 协议。

（3）实施管理

在 Eurocontrol 提出单一欧洲天空空中交通管理研究（SESAR）和广域信息管理系统（SWIM）的战略和政策后，在此基础上的实施管理则关系到 SESAR 和 SWIM 能否顺利开展和推进。在实施管理部分，包括以下两点：确保实施原则得到重视；确保该服务在进入操作前经过充分的测试并取得验证证书（一个独立的验证机构）。

（4）运行管理

在广域信息管理系统（SWIM）的实际运行阶段，要控制和保证 SWIM 系统各工作部分正常、高效的运转，需要进行运行管理，包括开展版本化配置管理；确保服务遵循 SLA 合同（服务质量等方面）；监测系统的安全性、稳定性等；协调 1 级/2 级，支持 SWIM 系统整体性；部分系统故障事件的危机管理；以及确定失败的根本原因等。

为了向所有合作伙伴（网络管理人员、机场、空管、航空公司、ATM 数据提供者和军方）提供相同的态势感知能力，并且能够在这个共同的环境下满足各自的定制要求，SESAR 未来的法规必须考虑的方面包括安全性、保密性和互操作性等内容。在安全性方面，由于 ATM 信息可以影响不同领域的安全，因此安全监管必须解决与 SWIM 相关的所有可能影响 ATM 所需安全水平的问题。在保密性方面，对于合作伙伴如服务消费者和提供者，常见的安全法规需要注意新环境的责任和可追溯性，其可以保证利益相关者安全地提供或获取敏感和关键的任务数据。在互操作性方面，SWIM 环境下所有元素的互操作程度决定了它的可用性，适当的监管确保互操作性主要体现在两个层面：信息的互联互通和服务的互操作。实现安全性和互操作性需要遵从通用的行业标准、相关的法律法规和全球化的行为规范等。

3.2.3 技术发展历程

由欧洲 SWIM 发展整体规划可以看出，自 SWIM 提出并着手实施建设以来，除了概念探讨和标准制定外，其发展过程主要包括自 2007 年开始的原型研制和系统建设。SWIM 的研究和发展主要体现在两个阶段，一个是 SWIM-SUIT 工程，其时间跨度大概为 2007 年到 2010 年，侧重于规范广域信息管理系统的实施、原型的设计与开发，以及对广域信息管理系统概念有推动作用的技术加以验证、对法律和财务等问题进行评估等。另一个是将SWIM纳为SESAR六个关键组成部分之一，并且自2012年开始每年举办Master Class以促进SWIM的建设，为实现单一欧洲天空的目标奠定基础。

3.2.3.1 SWIM-SUIT工程阶段

航空运输越来越依赖于整个网络的操作性能和协作流程的可用性。ATM系统间的互操作涉及将ATM系统从一个地理位置分散、各自独立的拓扑网络转换为一个能够高效处理大规模交通量的协作网络。广域信息管理系统的引入将有效促进这种网络间的协作，但是在初期怎样实现SWIM的功能仍然不清晰，尤其是对SWIM如何进行检测验证没有定论。因此，有必要选择不同的方案，来验证SWIM各个方面实现的可行性。也需要对信息模型、信息管理流程、系统架构、信息访问和安全机制，以及合法性和财务问题进行评估。所以引入SWIM-SUIT工程，该工程将通过开发SWIM原型以提供技术评估，来解决上述问题。

SWIM-SUIT工程的目标是：描述SWIM实施的需求；设计和开发SWIM测试平台，支持SWIM概念的评估；评估SWIM概念的关键技术；评估包括合法性和财务等问题对SWIM实施的影响。该工程旨在验证空中交通系统中SWIM功能的可行性，SWIM原型的开发为其主要任务。结合SESAR定义阶段的工作和其他项目的开发，其工作被分解为5个工作包（Work Package，WP）：WP0为管理和宣传，主要对所有项目活动进行管理和协调；WP1为用户需求的信息管理，旨在确定SWIM及其原型的用户需求；WP2为SWIM设计、开发和测试，主要创建SWIM原型，并描述核心功能设计和实现活动；WP3为测试平台集成和测试，旨在将现存的遗留应用适配到测试平台上进行评估；WP4为技术评估，其包括WP2中所有需要技术评估的活动，采用WP2中开发的测试平台并集成WP3中遗留的应用；WP5为财政和制度，其旨在对基于SWIM概念而选择的技术方案进行成本效益分析，WP5还考虑SWIM实施中的制度、法律和财政等问题。

ICAO在全球ATM运行概念中对SWIM描述为：SWIM的目的是在信息角度对ATM网络进行集成，而不是仅仅在系统角度。主要变化是从过去的点对点的信息交换概念转移到未来多对多的信息发布模式。也就是说，地理上分散的系统协同更新相同的信息，从而使其保持对信息变化的态势感知。从质量、完整性和可访问性角度，“虚拟信息池”可以成功地管理复杂、位置离散的ATM信息。

在空中交通管理网络中，每一个参与者既是服务提供者，也是服务消费者。因此，在广域信息管理系统中，到底哪个应用是提供者或者消费者并不重要，重要的是提供者的服务应当以松耦合的方式进行发布，以便服务消费者能够在一定时间内准确接收到。为了实现这样的系统，最重要的就是所有的提供者都应当遵循统一的格式标准。为了建立一个统一的格式标准，广域信息管理系统的参与者都应当遵守以下规则：共享相关的数据及服务模型、统一互操作模式、支持系统互操作服务接入SWIM物理网络等。主要目的是从关注信息的生成转变为关注信息的标准化获取，使得系统数据的获取更加便利。并且为服务提供者和消费者提供一个共享和交换的平台，使得IT基础设施建设和业务应用功能开发保持一定的松耦合度，进而能够在充分利用旧有 ATM 系统基础设施的同时，使用户能够更加专注于业务应用功能的开发，更好的满足其运行业务需求，提高新应用的开发速度和灵活性，降低新一代民航业务系统建设的成本。

3.2.3.2 SWIM 系统分层结构

图 2.6 描述了广域信息管理系统架构的分层结构，包括广域信息管理系统网络层、技术服务层、数据访问服务层和应用服务层。

SWIM 网络层表示全欧洲的物理网络连接，该网络由相关的 IT 技术模块组成，如传输协议和防火墙等。SWIM 技术服务层将会对所有已连接的系统提供核心技术服务，这些技术服务的构建将会依靠标准的 IT 中间件技术来实现。

SWIM ATM 数据访问服务层隐含了 SWIM “虚拟信息池”的概念，其可以提供民航各领域的相关服务，而不需要知道该服务的底层实现和提供者的具体位置等，通过已定义的服务对标准 SWIM ATM 数据模型进行访问。数据访问服务通过域的概念来定义，如航班数据域和气象数据域等，其主要承担 ATM 应用服务与底层 IT 中间件的连接，简化 ATM 利益相关者对数据的访问方式，同时尽可能隐藏分布式系统和中间件的复杂性。SWIM ATM 应用服务层主要包含对“虚拟信息池”访问的 ATM 应用，该层可能包含协同决策（CDM）类型的应用和服务，或来自于传统 ATM 系统的其他功能应用。

从“域”的观点考虑，这些层可以被分为两类：SWIM 基础设施和 SWIM 支持的 ATM 功能。其中 SWIM 基础设施代表了通用 SWIM IT 基础设施，既包括完整的解决方案，又包括相关的工具和框架，在其之上可以建立丰富的 SWIM ATM 功能；SWIM 支持的 ATM 功能（其中第二层为过渡层）代表域中某些特定的具体功能。

应当注意的是， SWIM 及其组成并不是整个民航 ATM 系统中的“另一个系统”，也不是一个大的中央数据库系统。相反，广域信息管理系统在已有基础设施之上贯穿整个欧洲传统 ATM 系统，实现所有系统的互联互通。每个 ATM 系统，通常由许多实现特定的功能子系统组成，如图 3.32 所示，其中包括一个“SWIM/IOP（互操作协议，Interoperability Protocol）管理子系统”，该系统主要包括以下几方面的功能：将遗留系统连接到 SWIM 环境中；与 SWIM 核心技术服务交互；通过数据访问服务将 ATM 数据发布到 SWIM 中。

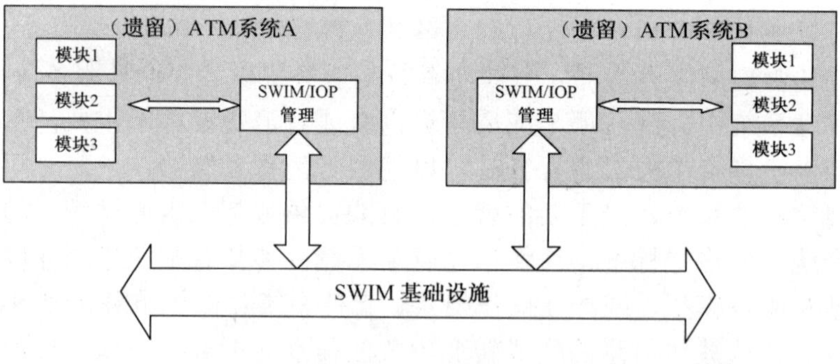

图 3.32　SWIM/ATM 系统

为了将遗留系统集成到 SWIM-SUIT 项目平台中，可以通过特殊的适配器来实现，使遗留系统可以在 SWIM-SUIT 网络中与其他系统协同分享信息。因此提出采用 SWIM-BOX 实现，其在遗留系统前端采用适配器的方式访问 SWIM-SUIT 服务，如图 3.33 所示，SWIM-BOX 是遗留系统通过适配器接入 SWIM-SUIT 服务的前端，它们之间可以相互通信。SWIM-BOX 组成了 SWIM 基础设施，实现了 SWIM 技术服务和数据访问服务等应用服务等，并通过 SWIM 网络彼此进行通信。

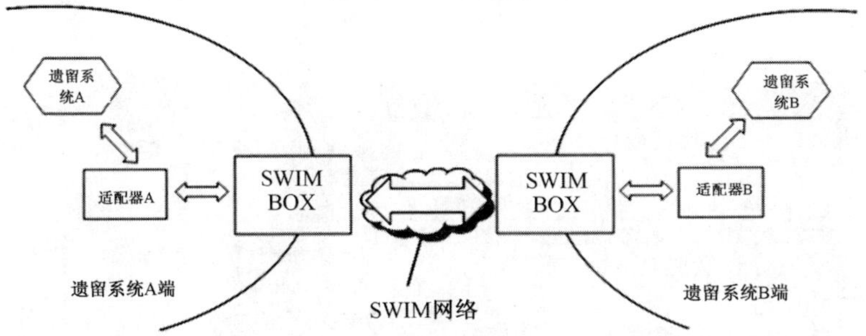

图 3.33　SWIM-BOX 连接遗留系统

3.2.3.3　SWIM-BOX

如图 3.34 所示，SWIM 基础设施由 SWIM-BOX 组成，这些 SWIM-BOX 在 SWIM 环境中充当 ATM 系统中不同子系统的接入点。在 ATM 环境中互相连接的 SWIM-BOX 进行数据交换，该图还描述了一个提供技术服务的通用 SWIM 基础设施，可以以集中的方式进行接入控制和注册。另一个可选的架构为不具有通用基础设施，其将在 SWIM-BOX 之间实现完全的数据同步。

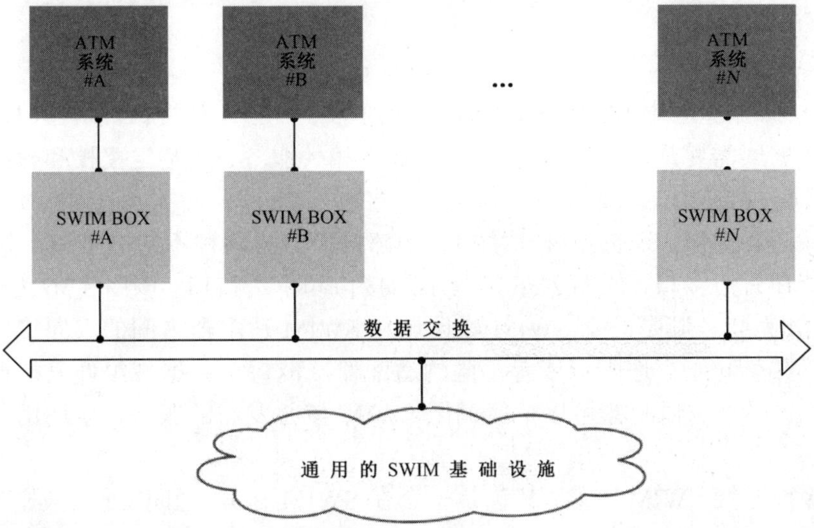

图 3.34　SWIM 基础设施概览

由图 3-34 可知促进异构系统和利益相关者之间互操作的根本问题转为对 SWIM-BOX 的设计。图 3.35 为 SWIM-BOX 的结构图，其中包含了航班数据域（Flight Data Domain，FDD）、监视数据域（Survillance Data Domain，SDD）和航空信息域（Aeronautical Information Domain，AID），以及 SWIM 核心中间件，这些数据域中包含所属关系管理和数据传输的管理。SWIM 核心中间件中包含授权和认证管理，以及注册、安全、存储数据、数据传输和 QoS 等服务，其可以采用数据分发服务（Data Distribution Service，DDS）或 JMS 的技术请求/响应和发布/订阅外部服务。

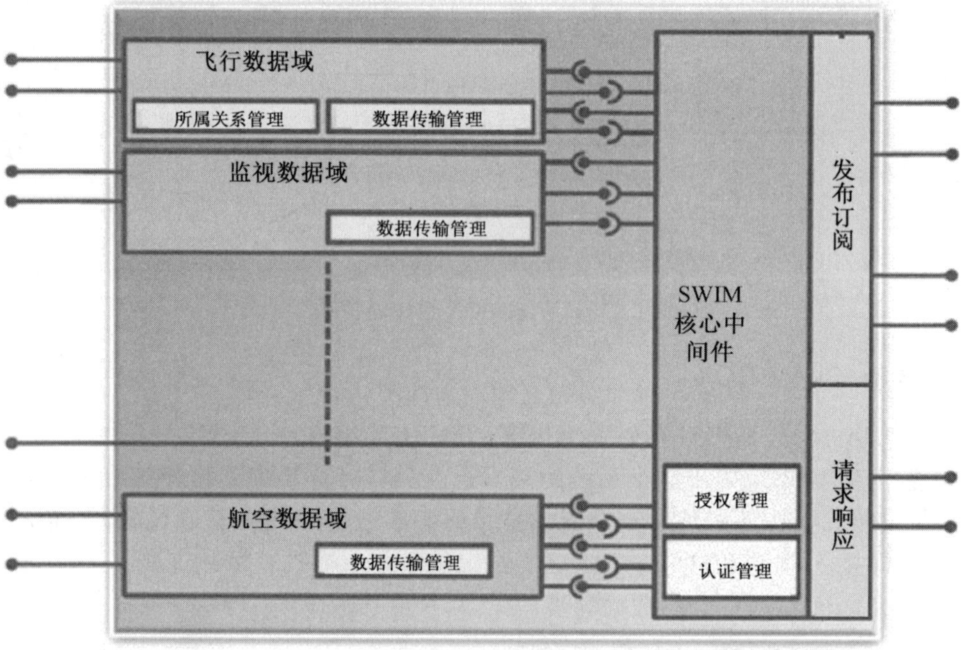

图 3.35　SWIM-BOX 结构

图 3.35 和图 3.36 中 SWIM-BOX 都包含内部接口和外部接口。SWIM-BOX 本身包含的三种数据域需要从 SWIM 核心中间件调用相关服务，如鉴定授权和数据传递等服务，这就需要内部接口。

为了保证互操作，还需要外部接口，外部接口分为两种不同的接口，如图 3.35 分为左边接口和右边接口，或图 3.36 分为上边接口和下边接口。以图 3.36 为例，上边接口连接 ATM 系统，其是一个 SWIM 数据域和 SWIM 适配器之间的双向接口。不同的数据域可以共享同一个适配器或者不同的适配器，但每个数据域组件只能调用一个适配器的服务。另外，适配器可以直接调用 SWIM 核心发布的服务，如调用注册库中的服务。

下边接口连接 SWIM 网络，其也是一个在 SWIM-BOX 之间交换数据的双向接口，完成数据的实际交换，数据交换可以通过发布/订阅和请求/响应模型完成。此外，

SWIM-BOX 之间必须进行数据同步或者通过通用 SWIM 基础设施交换数据，该基础设施可以访问和记录文件内容和真实的状态信息以实现监视的目的，并且将同步共享的数据进行存储。注意 SWIM-BOX 之间的所有数据交换由 SWIM 核心来完成，ATM 系统只需要了解其本地 SWIM-BOX，意味着 SWIM-BOX 对 SWIM 服务来说充当代理的角色。

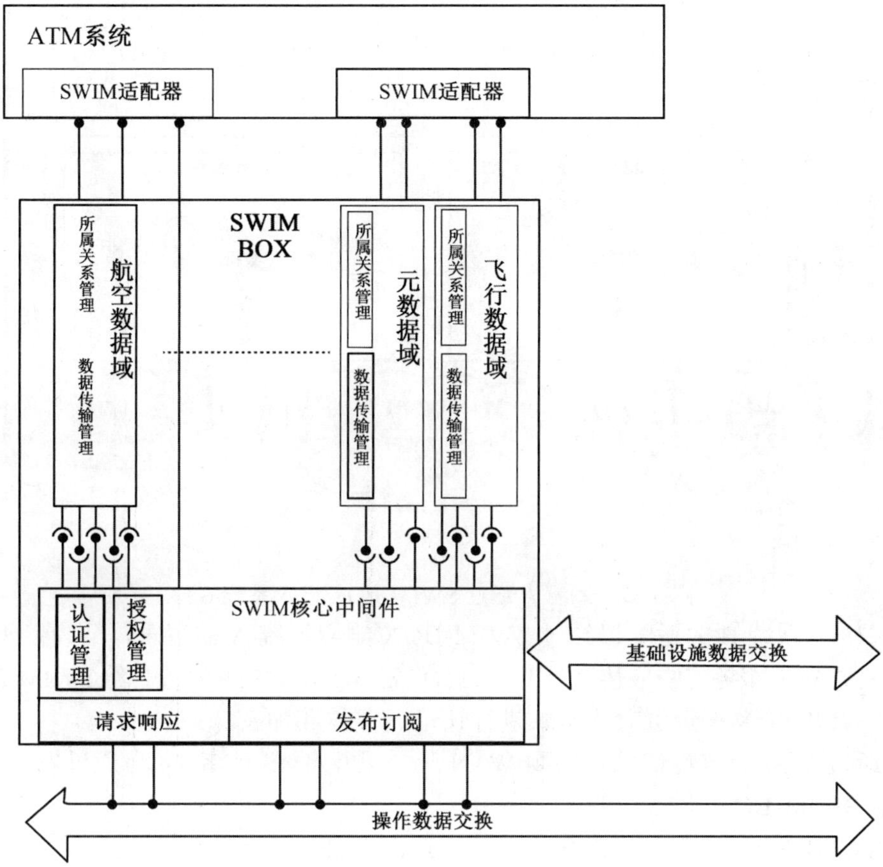

图 3.36　SWIM-BOX 接口

由图 3.35 和图 3.36 可见，外部接口提供 ATM 数据域与 ATM 系统和底层网络间的连接，内部接口提供核心组件与 ATM 数据域组件间的连接。ATM 数据域组件提供的操作和服务是通过内部接口实现的，接口定义了操作是请求/响应还是发布/订阅。数据调用由外部接口的上边接口实现，下边接口操作数据交换。

由前文介绍可知，ATM 系统通过 SWIM-BOX 进行通信，以 FDD 适配器间的通信为例，图 3.37 为系统 A 的适配器经过 SWIM-BOX 请求系统 B 的服务，分为以下六步：

① 通过 Web 服务将请求传递到 LAN 上，经过 SOAP/HTTP 协议传给 SWIM-BOX A；

② SWIM-BOX A 负责对该请求进行认证、授权和加密；

③ 通过 Web 服务将请求传递到 WAN 上，经过 SOAP/HTTP 协议传给 SWIM-BOX B；

④ SWIM-BOX B 负责对该请求进行认证、授权和解密；

⑤ 通过 Web 服务将请求传递到 LAN 上；

⑥ 经过 SOAP/HTTP 协议以 Web 服务的方式传递到系统 B。

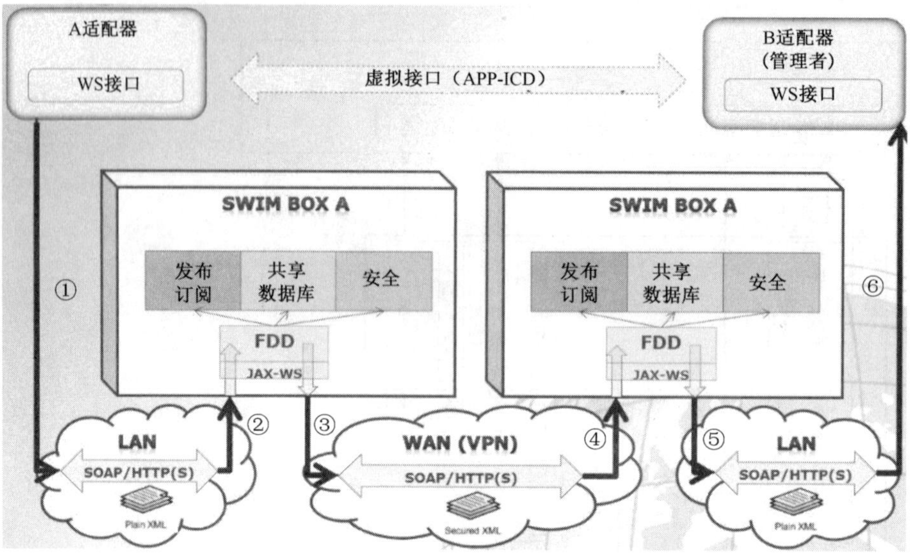

图 3.37 系统 A 通过 SWIM-BOX 请求系统 B

图 3.38 为系统 B 的适配器经过 SWIM-BOX 响应系统 A 的请求，分为以下六步：

① 通过 Web 服务将响应传递到 LAN 上，经过 SOAP/HTTP 协议传给 SWIM-BOX B；

② SWIM-BOX B 负责对该请求进行认证、授权和加密；

③ 通过 Web 服务将请求传递到 WAN 上，采用 JMS 或者 DDS 通过发布/订阅的方式传给 SWIM-BOX A；

④ SWIM-BOX A 负责对该响应进行认证、授权和解密；

⑤ 通过 Web 服务将响应传递到 LAN 上；

⑥ 经过 SOAP/HTTP 协议以 Web 服务的方式传递到系统 A。

实际实施时，真正原型的实例化是利用应用服务器（如 JBoss），其作为内部开发组件的容器。该应用服务器提供许多特征和功能，反过来这些特征和功能也用于原型完成自身的服务实现，如原型利用由应用服务器提供的 Web 服务栈来提供外部接口。SWIM-BOX 的部署有两种，一种如图 3.39 所示，SWIM-BOX 在一个硬件机器上，其中应用服务器中包含相关数据域和核心服务。其中数据域主要包括航班数据域（FDD）、监视数据域（SDD）和航空信息域（AID），核心服务包括发布订阅服务、请求响应服务、数据存储服务和安全代理等。

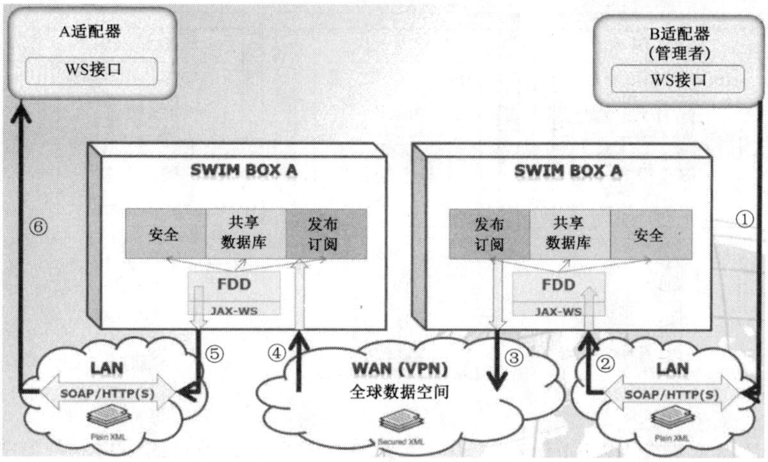

图 3.38　系统 B 通过 SWIM-BOX 响应系统 A 的请求

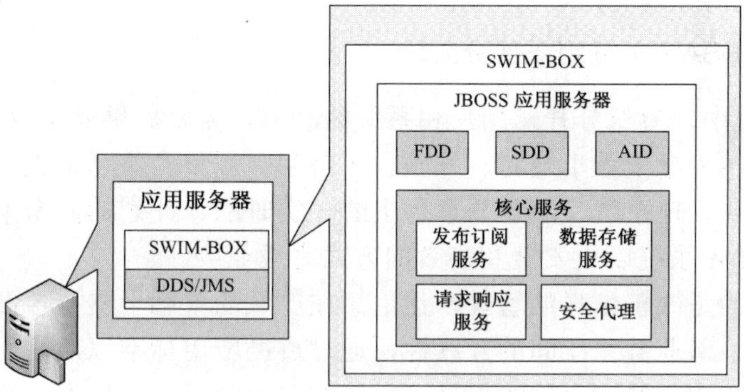

图 3.39　SWIM-BOX 包含所有数据域并配置到一个应用服务器中

另一种是一个完全分布式的方案，如图 3.40 和图 3.41 所示，一个 SWIM-BOX 中包含一个数据域，并且运行在一个或者其各自的应用服务器上。

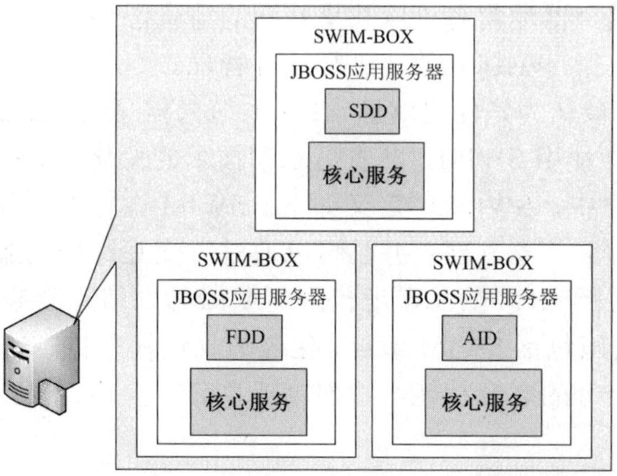

图 3.40　每个 SWIM-BOX 具有一个数据域并配置到一个应用服务器中

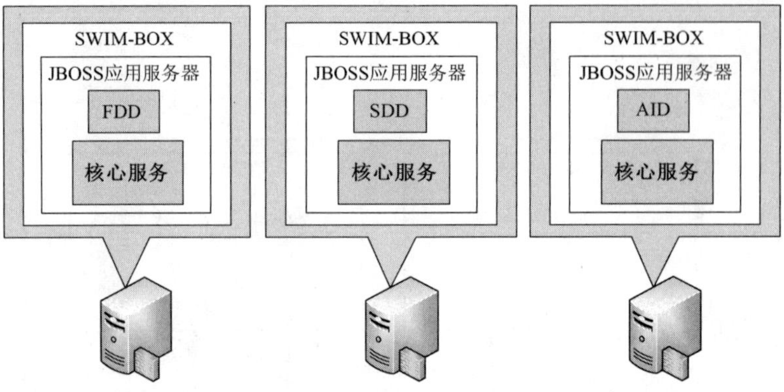

图 3.41　每个 SWIM-BOX 具有一个数据域并配置到各自的应用服务器中

因此，该结构可以无缝的适应子系统（数据域组件）数量的增加，使系统具有灵活性、可扩展性和可模块化等优势。

3.2.3.4　SESAR 关键组成部分阶段

在 ATM 系统中，为充分开发用户和系统的潜力，需要提供满足他们需求的信息，所以 ATM 系统越来越依赖于及时、准确、可信和高质量的信息来进行合作并作出决策。基于广域信息管理系统，通过共享历史的、实时的、计划的或未来 ATM 的状态信息，将会使 ATM 系统以更安全和高效的方式完成业务。

SWIM 的目的是改善信息的管理，让信息在广域的基础上支持各参与者之间的交互。SWIM 可以改善业务系统间的互联性，通过遵循应用标准以及注册服务的处理流程，用户可以获取相关及时可用的信息。如航空器运营者可以根据最新、准确、完整的信息来为航班制定决策，包括机场运营者在内的空管服务提供者可以对航班的运行和计划有更清晰的了解，同时加强交换和共享航空基础设施条件、天气状况、空中交通状况以及其他对操作有重要意义的信息。因此在这种信息共享的情况下，管制员、飞行员、签派员以及航空器运营者可以共享共同的情景态势，从而空管参与者可以共同作出更好、更快的决策，更加高效地进行运行管理。

所以，SWIM 通常被认为是促进欧洲 ATM 系统内信息共享的驱动者。然而，对于什么是 SWIM 以及怎样使用 SWIM，随着需求和技术的变化，其描述和定义也不断更新。在 SWIM 运行概念中，SWIM 的定义如下：SWIM 由标准、基础设施以及治理三部分组成，能促进 ATM 信息管理，并且可以通过可交互操作的服务促进各部门间的信息交换。其中标准包括 ATM 信息参考模型（AIRM）、信息服务参考模型（ISRM）和技术标准等，基础设施包括 SWIM 节点、包含消息传输和日志管理等的 SWIM 核心功能、包含注册和安全等的联合功能，治理包括政策、检验、安全、管理和服务生命周期等。

其中 AIRM 模型是一种通用参考模型，包含 AIXM、FIXM 和 WXXM。通过概念和逻辑模型，为所有 ATM 信息定义提供中立的实现，包含机场、ATS 航路、空域和飞行程序等数据元素，还包含具备时间和地理信息的基础模型的定义。ISRM 模型包含 40 多种服务描述，涉及航班计划、航班信息、机场和气象等，还具有服务负载、交换模式、QoS 和系统间数据交换基础设施的描述。

SWIM 的实施并非是对现有 ATM 运行环境大规模的取代，而是基于以服务为导向，将欧洲 ATM 系统渐进式发展的过程。SWIM 的使用可以使 ATM 系统具有更强的灵活性，并提高业务范围内的合作水平，使其业务系统以一种可交互操作且标准化的方式实现交互。

3.2.3.5 SWIM 对欧洲 ATM 系统的作用

未来 10 年内欧洲 ATM 系统的目标包括：容量增长 3 倍，减少空地延误；安全性能提升 10 倍；航班对环境的影响减少 10%，并使空域用户享受 ATM 服务的费用至少减少 50%。基于计划目标、当前系统建设情况和利益相关者的运行需求，确立了以下 5 项优先策略。

① 交通同步性

交通同步性覆盖了与进场或离场管理、航路排序优化和 ATM 环境提升等所有相关方面的改善，以获取交通流量最大化，从而大幅度减少 ATC 的间隔，实现垂直交通剖面的最优化。其可以使航班能够以接近它们最优航迹的方式飞行，并可以促使可预测性和安全性的提高，增加空域容量和系统运行效率，以及减少对环境的影响。

② 机场整合和吞吐量增加

机场综合管理的目标是将机场作为 ATM 系统中的 ATM 网络节点，通过 CDM 保证无缝的管理进程。通过跑道吞吐量的增加，结合航迹管理技术、机载间隔工具和精密导航技术提升场面运行管理，以减少空地等待，降低每架航班的噪声和环境污染等。

③ 空域向 4D 航迹管理的迁移

在 ATM 进程中，“空域向航迹管理的迁移”使得不同参与者之间可以共享航空器航迹信息，以保证所有参与者对航班有共同态势感知，并获取最新的可用数据以完成他们的任务。还可以动态调整空域特征以满足预期需求，同时最小化航迹调整。

④ 网络协同管理和动态容量平衡

增强型网络管理的实现是通过将动态、协同的网络运行计划（Network Operations Plan，NOP）与机场运行规划（Airport Operations Plan，AOP）的充分整合，其中 AOP 包括机场、空域用户和决策者等所有参与者的计划。在 NOP 中，通过综合所有参与者的机场 CDM 进程，网络管理者评估交通和空域需求，鉴别容量或交通的不平衡，并制定空中交通容量管理方案以改善需求与容量的不平衡。当网络管理者监控到需求与容量的不平衡时，可以与当地交通管理者、塔台或控制中心的监控者等联系，以采取适当的改善措施，并通过 SWIM 对 NOP 和 AOP 进行同步更新。

⑤ 冲突管理和自动化

冲突管理和自动化的目的是通过 ATM 系统自动化处理航空器冲突问题，以减少航班管制员的工作负担，同时满足 SESAR 在安全、成本和环境等方面的目标。

广域信息管理系统可以整合所有 ATM 相关的业务数据，集成覆盖航空器和所有地面设备，从而促进 ATM 系统的高效运行。通过使用高效的核心服务和终端用户应用程序进行共享信息，SWIM 将促进上述 5 项优先策略目标的实现。

3.2.3.6 SWIM Master Class

近几年 SESAR 中的 SWIM 概念不断更新完善，相关标准也不断进行修改和制定。为了进一步促进 ATM 系统中先进信息技术的开发和验证，2012 年 7 月 14 日第一届 SWIM Master Class 在比利时首都布鲁塞尔开幕，其面向所有对开发和验证 SWIM 技术和应用感兴趣的组织，包括软件开发公司和大学科研单位等 50 多个团队参加。通过参加 SWIM Master Class，参与者可以成为 SWIM 开发社区的一员，并且可以学习和分享经验。另外，被评为一流作品的组织在 10 月 16 日接受颁奖，并获得了后续的进一步关注。

虽然目前信息实现了交换，但是其涉及很多通信协议，每种协议具有其自身的信息系统和数据格式。有些基于 SOA 的开发采用了先进的标准和主流的 IT 技术，它们尽管不属于 SESAR 开发工作项目，但遵从 SESAR 中定义的主要 SWIM 准则。其中一个为网络运行计划（NOP）B2B 接口，其属于中心流量管理单元（Central Flow Management Unit，CFMU）Web 接口，能够实现系统间的互操作。该接口基于开放的标准如 AIXM 等，以及主流的 IT 技术如 Web 服务等，并遵从 SOA 规则将信息提供与消费分离。因此，可以被认为是 SWIM 的先驱。

NOP 的两个主要目标包括：一是监视空中交通的实时状态，以及对空域容量和空中交通流量的管理方法进行优化；二是对全欧洲 ATM 系统从战略到战术阶段以协同的方式进行操作，以实现欧洲 ATM 系统容量的最大化。NOP 允许合作伙伴对任何事件能够做出高效的反应，并为所有民航和军航的运行者在战略到实施操作阶段，提供增强其认知水平的方式。

所有参与 SWIM Master Class 的组织必须利用欧洲网络管理 NOP B2B Web 服务基础设施进行开发和验证，并可以获得访问网络管理验证平台（Network Management Validation Platform，NMVP）和网络管理支持帮助平台的权限。

（1）NOP B2B Web 服务

什么是 NOP B2B Web 服务呢？NOP B2B Web 服务是通过系统间的接口访问 NOP 和 CFMU 功能的 Web 服务。根据利益相关者的业务需求和技术实践，可以在其自身系统中开发、共享和使用相关信息。NOP B2B Web 服务的短期目标是在 CFMU 的辅助下简化信息的访问，以促进将信息集成到利益相关者的业务过程中，并提高交换数据的质量和准确性。长期目标是支持未来 ATM 系统需要的互操作性，以作为 SWIM 的驱动者。

支持互操作意味着服务的提供需要采用标准的技术，NOP B2B Web 服务完全基于 Web 标准，这些标准是 SWIM 期望在 SESAR 中采纳或进一步开发的标准。这些服务的目标用户主要包括：ATS 报告办公室（ATS Reporting Offices，AROs）、机场运营者

（Aircraft Operators，AOs）和计算飞行计划服务提供者（Computer Flight Plan Service Providers，CFSPs），其中 CFSPs 将通过空域管理与军方合作。

由 B2B Web 提供的服务可以分为 4 个域，包括航班服务、空域服务、流量服务和一般信息服务，其中航班服务由航班准备、航班计划归档和管理等组成，空域服务包括空域信息的管理和发布等，流量服务包括流量和容量的管理等。目前能够操作的服务涉及航班计划信息、电子空域管理信息报文、ATFM 信息报文和 ATFM 通知报文等。处于试验阶段的服务包括航班计划归档和管理服务和空域管理服务等，大多数的信息交换都遵从 AIXM 和 FIXM 等标准。

NOP B2B Web 服务是如何工作的？为了互操作和经济效益的原因，NOP B2B Web 服务都是基于开放标准的 Web 技术，所以不需要各利益相关者特意安装某些软件。该服务分为两类：简单对象访问协议（Simple Object Access Protocal，SOAP）Web 服务和表述性状态传递（Representational State Transfer，REST）Web 服务，它们的部署都是基于 XML 的，交换的数据都遵从标准的数据模型。例如，空域数据在模型和格式上完全服从 AIXM5.1。并且所有的服务利用标准的 HTTPS 协议进行安全地交换信息。未来所有 NOP B2B Web 服务都将通过互联网进行交换，也可以通过泛欧洲网络服务（Pan-European Network Service，PENS）进行交换。通过强大的认证机制和 HTTPS 保障服务的机密性和安全性，用户认证机制定义了 NOP B2B Web 服务如何被每个利益相关者访问。

CFMU 模块化的服务架构一直在不断地演进，尤其在未来 SWIM 建设方面，图 3.42 将消费者连接到 CFMU 服务的 SOA 架构中，其与之前介绍的架构类似，只是将服务层中的服务以 B2B Web 服务和 NOP 门户的接口发布给消费者。

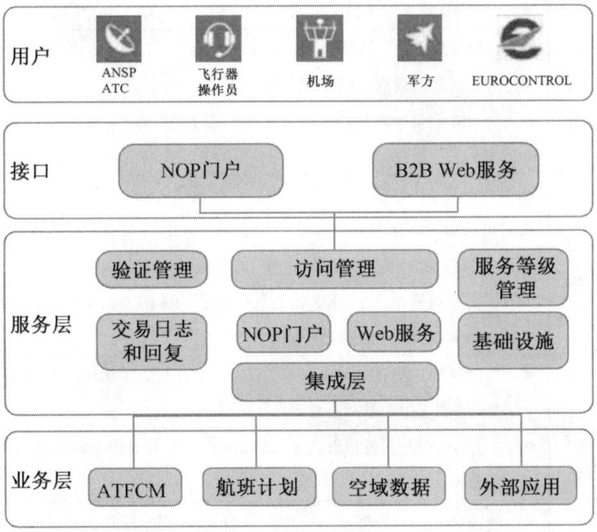

图 3.42　将消费者连接到 CFMU 服务的 SOA 架构

如上所述，NOP B2B Web 服务服从 SESAR 对 SWIM 的初始的定义描述，一些基于 SOA 准则的开发都利用先进成熟的 IT 技术，如欧洲航空信息服务数据库（European AIS Database，EAD）和 CFMU NOP 等。尽管 SESAR SWIM 的概念还不完善，为了表征 SWIM 技术基础设施而制定了 SWIM 的初始定义。SWIM 基础设施由一系列部署在本地和联合层面的功能组成，本地功能包括消息传递、路由、接口管理、本地监视和安全管理等，联合部署的功能如监视、安全管理和注册库等。其还包括很多 SWIM 节点（SWIM-BOX），这些节点允许合适的 ATM 应用彼此共享信息，所以 SWIM 节点是 ATM 应用互操作的基石。图 3.42 中的 NOP B2B 架构可以看作是一个 SWIM 节点，其为 SESAR SWIM 基础设施的一部分。

（2）SWIM Master Class 2012

所有参与者从 2012 年 7 月到 10 月基于 NOP B2B Web 服务平台开发支持 SWIM 的应用，这一届 SWIM Master Class 共开发出 19 个原型，如表 3-1 所示。

表 3-1　SWIM Master Class 的 19 个原型

原　型	功　能	组织团体
BLUESKY	● 通过 NOP 请求空域信息和可用的航路； ● 鉴定安全航路（避免恶劣天气区域）； ● 优化航路和选择航路	泰雷兹空中系统（Thales Air Systems）
SNOWIM	机场布局地理视图，应对雨雪冰雹等恶劣天气；预测未来 24 小时内可能影响航班着陆和起飞，以及造成航道关闭的天气情况，增加机场态势感知和决策的能力	脉冲星咨询（Pulsar Consulting）
Safty SWIM Nets	● 在航空器起飞前对共享的业务航迹进行冲突检测； ● 利用从 SWIM 中获得的丰富的航班动向信息给 ATC 提供避免冲突的航迹； ● 针对 4D 业务航迹的协同策略支持系统	巴塞罗那自治大学
智能航班管理	● 飞行计划申请、更新变更的意见和请求； ● 给相关部门发送航班信息； ● 当 NM 给桌面或移动终端发送有关航班的消息时，会根据订阅情况通知用户	Smart4Aviation
在 Belgocontrol ATC 或塔台的机场运营系统（Airport Movement System，AMS）应用中引入 SWIM 服务	原型一：飞行计划管理，允许塔台管制员通过 AMS FDD（电子飞行单）请求可用的 NM 飞行计划信息；通过 NOP B2B Web 服务从 NM 中提取额外的信息完成电子飞行单； 原型二：空域管理，在 AMS 雷达数据显示（Radar Data Display，RDD）应用中检索并显示相关空域状态	Belgocontrol
MET SWIM	● 基于原型开发 B2B Web 服务，该原型结合制定和优化航路的目标集成和管理气象和航路信息； ● 由 Ineco Web 服务提供气象信息，由欧洲 NOP B2B Web 服务提供航路信息	INECO
采用开放标准创建 SWIM B2B Web 服务	● 对 NOP B2B Web 服务扩展开发的 OpenGIS Web 要素服务（Web Feature Service，WFS），应用 AIXM 满足 JSON 的需求； ● 通过添加不同的功能发布 NOP B2B Web 服务的能力； ● 采用现成的标准和工具	Snowflake

续表

原 型	功 能	组织团体
先进的气象预测服务	● 恶劣环境下自动飞行再计划； ● 采用大气数据的多个维度进行优化航迹； ● CDM 工具用于选择候选下行链路 RBTs 的最佳组合	GTD
支持 SWIM 的航空公司信息服务	● 为航空公司和潜在消费者（如乘客和宾馆等）提供增值的信息服务； ● 从欧洲 NOP 实时获得需要的信息，来为航空公司和消费者提供增值服务	Integrasys S.A.
着陆和起飞时间表	● 在共享模式下优化航空器的着陆和起飞时间表； ● 针对不同利益相关者，采用多目标优化方法生成最佳组合方案； ● 采用影响评估模型评估时间表，并结合对机场运行计划的影响； ● 原型平台支持 4D 业务航迹准则	AsLogic
交通数据监视	● 提供关于机场运行容量、交通状态和守时性等信息； ● 提供实时和统计的信息； ● 通过 NOP B2B 服务在 3D 地图上提供航迹信息	Avionix Software SL
SWIM AIXM Web 处理服务	● 在 ATM 域内开发一个通用的架构作为将 OpenGIS 服务嵌入到 AIXM 中的蓝图； ● 目标为验证采用 OpenGIS 服务如何处理 AIXM 数据； ● 阐明 Web 处理服务（Web Processing Service，WPS）和 WFS 的高潜能	M-CLICK
延时和准备报文演进预测	● 开发“what-if”工具集，以帮助航空公司优化飞行计划的管理，尤其是报文的延时和准备； ● 分析历史数据，提取演进模式； ● 关注时隙的分配和执行航班规定(地面延误)	Innaxis 基金会和研究所
xNOTAM	● 根据 AIXM5.1 标准创建数字 NOTAM，并将 FPL 服务集成到 xNOTAM 中； ● 发送或接收消息到或从一个 Web 服务通告 ● 采用 Web-GIS 组件显示 xNOTAM 和其他航空特征	Ingegneria Dei Sistemi（IDS）
SWIMUPlan	暂无	德国航空中心
GNSS 完整性监视和分析工具	暂无	NLR
DK-CDM 国家航班对象数据库	暂无	DSE Airport Solutions
CADASA	暂无	ComSoft
Landeplatz Überwachung	暂无	AC-B ATC& 业务系统 GmbH

经过 4 个月的努力，Snowflake Software 在 Best-In-Class 晚会上获得了 SESAR SWIM Master Class 的冠军。该晚会于 10 月 16 号在布鲁塞尔举办，其他两个组织也获

得了奖励，第一名原型为 Snowflake 的“采用开放标准创建 SWIM B2B Web 服务”，第二名原型为 M-CLICK 的“SWIM AIXM Web 处理服务”，第三名原型为泰利斯空中系统的“BLUESKY”。Eurocontrol 的项目经理德克•詹森在会上说，SWIM Master Class 超出了之前的预期，他们被参与者的热情所感染。在此基础上，组织者表示将继续探索 SESAR SWIM 概念的实施。

（3）SWIM Master Class 2013

在 Master Class 第一届成功举办后，2013 年 7 月到 11 月举办了第二届 SWIM Master Class。这一年，有更多的 ATM 数据提供者参与到该活动中，进一步促进开发支持 SWIM 的应用和服务。今年比去年取得了更大的成就，55 个组织报名参加 SWIM Master Class 2013，包括正式会员和观察者；53 个服务发布在注册库中；29 个组织组成了 23 个团队提出更多的建议；39 个建议被评审团通过，包括 19 个 ATM 信息服务、19 个支持 SWIM 的应用和 1 个 A/G SWIM 基础设施意见。

其中获得前三名的服务如表 3-2 所示；获得前三名的应用如表 3-3 所示。

表 3-2　获得前三名的服务

服务原型	功　能	组织团体
伦敦希斯罗机场 航班到达排序服务	● 延时计算和传播； ● 航路速度控制的应用，以减少延时； ● 跨境航班到达管理，以实现减少枢纽机场的拥堵和减少飞机在航路和下降过程的延时	NATS, Snowflake
IWXXM(AvXML)WFS 支持 SWIM 的气象服务	利用 SESAR 和 NextGen SWIM 消息和格式标准，为用户提供标准的和统一访问的气象信息，其中 IWXXM 为 ICAO 气象交换模型	NATS, Snowflake, Harris
机场气象分发服务	● 扩展 SELEX 提高的气象信息服务（Improved Weather Information System，IWIS），已发布关于机场的气象报告； ● 机场气象报告分发服务是基于 ICAO IWXXM 开发的。	Selex ES

通过参与 SWIM Master Class，参与者可以进入 SWIM 应用和服务开发者社区，并获得先进的专业知识和 SWIM 专家共享的经验。SWIM Master Class 将进一步促进 SWIM 的实施，对 SWIM 标准、治理、服务注册、SWIM 测试和验证平台等方面开展活动，并且除了 NM NOP B2B Web 服务外，还采用了其他 SWIM 项目。

（4）SWIM Master Class 2014

经过前两届 SWIM Master Class 的成功举办，第三届 SWIM Master Class 在 2014 年 7 月到 12 月举行。本届 SWIM Master Class 共有 81 个国际团队参与到开发中，和往年一样，Master Class 为 ATM 利益相关者分享经验和 SWIM 概念最佳实现提供了机会。正因为如此，Master Class 变成了重要的全球平台，通过该平台创建高质量高水平的 SWIM，并将概念转化为实际方案。

表 3-3 获得前三名的应用

应用原型	功 能	组织团体
对航班到达排序服务的控制器工作状态（Controller Working Position，CWP）HMI 应用	● 输入很多 SWIM 服务将导致频繁的适配； ● 用户界面由工作过程驱动，数据接口由服务驱动	Barco
交互式的飞行前信息公告（Interactive pre-flight information bulletin， iPIB）和通用操作图像（Common Operating Picture ，COP）	● iPIB：展示由 NextGen 提倡的格式和标准的功能； ● 民航 COP：展示完整的地图，结合 SWIM 服务和数据来支持数据观察和分析	Luciad
PAPAS 机场门户	● PAPAS 为一个支持 SWIM 的应用，其遵循需要的标准，为乘客和商业服务提供者提供信息； ● 起初作为阿斯特里姆和空客对 City-Pair 机场服务（如 Bordeaux A-CDM 和 AFUA 方案）的协同项目； ● PAPAS 通过 Web 服务连接到 NOP 并接收所有航班实时的更新	Cassidian France
SWIM-Viewer	● 大多数类型经过 SWIM 交换的信息显示在 Google 地图上，访问这些信息可以通过请求响应和发布订阅的方式； ● 给用户提供在 SWIM 交换中涉及的数据和服务； ● 输出信息到 Google 地图上	Selex ES

在这几个月内，三个类别的参与者竞争 2014 年的 Best-In-Class，证明在 SWIM 方面的领先水平，并探索新的业务机会。他们是支持 SWIM 应用开发者、支持 SWIM 信息服务的开发者和 SWIM 基础设施提供者。参与者在活动中参与以下事件：开发支持 SWIM 的应用和服务；为主流的 SWIM 服务和应用提供遵从 SWIM 规则的基础设施；通过 SWIM 注册库访问最先进的服务和治理策略；进入 SWIM 专家社区；以及竞争 Best-In-Class 奖。

在此过程中对 SWIM 的概念也进一步探究，认为 SWIM 主要包含治理、信息、服务和基础设施，其中治理包含政策、利益相关者的角色和责任、评估结果等；信息包含 AIRM 和交换数据模型等；服务包括 ISRM 和服务实现等；基础设施包含基础设施概况和协议等。

距离计算、航空器跟踪和空域使用优化等服务和应用获得了 2014 SESAR SWIM Master Class 最高奖，获奖者包含在 39 个支持 SWIM 的 ATM 信息方案中，这些方案分为三类：服务（20 个）、应用（16 个）和技术基础设施（3 个）。在颁奖晚会上还现场验证了 20 个服务和应用，这些都进一步促进 SWIM 在全球的进一步实现。

在服务方面，Best-In-Class 授予了地理测量服务（Geodetic Calculation Services，GCS），其由一个奥地利软件方案公司 SOLITEC 提交，并与阿拉伯联合酋长国的一般民用航空管理局合作。该服务基于地理测绘和距离计算，如航路的长度，并显示在地图上。GCS 根据 AIXM 基本报文提供的数据来验证计算准确性。获得二等奖的是一个美国公司 FlightAware，其提供了一个每天处理 100000 个航空器的实时 ADS-B 航班位置数据，该服务也被其他参与的组织所采用。

在应用方面，Best-In-Class 将授予协同空域提供服务，其由空客和 Luciad 协作提交的。二等奖颁给 Luciad、Vito 和 Flight Plus，他们提供了一个以低层次协同操作的遥控行情系统（Remotely-Piloted Aircraft Systems Very Low Level Operation Coordination，RPAS VLLOC）的平台。

在技术基础设施方面，Best-In-Class 奖授予 Selex ES，其提供了 SWIM-Box 平台，旨在简化不同系统间的互操作。接下来组织者对 SESAR SWIM Master Class 的成功进行反馈总结，进一步开展开发和测试活动，并进行大规模的验证，继续将 Master Class 举办下去，进而促进 SWIM 的实施。

通过 SESAR 举办 Master Class 活动，不仅推广了 SWIM 的概念，而且推动了 SWIM 的建设和部署实施，其中所有的原型和服务都被注册在一个称为 SWIM Registry 的注册库中，它是一个典型的符合 SOA 思想的 SWIM 注册库，服务提供者可以发布服务，授权的消费者可以根据需求调用相关的服务，我们将在第 6 章进行详细介绍。

欧洲是最早发展民航广域信息管理的地区，类似于美国 SWIM 发展，从最初的概念探讨，到相关标准制定和原型研制，再到具体系统的建设，也分阶段、有条不紊地发展与建设 SWIM。由于欧洲由分散的国家组成，在 SESAR 计划中 SWIM 信息管理是采用分布式的方式，该方式符合欧洲空中交通管理的需求。SESAR SWIM 在 Eurocontrol 和 SJU 等组织机构的主导下，正在有条不紊的向前发展。通过 SWIM-SUIT 项目和 SESAR 计划对 SWIM 系统的研究和实验，为 SESAR SWIM 建设奠定了基础。

3.3 国际合作与交流

为了实现全球民航广域信息管理，同时支持国际民航组织全球空中航行计划（GANP）和航空组块升级（ASBU），全球不同的国家和地区需要在 SWIM 研究和建设方面进行合作与交流。通过上文的介绍，美国和欧洲不仅在自己国家和区域内开展 SWIM 工作，同时通过举办系列活动，如欧洲 SWIM Master Class 和美国 MiniGlobal 等，增强了全球各组织间的合作与交流。

欧美在 2011 年签署了关于民航研究和开发方面的合作，其中包括 SESAR-NextGen 全球互操作，开展互操作标准的研究和支持 ICAO GANP/ASBU 计划的工作，目标是提高民航系统整体性能，提高航班运行效率，减少环境污染，满足容量和需求的关系，以及维持高度的安全性等。SESAR 和 NextGen 的合作主要包括 5 个方面：横向活动、信息管理、航迹管理、通信导航监视（Communication，Navigation，Surveillance，CNS）和机载互操作、协作项目。其中横向活动主要开展策略制定活动，涉及行业标准、操作概念和架构等内容。信息管理主要开展 SWIM 研究和建设合作，其为 ATM 现代化的基石。航迹管理旨在提高空中交通操作性能和空中交通系统的可预测性，主要在四维航迹（4D Trajectory，4DT）方面开展合作。CNS 和机载互操作主要开展提高航空器的通信、导航和监视能力的合作，同时创建航空器与地面基础设施的互操作概念和框架。协作项目是 SESAR 和 NextGen 合作的关键组成之一，其主要关注于新功能和技术的验证，在协同验证过程中，SESAR 和 NextGen 旨在共同推进新技术和操作功能的开发实现。

目前，SESAR 和 NextGen 的合作已经开展了系列工作，其中在信息管理方面，由 SWIM 的概念可知，其通过标准、基础设施和相关治理促进 ATM 相关信息的高效管理和交换，涉及的域包括航空情报、气象信息和航班信息等。SESAR 和 NextGen 主要在 SWIM 标准方面开展合作，标准主要包括信息模型、信息交换服务的定义和互操作技术标准等。但是由于目标是全球互操作，因此为了防止信息交换标准限制全球的信息交换，某区域内部的服务可以根据本地标准进行开发与实现。

航空信息交换模型（AIXM）由欧洲和美国联合开发，其已经是部署 AIM 系统的全球标准，目前版本为 5.1.1 版。气象交换逻辑标准（WXXM）是由欧洲、美国和世界气象组织（World Meteorological Organisation，WMO）联合开发，其支持最新的 ICAO 需求，并符合地理空间和时间信息交换的国际标准，目前版本为 2.0 版。航班信息交换模型（FIXM）由欧洲和美国主导开发，其描述航班信息流，包含协作环境下的航班和流量（FF-ICE）部分数据元素，该信息模型正在持续开发中，目前为 4.0.0 版本。

在 ICAO 第 12 届空中导航会议中，确定构建 ATM 信息参考模型（AIRM），目前 FAA 和 SJU 正在各自项目工程中进行开发实现。目前已经定义了一个服务开发框架，并能够提供信息交换服务的定义。NextGen 和 SESAR 也都取得了关键进展，如 SESAR 开发实现了一个注册库原型，可以对信息模型、服务定义和服务实现进行管理。

在协作项目方面，FAA、SJU 和其他组织开展了 SWIM 全球验证工作，其中 FAA 开展 MiniGlobal 工程，SJU 开展 SESAR SWIM 全球验证活动。FAA MiniGlobal 分为两个步骤，分别是 MiniGlobal Ⅰ 和 MiniGlobal Ⅱ，参与的国家和组织包括加拿大导航公司、日本民航局、澳大利亚航空管理局、新加坡民航总局、韩国、葡萄牙导航公司、泰国和印度等。MiniGlobal Ⅰ 于 2014 年成功完成了信息全球交换的验证活动，MiniGlobal Ⅱ 将重点建设“云”基础设施，以及多个企业消息服务（Enterprise Messaging Services，EMS）间的连接和数据共享，并将继续支持航班、航空情报和气象信息标准的验证。SESAR 将验证 SWIM 服务的全球互操作，SESAR SWIM Registry 为用户提供相关的服务和数据。目前 FAA 和 SJU 正探讨实现 MiniGlobalⅡ和 SESAR SWIM 全球验证的联合验证活动。并且这些概念都得到了 ICAO 和航空交通管理需求和性能组（Air Traffic Management Requirements& Performance Panel，ATMRPP）的支持。

目前，FAA 与日本建立了未来空中交通系统工作组（Future Air Transportation System Working Group，FATS WG），旨在与日本民航现代化项目共享 NextGen 系统的相关信息。通过 FATS WG 座谈，美国和日本相互协作和交流，并在多个领域共享数据，如 SWIM、基于性能的导航和 ASBUs 等。在 2010 年日本民航局派代表与 FAA 针对 NextGen 和 SWIM 进行交流学习，包括 SWIM 相关活动、NSRR 和 SWIM 未来计划等。

我国民航空管局于 2010 年 12 月和 2011 年 10 月分别在深圳和北京举办了两次中美广域信息管理系统（SWIM）研讨会，和美国 FAA 的 SWIM 负责人及技术专家从政策、管理、技术等方面多层次开展交流探讨，如图 3.43 和图 3.44 所示。并于 2011 年访问了美国 FAA 总部的 SWIM 办公室及技术中心，加深了双方在 SWIM 研究与建设等方面合作和交流。

图 3.43　中美广域信息系统研讨会

图 3.44　中美 SWIM 和 NextGen 研讨会

目前，欧洲 SESAR 计划已经与美国的 SWIM 网络开展了互联工作，通过两者的互联，ATM 相关数据能够跨大西洋传送，并且包括日本、新加坡、加拿大和中国等都加入 SWIM 系统建设工作中，广域信息管理系统的发展已进入了全球化阶段。图 3.45 为未来全球 SWIM 的构想，全球所有民航系统都通过 SWIM 系统进行信息共享，从而减少了航班运行成本，减低环境污染，提高全球民航系统无缝的运行效率。

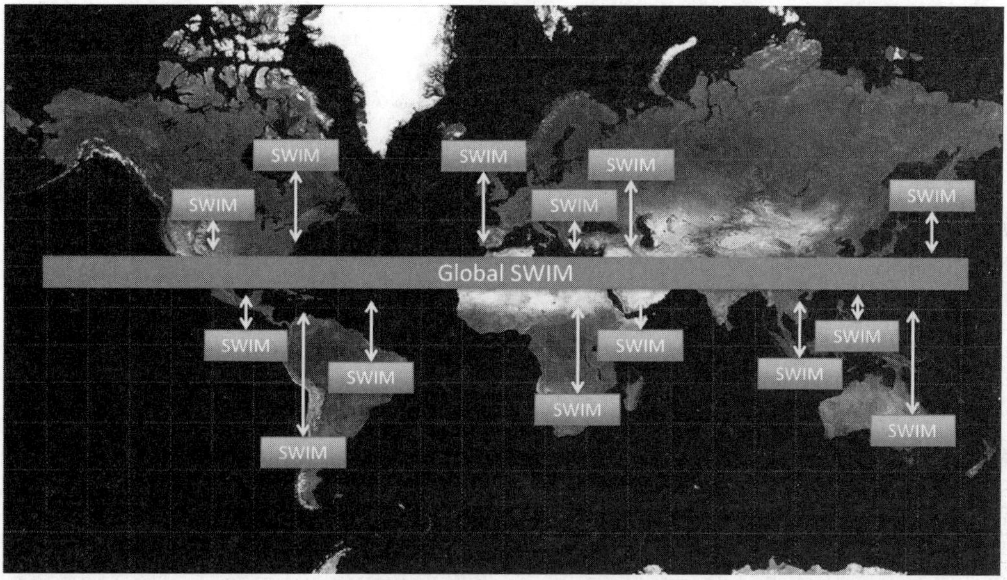

图 3.45　全球 SWIM 系统

本 章 小 结

本章主要介绍了国际上民航广域信息管理技术的发展历程和研究现状，其中以欧美为例，分别介绍了欧美 SWIM 在整体建设规划、技术发展历程等方面内容，并在最后介绍了目前世界各国在 SWIM 工作方面的合作与交流。

SWIM 的目的是确保高质量的信息准时传递给需要的用户，最大程度地促进民航 ATM 系统间的信息交换和共享。SWIM 将涉及所有 ATM 系统、各数据域，以及广大 ATM 利益相关者，所以一种解决方案或者一个单独的技术是难以满足所有需求的。SWIM 将基于 SOA 以及开放和标准的主流技术进行实施。SWIM 中需要共享信息的对象包括：飞行员、运行中心、空中导航服务提供者和气象服务提供者等。需要共享的信息包括航空信息、航班轨迹信息、机场运行信息和气象信息等，其将实现所有利益相关者之间无缝实时的数据共享。

SWIM 的起源在 20 世纪 90 年代末，由欧美国家首先提出。经过 20 多年的演进与发展，SWIM 的概念也进一步得到了明确：SWIM 由标准、基础设施以及治理三部分组成，促进了 ATM 信息管理并且通过可交互操作的服务在各部门之间进行信息交换。其中标准包括 ATM 信息参考模型（AIRM）、信息服务参考模型（ISRM）和技术标准等，基础设施包括 SWIM 节点、包含消息传输和日志管理等的 SWIM 功能、包含注册和安全等的联合功能，治理包括政策、检验、安全、管理和服务生命周期等。这些标准的制定和技术的发展将促进 SWIM 概念的实现。

由于欧美国家情况的迥异，所以其发展道路不尽相同。美国作为一个独立的国家，其在 SWIM 的建设和部署方面以国家为整体，构建全套的功能架构、技术架构和安全架构等，为 SWIM 的基础设施建设打下了良好的基础。其主要采取分阶段建设 SWIM 的策略，如 SWIM 一期、SWIM 二期等，每一阶段设置不同的目标，并完成不同的任务，实现对 SWIM 在全国范围内进行整体建设和部署。通过其 SWIM 现阶段的发展情况，可以看出美国 SWIM 的建设正在步步为营地往前推进，可预测不久的将来，将会实现全面的信息互联互通。

欧洲是由几十个国家组成，由于每个国家的政治经济等情况的不同，各自有一套适合自己的民航系统，这也导致了整个欧洲民航系统互相隔离、信息不通畅、民航运行效率低，所以 SWIM 将会打破僵局，促进各系统间信息放入融合。从整个欧洲 SWIM 的发展来看，其并不像美国那样以整个国家为单位进行全面建设，没有比较完整的功能和技术架构。从技术的发展历程来看，主要分为 SWIM-SUIT 阶段和纳入 SESAR 六个关键特征两个主要阶段，其中 SWIM-SUIT 阶段为欧洲 SWIM 建设打下了坚实的基础，后来将其纳入 SESAR 建设中，作为一项重要的信息处理部分与其他五个方面齐头并进。尤其从 2012 年开始，每年举办 SESAR SWIM Master Class，为全球对 SWIM 建设和实施感兴趣的组织和团队提供 SWIM 开发、知识传播和经验共享的平台，极大促进了 SWIM 从概念到实际操作的转变。所以 SWIM 的发展与推进将有效促进欧洲民航的快速、高效、健康的发展。

美国和欧洲 SWIM 的发展不同，也为我国 SWIM 的发展起到启示作用，并提供了有力的参考。随着全球信息化的推进，全球各个国家和地区联合开发 SWIM 是势在必行，欧洲、美国和中国等国家和组织正在积极推进国际交流与合作，这也将进一步促进全球 SWIM 的发展。

思考题

3-1　SWIM 涉及的利益相关者包括哪些？其包含的数据信息包括哪些？

3-2　简述美国 SWIM 发展的整体建设规划。

3-3　2005 年 FAA 表明 NAS 存在的主要问题和缺陷是什么？

3-4　美国 SWIM 一期工程开发的三大类九种服务分别是什么？

3-5　简述美国 FAA 一期工程到二期工程的过渡。
3-6　简述美国 FAA 二期功能架构的组成。
3-7　简述欧洲 SWIM 发展的整体建设规划。
3-8　简述 SWIM-SUIT 工程的目标，以及该阶段各工作包。
3-9　简述 SWIM-SUIT 阶段 SWIM 的分层结构。
3-10 简述 SWIM-BOX 的功能与应用。
3-11 SWIM 的原则包括哪些，并进行简单描述。
3-12 简述 SWIM 的实践。
3-13 简述 NOP B2B Web 服务的概念和功能。
3-14 简述 SESAR 和 NextGen 的合作情况。

第4章

我国民航广域信息管理技术发展概况及实施规划

当今世界，以信息技术为标志的科技日新月异，高科技成果向现实生产力的转化越来越快。纵观全球经济发展，信息技术和信息产业已经成为经济增长的主要推动力之一，正在改变着传统的生产和经营方式以及生活方式，发达国家经过产业结构的升级和经济结构的转型已进入信息经济阶段。信息资源已经成为国民经济和社会发展的战略资源，信息化水平也已成为现代化水平和综合国力的重要标志。

民航信息化建设是我国民航事业的重要组成部分，是我国由民航大国向民航强国跨越的有力保障。经过不断的努力，我国民航信息化建设取得了丰硕成果，信息安全水平得到了显著提高。但是，我国的信息化总体水平与国外民航发达国家相比还有一定的差距，还难以完全适应我国民航发展的需要。需要抓紧建设民航强国的良好机遇，增强紧迫感和使命感，适应民航发展的新形势，加快信息化进程，深化信息化建设，深化信息化应用，大力推进民航信息化的发展。

4.1　民航信息化建设现状及相关技术规范

民航运输业作为我国信息化建设与世界接轨最快的行业之一，我国民航业正在打造新一代民航航空运输系统，包括机场系统、空管系统、综合性公共信息网络平台、安全管理系统、气象系统等多个方面。民航信息化将成为新一代系统的重要技术支撑。

4.1.1　民航信息化建设现状

2014年，中国移动互联网市场规模迎来高速增长，移动互联网的井喷式发展，为民航信息化提供了前所未有的发展机遇。30多年来，中国民航从第七个五年计划到第十二个五年计划，信息化水平得到全面提升，基础信息网络及系统建设初具规模，政府公共服务和管理能力不断加强，企业信息资源加快整合与共享，信息化标准和规范不断完善，航空电子商务发展迅速，新一代航空运输系统加快推进和建设。

4.1.1.1　中国民航“十五”之前

我国民航的信息化进程从“七五”开始起步，经过“八五”、“九五”的重点建设，民航信息化在基础设施建设，重要信息系统开发和运行，技术队伍建设和人才培训等方面都取得了显著成绩，为进一步加快民航信息化奠定了良好的基础。

第一，民航信息基础设施建设已初具规模，形成以空管通信网和商务通信网为骨干的两大专用通信网络。空管通信网以自动转报、分组交换和卫星通信为主，连接全国各管理局、省(市、区)局和主要航站，覆盖所有国际航路和国内干线航路，承担空中交通管制、航空气象与情报、飞行计划与动态、综合管理等业务信息传输和国际数据交换服务。商务通信网覆盖国内近300个主要城市和80个国外城市及港澳地区，网络用户终端数量超过28000台，通过技术改造初步形成支持多种主机系统和应用环境的基于IP的开放网络结构，承担着客货运输业务的数据传输。

第二，民航商务信息系统快速发展，信息服务体制改革取得新进展。订座系统年处理量进入国际前10名；代理人分销系统与亚洲、美洲、欧洲等8大全球分销系统已实现连通；离港系统已在国内25个机场使用，年处理旅客2200万人次；货运系统已为国内近10家航空公司及10多个机场提供实时货运服务；收入管理系统已为国内外近300余家航空企业提供服务，清算业务涉及国内外400多家航空企业；全球分销系统（GDS）建设进展顺利。

第三，航空企业信息化取得显著成效。航空公司围绕企业管理和市场营销组织开发了飞行运行管理、收益管理、财务管理、机务航材管理和常旅客等信息系统，提高了企业管理水平和市场竞争能力。随着首都国际机场、上海浦东国际机场等一批现代化机场投入使用，标志着机场信息化进入新的发展阶段。

第四，政府信息化稳步推进，“电子政府”框架基本形成。民航管理信息系统完成了总局机关和华北、华东、中南、西南、西北、东北以及乌鲁木齐等七个管理局的硬件和网络建设，并初步实现了网络互联，航空安全、飞行标准等应用系统已推广使用，构建了民航的Internet/Intranet系统，为总局机关和管理局提供Internet和Intranet服务，建成了“政府上网工程”网站，为社会提供民航信息服务。

但是，民航信息化水平与民航事业的快速发展仍不相适应，与国际水平还存在相当大的差距。主要是各单位对信息化的战略性、紧迫性缺乏足够的认识，组织协调力度不够，仍然存在信息化与生产管理“两张皮”现象；信息封闭和垄断严重，系统之间互联度差，信息管理体制不适应信息化发展要求；信息化市场管理薄弱，市场行为亟待规范；信息化人才普遍短缺，部分单位人才外流严重。

4.1.1.2 中国民航“十五”

“十五”期间，中国民航围绕“统筹规划、分步实施，面向应用，条块结合，系统互联，信息共享，增加投入，注重效益”的32字指导方针，全面贯彻国家信息化建设指导方针，加强了信息资源的开发和利用，在通信网络和各空管信息化系统方面得到长足的发展。计划期间集中大量人力、物力和财力完成了民航全球分销系统、电子商务和电子客票系统、机场的离港系统、电子政务、信息网络基础设施、空管信息系统集成、航空运输企业信息化和中航油ERP系统等八大工程项目的建设工作，这表明中国民航的信息化建设已经进入了快速发展期。

（1）民航通信网

通信网络是民航信息化的基础，其中民航空管数据通信网和民航商务数据网的建设得到进一步加强，加快了两网的技术改造，扩大干线传输带宽，提高了用户接入速度，实现两网合一初显成效。

空管数据通信网主要承担空管信息、管理信息、结算信息和航空公司业务信息的传递，能够为空管多种数据、话音传输业务提供可靠、高效的传输信道和充足的通信容量，适应空管对数据广播业务和电视会议等新业务种类的需求。建成数话立体航空专用网络结构，实施国际民航组织航空电信网过渡计划。推进了空管网络资源的集中管理，避免条块分割、资源浪费。商务数据网主要承担旅客服务信息的传递。网络传输速率和可靠性的得到提高，网络管理和安全性保障进一步完善；网络运行模式和管理手段得到优化；满足了旅客订座、代理人、货运、离港等系统数据传输和文件传输的需求。虚拟专用网业务为航空商务提供了高效可靠的网络平台。

（2）旅客订座、货运系统和全球分销系统

建设和完善了全行业集中的民航旅客订座、货运系统和全球分销系统。系统处理能力得到提高，覆盖范围得到扩大，服务功能和服务质量得到改善。

订座系统增加了电子客票、无票旅行、汉字旅客纪录、预定旅店和出租车等功能；货运系统支持无纸报关等功能。全球分销系统初步建成了技术先进、功能强大、机制合理的全球分销系统。并扩大了服务范围，建成与航空公司的数据接口，为航空公司提供市场销售的基础数据。

订座系统可支持国内 20 多家航空公司、5000 家旅行社、130 个机场的 2.8 万个用户终端。2005 年，旅客订座系统处理能力达到 1 亿人次；货运系统年处理货物能力达到 155 万吨，货运单 950 万张。全球分销系统建立了与航空公司的数据接口，可为航空公司提供市场销售的基础数据。

（3）机场离港系统

集中后台处理与分布前台处理相结合的离港系统进行了完善和扩大，提高了系统的可靠性和响应速度。十五计划期间该系统覆盖了全国 140 多个机场，年处理旅客能力达到 9800 万人次，并扩大了与外航离港系统的连接，实现更多的“一票到底”服务。离港系统使用的登机牌与行李牌得到统一，广泛建立登机门控制系统与行李自动分检系统，实现了快捷的转机服务与全方位值机服务。同时与机场和航空公司信息管理系统互联，提供全面的离港信息。

（4）收入结算系统

逐步完善收入结算系统，追踪国际新技术和先进结算方法，支持电子票、代码共享、电子商务、自动数据采集等结算需求，使结算质量和速度达到国际同类系统的先进水平。推行集中与分布式处理相结合的体系结构，航空公司和机场可进行本地处理，保障数据和系统安全。国际、国内清算系统逐步形成包括国内客货联运和国内机场及地面服务费、油料、航路费等清算在内的综合系统，同时要与订座、货运、离港系统连接，最大程度地减少手工录入，为航空公司和机场提供数据接口。

2005 年，客运收入结算系统达到具有年处理 1 亿旅客、2 亿票联的能力，货运收入结算系统具有年处理 1100 万张货运结算单的能力，机场及地面服务费结算系统可满足国际、国内机场地面服务费的结算需求。

（5）空管信息系统集成

空管信息系统基本完成面向空管安全、面向管理和决策支持、面向航空运输企业服务的综合信息系统；全国航班计划和飞行动态信息服务互联网基本实现；气象服务功能得到拓展，加快了航空公司空地数据通信系统建设；开展空中交通流量管理模型研究，规范飞行动态、航行情报和气象数据等网上信息产品服务行为。集成空管、通信、导航、气象、情报等信息，形成了运行、管理、结算、航空公司业务服务的综合信息平台。

（6）航空公司和机场信息系统

企业信息化是民航信息化的主体，全面展开民航企业信息化。航空公司加快了建设飞行运行管理系统，优化了生产要素配置，实现了飞行签派、飞行计划和机组排班的科学管理；加快了建设收益管理系统，充分利用订座、离港、货运等系统的信息资源，综合先进管理思想，优化资源配置，制定企业营销战略，提高市场竞争能力。

国内骨干航空公司建设了飞行运行管理系统、收益管理系统及常旅客、机务航材和企业管理等信息系统，并逐步开展了各信息系统融合和大中型干线机场的信息化的工作。以航班信息服务和生产管理调度为中心，建立机场中心数据库，实现空管、航空公司、供油等信息互联互通。中航油企业资源管理系统全面投产，系统使用效果显著。

（7）民航总局电子政务系统

管理信息系统采用先进、开放的系统平台，实现总局与地区管理局之间信息资源共享，提高办公效率和管理、决策水平。该系统以数据库为核心，以浏览器为界面，基于开放通信协议，采用互联网技术，加大系统开发和应用推广的力度，实现了相关业务系统的互联。在现有硬件环境的基础上，实现了内部网络与外部网络的物理隔离。综合业务数据库得到进一步建设，公文运转系统试点推广工作也得到积极开展。完善了“政府上网工程”，积极宣传政府形象，为社会提供了优质的信息服务。

（8）电子商务

电子商务项目的发展主要是集中力量完善了信息基础平台，基本实现了有关集中式系统的互联。以发展网上客货运销售为重点，建立了统一的、中性化的客货销售配送体系。

经过“十五”的不断推进和深化，空管信息建设通过广泛采用现代先进信息技术，统一搭建空管信息网络，深度开发和充分利用空管信息资源，大力培育空管信息技术专业人才，积极发展空管信息技术和产业。信息网络基础设施建设进一步加强，初步实现了互联互通；建成了全球分销系统，实现集中信息系统的交互；电子商务快速发展，电子客票得到推广应用；以航空运输企业为主体，推进了航空公司和机场的信息系统建设；加强空管信息化建设，初步实现了空管、通信、导航、气象、情报系统的集成。这些空管业务信息系统的建成和运行对民航空管业务发展起到了极大的促进作用。

4.1.1.3 中国民航“十一五”

“十一五”期间，航空业务规模快速增长，整体发展质量稳步提升，基础设施能力大幅提高，科教兴业战略持续推进，行业管理能力逐渐增强。其中基础设施建设五年共投资 2500 亿元，约为前 25 年民航建设资金之和。2010 年运输机场达到 175 个，五年新增 33 个，覆盖全国 91%的经济总量、76%的人口和 70%的县级行政单元。旅客吞吐量超过 1000 万人次的机场数量翻番，达到 16 个，首都机场客运和浦东机场货运位列世界第二和第三名。空管设施建设加快，飞行高度层垂直间隔缩小，管制能力提高，2010 年保障起降 605 万架次，五年年均增长 15.2%。航油储备能力 218 万立方米，年供油 1600 万吨。

在通信系统方面，对高空、中低空和机场终端区甚高频布局和覆盖进行了完善，甚高频航务管理地空通信系统得到进一步改造，如扩容并升级了民航 ATM 数据通信网，改造了机场通信线网；对 KU 卫星通信网络进行了扩容，升级改造了干线自动转报系统。并且，对以北京、上海、广州为中心的全国机场终端移动通信系统进行改造和联网，建成了无线电监测系统。

在导航系统方面，在航路覆盖不足的地区新建了导航设施，同时也适量地建设和更新仪表着陆系统；在部分飞行繁忙机场和地理环境复杂的西部地区机场，推广应用了以不同导航技术组合建立的航路区域导航和终端区区域导航程序。如北京、上海、广州枢纽机场升级改造Ⅲ类仪表着陆系统，深圳、厦门等繁忙机场升级改造Ⅱ类仪表着陆系统。

在监视系统方面，推进了雷达管制工程建设，并适应缩小水平间隔要求，满足了解决军民航飞行冲突和国境地带雷达监控的需要。同时，更新改造了超期服役的雷达，升级改造了部分 Alenia 雷达数据处理系统。在飞行较繁忙的国际航路及其经过的国境点新建了二次雷达，在主要机场配置了场面监视雷达。

在雷达信息处理方面，对民航雷达信息进行了分层处理和互传共享，完成了全国雷达信息集成，提高了多雷达信息处理质量和系统可靠性。同时，在哈尔滨、沈阳、北京、西安、成都、昆明一线以东高空管制扇区以及终端（进近）管制区内全面实施了雷达管制。中西部地区繁忙区域、进近管制区也实施了雷达管制，或者雷达监控条件下缩小间隔，其它地区提供了 ADS 监视和 VHP / HF 或者 CPDLC 通信的管制模式。

在航空情报自动化处理系统方面，对远程节点进行了升级改造和扩展，对系统功能进行了提升。在航空气象方面，在繁忙或天气复杂的机场终端区建设了多普勒天气雷达、风廓线仪、雷电定位仪、自动气象观测系统等组合探测系统。建立了数值天气预报模式系统及气象预报业务系统，在北京、上海、广州等地建设了数值预报系统，并建立了航空重要天气警报系统。同时，为了加强空管技术支持，建设了全国民航空管设备保障基地、培训基地及地区空管培训基地，建立并完善了民航空管系统维修体系。

“十一五”期间，通信导航监视等领域的信息化进一步得到推进，面向民航空管广域系统的基础性业务信息系统发挥了重要的支撑作用，网络信息服务达到一定水平，为逐步实现对空管现有信息的综合集成与整合、建立以服务导向的架构体系奠定了基础。

4.1.1.4　中国民航“十二五”

“十二五”期间，重点提高了空域资源使用效率和加大新技术的应用力度。同时，提高了空管自动化水平，更新老旧空管自动化系统，对空管自动化系统进行了升级和扩容。推进了高空管制中心之间，及其与中低空管制中心、终端（进近）管制中心之间的系统互联。并以高空管制中心为核心，建立了全国一体化空管自动化系统构架。

在空管通信方面，地空甚高频和高频通信的覆盖进一步扩大，航空公司航务管理通信能力得到增强，高原地区卫星通信建设力度持续加大。推进了空管核心业务通信网络和地区空管数据通讯网的建设，提高了通信传输能力。自动转报网络功能进一步增强，从而促进了自动转报网向航空电信网（ATN）的过渡。大力发展了地空数据通信，建设集群通信系统和管制中心内话系统。经过五年发展，航班运行全面实现语音通信，大部分航路具备数据通信，通信网络覆盖所有空管单位和运输机场。

在高空中导航方面，导航台站的网络布局得到优化，推动建设全国范围内测距网络，以支持基于性能导航（Performance Based Navigation，PBN）的运行。在成都等 23 个机场完成 PBN 程序设计并实施。并且进一步建设终端区导航设施，以支持所需导航性能（Required Navigation，RNP）和区域导航（Regional Area Navigation，RNAV）

的运行。

在空管监视方面，高空航路基本实现全向信标/测距仪型号覆盖，运输机场均建立仪表着陆系统，具备全球定位系统状态监控能力。全国除西部地区部分空域外，基本实现雷达连续覆盖，部分机场具备场面监视能力。在西部地区，还加快了主要航路及进近管制区雷达的布设，推进了广播式自动相关监视系统（ADS-B）的建设。在东部地区，逐步推进了航路航线实现无雷达覆盖盲区，繁忙干线航路以及枢纽机场终端区实现雷达三重覆盖。在飞行流量前20位的机场建设了场面监视雷达，在双跑道和多跑道运行的机场建设场面监视雷达和多点定位系统（MLAT），在特殊区域配置移动二次雷达。

在气象和情报方面，民航气象中心、地区气象中心、机场气象台三级航空气象服务体系全面建立，为航空公司和管制单位提供的天气探测、气象预报等服务水平不断提升。初步实现了航空气象信息参与航班运行协同决策，航空气象增值服务进行了有益尝试。经过五年发展，民航气象中心已具备了成为亚太地区航空气象服务中心的基本条件。航空情报服务基本形成了以民航情报中心、机场情报室为节点的服务体系。启动了航空情报服务向航空情报管理过渡的方案。航空情报原始资料提供渠道全面建立并顺畅运行，资料信息加工处理高效可靠，航空情报产品逐渐丰富，服务方式兼顾基础服务与定制服务，情报资料电子化全面推广应用，电子飞行包、导航数据库等新业务研发取得了重要进展。

在推广应用空管新技术方面，空管新技术的推广应用机制得到完善，加强了技术服务平台建设。重点推广了应用自动化系统融合处理、航空电信网/空管服务信息处理系统、地空数据链系统、地基增强系统（Ground-Based Augmentation Systems，GBAS）、航路对流天气预报系统、高原机场气象预报系统等新技术。开展了L5频段、伽利略（Galileo）、北斗系统完好性服务研究。

“十二五”期间，我国空管组织结构趋于稳定，服务内容逐渐丰富，空管设备保障基本完备，气象与情报服务水平也得到提升，进一步促进我国民航关于信息管理系统的建设与实施。但与经济社会发展的要求仍存在差距，特别是随着航空飞行需求快速增长和多元化、多样化趋势的加快，一些深层次的矛盾日益突出，如缺乏可用空域，各领域信息交换不够通畅，缺乏安全、效率、效益统筹等。针对这些问题与不足，在接下来的“十三五”中，将进行逐一的完善与建设。其中在信息管理方面，将提高地面通信网络传输能力，开展民航广域信息管理的研究和示范，建立并完善空中交通信息服务网，并增强网络安全防范体系。

4.1.2 民航ATM信息系统相关技术规范

随着空管行业信息化的不断推广深入，通信、导航、飞行动态、气象、航行情报等各专业系统的信息化应用程度快速提高，用于提高管理效率的办公自动化系统以及对社会公众服务的信息系统等在空管领域得到了不同程度的应用，各地区在信息化建设方面都取得了显著的成效。

但是由于现有各专业信息系统是在不同时期由不同部门分别建设的，在空管信息的生成、处理、传输、综合和服务的整个过程，缺乏根据不同层面的用户需求对信息资源利用的整体规划，以及各系统间难以及时获取共性数据。而我国空管信息化建设已进入全面推进和加快发展的重要时期，建立全新的信息服务模式，变得极为重要和迫切。因此，建立了空管系统信息服务规范化的标准，规范空管系统信息服务的方式与行为，为整合集中民航信息服务、建设综合信息服务平台奠定相关的理论基础，进而促进提高空管信息服务水平和空管运行的保障能力。在此将介绍《MHT 4018.1—2004 民用航空空中交通管理管理信息系统技术规范》中的系统数据与接口、系统与网络安全、系统网络及接入等三部分，以及《MHT 4018.1—2007 民用航空空中交通管理管理信息系统技术规范》中第 4 部分：GNSS 完好性监测数据接口。

4.1.2.1　系统数据与接口

《MHT 4018.1—2004 民用航空空中交通管理管理信息系统技术规范第 1 部分 系统数据与接口》，本部分规定了民航 ATM 管理信息系统数据与接口的技术规范，适用于空管管理信息系统的设计与建设。

信息整合系统数据模型包括数据输入层、数据中心层、数据输出层，以及数据输入层到数据中心层的输入传输层和数据中心层到数据输出层的输出传输层等五部分，如图 4.1 所示。

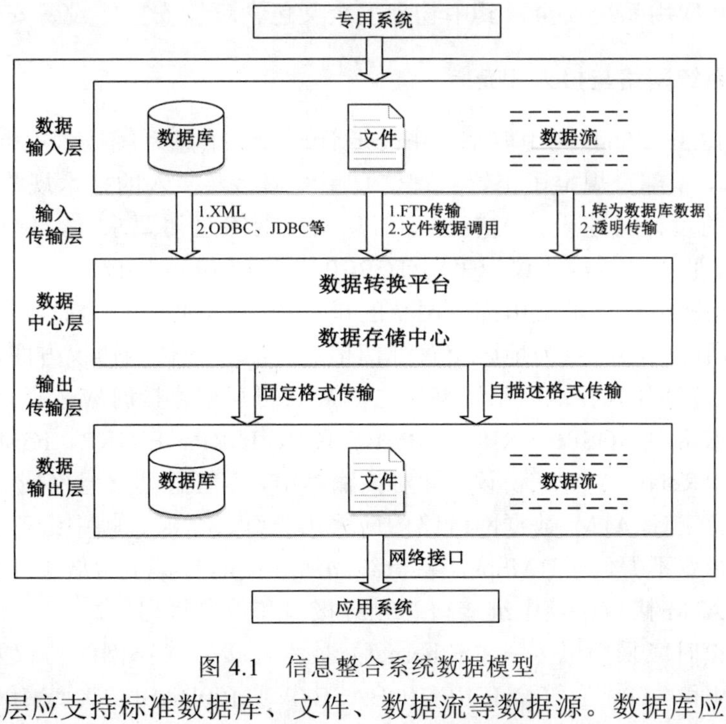

图 4.1　信息整合系统数据模型

数据输入层应支持标准数据库、文件、数据流等数据源。数据库应支持 ODBC、

JDBC、XML 通用接口标准；文件应支持空管专业系统中通用的存储和转发，支持 TXT、BMP、JPEG、WAV、MPEG 等文件类型；数据流为实时在传输介质上不间断传输的数据包，包括格式可转换和不可转换的数据流。数据中心层包括数据转换平台、数据存储中心。数据转换平台应能快速准确地将各类输入数据转储到数据存储中心；数据存储中心应能同时处理格式化数据和非格式化数据，非格式化数据应以符合标准命名规则的文件方式实现数据存储，格式化数据通过统一的数据库实现存储，数据库应满足标准中所列的技术指标。数据输出层也应该支持标准数据库、文件、数据流等数据源，数据库应采用统一的数据库产品，不应有多种数据库产品并存的情况。

数据入口到数据中心的输入传输层应根据专业系统提供的数据入口选择传输方式，当数据入口提供的数据源为数据库时，应选择数据库传输模式，如 XML、ODBC、JDBC 等；当数据入口提供的数据源为文件时，应选择 FTP 传输方式或者直接调用文件数据方式；当数据入口提供的数据源为数据流时，应将数据转为数据库传输或者选用透明传输方式。数据中心到数据出口的输出传输层应采用自描述数据传输方式或固定格式传输方式。

4.1.2.2 系统与网络安全规范

《MHT 4018.2—2004 民用航空空中交通管理管理信息系统技术规范第 2 部分 系统与网络安全》，本部分规定了空管管理信息系统与网络安全的技术规范，适用于空管管理信息系统的设计与建设。主要包括物理安全、网络安全、操作系统安全、数据库管理系统安全和应用系统安全，其中物理安全又包含环境安全、设备安全等。

4.1.2.3 系统网络与接入规范

《MHT 4018.3—2004 民用航空空中交通管理管理信息系统技术规范第 3 部分 系统网络与接入》，本部分规定了空管管理信息系统网络及接入的技术规范，适用于空管管理信息系统的设计与建设。民航空管信息系统网络总体要求为，网络结构应采用 Intranet/Internet 形式，传输协议应采用 TCP/IP IPv4 或 IPv6 协议。

广域网的拓扑结构要求采用部分网状的星形结构，中心结点为民航空管主管部门，各地区空管部门的中心结点为地区空管部门信息中心。在传输协议方面，民航空管主管部门和地区空管部门、各地区空管部门之间局域网互相连接时应选择使用下列协议：静态路由、动态路由、OSPF、RIP、RIP II、BGP、IGRP、EIGRP、IGMP、PIM DM、PIM SM、DHCP Relay、VRRP 协议。针对传输路由，空管管理信息网应基于空管 ATM 数据网，不具备空管 ATM 数据网链路的应采用光纤、微波、帧中继等。空管管理信息网所分配的带宽不得低于 1Mbps，备份线路所分配的带宽不得低于 128Kbps。通信接口可以采用 ATM 接口、帧中继接口、光纤接口和卫星接口等。

局域网建设时应采用以太网（Ethernet）技术连接方式；网络协议及功能应支持 TCP/IP、VLAN 和 STP；应符合 IEEE 100BASE-T 或 100BASE-TX 或 100BASE-FX 或 1000BASE-LX 的规定；网络边界的路由器应支持 RIP I、RIP II 协议，并统一命名规则；

路由器命名时应符合：城市名拼音_路由器编号，如 xa_Router001。并且局域网可分为有线和无线局域网。

在互联互通方面，总局与各空管局之间、各空管局之间、各空管局与地区空管中心（站）之间的网络应相互联通；专业数据网与空管生产运行管理信息网之间的网络互联；各应用系统之间的软件接口互联；与 Internet 网的互联。

4.1.2.4　GNSS 完好性监测数据接口

《MHT 4018.4—2007 民用航空空中交通管理管理信息系统技术规范第 4 部分 GNSS 完好性监测数据接口》，本部分规定了空管管理信息系统全球导航卫星系统（Global Navigation Satellite System，GNSS）完好性监测信息接口的技术要求。其对 GNSS 完好性监测信息数据文件及其内容格式进行了介绍，包括卫星运行状态数据、实施监测卫星数据和日志统计数据。还对网络接口、握手确认信息和信息传输频率进行了规定。

4.2　民航广域信息管理现状

随着民航运输总量快速增长，在未来的民航运行中，航班量持续增长，航空运输系统的运行压力越来越大，对于业务系统的要求越来越高。我国民航空管信息化经过逐步建设和发展，对于空管业务信息系统应用集成的要求也不断提高：在信息的质量和数量上，要求业务系统间能够进行大批量、连续性的数据传输；在灵活性上，要求数据格式具有良好的可扩展性，业务信息系统间的数据传输实现自动化；在耦合性上，要求减少各系统之间的依赖和相互影响；在信息传输层面，要求更高的安全性和可靠性。基于此，“十三五”期间将开展民航广域信息管理方面的工作，研究并建立民航广域信息管理的相关标准和规范，制定实施路线。

4.2.1　各类民航业务信息管理现状

目前我国在民航广域信息管理系统工作方面取得了较大进展，在气象、情报、航班、监视、流量和空域等方面建设和部署了相关信息交换服务，并形成了比较成熟的民航通信网络环境。

4.2.1.1　气象类信息交换与管理

目前我国有专门的民航气象部门为其他各个业务部门提供气象信息服务，在民航广域信息交换过程中，气象信息作为一种对飞行安全有重要影响的信息，需要参与到信息交换和管理的整个过程中。民航气象信息的交互，既包括民航气象内部部门之间的气象信息交互，也包括民航气象部门对外部其他民航业务部门提供气象服务时的信息交互。

我国民航气象部门的基本运行体系包括三个级别：民航气象中心，属于民航局空管局部门；地区气象中心，建立在全国范围内与飞行情报区；机场气象台，目前在 147 个运输机场建立了气象台。气象信息在上述三个不同级别部门之间进行交换，包括各类气象气候资料的内部分发和订阅。三个级别的气象部门分别为辖区内的其他业务部门提供气象信息服务。

其中，民航气象中心负责航空气象情报的国内外交换、高空区域预报和数据库运行，负责广域信息管理系统的气象情报交换，为空管运行单位和航空公司等业务单位提供全国性的航空气象服务。地区气象中心负责接收机场气象台的气象情报，并向辖区内的机场气象台转发气象情报；制作并发布本地区中低空区域预报；为空管运行单位和航空公司等业务单位提供相应的区域航空气象服务。机场气象塔台负责探测和监视机场天气，制作并发布机场天气报告、机场预报；向民航地区气象中心实时提交探测资料；为本机场的航空用户提供机场风切变警报和机场警报，以及相关的气象服务。

交互的气象数据主要包括：民航气象电报报告数据、民航气象明语报告数据、热带气旋和火山报告数据、飞机报告数据、数值预报数据、民航预告图数据、自动观测数据、雷达数据、卫星数据、传真数据以及风廊线和温廊线数据等。依托上述气象数据，民航气象部门中的气象服务系统主要包括：航空气象数据收集与预处理系统、民航气象情报数据库系统及民航卫星气象传真广播接收系统、数值集合预报系统、预报员平台系统和气象服务系统等。

航空气象数据收集与预处理系统，该系统属于航空气象预报与发布系统，对气象信息进行初步处理，具备对各种气象数据实时采集和预处理，以及数据质量控制等功能。

民航气象情报数据库系统及民航卫星气象传真广播接收系统，是航空气象领域集气象数据管理、数据通讯和信息服务为一体的应用系统。北京的气象数据库系统是整个民航气象情报数据库系统的核心数据库，北京的卫星气象传真广播通讯系统是面向全国各级航站气象台和六个气象分中心数据库的通信枢纽。该系统的投入运行将使北京气象中心逐步成为全球民航系统的航空气象服务中心。直接为全国民航气象系统提供全套常规气象分析图表。该系统为国内和国际民航飞行提供及时、准确、统一的综合气象信息服务。系统具备大规模的分布式数据库系统、大规模气象数据处理系统、大规模通信网络系统、不间断运行的业务系统和可扩展的开放系统。系统基本结构如下：整个民航数据库及卫星传真广播系统的主干由该系统和 6 个分中心系统（上海、广州、沈阳、成都、西安、乌鲁木齐）组成，各中心之间通过卫星通信链路组成数据库广域网络；由北京气象中心通过卫星通信，对全国的 6 个分中心及其它 53 个主要的机场地面站广播分发气象图形和数据文件；北京气象中心与民航总局、国家气象局通过电话专线实现网络的互联及气象数据的传送；每个中心系统及机场地面站系统是由数据库子系统、通信子系统、各种气象服务应用系统以及网络子系统共同组成的局域网域；各中心和机场地面站仍保留原有航空固定通信网（Aeronautical Fixed

Telecommunication Network，AFTN）通信线路，用以实现航空气象情报的报文收集和交换。

在动力学角度，大气是一个高度非线性的系统，数值天气预报的结果对初始条件的微小误差非常敏感。由于现在单一的数值预报系统都具有某些侧重点，没有考虑所有情况，在输出的预报信息中可能会有一定的误差，甚至在某些地方的预报可能是错误的，因此需要建立一套数值集合预报系统，将各种数值预报的结果集成处理和显示，给出各种气象要素的定量预报，并给出相应的预报概率，能够更好的支持预报和服务保障工作。该系统具备高稳定、自动化、至少两种数值预报模式、至少 10 种本地数值预报成员等特性和功能。

针对制作和发布预报产品，预报员平台系统应具有如下功能：根据数值预报结果自动编辑制定机场的预报报文；具有人工修改和编辑的功能；具有机场警报、区域预警、地区天气趋势、重要天气快报、京沪航路预报等信息的发布功能；具有预告图制作和发布功能；具有机场预报发布提醒功能等。针对于数值集合预报子系统，预报员平台系统应具有如下功能：调用和处理数值集合预报子系统输出的数据的功能；能够单独显示每个预报成员的数值预报数据；可分屏显示多个预报成员的数值预报数据；能够显示集合平均预报数据；能够显示量化的大气可预报性，或预报的可信度能够以集合概率的形式显示等；

气象服务系统，该系统作为民航气象对外提供服务的接口，能够为用户显示各种实时探测资料、报文资料和预告图资料等，能够为用户提供气象资料的下载。并且气象服务系统采用网站的方式建设。

4.2.1.2　情报类信息交换与管理

航空情报服务是保证现代民用航空安全运行的一个重要方面。民用航空情报服务工作由民用航空情报运行机构组织实施，民用航空情报运行机构在指定的业务范围和区域内从事民用航空情报服务活动。民航局空管局设立民用航空情报运行机构，其他相关航空营运企业内设或指定专门机构负责航空情报工作。目前，我国民用航空情报运行机构分三级设立，依次包括民航局空管局航空情报服务中心、地区空管局航空情报服务机构、地区空管分局(站)/机场航空情报服务机构。

① 民航局空管局航空情报服务中心目前负责全国民用航空情报静态、动态数据的收集、整理和编辑工作，并代表民航局向境内外发布中国全境的航空情报资料，以及协调全国航空情报服务工作。航空情报服务中心目前设有国内资料部、国际资料部、制图部、国际航行通告室、开发部、发行部、财务部、综合办公室和飞行程序审查室等 9 个部室。

② 地区空管局航空情报服务机构是各地区空管局飞行服务中心，它主要负责协调本辖区民用航空情报的运行工作，收集、初步审核和上报本辖区各有关部门提供的航空情报原始资料，并接收、处理和发布航行通告。还负责本辖区内机场飞行程序设计与论证，以及本辖区内航空情报自动化系统的运行监控等。

③ 地区空管分局(站)/机场航空情报服务机构负责收集、初步审核和上报本机场各有关部门提供的航空情报原始资料，并接收、处理、发布航行通告，组织实施本场飞行前和飞行后航空情报服务。还负责本部门及本机场空中交通管理部分所需的航空资料、航空地图的管理供应工作。

情报业务服务包括飞行前航空情报服务、飞行后航空情报服务、国际资料代理业务和航空情报服务时间等。

① 飞行前航空情报服务，飞行前资料公告是指向机组提供的与起降机场、备降机场及所飞航线相关的有效航行通告和其他紧急资料。飞行前航空情报服务包括飞行前资料公告（Pre-flight Information Bulletin，PIB）、讲解服务及资料查询。机场航空情报运行部门和航空营运企业航空情报运行机构的值班员，与每日本场或本企业飞行活动开始 1 小时 30 分钟前，完成提供飞行前航空情报服务的各项准备工作。

② 飞行后航空情报服务，飞行后，机场航空情报部门受理机组对各种飞行保障设施工作情况的意见和鸟群活动信息，以及机组填写的《空中交通服务设施服务状况报告单》，并且及时转告有关技术业务部门或管理部门处理。有关业务部门收到《空中交通服务设施服务状况报告单》后及时核实，并反馈到航空情报运行部门，由航空情报运行部门反馈飞行机组。

③ 国际资料代理业务，20 世纪 60 年代以后，受限与国家严格的外汇管理规定和进出口限制，国际资料订购先由航空公司用户将订购单上报到民航局航空情报部门，由民航局空管局航空情报服务中心提交给中国图书进出口公司，中国图书进出口公司作为代理商向国外航空情报资料公司进行订购，用外汇结算全部费用。1999 年 12 月，民航局空管局航空情报服务中心成立国际资料订购部，面向国内航空公司及各级空管用户开展代理订购国际资料的业务。

④ 航空情报服务时间，民航局空管局航空情报中心、地区航空情报服务机构、国际机场航空情报机构提供 24 小时航空情报服务;其他航空情报运行部门在其负责区域内航空器飞行的整个期间及前后 2 小时的时间内提供航空情报服务。承担航班保障任务的航空情报运行部门设立相应的航空情报服务席位，并明确各席位的职责。民用航空情报运行机构安排航空情报人员在规定的服务时间内执勤。

以上为情报服务的现状，对于情报业务系统，航空情报自动化建设自 1993 年起，先后经历了日元贷款项目、航行情报发布系统一期工程、航行情报发布系统二期工程三个阶段。日元贷款项目主要以引进为主，引进了由 Intergraph 公司开发的航图制作系统和航行通告信息处理系统。航图制作系统部署在总局空管局航空情报服务中心，主要完成高空图、中低空图和对外公布的航路图自动生成功能，建立数据库保存各种相关数据，支持从数据库中自动抽取相关数据。航行通告信息处理系统的主要功能是收发航行通告，提供 PIB 服务等。

日元贷款航行情报自动化项目完成之后，外商高昂的服务价格，软件升级不及时成为制约我国情报业务发展的主要矛盾。由于没有软件源码，解决发现问题和增加功能十分不便。为此，民航局空管局计划对系统进行本地化建设，将系统国产化，从而开始了航行情报发布系统系列工程的建设工作。航行情报发布系统分为两期工程，一期工程完成了航图制作系统本地化工作，二期工程主要完成了航行通告处理系统的本地化工作。

航图制作系统建立了航空情报数据库，为实现航空情报的自动处理奠定了基础；实现了航路图、区域图等航图的自动生成，进近图、进离场图计算机辅助制图；形成了系列电子航空情报产品；能够生成航线手册中的所有航图，以及编辑制作机场使用细则等各种资料。系统数据在总局空管局内部网上发布，向航空公司、区域管制中心、总调提供光盘资料，并在内部网上发布。飞行人员通过公司网络使用系统资源。

航行通告自动化处理系统能够实时从 AFTN 网络接收航行情报报文，包括航行通告（NOTAM）和雪情通告（SNOWTAM）等数据，并自动处理报文数据，将解析之后的数据组织为 PIB 资料，提供给机组人员使用；另外，航行通告自动化处理系统也能够提供报文拍发模板来发送 NOTAM 或者 SNOWTAM 等报文信息。目前，该系统部署在总局空管局、各地区空管局、各地分局（站）以及航空公司和地方机场，在我国民航日常运营中发挥了重要的作用。

中国民航数据通信网的建设，为航行通告自动化处理系统、民航机场原始资料上报系统的推广使用提供了可靠的网络通信途径，目前地区空管局、空管分局（站）/机场三级节点用户已达到 90 多个，它们通过 ATM 网，上传机场原始资料，并能够利用航行通告自动化处理系统终端连接本地区二级节点系统数据库，完成 PIB 资料提取等操作。还可以利用 ATM 网完成航行通告自动化处理系统异地备份系统的建设任务。

民用航空机场原始资料上报系统为航空情报系统提供了一套涉及机场原始资料上报、编辑、审核和出版等环节的完整的管理手段，并通过搭建全国机场原始资料数据库，实现机场原始资料信息方便的入库存储与提取，为数据的二次利用奠定了基础。

民用航空机场原始资料上报系统以可扩展标示语言（XML）技术为基础，借鉴欧洲 Eurocontrol 及美国 FAA 的航空信息概念模型（Aeronautical Information Conceptual Model，AICM）及航空信息交换模型（AIXM），建立了适合国内的数据概念模型和数据交换模型。系统传输与交换的文件数据是纯数据文件，并不包含任何格式信息，实现数据与格式的完全分离，提高了数据解析的效率与准确度。系统利用格式模板提供出版用的所有格式信息，融合 XML 数据，实现航空资料文档的出版，而且实现文档格式的继承与存储管理，有效减少排版的工作量。系统分别对格式化数据和非格式化数据提供灵活方便的数据编辑与格式验证工具，提高数据编辑的质量与速度。

现在航行情报数据交换与共享仍然存在一些问题，如数据来源众多，格式不统一，数据缺乏二次利用；数据管理范围不够广泛，静态数据与动态数据无法自动融合等。

4.2.1.3　航班类信息交换

对于航班飞行计划及相关系统，航空公司会针对各自航空公司运营需求构建航班计划和规划系统，进行各自的航班规划。其中，航权和时刻又需要经过两个系统的审批和协调。

① 民航航班管理（信息监测）系统，服务于民航局运输司、七个地区管理局、监管局及三十余家航空公司的换季、日常的航线航班申请、审核，成为航班保障单位分析工作、提高效率的数据基础，实现航线航班审批工作的公开、透明，对保障航班计划正常执行起到了积极的促进作用。

从目前系统使用情况看，主要分为三大类用户。第一类用户为民航局角色用户，第二类用户为地区管理局、监管局角色用户，第三类用户为航空公司角色用户。民航局用户负责三地四场的航线经营许可和航班计划审理及全局的监管，并且负责全网的基础数据配置及维护。地区管理局用户负责所归属航线的航线经营许可和航班计划审理，并有权查看全局的航线状态。航空公司负责上报所属的航班信息，并获得批复后的所有航线经营许可和航班计划数据。

② 民航时刻网络协调系统，该系统构建于 2005 年末，主要针对换季时航班刻协调工作。民航时刻网络协调系统为民航局空管局、地区空管局和国内航空公司提供统一的时刻协调应用平台。在业务的实现上，航班计划时刻信息来自于同一个航班计划数据库。在协调过程中，航空公司及民航总局可通过即时查询，获得当时协调结果。协调结束后的结果即为最终版时刻协调数据，通过系统将时刻协调数据进行备份，供民航局空管局、地区空管局和航空公司进行存根和使用。

民航时刻网络协调系统基本能够满足国内正班的换季业务要求。自 2005 年末民航时刻网络协调系统上线以来，系统平稳运行，为国内正班换季业务提供每年两个航季的换季时刻协调任务，累计 15 个航季。经过审批和协调的长期航班计划，需要经过民航局按照红头文件作为正规的换季航班计划下发。而所有航班相关系统，都需要按照换季的航班计划导入相应数据，作为之后一个航季的创建航班次日计划的基础。

对于航班动态数据以及相关的系统，主要包括航班计划处理系统和航班动态处理系统。

① 在航班计划处理系统中，预先飞行计划经过审批后，航班实施前通过航空公司提交待实施的飞行计划，经过飞服中心等管制单位将实施飞行计划通过报文的方式转发给航班相关的各管制单位。

航空公司需要在航班执行前 24 小时内向航班起飞机场的飞行服务中心提交航班计划报文，目前大多数是通过 AFTN 传输的 SITA 报文；而飞行服务中心有航班计划处理系统来处理报文并形成第二日航班计划数据。

飞行服务中心对检查过的航班计划以 FPL 电报的形式发布给空管部门，包含航班起飞、经过、降落、备降等所有信息，并通过 AFTN 网进行传输，将涉及区管自动化系统、流量系统、塔台放行系统、终端区（进近）放行系统、CDM 系统、航班信息处理系统等。

航班计划处理系统主要针对航班生命周期中的实施计划而设计的，因此系统的组成部分和各项功能都是为了完成航班实施计划需要进行的生产活动和保障工作。主要包括新增航班计划，次日计划的审核和发布，以及航班开始运行前的各项准备工作，如审核航空公司拍发的领航报、各个空管中心（站）的飞行报告室拍发领航报、提供飞行资料报告等。

② 航班动态处理系统主要是为用户提供对航班运行信息的监视、管理、通报和确认等功能，通过预制和自定义的多种视图用户可以实现对航班运行的动态管理。对于处于不同运行状态的航班系统通过不同的颜色机制使得当前航班动态更容易监视，灵活而丰富的配置功能和业务逻辑自动检测和提示功能使得航班动态管理的功能更加完善和强大。

目前的航班动态数据主要遵循 ICAO4444 文件和民航行业标准 MH-4007 描述的数据结构，同时使用民航空管的 AFTN 网络，使用 AFTN 报文的格式，在各空管单位间传输航班动态数据报文。

飞行动态电报共包括 16 种：告警（ALR）电报、无线电通信失效（RCF）电报、申报飞行计划（FPL）电报、延误（DLA）电报、修正领航计划（CHG）电报、飞行计划取消（CNL）电报、起飞（DEP）电报、到达（ARR）电报、现行飞行计划（CPL）电报、预计飞越（EST）电报、管制协调（CDN）电报、管制协调接受（ACP）电报、逻辑确认（LAM）电报、请求飞行计划（RQP）电报、请求补充飞行计划（RQS）电报、补充飞行计划（SPL）电报。在 ICAO4444 文件和民航行业标准 MH-4007 中对这些电报进行了定义，规定了拍发时机和正文传输格式。

目前航班数据交互仍然存在问题，民航局下发的航班计划是以红头文件方式下发，各航空公司、机场、管制区等需要从中选择自己相关的计划，分散制订和处理预飞行计划，造成了工作重复和信息孤岛等问题。此外，在航班计划、起飞到降落过程中，航班的相关信息由不同的管制单位接收和发布，并且可能会根据各自的规则和数据来源对航班信息进行维护更新，所以可能造成航班信息的不一致问题 ，这将不利于飞行数据的安全和管理。故需要建立统一标准化的航班信息交换模型（FIXM）。

4.2.1.4　监视类信息交换

目前，民航空管监视类系统主要包括：一次雷达、二次雷达、场监雷达、ADS-B 等系统，通过这些系统可以获取航空器飞行方位、距离、高度、速度和编号等各类数据信息，是航空管制人员实施指挥调度的重要依据。

这些系统的监视类数据主要遵循民航行业标准 MH4008—2000 规定的数据格式和标准，该标准中规定数据分为单雷达数据和综合雷达数据。

单雷达数据是一个独立的雷达站向雷达数据处理系统发送雷达报文。要求传输的报文有以下两种：雷达目标信号(点迹或航迹信息)，由空管雷达站内的本地跟踪系统产生雷达服务报文，用于向雷达数据处理系统发送雷达状态信息；单雷达气象信息，是空管雷达气象探测通道探测到的各种不同强度降雨区的气象信息，并从空管雷达站传输给雷达数据处理系统。

综合雷达数据是由多雷达数据处理系统通过对多雷达情况跟踪处理而建立的综合航迹。综合雷达气象信息是通过多雷达数据处理系统对单雷达或多雷达气象信息进行处理后产生的综合气象图。这种信息可以是从一个空管中心发往其他管制单位。

目前雷达联网方式还是通过专线方式进行，把目标雷达的数据通过专线引接到需要使用雷达信息的系统上。实现雷达信息联网，可使航空管制人员随时掌握相关空域的飞行动态，为航班提供更为可靠的安全保障。

4.2.1.5 流量和空域类信息交换

空中交通流量管理是目前空中交通管理研究的活跃领域，是我国未来 15 年空管发展的重点之一。欧洲、北美关于流量管理的研究自 20 世纪 80 年代中期以来非常活跃，经过 20 余年努力，已根据实际情况研究、发展、部署了具有它们自身特点的空中交通流量系统。国内的流量管理研究还处于起步阶段。

4.2.1.6 民航空管数据通信网络

当前民航空管数据通信网络主要包括数据通信网和 AFTN 转报网。其中民航数据通信网依托于 ATM 技术，作为民航行业全国性通信传输的主要平台，连接民航各地区管理局、各地区空管局和主要航站，基本覆盖所有国际航路和国内干线航路，承担空管交通管制、航空气象与情报、飞行计划与动态、综合管理等业务传输和国际数据交换服务，为民航运行安全保障发挥了重要的作用，为民航的持续快速发展奠定了扎实的基础。

民航数据通信网在总体结构上采用层次化的网络结构，全网划分核心层、汇聚层和接入层三层，核心层包括 2 个核心节点和 8 个一级节点，汇聚层包括 40 个二级节点，接入层包括 89 个三级节点，全网共有 139 个网络节点。目前民航数据通信网是承载民航数据通信传输，保障空管安全生产业务的关键平台，其上承载业务种类众多，从业务的作用及其特性看，包括：民航综合及专业业务、航空安全业务、空管综合性管理业务等。

民航数据通信网是面向民航空管系统，覆盖民航空管、全国部分民用和军民合用机场的宽带专用数据网络，其为民航各项业务提供了 ATM、FR（帧中继）、CES（电路仿真）、X.25/HDLC/SDLC 等接口的业务接入，为民航自动转报、雷达、甚高频、管制移交电话等航空安全保障业务提供了统一的数据传输平面，为空管安全运行和发展奠定了坚实的基础。其与民航卫星通信网一同构成了民航空管数据通信保障体系，在民航空管运行保障中发挥了重要的作用。在满足航空安全保障业务的前提下，民航数据通信网利用其多业务接入能力的优势，为民航局电子政务、视频会议及决策、以及部分专业管理子系统等综合业务提供了有效的传输手段，在民航电子化管理、民航信息化建设和发展进程中发挥了重要的作用。

我国民航自动转报网是一个根据国际民用航空组织航空固定电信网（AFTN）和国际航空电信协会（SITA）通信网的相关标准建设的信息交换网络。中国民航自动转报网已有各型号的自动转报系统近百套，各类电报自动处理系统和电报终端 2000 余套，网络服务覆盖了境内所有民用和军民合用机场。

现在中国民航自动转报网以民航数据通信网（帧中继网、分组交换组网）、地区空管局的复用器数据网和民航卫星网为中继传输电路，实现自动转报网络间的互联。从民航自动转报网的拓扑结构来看，转报网络分成三层，第一层是由民航局空管局与七个地区管理局组成的网状结构，主传输的方式采用分组交换网络的虚电路方式互联，备用方式使用异步线路，第二、三层是由空管站、航空公司、航站组成的树型结构，主要采用异步方式互联。各地转报系统中的同步互联，目前主要通过民航帧中继网络的 X. 25 业务接口和 Vanguard 复用器 X. 25 业务接口来提供接入。各地转报机之间大部分通过帧中继网络进行通信，Vanguard 复用器主要提供用户的接入。各地区的转报系统同步接口一般直接接入当地帧中继交换机的 HSO 板卡提供的 X. 25 端口，接入帧中继网络。

目前，民航空管系统已建成了内部专用的地面网络和卫星网，ATM 网及 KU 波段的卫星升级改造已基本完成。成熟的网络环境为各自动转报系统之间信息交换的高速传输创造了条件。

4.2.2 面向服务的民航数据高效共享机制

信息共享技术的发展，经历了从传统的纸质文件、电子文件和数据库信息共享等阶段，目前已发展至面向服务的信息共享阶段。以美国和欧洲为代表的西方发达国家和地区，已经开始实施面向服务的民航信息共享机制和技术方面的研究。我国民航也开展了新一代空管系统建设规划，对我国空管信息系统和信息化建设、部署和实施进行了统一规划。根据我国现行民航通信技术、网络和民航信息系统的实际，开展面向服务的民航数据高效共享机制研究，促使各类民航信息系统之间的互联互通，实现网络化、协同化、一体化的综合民航信息服务系统，即广域信息管理系统。

4.2.2.1 信息共享模式

随着信息时代的不断发展，不同地区和部门间的信息交流逐步增加。大量多格式数据的处理与利用，是数据交换与共享机制需要解决的问题。数据共享可以充分利用已有数据资源，减少数据采集的重复劳动和费用，从而着眼于业务信息系统的开发与集成。由于数据来源不同，数据内容、格式和质量千差万别，因而给数据交换带来了很大困难，严重地阻碍了数据在各部门和各软件系统中的流动与共享。针对这种情况，目前有以下四种模式可供选择。

① 文件传输

让每一个系统应用生成共享数据文件，供其他系统应用使用，并且也能使用其他系统生成的共享数据文件。文件传输的优点是共享机制简单，集成人员不必了解应用的内部细节。但是共享机制开发人员必须自己完成大量的处理工作，同时文件传输模式更新较困难，可靠性和安全性较差，难以适应空管高安全和高可靠性的要求。

② 共享数据库

通过把系统应用的数据存储在一个共享数据库中以实现系统集成，并制定数据库模式以处理不同系统应用的需求。共享数据库的优点在于所有的系统应用都依赖于相同的数据库，应用数据能够保持高度的一致。同时，由于更新时间间隔小，任何错误都能较容易地发现和更正。共享数据库的难点在于需要建立统一的数据库模式来满足各种类型的系统应用。民航信息系统内部数据结构多样，对同类数据表达方式也可能不一致，统一的数据库模式开发难度较大。而且，在民航系统内部，建立统一的数据库将面临严重的行政管理困难。

③ 远程过程调用

让每一个系统应用公开提供相关服务接口，使它们能够被其他系统远程调用，通过调用这些服务来执行相关操作和数据交换。远程过程调用优点是可以运用封装的原则实现应用集成。最典型的例子是 Web 服务，通过使用 SOAP 和 XML 标准，能够很容易利用 HTTP 协议实现数据交互。远程调用能够很好的满足民航信息共享对于灵活性的要求，但在数据传输的可靠性和安全性上有待需进一步验证。

④ 消息传输

让每一个应用连接到一个公共的消息传输系统或消息总线上，并通过消息传输实现数据交换和服务调用。消息传输采用高内聚（把大量操作本地化）和低耦合（有选择性地执行远程操作）的组件。消息传输系统能够保持文件传输的松耦合性，并且消息能够在传输过程中进行转换，然后通过消息路由传输到目的系统，具有较强的灵活性。同时采用请求响应的方式，消息传输能够支持大批量连续的数据传输。目前，基于面向服务架构（SOA）设计原则的企业服务总线（ESB）是消息传输中的最佳模式。基于消息传输的数据交换与共享机制，为民航广域信息管理系统的实现提供了参考。

基于 SOA 的民航广域信息管理系统可以将民航业务系统中的信息资源以服务的方式进行发布，然后通过对这些服务的组装和编排可以产生新的复杂的业务服务。每一个民航业务信息服务可以完成一个独立业务功能，并且不依赖于业务上下文或者其他服务的状态。空管应用技术开发人员可以用标准的方式对各自的业务信息服务进行封装，使任何一个服务消费者都可以方便容易的和广域信息管理系统实施连接。面向服务的民航数据高效共享机制具有如下优点。

① 支持大批量、连续的数据传输

拥有发布订阅和请求响应两种消息传输模式，以企业服务总线为基础，支持大批量、连续的空管业务信息数据传输。

② 灵活性强

支持多种协议，以促进第三方平台、民航新建系统和现有系统的集成；支持多种数据标准，尤其是多种基于 XML 数据格式的标准，这些标准还支持数据格式的扩展；支持数据转换以及基于内容的消息路由，使民航业务信息数据的传输更加灵活。

③ 松耦合性

在民航业务信息服务交互方面，通过企业服务总线对服务进行代理、转换和路由，促使服务提供者和消费者的透明化交互，从而实现系统的松耦合特性。

④ 高安全性

企业服务总线技术提供身份验证的功能，针对不同的用户赋予不同的权限。并具有完善的安全策略，同时保证消息传输的机密性和完整性。

⑤ 高可靠性

面向服务的民航数据高效共享机制中的服务需要预置和注册，企业服务总线提供相应的记录、测量和监控等功能。同时，通过系统管理和管理工具的集成，提供自监控和自管理的模式。

设计以面向服务为技术体系的民航数据高效共享机制，为民航系统的整合提供一个可升级、可扩展和标准化的解决方案，使得民航系统以及应用软件之间能够实时、安全的交换信息。该机制将能够保障民航业务系统之间安全、通畅地进信息交换和共享，支持民航各部门通过灵活使用空域和分配的基础设施资源，改变目前点对点的信息交换模式，最终形成以 SWIM 网络为核心的架构体系。

4.2.2.2 共享管理机制

民航信息化建设已进入全面推进和快速发展的重要时期。民航信息系统规模庞大、涉及应用广、用户多、业务依赖程度高，对信息的交换与共享程度提出了更高的要求。然而，从管理机制来看，各民航业务应用系统之间的信息交换和共享缺乏底层通信应用平台支持，也缺乏机制层面的管理和保障，使得民航信息资源没有得到充分共享和利用，影响和制约了民航信息作用的发挥和效益的最大化。目前，大多数业务系统都是按各自的需求建立的，没有充分考虑民航系统的整体需求，并且缺乏责任主体对数据共享的协调、运行和维护工作。因此，需要建立一套符合民航业务生产实际行之有效的数据共享管理机制。

民航信息资源交换与共享的实质是以信息资源优化配置为基础的高效利用。面向服务的数据高效共享机制应以负责生产和管理民航信息资源的业务系统部门为利益主体，在保障民航数据业务部门生产运行和数据管理的基础上，制定民航空管信息共享的管理策略。一方面要有利于民航空管数据使用效益最大化，另一方面要促进民航空管内部各部门之间以及民航空管与其它行业之间的信息共享。其基本思想是民航业务部门根据生产实际，定位民航信息用户在信息共享环境中的角色和权限，通过对数据和用户分类及民航业务信息服务定制的办法实现对民航信息共享的高效、有序的管理，保障民航信息的发布质量，并逐步扩大民航空管信息共享的范围。

在民航业务运行中所涉及到的信息种类非常繁多，不同的角度可以对民航信息做出不同的归类。同时，民航信息用户因运营模式不同对信息内容格式的需求也存在差异。面向服务的数据高效共享机制在数据共享管理上有两个侧重点：一是对民航信息用户角色和权限的定位，即根据民航信息的发布特点，民航业务信息提供部门综合考虑信息的用户属性，对其角色和权限进行定位，确定民航信息的发布类别，划定民航信息的发布范围和发布方式；二是对民航业务信息服务的管理，即民航业务信息提供部门针对信息自身的特点，结合其在民航业务运行中的工作形态和交互方式，通过定制民航业务信息服务的方式实现信息控制与共享。

民航业务信息提供部门在面向服务的民航数据高效共享机制中位于主导位置，拥有对共享数据和服务的所有权。一方面，负责管理维护本地实际生产的民航空管数据。根据民航信息用户消费需求，以不同类别的民航空管数据为基础，定制空管业务信息服务。另一方面，建立民航信息用户的统一管理机制。民航业务信息提供部门根据用户业务需求和共享权利，赋予其相应的服务获取权限。用户通过身份认证的方式调用民航业务信息服务。

面向服务的民航数据高效共享机制一方面有利于民航业务信息部门提高数据共享的管理能力，改善目前数据共享方式复杂冗余性高的现状，提高数据共享的效率和可靠性。另一方面有利于用户更加方便地获取共享数据，以定制服务的方式满足用户对共享数据格式和内容上的需求。

4.2.2.3 系统数据传输机制

根据民航信息系统数据共享需求和运行环境，民航广域信息共享平台需要能够发布和发现空管信息服务，实现信息系统间数据的传递处理，并且支持消息与接口服务的管理。整个平台也需要使管理者能够通过图形化配置的方式管理该平台。同时，提供可扩展的接口模块，实现接口的快速引接功能。为了实现这些信息共享相关功能，民航广域信息共享平台包括三个主要模块和一个管理控制界面，如图 4.2 所示。与服务交互相关的三个模块从下向上分别是：接口引接、消息服务和服务管理，然后由管理控制台实现平台监控与管理。其中接口引接实现接口添加的功能，包括 SOAP 服务连接器和扩展服务连接器。消息服务实现消息传输的功能，包括消息格式转换、消息路由、消息代理和消息队列等。服务管理实现业务层的行为，包括服务注册中心、策略数据注册库和传输监控。

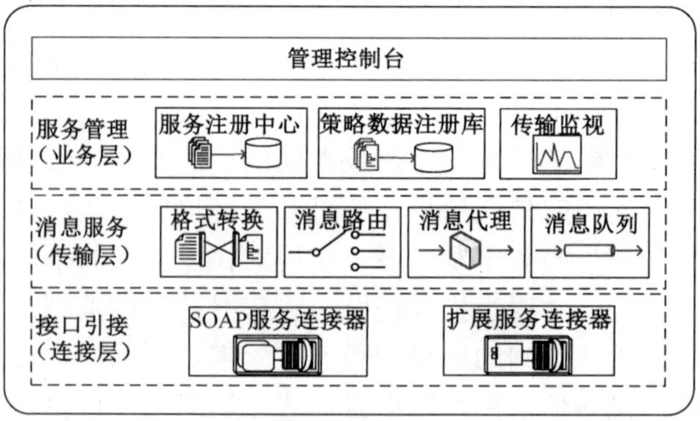

图 4.2 SWIM 平台功能模块

在此功能框架的基础上，各功能组件相互协作完成平台数据共享工作，具体的平台数据流程如图 4.3 所示，包含服务提供者、民航广域信息管理系统和服务消费者。

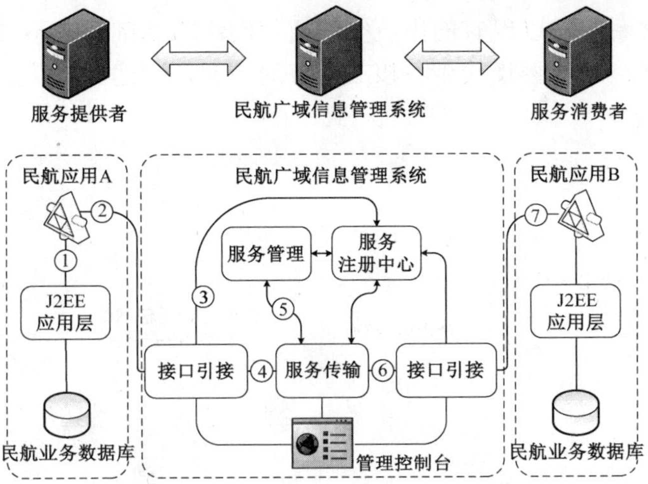

图 4.3　SWIM 平台数据流程

① 针对具体的民航应用进行接口改造，通过分析具体的业务数据接口将其转换为能够符合 Web 服务标准的接口；

② 将改造完成的接口通过接口引接模块接入平台；

③ 接口引接模块将接口的参数值、类型等信息注册到服务注册中心；

④ 接口引接模块将消息流中的消息推送到服务传输模块；

⑤ 服务传输模块通过调用服务传输模块的配置信息，找到服务端点信息；

⑥ 服务传输模块推送消息至服务消费者端的接口引接模块；

⑦ 接口引接模块连接目的地服务，将消息传输给服务的消费者。

通过以上服务引接、注册和传输等过程，最终实现服务提供者和消费者之间的互联，从而促进他们之间的消息交换。其中注册的服务信息还可以供其他用户使用，最终实现以民航广域信息管理系统为核心的数据交互环境。

4.2.2.4　网络结构

民航空管通信网络承载和传输民航安全生产运行和行政管理业务信息，经过多年的持续、大规模的建设，现在已经形成了多种异构网络组成的民航综合通信网络。目前该网络在用的主要包括分组交换网（X.25 网）、帧中继数据网、C 波段卫星通信网、异步转移模式数据网、Ku 波段卫星通信网等通信网络。民航数据通信网是目前的主用网络，主要承载的业务有民航自动转报、气象信息、雷达数据、行政办公、视频会议和 IP 电话等。民航数据通信网主要采用“路由器加专线”的模式组网，具有 3 层结构，以京、沪双核心为核心层，以 7 个地区局为汇聚层，以各分局（站）为接入层，全国大小节点约 150 个。

此外，各民航单位以及地区空管局，根据自身本地区的业务特点、管理需求和相关的规定，也建设了自己的核心业务局域网。这些核心业务局域网，均承载着本地的核心业务，并有相关的备份应急手段。

广域信息管理系统将以现有的民航空管通信网络为基础，在不改变现有网络结构的前提下，通过网络服务器连接到各核心业务局域网，构建广域信息管理网络，如图 4.4 所示。

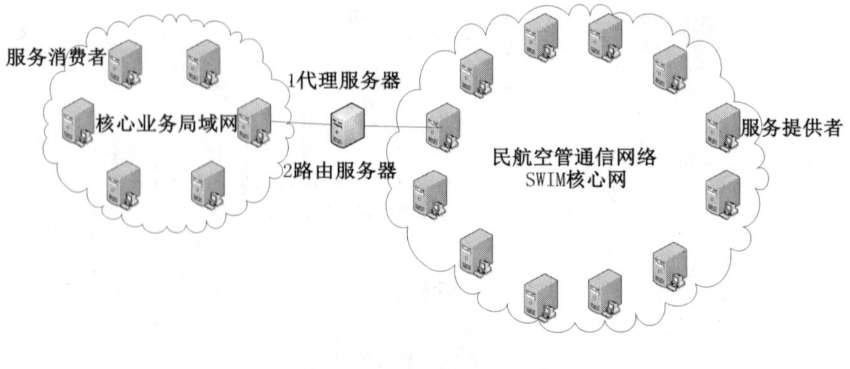

图 4.4　SWIM 系统网络结构

空管业务信息服务发布在广域信息管理网络上后，各核心业务局域网的空管业务信息系统之间的服务流转和数据传输有两种方案可供选择：代理服务和消息路由。

代理服务，作为消息流转的终端，代理服务器在发现民航业务信息服务后，以代理服务的方式获取消息服务的信息内容。然后按照系统开发阶段制定的协议，根据服务消费者在核心业务局域网的 IP 地址，将消息内容传输到目的系统。

消息路由，网络服务器并不是消息流转的终点，而是作为消息路由服务器。路由服务器根据接收消息服务的内容，查看目标网络地址与当前路由表匹配。以消息路由的方式将消息服务传输到空管业务信息服务消费者，完成整个过程。

以上两种方案都能够解决目前民航通信网络中各核心业务局域网之间互通性较差、相对独立、耗费资源的问题，形成一个高效率的、简单、运行代价较低的网络管理环境。

4.2.2.5　民航信息系统的集成

目前现有的空管自动化系统、飞行计划处理系统、气象数据库自动化系统、航行情报服务系统等都各自在其系统内部处理大量多元和异质的数据，这些系统处理各种民航运行数据，为了数据处理和内部交换的效率，采用各种数据描述技术，如格式化数据结构、关系型数据库、变量-值数据对和 XML 元数据，有二进制数据形式，也有文本数据形式。这些数据处理和数据描述技术和经验，为广域信息管理技术的研究与应用打下了良好基础。由于体制和历史的原因，这些不同子系统之间的数据格式千差万别，由于信息交换格式的不统一，各子系统成为难以相互共享数据的信息孤岛，严重阻碍了空管信息系统的发展和建设，不利于民航安全生产运行和工作效率的提高。

民航信息系统整合设计主要根据核心服务的服务管理和消息服务功能开展，如图 4.5 所示，接口管理模块将空管信息系统接口以及发布消息的元数据发布在服务注册库中，需要消费该类消息的系统通过服务接口适配器和服务总线发送请求，目标民航信息系统生成的服务响应同样通过接口适配器和服务总线传输，以实现数据交互。在民航信息系统整合的过程中，为了实现松耦合的设计思想，并保障接入系统服务的可用性，需要对民航信息系统进行接口改造和广域信息管理系统消息流与消息代理设计。

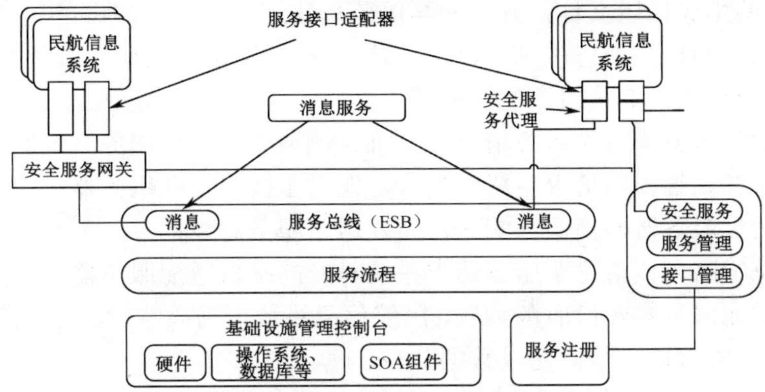

图 4.5　空管信息系统整合模式

图 4.6 展示了一个信息共享场景，主要由民航信息系统（如流量、气象信息系统等）、接口适配器服务器、服务总线、服务注册管理、服务注册库/中心组成。

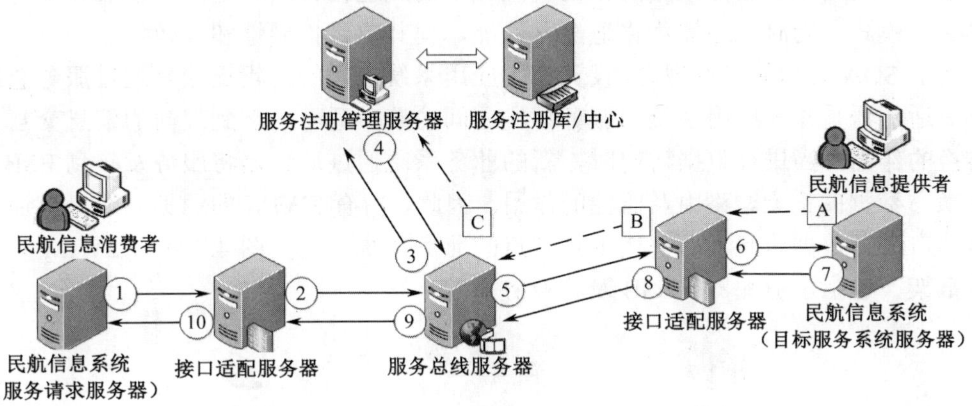

图 4.6　数据共享的场景流程

服务发布的场景实现如下：

（A）民航信息系统（目标服务系统服务器）发送服务描述文件至接口适配服务器；

（B）接口适配器按照标准化 Web 服务转换接口，生成服务描述信息发送至服务总线服务器；

（C）服务总线服务器推送服务描述信息至服务注册管理服务器，服务信息通过服务管理的策略验证后，在服务注册库/中心注册，成功发布民航数据服务。

数据共享的场景实现如下：

① 消费者通过民航信息系统发送服务请求至接口适配器；

② 接口适配器解析服务请求，并根据服务接口规范转换为标准请求，推送至服务总线服务器；

③ 服务总线根据解析的服务请求内容，通过消息流与消息代理与服务注册库/中心通信，查找所需服务元数据描述信息；

④ 服务注册管理服务器查询服务注册库/中心里面已发布的服务描述信息，找到与请求相匹配的生成描述文件，并返回至服务总线；

⑤ 服务总线根据注册库/中心返回的描述文件，锁定提供该项服务的目标服务系统，发送请求至该系统的接口适配服务器；

⑥ 接口适配服务器转换服务请求，并推送该请求至目标服务系统服务器；

⑦ 目标服务系统根据请求生成的响应，发送至接口适配服务器；

⑧ 接口适配服务器转换服务响应，并发送至服务总线；

⑨ 服务总线路由该信息至服务请求系统对应的接口适配服务器；

⑩ 接口适配服务器转换服务响应，民航信息系统识别该响应，民航信息消费者即可获取所需的业务数据，至此完成数据共享。

通过使用 XML 作为数据交换标准以及 Web 服务作为接口协议，实现了异构系统间数据的交换。考虑到空管数据的业务特点及行业需求，拟采用双向适配器模式进行设计开发。这样保证了空管业务系统既可以发布服务，又可以接收服务，提高了消息传输速率，也增强了业务数据的在民航系统中的流通性。双向适配器模式可支持多种信息交换模式。同时，还需优化适配器性能，使其更具扩展性和高效性。

基于 SOA 架构的建设理念，设计相关应用系统之间的逻辑连接是通过服务总线完成。而适配器是作为应用系统与服务总线之间的接口适配，起到双向的信息交互与数据转换的作用。当进行数据访问时，新的业务系统通过适配器将服务发布到 ESB 中，ESB 负责数据的检索、路由及监控的作用。因此，所有 SWIM 的业务系统只需通过适配器端口进行数据访问，而替代了点到点的业务系统互连。图 4.7 即为 SWIM 系统的逻辑框架，包括了适配器、ESB 及各业务系统：

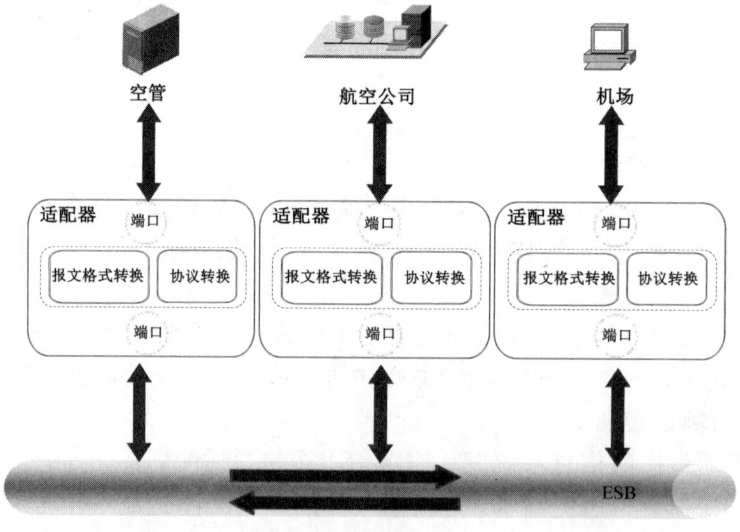

图 4.7　SWIM 系统的逻辑框架

① 数据交互端口

针对民航业务需求，设计数据交互端口为适配器的外层接口。通过数据交互端口，转换平台可以执行数据与信息的相应处理。双向的数据交互端口可以保障业务不仅能进行数据发布也可以进行数据获取。因此，信息传输速率可以得到一定提高，数据流通性亦可加强。由于适配器可支持不同信息交互节点，如何保证数据传输的安全性将成为设计考虑的关键问题。SSL（Security Socket Layer，安全套接层）协议是目前互联网最广为使用的安全协议。主要是在信息交换前，完成交换加密密钥、协商加密算法和双方进行身份认证等作用。

② 数据适配器

数据适配器的主要功能是提供报文格式转换与传输协议转换。考虑到信息集成中数据标准问题，拟采用 XML 格式文档作为统一的数据传输交换标准。目前的业务系统使用不同的协议传送数据，包括 HTTP、JMS、MQ 和 FTP 等。因此，数据提供端将通过适配器做相应的协议转换，以保证接收端可以准确接收数据。

③ 企业服务总线

在 ESB 模块中，数据接收端不需要知道提供端的具体信息，企业服务总线将提供虚拟化的管理方式来扩展 SOA 的核心功能。ESB 的主要功能包括接收当前的路由信息、服务注册和系统监控等。数据处理流程分为路由，格式转化，数据库读取和写入等。统一的服务注册和存储管理包括服务注册、发布和查询。通过 ESB 进行服务传输可以到达集成无界限。ESB 可以支持各种数据模型以及最广泛的数据格式。由于 ESB 较好的性能，可以保证新业务的增加。

目前，我国民航信息化建设已进入全面推进和加快发展的重要时期。通信、导航、监视、气象、情报等方面已建成了一批重要的民航信息系统，各地区空管局也相继建立起一些信息网络系统。面对规模庞大、涉及应用多、用户广、业务依赖程度高的空管信息系统，面向服务的民航数据高效共享机制将加强各信息系统间的信息交换和共享，进而提高民航运行的保障能力。

4.3 民航广域信息管理实施规划

随着我国民航广域信息管理系统的深入研究和建设，已取得了较大进展，但与国外相比仍有较大差距，系统建设不够全面，数据交换缺乏统一的标准，广域系统范围内数据缺少共享和互操作，甚至还存在手工打印和传输信息的方式。我国民航广域信息管理系统与国外的主要差距如表 4-1 所示。

表 4-1　我国民航广域信息管理系统与国外的差距

	国外		我国
	SWIM 建设前	SWIM 建成后	
信息管理政策规章和标准	健全、规范	统一标准	管理政策与规章制度初步建立，有待完善
信息共享与安全管理机制	不完善	完善	共享机制以点对点为主，安全管理机制尚不统一和完善
数据格式	差异较大	一致、规范	系统间数据格式部分一致，但整体不统一
业务信息系统接口	定制化、专用性	统一，规范	定制、专用性
信息交换模式	点对点	信息路由、汇聚派发	点对点、部分报文打印传递
信息系统接口开发和维护成本	较高	较低	较高

针对民航广域信息管理存在的问题，我国制定了 SWIM 发展战略和组织架构，并明确了 SWIM 研究的关键任务，根据我国 SWIM 系统建设的实际规划了近期、中期和远期计划。

4.3.1　发展战略与组织架构

4.3.1.1　发展战略

中国民航计划在 2028 年前，通过积极试验、论证和建设 SWIM 系统，逐步推广 SWIM 技术的应用，实现在综合数据通信技术发展的基础之上，搭建一整套可互用的信息共享与交换基础设施，解决各类业务信息系统之间的互联互通，实现广域系统范围内的运行信息集成和整合，提供网络化、协同化和一体化的综合信息服务。具体来说，SWIM 系统的发展战略包括：

① 跟踪国外 SWIM 技术的发展方向，基于我国现有民航信息管理系统现状，开展 SWIM 理论研究及技术标准制定，搭建原型验证系统。通过对系统的评估，验证 SWIM 系统可靠性，并验证基于 SWIM 系统的运行程序是否满足中国民航对数据交换的要求，保证运行安全。

② 实现业务流程的转变，定制与 SWIM 配套的标准化业务流程并优化。结合我国信息共享与交换的实际需求，制定一套与国际标准相符合的、满足中国民航实际运行需求的 SWIM 标准和规范体系。明确 SWIM 运营、组织、管理等机构与人员的职责分工。

③ 在理论研究的基础上，在全国逐步平稳开展 SWIM 系统建设。

④ 在保证安全性与可靠性的前提下，解决 SWIM 在中国民航现有信息管理系统的应用问题。

⑤ 实现 SWIM 系统与旧有系统的互联，完成新旧信息管理系统间的过渡。

⑥ 积极开展国际交流合作，实现与国际民航 SWIM 系统的互联，参与未来国际 SWIM 标准、规章制度的制定。

针对我国目前民航信息管理系统及体制现状，从 SWIM 技术发展战略目标及民航系统内数据共享服务的需求出发，按照如图 4.8 所示的发展战略开展对 SWIM 的建设。

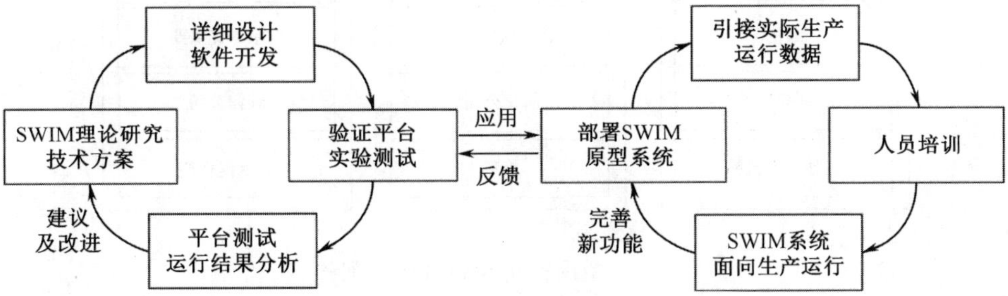

图 4.8　SWIM 建设发展战略图

实验验证：在 SWIM 核心功能开发及理论研究的基础上，制定 SWIM 技术方案。根据目前中国民航信息管理现状，对 SWIM 架构进行详细设计并开展广域信息平台的软件开发。建设 SWIM 系统数据构造与交换的技术实验验证平台，实现部分典型民航数据的实验测试。针对运行结果进行技术分析，反馈到理论研究部门，修正原有理论，改进搭建技术，为 SWIM 技术方案的修改提供建议。最后，逐步丰富数据类型，增加服务种类，完善验证平台，攻克今后实施过程的技术难点。

部署运行：应用验证平台技术，部署搭建 SWIM 原型验证系统，并引接实际生产运行数据。开展人员培训，宣传培训 SWIM 理论知识及技术。建设面向生产的 SWIM 系统。同时，逐步完善 SWIM 系统，在原有 SWIM 原型系统的基础上，添加新信息服务功能，开展进一步的数据引接和系统改进。最后，将实际运行结果反馈实验验证，对完善原有研究成果。

4.3.1.2　组织架构

为确保中国民航 SWIM 体系的建立，建议由民航局牵头成立包括空管、航空公司、机场等相关部门参加的民航 SWIM 建设领导小组，负责民航 SWIM 建设的组织、协调及推广应用。领导小组下设 SWIM 管理与协调团队，SWIM 管理与协调团队领导技术研究组、需求与验证组和工业界组，完成各项具体项目的研究与实现工作，负责 SWIM 的规划、设计和实施，各成员单位也应成立相应机构推进本单位 SWIM 的建设。SWIM 组织机构如图 4.9 所示。

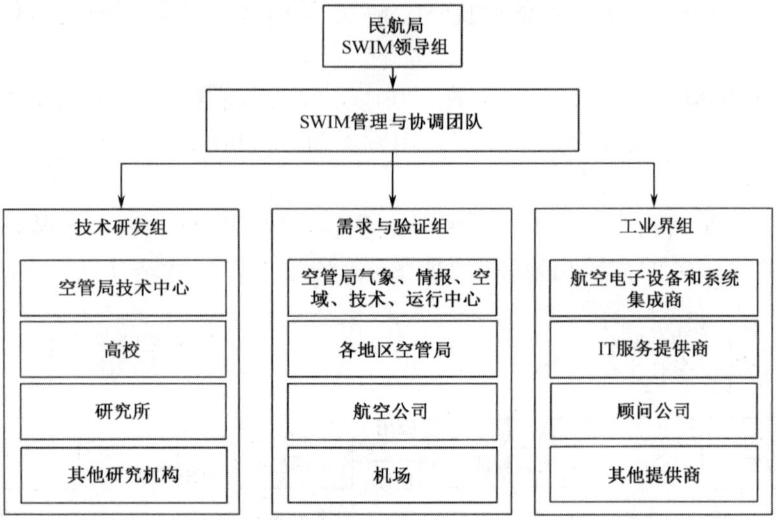

图 4.9 中国民航 SWIM 组织架构

针对各部门所负责的工作不同，对其职能定位和工作范围划定如表 4-2 所示。

表 4-2 各部门职能定位于工作范围

职能定位	工作范围	成员单位
SWIM 领导组	SWIM 建设的规划、组织、协调和推广应用； 评估 SWIM 管理与协调团队工作	
SWIM 管理与协调团队	领导建立技术研发组、需求与验证组和工业届组； 制定各组的研究工作计划于任务； 各组工作评估、管理和资源调配； 加强各组沟通与合作； 推动研究成果转化； 培训宣传； 组织国际合作与交流	
技术研发组	制定 SWIM 标准、规范和方案设计； 核心技术研究与攻关； 搭建测试系统； 研发及验证原型验证系统	空管局技术中心 各大学、研究机构
需求与验证组	负责 SWIM 需求分析； 开展 SWIM 验证与评估； 参与制定 SWIM 标准与规范	空管局各单位 航空公司 机场
工业界组	核心技术研究与攻关； 参与制定 SWIM 标准与规范； SWIM 系统设备的生成制造； 提供符合 SWIM 标准的技术服务； 协助搭建软硬件基础设施平台	行业界和 IT 厂商

4.3.2　关键任务

为实现上述发展战略，实现系统运行架构，需要完成的关键任务包括：标准与规范的制定、SWIM 原型验证与评估、搭建 SWIM 综合信息交换服务平台、宣传与培训、国际合作与交流。

（1）标准与规范的制定

在中国 SWIM 的发展建设过程中，应把数据一致性工作作为一项基础的工作展开，在空管系统、航空公司、机场以及其他航空用户之间协调统一数据的表述。逐步规范航班、气象、监视、场面、航行情报、流量容量和环境等信息的数据结构和信息交换模型，制定一套与国际标准相符合且满足中国民航实际运行需求的 FIXM、AIXM 和 WXXM 等标准与规范体系。从国家的高度制定 SWIM 运行的法律依据，确定其运行的合法地位。通过相关法规的建立，明确 SWIM 运行中数据的保密与安全要求与责任体系。通过相关法规的建立，明确民航、军方和通用航空等单位在 SWIM 运行中的权责。

（2）SWIM 原型验证与评估

在对 SWIM 的四个核心服务技术研发与攻关的基础上，搭建 SWIM 原型系统，对 SWIM 技术方案、体系架构及核心服务功能和可行性进行原型验证。同时搭建 SWIM 评估系统，对 SWIM 高效性、安全性、可靠性和可扩展性等性能进行评估。

目前，由于 SWIM 技术尚未在我国民航领域进行充分验证，需要搭建一套 SWIM 测试验证系统。一方面可以测试 SWIM 架构、标准、实现方法等方面的可靠性和实用性，另一方面在 SWIM 运行过程中新服务系统在上线运行前也可以在该平台开展测试评估工作。SWIM 原型验证与测试平台可以进行 SWIM 服务的安全性、可用性、可靠性、服务管理和状态监视等多方面功能的测试验证工作，能够模拟仿真所有 SWIM 核心模块和所有上线业务系统，能够为新 SWIM 服务节点上线和投入生产运行提供测试和评估服务。

（3）搭建 SWIM 综合信息交换服务平台

针对我国民航对高效数据交换的需求，逐步搭建 SWIM 综合信息交换服务平台。平台将集成民航运行数据，成为民航信息化、网络化的基础设备，实现信息管理架构中核心功能。并且通过该平台与 ADS-B、PBN 等民航新技术相互支持，及逐步扩展，更多与民航业务运行系统互联，使其成为新技术推广的网络化数据交换核心。

在全国范围建设 1 个 SWIM 服务管理中心和多个 SWIM 服务管理节点。其中 SWIM 服务管理中心承担 SWIM 服务管理、SWIM 安全管理、SWIM 状态监视等职能，具备对全国 SWIM 运行环境和关键服务节点状态进行监控的能力。SWIM 服务管理节点负责所辖范围内 SWIM 消息路由和分发、服务状态监控以及安全网关等职能，具备对区域内 SWIM 运行环境和消息分发路径进行监控的能力，将包括如下模块：消息分发与路由模块、统一身份与安全策略管理模块、服务生命周期管理模块、服务状态监视模块、安全网关模块，以及服务管理与监控中心。

（4）宣传与培训

为了逐步推进我国SWIM的部署实施并确保其有效地运营，就我国SWIM的概念、经济效益、技术方案、工程建设和运行维护的各项工作内容，向参与方开展全面的宣传培训工作，包括：向民航业务中高层领导宣传SWIM的理念、优势、管理方法以及关键技术，促进我国SWIM的总体规划建设，并为领导层决策提供相应的理论依据；面向运营、维护SWIM的人员开展宣传培训工作，内容包括SWIM的运行概念、标准和规范以及网络监控和程序维护相关知识，以保障SWIM系统的安全、可靠、高效运行；SWIM系统开发建设离不开外部软硬件IT厂商的支持，针对相关软件开发人员和厂商开展培训，引导SWIM的功能开发和升级；其他民航业务信息参与者（包括服务提供者和服务消费者）。

（5）国际合作与交流

中国民航运输系统是世界民航运输系统的重要组成部分，因此规划、设计、研发、实施与应用SWIM技术，需要开展相应的国际交流与合作工作。包括：与国外航空营运人和民航业务管理与运行部门协调，使其了解中国民航SWIM技术的实施进展以及对民航运行体系带来的影响；参与国际民航组织SWIM技术的研发与标准制定，开展国际组织间的技术与政策交流，提出相关技术的发展和建议措施；加强与其他国家和地区合作，促进全球航空运行信息交换机制的建立；加强与航空设备制造商的合作，提出对地面及机载设备的配备和系统升级的需求。

4.3.3 实施时间表

中国民航SWIM实施将分三个阶段，即近期（2013—2017），中期（2018—2022）及远期（2023—2028）。近期实现SWIM核心技术研究，中期实现SWIM原型验证系统搭建与技术验证，远期实现SWIM系统应用的全面集成与整合。

4.3.3.1 近期（2013—2017）

通过研究和借鉴国际民航组织提出的《全球空中交通管理运行概念》以及欧美相继提出的下一代空管系统运行概念，结合中国民航运行现状，分析并提出适合于中国民航的SWIM运行概念及需求，并制定具体实施方案。从航班数据、监视数据、情报数据和气象数据等领域对数据的基础构造以及数据交换的核心技术进行研究，对各航空承运人、机场及空管单位等相关运行系统之间的数据交互需求以及数据结构进行分析，设计灵活的、安全的、可靠的和系统间可互操作的一致性数据构造和交换标准，在研究的基础上，搭建SWIM原型验证系统。同时，加强SWIM在民航业内的宣传与推广工作，并加强与欧美SWIM相关研究与实施单位的合作，参与全球SWIM标准研究与制定工作。主要工作包括：

① 逐步完成 SWIM 需求与总体架构设计研究；

② 完成航班、监视、航空气象、航行情报等数据域的数据构造技术与标准化研究；

③ 完成 SWIM 各数据域的数据交换与交换技术研究；

④ 完成 SWIM 系统数据构造与交换的技术实验验证平台；

⑤ 搭建 SWIM 原型验证系统，实现部分空管数据交换；

⑥ 宣传与推广 SWIM 理念；

⑦ 开展 SWIM 国际合作，参与标准的研究与制定。

4.3.3.2　中期（2018—2022）

根据我国 SWIM 发展与建设需求，在原型验证系统基础上，将航班、监视、情报与气象等领域的数据交换进行验证，同时搭建 SWIM 评估系统，对 SWIM 高效性、安全性、可靠性和可扩展性等性能指标进行评估，为进一步在全国范围内部署实施 SWIM 综合信息服务平台奠定基础。扩展 SWIM 服务范围，提高 SWIM 的信息服务质量，丰富信息服务种类。同时，不断加强系统各方面的性能，提升安全和质量等级，完善民航业界数据交换的标准，建立高效数据交换的体系架构，并在地地数据交换的基础上开展地空数据交换研究。主要工作包括：

① 逐步丰富信息服务种类，扩大数据交换的服务范围，扩展 SWIM 系统服务对象至部分地区空管局、航空公司、机场和行业用户；

② 完善 SWIM 系统安全性、可靠性、提升系统服务管理能力；

③ 逐步完成 SWIM 系统部分航空公司、机场运行数据的集成；

④ 搭建 SWIM 系统地空数据构造与交换的技术实验验证平台；

⑤ 建立完整的 SWIM 系统数据交换标准、运行体系架构和相关政策法规。

4.3.3.3　远期（2022—2028）

从 2023 年开始逐步推进 SWIM 系统的部署与应用，到 2024 年底完成基础设施的搭建，到 2026 年建立以 SWIM 为主要手段的民航业务信息交换机制，从 2028 年开始进行地空数据交换的应用，完成相关地面与机载设备改造，并将相关内容加入适航规章，从而实现全国民航的全方位数据交换。主要工作包括：

① 完成面向生产运行的 SWIM 综合信息服务平台建设；

② 在全国范围内完成 SWIM 综合信息服务平台覆盖，扩展至空管局各部门、航空公司、机场等民航其他部门，并向行业外用户提供的信息；

③ 进一步优化 SWIM 综合信息服务平台的性能指标，使其满足我国民航未来运行发展需要；

④ 完成相关地面与机载设备的升级改造，实现 SWIM 地空数据的交换。

目前，经过相关部门的努力，SWIM 工作初见成效，初步完成了 SWIM 需求与总体架构设计研究，完成了航班、航行情报和气象等数据交换模型的研究，完成了 SWIM

各数据域的数据交换与交换技术研究，并积极宣传与推广 SWIM 理念，以及同国外先进国家和组织交流合作。随着 SWIM 工作不断的推进和相关技术的成熟，SWIM 的部署实施指日可待。

本章小结

本章主要介绍了我国民航信息化和民航广域信息管理的现状与项目研究建设情况，各民航信息域信息交换和管理现状、面向服务的民航数据高效共享机制和飞行数据的综合与发布。

经过民航“九五”“十五”“十一五”“十二五”的建设，我国民航空管信息化经过逐步建设和发展，空管业务信息系统应用集成得到不断提高：在信息的质量和数量上，业务系统间能够进行大批量、连续性的数据传输；在灵活性上，数据格式具有较好的可扩展性，业务信息系统间的数据传输实现自动化；在耦合性上，减少各系统之间的依赖和相互影响；在信息传输层面，具有更高的安全性和可靠性。尤其是通信、导航、监视、气象与情报等民航业务系统取得了长足的发展，并且空管新技术得到进一步推广。由于民航系统仍然存在结构各异、数据格式和标准不统一等问题，限制了民航各业务系统间的信息共享，故民航“十三五”将开展民航广域信息管理方面的工作，研究并建立民航广域信息管理的相关标准和规范，制定实施路线。依托流量管理等项目开展民航广域信息管理应用示范，实现对现有信息发布系统在不进行改动的前提下实现信息访问与共享，从而验证广域信息管理的概念与效果。

民航广域信息管理涉及的信息域包括气象、情报、航班、监视、流量和空域等域，它们都有对应的部门组织进行管理与实施，并在不断的建设努力下，形成了比较完整系统的体系，为民航广域信息管理的研究与建设奠定了基础。在各方的推动下，我国在 2011 年正式将 SWIM 纳入到日程中，积极开展相关的研究与项目建设，如面向服务的民航数据高效共享机制的研究，取得了预期的成果，对共享模式和共享管理机制等进行了深入的研究，实现了空管信息系统的集成。由于飞行相关的数据异源、内容结构不统一等，也限制了信息的高效交换，故亟需对飞行数据进行研究，并对其进行标准化和一致化。在飞行数据的综合与发布中，主要对飞行数据的内容和格式进行研究，并对不同来源的数据进行统一和标准化，最终实现了飞行数据综合和服务的发布。

最后，介绍了我国民航广域信息管理建设的组织架构，建议由民航局牵头，各部门、高校、研究所和工业界协同合作，推动我国 SWIM 系统的研究、开发、建设与部署。

思考题

4-1　中国民航“十五”期间提出了哪八大工程项目？简要介绍八大工程的实施情况。

4-2　简述中国民航“十一五”期间在通信、导航、监视、雷达信息系统和航空情报自动化处理等方面的实施情况。

4-3　简述中国民航“十二五”期间在通信、导航、监视及气象和情报等方面的实施情况。

4-4　简述民用航空空中交通管理信息系统技术规范的前 4 个部分，并介绍其各自的作用范围。

4-5　目前我国民航信息化仍然存在的问题有哪些？

4-6　各民航信息域信息交换和管理现状的描述包括哪几个部分？

4-7　面向服务的空管数据高效共享机制的优点有哪些？

4-8　简述叙述民航数据高效共享机制下，空管信息系统的数据共享实现流程。

4-9　简要描述 SWIM 系统的网络结构。

4-10　简述飞行数据综合与发布服务互操作流程。

4-11　简述 SWIM 传输模式的转变。

4-12　简述我国 SWIM 实施规划。

第 5 章

民航广域信息管理功能架构

根据前面章节对欧美国家 SWIM 系统建设情况的介绍，以及对我国民航广域信息管理研究现状的介绍，搭建 SWIM 系统的首要条件是先确定系统功能架构。由世界各组织和国家的 SWIM 系统实施情况可以看出，实施方案均采用面向服务的架构（SOA）思想。与以往应用技术相比，SOA 应用具有松耦合、模块化、服务化、数据标准化、易集成、用户体验良好、业务定制灵活等优点，能够较好地实现 SWIM 环境下民航信息共享的愿景。

5.1　民航广域信息管理整体功能架构

由前几章对 SWIM 的介绍可知，SWIM 系统可以为所有利益相关者提供实时准确的数据，从而促进信息共享，并能够提高系统可预测性和可操作性。同时能够减少接口和系统的开发数量，从而节约系统运行成本。在介绍 SWIM 整体功能架构之前，首先要明确的是 SWIM 不仅涉及地地 SWIM，还有空地 SWIM，其构成了完整、一体化的民航信息管理系统。

5.1.1　民航地地和空地广域信息管理

SWIM 将提供一个开放、灵活和安全的信息管理系统，采用 SOA 的架构思想共享民航相关信息，促进共同的态势感知，从而提高系统运行效率。SWIM 系统包含两部分：地地 SWIM 系统和空地（Air/Ground，A/G）SWIM 系统，其中地地 SWIM 系统将不同的地面利益相关者互连，如 ANSP、ATC、航班运营者、机场运营者和航空公司等，所有共享的信息都与航空器和航班有关，以优化空域使用和满足航空公司业务需求；空地 SWIM 系统允许航空器在飞行过程中与地面 SWIM 系统实时交换信息，需要注意的是，空地 SWIM 系统主要传输包括气象和情报等非安全关键数据，而不用于飞行中安全关键数据的共享。安全关键数据的传输是通过空地数据链进行的，如持续交换航迹信息等。通过空地 SWIM 系统，可增强机上飞行员实施情景意识和决策。

目前，SWIM 系统的建设重点依然是地地 SWIM 系统，但将航空器与地面 SWIM 基础设施连接具有重要意义，故欧美已开始对空地 SWIM 系统进行研究和实验，如美国 NextGen 系统对航空器接入 SWIM（Aircraft Access to SWIM，AAtS）进行了相关实验，详细介绍见后一章节。同时欧美也开始对机载基础设施的数据和信息管理进行研究，航空无线电通信公司（ARINC）660B 将机载基础设施的数据和信息进行管理的实体称为机载信息管理服务（Information Management Service，IMS）。并且一些相关标准正在制定中，这将为航空电子系统中数据和信息的标准化管理提供依据，如 RTCA 特别委员会 206 正在为机载应用制定标准，该标准适用于数据链传输和使用航空情报服务（AIS）及气象信息服务，RTCA 特别委员会 214 正在定义应用，该应用能够通过数据链将空中交通服务数据上传到航空器，如 D-TAXI、D-OTIS、D-RVR、4DTRAD 和 D-HZWX 等。

IMS 服务具有诸多优势，尤其对航空器制造商和操作人员，其将促进航空电子结构的改进和优化。IMS 服务将通过统一的接口与存储中心交互数据和信息，减小航空电子系统数据处理的需求，并增强数据一致性和安全性。此外，还可以通过电子飞行包传输数字化数据，将航空器上纸质文档以数字媒介代替，从而减轻航空器负载。比较好的应用实例包括图表应用、机场地图显示和电子飞行包（Electronic Flight Bags，EFB）等。对于新制造的航空器可以根据现行和未来趋势装载优化的航空电子系统；对于遗留的航空器，可以通过适配器进行连接。

目前，航空电子系统需要周期更新相关数据和信息，如机场地图数据和导航数据等，这些数据可能具有不同的更新周期。传统情况下，每个系统由一个或多个计算机或控制器支持，并且由于大量的地理信息和导航数据都需要足够的数据存储系统，故在数据更新时可能需要附带升级相关硬件，这将大大增加航电系统的升级成本。所以在 IMS 的基础上提出综合模块化航空电子系统（Integrated Module Avionics，IMA）的概念，其将打破航空电子系统需由独立硬件支持的传统，采用基于时间和空间隔离应用的思想，使不同的应用共享硬件系统。同时 IMS 服务将通过传输实时更新的数据以减少航空器对硬件的需求，并可以简化相关数据的更新同步。

综上所述，为了能够将地面和空中所有利益相关者通过广域信息管理系统互联互通和信息共享，地地 SWIM 和空地 SWIM 都是必不可少的。其中地地 SWIM 是整个 SWIM 的关键基础，所以接下来将以地面 SWIM 为重点对 SWIM 功能架构进行介绍。

5.1.2 民航广域信息管理整体功能架构

面向服务的架构（SOA）是一种设计软件的逻辑方法，可以发布标准化的服务接口，为终端应用或网络上的其他用户提供服务。SOA 将企业中相互独立的软件应用和系统进行重构，使系统架构具有松耦合和可扩展等优点。

面向服务是一种全新的企业级信息系统的设计思想和原则，屏蔽了底层信息技术的多样性与复杂性，各系统可以通过标准的、独立的接口（如 Web 服务）进行交互。服务提供者采用标准接口将某些功能组件封装为可互操作的服务，并将其注册在网络上或注册库中，其他用户可以通过网络发现这些服务，并进行调用。图 5.1 给出了 SWIM 功能架构的整体框架，采用面向服务的架构思想，主要包括民航业务信息系统、业务数据服务、SWIM 核心服务和 SWIM 技术基础设施，以及企业治理和管理服务。

（1）民航业务信息系统

民航业务信息系统包含民航数据服务的提供者和消费者，包括了空管部门、机场、航空公司和非民航用户等利益相关者。民航业务信息系统可以通过业务数据服务高效、灵活地应用 SWIM 核心服务层的数据与服务。

（2）业务数据服务

根据 SWIM 核心服务进行服务组合和协调，以实现民航业务数据和流程的管理。为广域信息管理系统提供标准化的民航数据，包括航班、气象、航线、流量、导航和空域等信息。

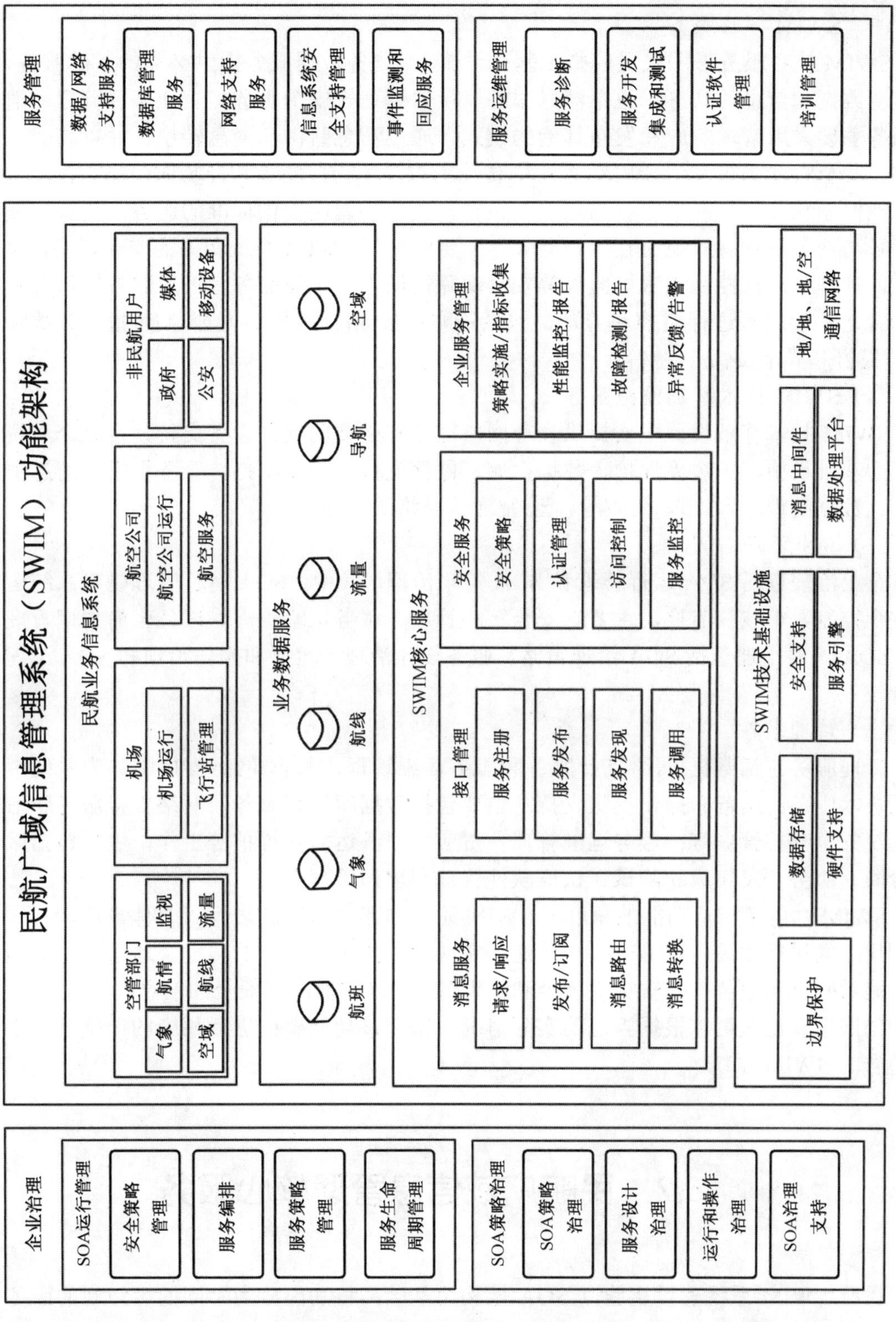

图5.1 SWIM功能架构

（3）SWIM 核心服务

SWIM 核心服务采用底层的技术基础设施，为业务数据服务提供必须的基础服务，以实现数据和信息的共享，包括消息服务、接口管理、安全服务、企业服务管理。消息服务主要采用请求响应和发布订阅的模式，通过消息路由和消息转换，并以高效、可靠、安全的方式在整个 SWIM 系统中传输消息，还支持同步和异步的信息交换。接口管理根据相关的标准为服务的注册、发布、发现和调用提供标准的服务，使服务提供者和消费者进行有效地交互。安全服务主要实施与 SWIM 系统相关的安全策略，包括认证管理、访问控制和服务监控等安全保障性操作。企业服务管理对服务提供者和消费者之间的服务进行监控和管理，包括策略实施/指标收集、性能监控/报告、故障监控/报告和异常反馈/告警等。

（4）SWIM 技术基础设施服务

SWIM 技术基础设施主要提供物理网络连接和必要的硬件设备支持，是整个系统运行的基础设施，由边界保护、数据存储、硬件支持、安全支持、服务引擎、消息中间件、数据处理平台，以及地/地、地/空通信网络等组成。

（5）企业治理

企业治理包括 SOA 运行管理和 SOA 策略治理，其中，SOA 运行管理是对系统运行进行控制、审核和监控，主要有安全策略管理、服务策略管理、服务生命周期管理等；SOA 策略治理包括 SOA 治理策略、服务设计治理、运行和操作治理和 SOA 治理支持。

（6）管理服务

管理服务包括数据/网络支持服务和服务运维管理，数据/网络支持服务为系统中相关技术服务的运营和操作提供支持，主要包括数据库管理服务、网络支持服务和信息系统安全支持管理等；服务运维管理负责应用服务运营和维护等工作，主要包括服务诊断、服务开发集成和测试、认证软件管理和培训管理等。

SWIM 功能架构从功能的角度对 SWIM 系统的建设与实施进行了整体设计，并且，不同层之间进行相关信息的交换和传递，实现业务数据与服务的传输。通过一定的治理策略对数据和服务的传输提供安全和协调管理，以实现高效安全的信息共享。当然，不同的国家和地区可以根据当地的实际情况，结合该功能架构进行相应的调整，以创建适合的 SWIM 系统。

5.2 民航广域信息管理核心服务

民航 SWIM 系统建设实施以 SOA 架构为基础，将功能分为不同的可访问的服务单元，以支持各功能的组合和服务单元的编排与重用。与以往大量点对点接口提供服务相比，SWIM 环境中的应用服务通过标准接口进行交互。SWIM 核心功能主要包括以下四个方面：消息服务、接口管理、安全服务、企业服务管理。

5.2.1　消息服务

消息服务为民航广域信息管理系统中服务间高效、安全可靠地传送数据提供了保障，如图 5.2 所示，主要包括发布/订阅、请求/响应、消息路由和消息转换等核心功能。

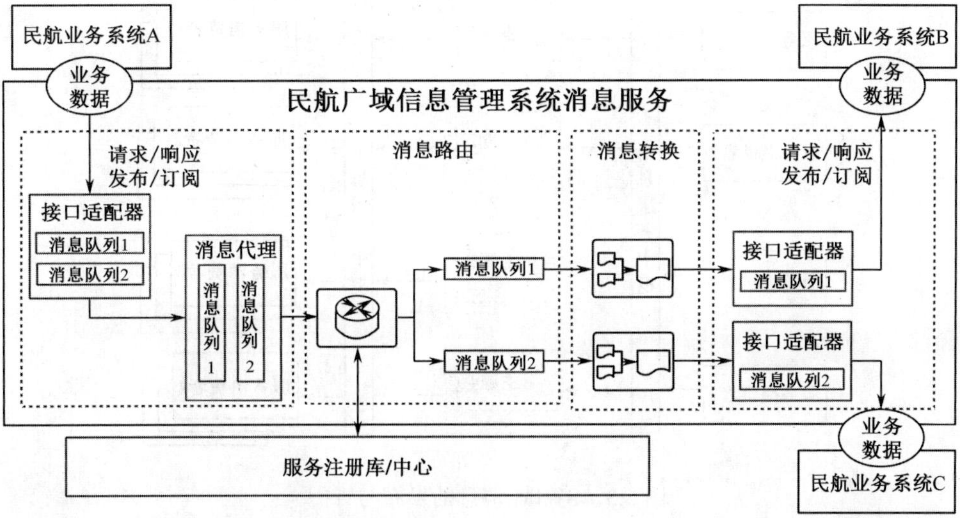

图 5.2　民航 SWIM 消息服务

5.2.1.1　发布/订阅

与传统的点对点消息传输模式（消息传输系统将队列上的每个消息都交付给对应的单个接收者）不同，发布/订阅消息传输允许发布者将消息向多个订阅者广播。发布者发送一个消息到消息通道，在发送之前并不需要等待已订阅消费者的答复。发布者和订阅者通过主题进行关联，每个订阅者都能收到发布到该主题的所有信息副本。这种模式可以应用于民航异步消息传输。

发布/订阅是一种可靠地传送消息的方式，其可伸缩性比较大。生成消息的提供者发布该消息，需要该消息的其他应用则订阅对应主题。提供者将消息放置在主题队列中，订阅用户根据需要去调用对应的消息。系统中的每个应用都可以是消息发布者和消息订阅者。

发布/订阅消息传送的流程如下，假设服务提供者发布一个具体的主题消息，如向各航空公司发送相应的航班信息或气象信息。服务消费者可以订阅该主题，并接收发布的消息，如图 5.3 所示。

（1）服务提供者将消息发布到特定主题。

（2）SWIM 消息服务器记录所有消息和当前处于活跃状态的订阅者等信息，通过授权和认证，SWIM 消息服务器为消息的传输系统提供一个安全环境。

（3）一旦将消息发布到某一具体的主题，这些消息就会被分发给它们的订阅者。对于在消息发送时暂时没有连接的订阅者，只要在规定的时间内，他们依然能够收到这些消息。

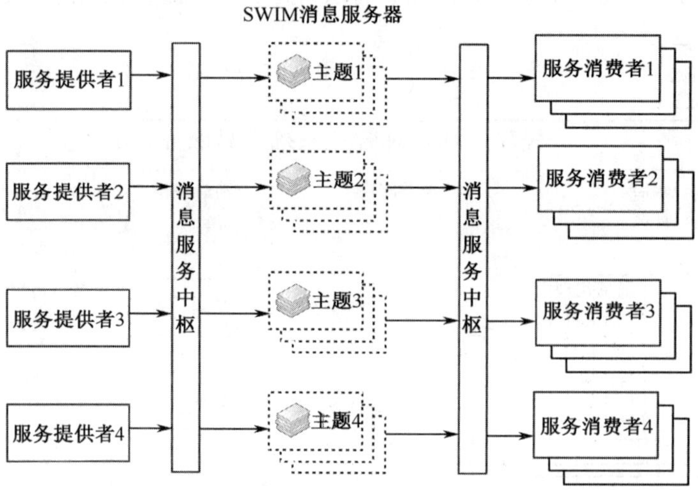

图 5.3　SWIM 消息的发布与订阅

SWIM 消息服务器负责向订阅了主题的服务消费者发送消息，每个消息都有一个有效期，有效期规定了消息在主题中的最大存活时间。SWIM 消息服务器首先将消息发送给相关的处于活动状态的服务消费者，进而检查是否有一些虽然订阅了该主题，但当前不处于活动状态的订阅者。假如存在，只要在有效期时间内，订阅者连接到该消息服务器上，仍然能够接收到这些消息。

5.2.1.2　请求/响应

请求/响应实现了系统间服务的调用，民航数据共享过程中，一个请求消息从请求结点传输至响应结点，响应结点成功处理后，返回响应消息。

请求/响应消息传输操作有两种：同步请求/响应消息传输和异步请求/响应消息传输。在同步情况下，请求者发送请求消息，对应的服务端响应请求并返回。如果请求失败，或者是服务提供商发送出的响应失败，甚至是提供商没有响应，在这几种情况下，请求都会暂停。在异步情况下，请求者认为响应在稍后的某个时刻将会到达，并继续其他操作。图 5.4 为一个简单的请求/响应异步消息传输场景。在该场景中，消息传输通道不是双向的。为完成请求/响应操作，传输操作必须使用两个通道：一个用于请求，另一个用于响应。请求消息需要包含对接收端的引用以及一个关联标识符，该标识符将请求端与响应端关联起来。为获得响应消息，请求者需要轮询响应通道。

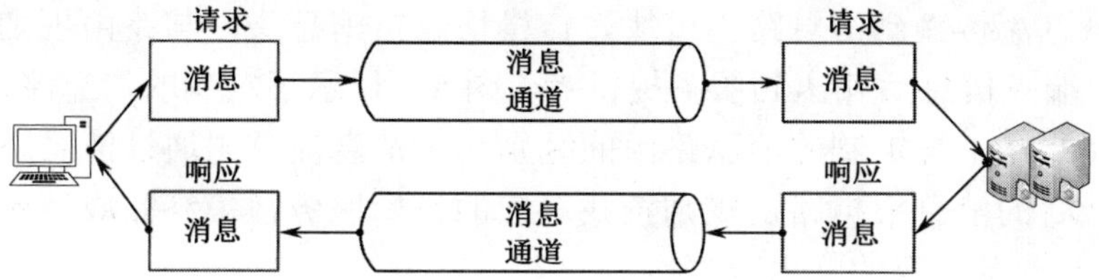

图 5.4 异步的请求/响应消息传输

5.2.1.4 消息路由

路由是将数据包从源计算机移动到目标计算机的过程，通常由一个称为路由器的私有设备执行。路由是网络的一个重要功能，因为它能够将消息从一台计算机传递到另一台计算机，并最终到达目标计算机。中间的每台计算机都通过将消息传递到下一台计算机来执行路由。这个过程的一部分涉及分析路由表，以便确定最佳路径。

路由的类型可以分为两类：静态路由和动态路由。静态路由是在路由设备启动时通过已加载的配置文件手动向设备的路由表中输入路由的过程，也可以由手动配置路由的网络管理员来输入这些路由。静态路由是路由的最简单形式，是一个手动过程。静态路由意味着在设计时要指定远程资源的位置，对特定资源的请求始终会被路由到同一个区域。通常，当使用静态路由时，会在安装的资源定义中指定资源的位置。

动态路由是指在路由设备（路由器）上运行的软件应用程序支持动态路由协议，该协议可动态了解网络目标以及如何到达这些目标，而且还可以将这些目标播发到其他路由器。这种播发功能允许路由器了解存在的所有目标网络，以及如何到达这些网络。使用动态路由的路由器可以了解与该设备直接连接的所有网络设备，通过整理其路由列表，为路由器知道或已经了解的每个网络目标选择最佳路由。这样动态路由协议就能够动态地适应逻辑网络拓扑更改、设备故障或者网络中断。

消息路由是企业服务总线（ESB）的重要功能之一。消息路由负责实现消息在不同服务之间的传递，保障服务集成质量与协同运行能力。企业服务总线中消息的传输位置应该具有透明性。当服务请求消息发送至平台时，平台能够将该服务消息通过路由传递给目标端点，从而调用服务的目标方法。服务提供者的具体访问地址被平台屏蔽，通过服务代理的端点即可实现对目标服务的访问，其中目标服务的定位由服务总线来完成，这种松耦合路由方式称之为消息路由。常用的消息路由有基于内容的路由和定制的消息路由。

基于内容的路由是路由中的一种服务方式，主要特征是能够基于消息体中的信息查找传输路径。消息代理通过分析服务消息中的具体内容，根据具体消息内容确定路由目标，然后传递给目标服务。基于内容的服务路由主要可以通过组播和过滤两种方式实现。组播方式是基于事件组触发的方法，将所有的服务按照事件的属性和值等重要参数分成组，消息在组内广播。过滤方式是通过在路由节点中匹配和响应订阅信息，然后将过滤后的服务消息输出给后继节点。

定制的消息路由通过设定的路由规则决定消息的目的地。服务请求者发送消息到消息流中，消息流传输到消息路由模块，该模块解析消息头，与路由规则中的内容进行匹配，找到端点信息后输出到服务提供者，图 5.5 显示了定制的消息路由传输过程。

基于内容的路由与定制的消息路由的区别在于消息流首先通过消息解析器进行解析，通过解析后的消息根据路由规则查找对应的目标服务，最终完成请求的传输。图 5.6 显示了基于消息内容的路由模型。

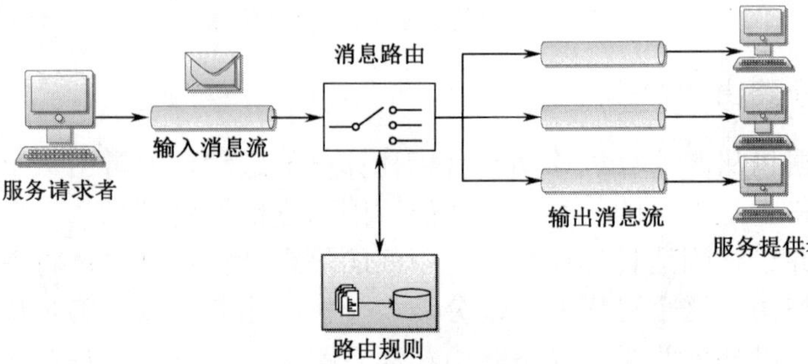

图 5.5　定制消息路由模型

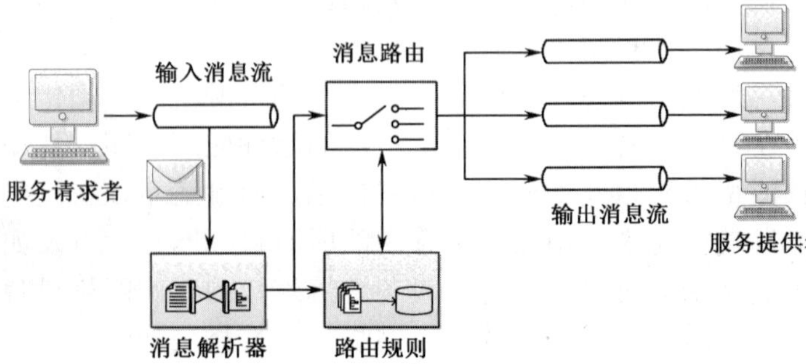

图 5.6　基于内容的路由模型

5.2.1.5　消息转换

消息转换包括协议转换和数据转换，协议转换用于服务消费者和提供者绑定的协议不一致，或者异构应用进行交互时。系统平台允许服务消费者使用各种交互协议（如 SOAP/HTTP、Java RMI、JMS、SMTP 等）来发送消息，将消费者使用的协议转换为目标服务提供者所使用的协议。协议转换可以应用到交互的请求端和提供端，或者同时应用到两端或两者之间的任何位置。

数据转换关键在于消除元数据与目标数据的差异，数据异构的概念从内容上可分为三类：系统异构、数据库异构和逻辑异构。系统异构主要体现在计算机体系结构异构、操作系统异构。例如，数据库分别运行在大型机、小型机、PC 或嵌入式系统中造成了计算机体系结构异构。各个数据库系统的基础操作系统不同，可以是 Linux、Windows、UNIX，这就造成了操作系统异构。数据库异构是指 DBMS 本身存在的异构，当数据库类型不同时存在差异，如关系、层次、网络、面向对象等不同模式的数据库。我们经常使用的关系数据库 MySQL、MS SQL Server.、ORACLE 等，它们的数据类型、数据长度等都可能不完全相同。逻辑异构是指源数据库与目标数据库在数据库设计时由于于语法差异或表达习惯不同所造成的异构。

在很多情况下，应用之间通信使用的数据具有专门的数据格式，为了真正实现 SOA 应用间的松耦合，需要转换为一种通用的或者在整个组织内相对规范的数据格式和中间格式。在 SWIM 系统中通过规定标准的数据模型或数据格式，将数据转换为格式和内容统一的形式进行传输。

5.2.2 接口管理

接口管理能够对广域信息管理系统中业务数据和服务元数据的注册、发布、发现和调用等进行统一管理，如图 5.7 所示，主要包括服务注册、服务发现和服务管理，此外还有服务发布和服务调用，其有助于实现服务之间高效率的互操作和服务复用。

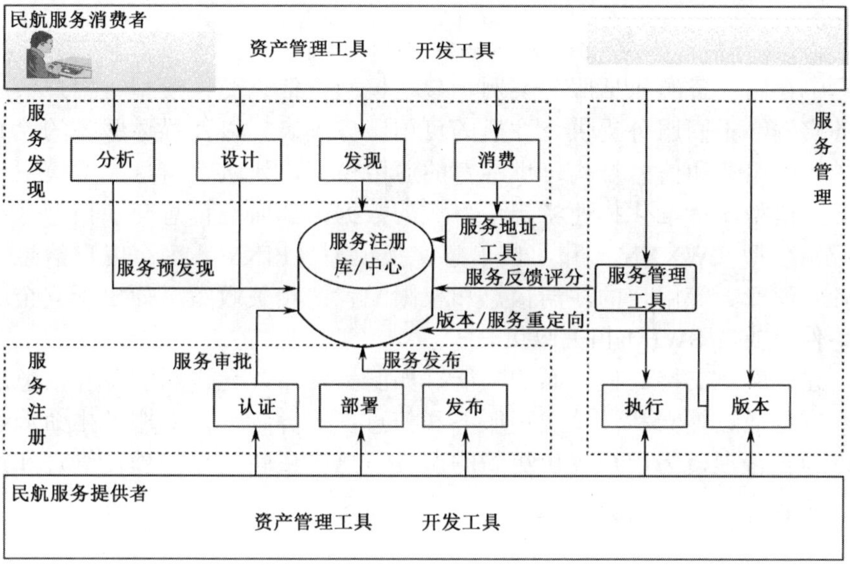

图 5.7 接口管理

5.2.2.1 服务注册

注册服务是 SWIM 基础设施的一个关键组成部分，可以根据不同的目的持久地保存数据，如用户或组织身份信息、服务元数据，以及用于身份验证和加密的密钥和证书等。SWIM 基础设施必须确保高可用的注册服务。

从技术方面，注册库可以实现对多种类型数据的存储，促进民航系统中数据的集中和共享。有两种不同的技术可以实现该功能，一种是轻量目录访问协议（Lightweight Directory Access Protocol，LDAP），其被广泛应用于存储组织、用户和对应角色的数据；另一种是通用描述、发现与集成服务（Universal Description，Discovery and

Integration，UDDI），其是一种目录服务，可以对 Web 服务进行注册和搜索。

SWIM 注册库不仅存储服务的相关信息，还能够实现对服务的管理。图 5.8 描述了服务提供者和消费者使用 SWIM 注册库的场景，服务提供者将服务以 WSDL 的形式发布到注册库中，注册库通过对该服务的审核与验证后，服务消费者可以在注册库中搜索和发现服务，然后与服务提供者建立连接，通过 SWIM 传输核心实现服务的请求和响应。

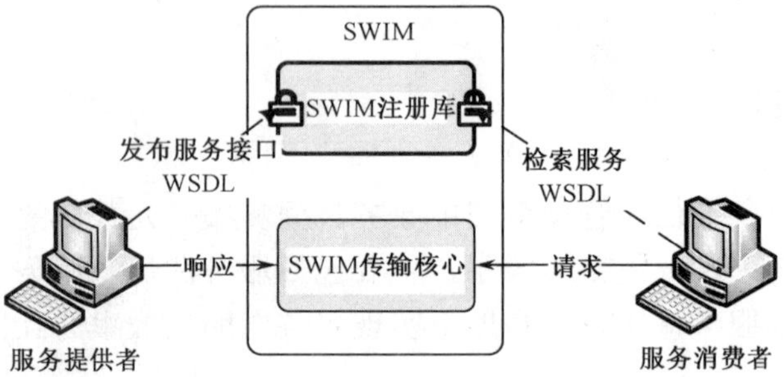

图 5.8　SWIM 注册库的概念

注册库中存储的资源包括服务实例、参考模型、信息交换模型、用户信息和相关政策。服务实例，不同服务提供者注册的可用服务列表，以及描述服务的元数据；参考模型，描述了服务和信息结构可供参考的通用模型，如航空信息参考模型（AIRM）等；信息交换模型，标准化描述特定信息域的数据，如航空信息交换模型（AIXM）、气象交换逻辑模型（WXXM）和航班信息交换模型（FIXM）等；用户信息，如信息服务提供者和消费者等用户的注册信息和权限配置；相关政策，如出于安全或其他考虑的约束条件，或者 SWIM 相关政策。

另外，注册库还支持其他方面的功能，如服务发布，允许新服务和信息的注册；服务发现，支持通过搜索和浏览发现服务和信息；服务管理，对服务生命周期的演化进行管理；通告管理，为用户提供更新的服务信息；依赖关系管理，管理和维护服务间的依赖关系。

5.2.2.2　服务发布

当服务提供者需要进行服务信息发布时，可根据自身所处的网络环境，服务所属的公司、组织等，任意选择一个服务注册库进行发布。以 Web 服务发布过程为例，服务发布具体过程为：提供者在注册库中提交服务的 WSDL 描述文档并填写相应的服务描述信息；注册库的服务部署器将此服务的详细信息发布到本地注册库；通过服务关键字抽取器抽取出服务 WSDL 文档中潜在的关键字；然后对关键字进行解析，最后通过路由地址表依次在各服务注册库中进行路由查找，将该服务的索引扩散到网络中相应的注册库中，至此完成 Web 服务的发布。图 5.9 为 Web 服务发布过程的时序图。

由上述内容可以看出，服务的发布必须要遵守严格的流程，包括提交服务信息、注册表服务器部署、服务关键字的提取和服务路由等。当服务发布通过后，服务在注册库中注册成功，服务消费者可以发现和查找相关服务。

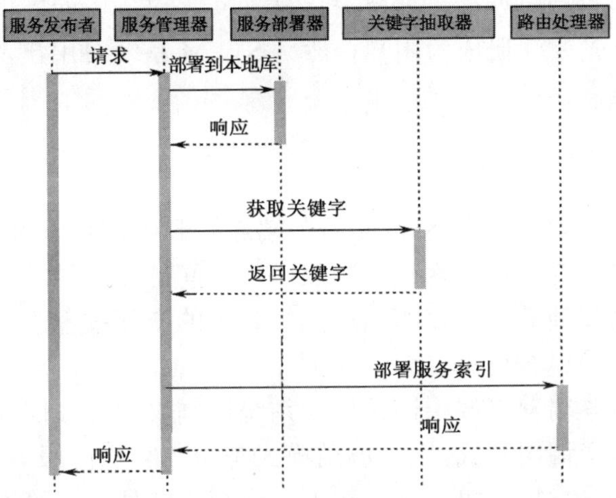

图 5.9　Web 服务发布时序图

5.2.2.3　服务发现

服务发现是消费者根据自己需求，在注册库中发现相关服务的过程。服务发现大概过程为：服务请求者提交查询请求；注册库根据服务管理器中的关键字，通过服务部署器在本地注册库中进行查找，如果找到满足要求的信息，将其返回给请求者；由注册库提取出请求服务关键字，对关键字进行解析；然后根据路由地址表，在各注册库中进行查找，找到存储服务索引的注册库，进而得到存储所请求的服务信息的注册库地址，最终将服务描述信息返回给用户。图 5.10 为 Web 服务发现过程的时序图。

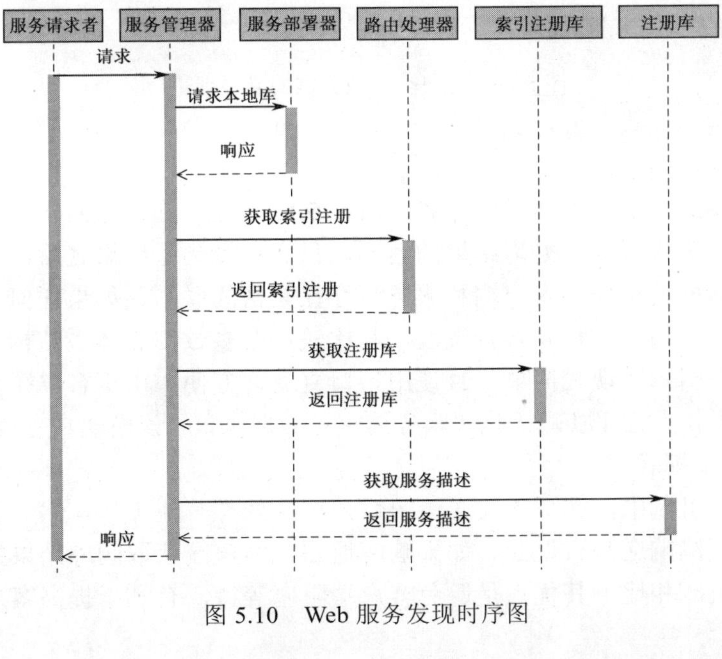

图 5.10　Web 服务发现时序图

综上所述，服务发现的过程主要包括：提交请求信息、服务器查询关键字、与个注册中心节点通信，查找最匹配的服务等。从而实现对服务的发现，但前提是消费者必须是合法用户，首先要注册成为用户，然后 SWIM 系统对用户及其所在的接口进行安全测试、授权和准入。

5.2.2.4 服务调用

服务调用是 SWIM 客户端与 SWIM 服务端之间服务相互调用的过程。在实际使用中，虽然业务和环境千变万化，客户端与服务端之间的交互异常复杂。但通过对这些复杂交互过程的研究和抽象，可以概括出几种基本的交互过程。而其他复杂的过程都可以由这些基本的过程组合出来。

根据客户端向服务端发出调用请求后，系统控制权的转移情况，可将调用模式分为同步调用模式和异步调用模式。同步调用模式是指当客户向服务器发出调用请求后，服务器端获取了该系统的控制权，客户端无法进行后续处理，等到服务器处理完请求并返回结果后，客户端才重新获得系统控制权，而结合返回的结构继续执行。而异步调用模式是指当客户端向服务器发出服务请求后，系统立即将控制权返回给客户端，从而客户端可以继续处理其他任务；同时，服务器收到请求后与客户并行计算，在后续某个时刻客户端获取服务器运行的结果，如图 5.11 所示。

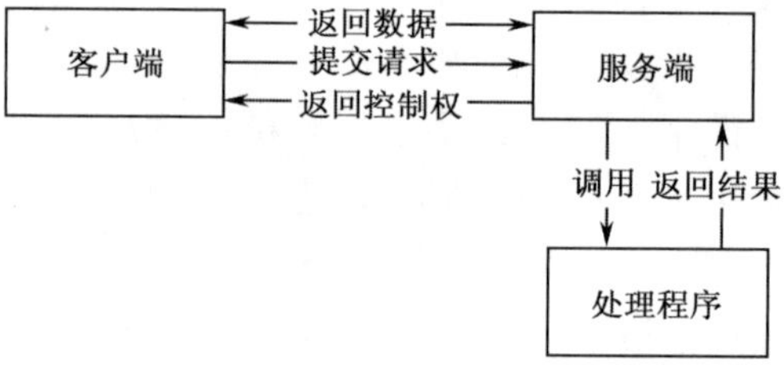

图 5.11　客户端与服务端的异步调用

（1）同步调用模式

① 请求响应模式

请求响应模式是最基本的通信方式，如图 5.12 所示。在该模式中，客户端发出请求后停止运行，等待服务端处理结果的返回。只有在得到了结果之后，客户端才能结合该结果继续后面的工作。客户端和服务端存在紧密的联系，如果任何一方处于不活动或不服务状态，通信过程就宣告失败。其比较符合多数 C/S 体系结构，客户与服务器之间的交互逻辑，实现较简单，且使用接口直观、方便。由于客户端需要等待服务器返回响应消息，从而可以确认此次服务请求是否成功，故该模式具有较好的可靠性。

② 延迟同步模式

在延迟同步机制中，客户端发送请求后，继续处理其他工作。然后客户端在多个不同的时间点检测响应是否返回。如果响应返回，客户端获取响应结果并执行相应的处理。与同步机制相比，其优点是避免客户端阻塞等待，有利于提高客户端的资源利用率。缺点是由于业务逻辑被分割为在不同时间点上的离散步骤，当存在多个调用交叉重叠时，程序实现变得比较复杂；在不可预料的情况下，随着查询次数的增加，客户端的效率会降低。延迟同步调用模式如图 5.13 所示。

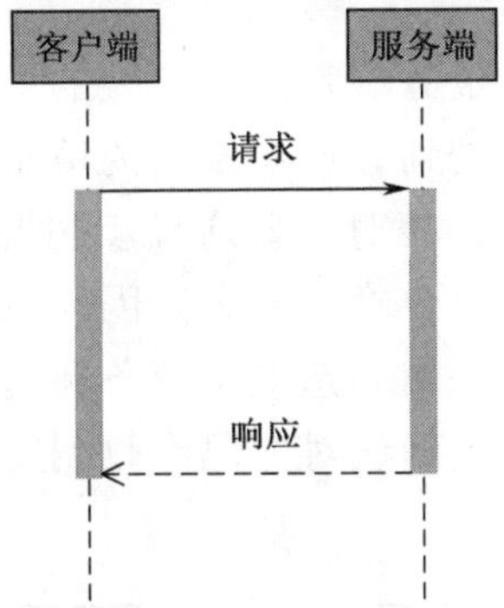

图 5.12　同步调用模式

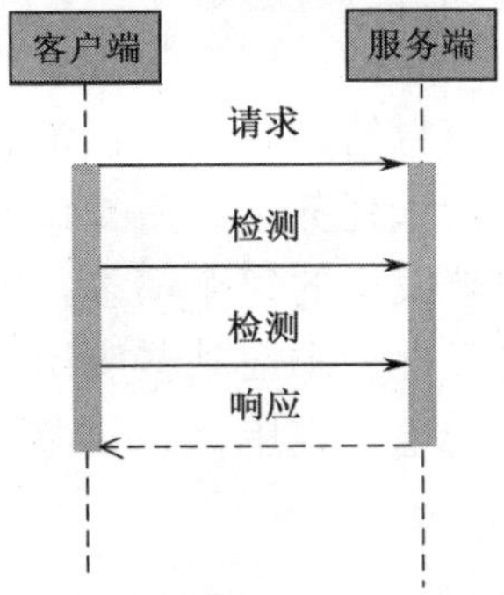

图 5.13　延迟同步调用模式

（2）异步调用模式

常用的异步调用模式主要包含单向调用、回调、轮询、带确认的回调、带确认的轮询、发布订阅和带确认的发布订阅模式，可以根据不同的应用场景而选择适合的调用模式。

① 单向调用模式

单向调用模式是一种简单的异步通信模式。这种方式类似于 UDP 报文方式，客户端向服务端发出调用请求后继续执行，而不管服务器是否成功收到或处理该请求，且不用给客户端返回处理结果，如图 5.14 所示。这种调用模式的最大特点是实现简单，但其可靠性较差。因此常用在对单个请求的可靠性要求不高，但对多个请求的实时性和连续性要求较高的场景中，如消息广播等应用。

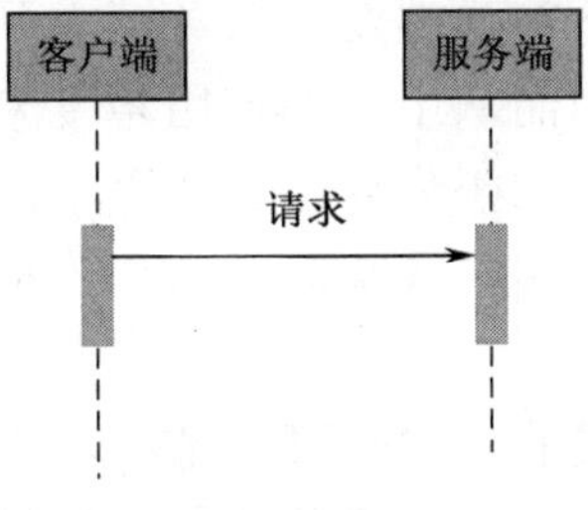

图 5.14　单向调用模式

② 回调模式

回调模式是一种较常用的异步通信模式。与单向调用模式不同，回调模式中的服务端需要向客户端返回执行结果。客户端向服务端发出请求后，与服务端并行计算。当服务端完成客户端所请求的任务后，将响应结果发送给客户端，客户端收到该响应结果后，再进行相应的结果处理，如图 5.15 所示。

在这种调用模式下，由于响应结果的存在，若客户端收到响应结果，则可以确认此次服务请求被成功处理，故回调模式比单向调用模式的可靠性要好；同时，客户端不必阻塞等待，可以与服务端并行计算，从而能够提高系统的处理能力和资源利用率。

③ 带确认的回调模式

与回调模式类似，但在带确认的回调模式中，服务端收到客户端的请求后，立即返回一个确认消息给客户端。该消息仅表明服务端收到客户端发出的请求，但服务端还未真正执行请求任务，如图 5.16 所示。其特点是：相对于普通异步回调模式，由于该模式中客户端发出的每个请求，客户端都会收到一个确认消息，因此具有良好的可靠性。这种可靠性要求在某些应用场景中是必须的，如动态电子商务环境下，合作伙伴之间的重要的电子定单，在业务上就强制要求必须确认对方已经收到发出的某个定单申请。

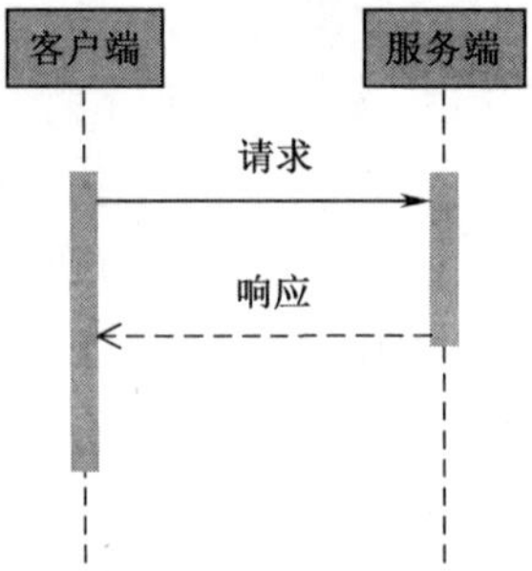

图 5.15　回调模式

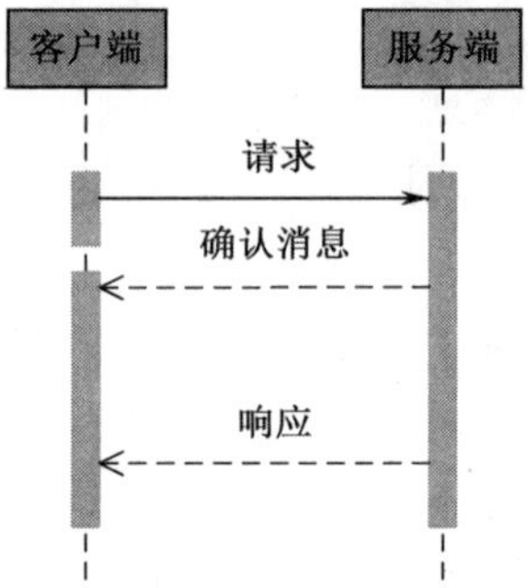

图 5.16　带确认的回调模式

需要指出的是，客户端在发出服务请求后，暂时失去了控制权，阻塞等待直到服务端返回确认消息后，客户端才与服务端并行地计算。因此严格来说，该模式既不属于单一的同步调用模式，也不属于单一的异步调用模式。但是由于相对于服务端完成某次服务计算所需时间来说，从客户端发出服务请求到服务端收到该请求并返回确认消息之间的时间间隔非常小，因而从用户的使用角度来看，该模式仍符合异步调用模式的原则。所以仍可以将该模式归类为异步调用之中。类似地，也将后面介绍的带确认的轮询模式和带确认的发布订阅模式都归类为异步调用模式。

④ 轮询模式

与回调模式不同，轮询模式的客户端可以主动查询某次服务请求是否处理成功。当客户端向服务端发出调用请求后，与服务器并行计算。经过一定时间后，客户端主动向服务端查询此次请求是否已经处理完成，若没有完成，则立即或等待某个设定的时间后返回执行后续任务；若请求已经处理完成，则提取结果并对其进行相应的处理，如图 5.17 所示。

该调用模式不仅具有回调模式中的客户端与服务端并行计算的能力，还能够在需要时主动查询执行结果，进而得知服务请求处理是否完成，弥补了回调模式的不足。但由于客户端需要向服务端询问请求完成情况，因此该模式的效率不如回调模式好。

⑤ 带确认的轮询模式

与带确认的回调模式和回调模式之间的区别相似，带确认的轮询模式和轮询模式的不同之处在于：服务端在收到客户端的请求后，也会立即返回一个确认消息，以表示该服务请求已经收到，如图 5.18 所示。相对于普通轮询模式，该模式具有较强的可靠性。但是由于客户端发出的每个服务请求，都需要等待服务端返回一个确认消息，因此效率较差。

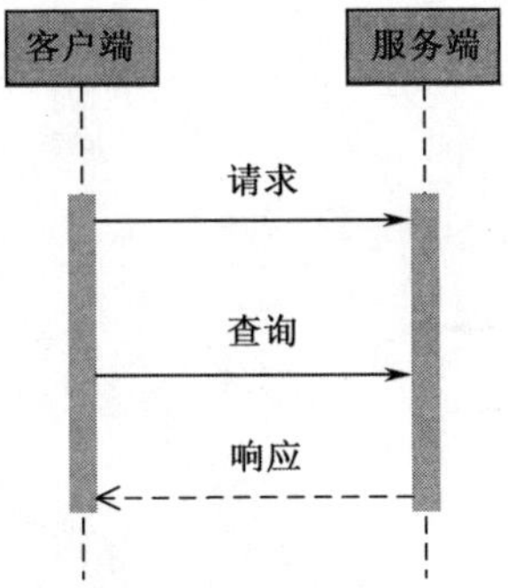

图 5.17　轮询模式

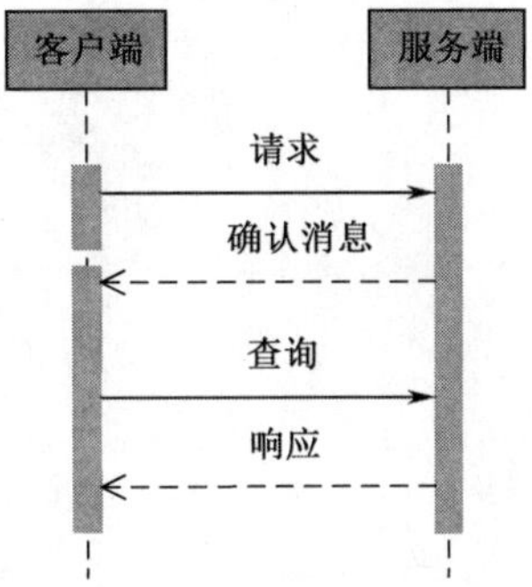

图 5.18　带确认的轮询模式

⑥ 发布订阅模式

发布订阅模式属于一种异步回调模式，但与普通异步回调模式不同。在该模式中，接收服务的服务端可以响应不是初始发出请求的客户端，而且这样的客户端可以同时存在多个，如图 5.19 所示。该模式属于一种组合调用模式，在实际应用中使用的比较普遍。其应用场景如下：在一个民航 SWIM 系统中，服务消费者可以向服务提供者提交一个对某航空公司的航班信息的订阅，然后该航空公司一旦有航班信息更新，服务端就会将该信息分发给订阅的所有客户端。客户端收到该信息后，可以做相应的后续处理。

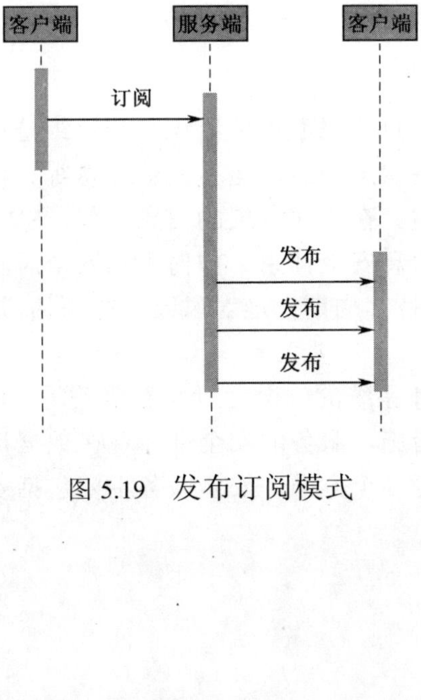

图 5.19　发布订阅模式

⑦ 带确认的发布订阅模式

该模式与发布订阅模式类似，不同之处仅在于服务端在客户端请求消息后，需要立即返回一个确认消息给客户端，如图 5.20 所示。与前面几种带确认的调用模型一样，该模式在可靠性上较好，但效率方面却有一定的损失。

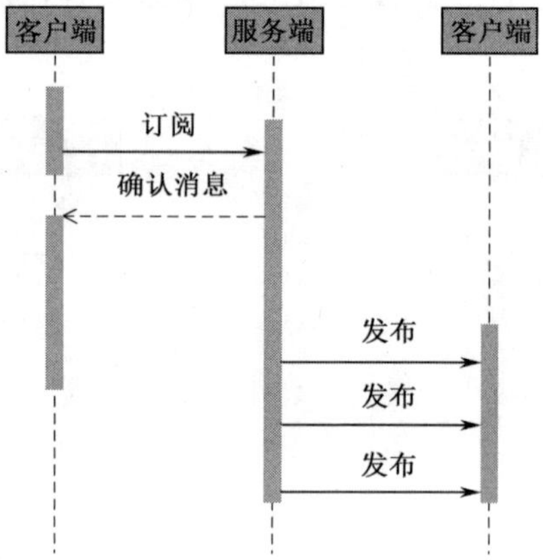

图 5.20　带确认消息的发布订阅模式

在民航 SWIM 系统中，可以根据不同的环境和具体的业务需求，选择合适的服务调用模式。如果要求实时同步地调用服务，可以采用请求响应模型。如果对实时性没有严格要求，而对可靠性和系统性能要求比较高，可以采用异步的（带确认的）回调或者（带确认）发布订阅模型。

此外，接口管理还包括服务管理。由于注册库中的服务都有自身的生命周期、适用范围和版本等信息，因此服务管理通过制定相应的服务策略，对服务进行监控、故障控制、配置、审计和安全管理等。接口管理是 SWIM 系统的核心服务之一，为 SWIM 系统的高效和安全运行提供了保障。

5.2.3　安全服务

SWIM 系统中的数据信息是民航相关组织和企业维持正常运转的重要资源，包括大量的核心业务数据、设备状态信息、运行人员信息等。信息技术的发展和信息安全问题是一对典型的矛盾问题。在快速发展的信息时代，SWIM 系统将面临信息安全方面的风险。如何建立系统信息安全体系、如何识别安全风险、对于安全风险如何进行有效地管控，以及如何动态持续周期性地对风险进行评估，这些都是发展和建设 SWIM 系统需要考虑的。

所以安全服务对 SWIM 系统的安全运行起着至关重要的作用，为民航系统间可靠安全的互操作提供策略和措施。服务的安全性体现在数据机密性、完整性、不可否认性、身份认证、访问控制等多个方面。安全服务主要包括安全策略、认证管理、访问控制和服务监控等。

5.2.3.1　安全策略

SWIM 系统高度依赖于网络，面对大量的网络安全威胁，简单的安全技术将难以满足系统安全需求。所以需要建立比较完整的安全策略，对整个系统网络的安全问题进行统一的规划和管理。

信息安全策略是对信息及相关处理设备进行管理、保护和分配的准则和策略，同时也是信息系统避免被入侵和破坏而采取的措施。信息安全策略是信息系统安全保障的核心，因此构建信息系统需要制定明确和合理的信息安全策略。在制定安全策略时，要遵守以下原则。

（1）可行性与可扩展性

任何一个网络都不可能达到绝对的安全，安全策略应该能够反映真实环境和信息安全水平。既要符合现实业务状况，也要能够支持未来业务发展需求的扩展。

（2）简单性和易操作性

安全措施可能需要人工去完成，所以制定的安全策略要简单实用，便于理解和掌握。如果过于复杂，对人员的要求过高，策略本身就降低了系统的安全性。所以制定安全策略要考虑到简单与易操作的因素。

（3）综合性与整体性

网络安全管理是一项系统工程，需要综合考虑网络风险、设备应用和资金投入等方面因素，只有从系统整体的角度去观察和分析，才能制定出有效可行的策略措施。

（4）平衡性与重要性

在人员、资金投入有限的情况下，要整体推进网络安全体系建设。同时，要根据信息资产风险的重要性进行合理建设。

在信息安全管理中，安全策略是解决信息安全问题的关键步骤，也是整个安全体系的基础。根据 SWIM 系统安全的分析和安全策略的需求，系统安全策略主要在物理、网络、系统、应用、人员和管理等方面进行制定，可以将归结为物理与环境安全策略、信息安全技术策略和信息安全管理策略三部分。

物理与环境安全策略主要用来保护中心机房、终端机房，以及其他相关基础设施和通信链路的工作状态，消除因自然灾害、人为破坏等物理或环境因素可能带来的不安全隐患。可参照信息安全技术信息系统物理安全技术要求（GB/T 21052—2007）中描述的标准，例如在信息系统物理安全方面，为了保证信息系统安全可靠运行，确保信息系统在对信息进行采集、处理、传输、存储过程中，不致受到人为或自然因素的危害，而使信息丢失、泄露或破坏，对计算机设备、设施（包括机房建筑、供电、空调）、环境人员、系统等采取适当的安全措施。在环境物理安全方面，为保证信息系统的安全可靠运行所提供的安全运行环境，使信息系统得到物理上的严密保护，从而降低或避免各种安全风险。

SWIM 系统信息安全技术策略主要涵盖网络、系统和应用等方面的信息安全策略，涉及公共安全服务、身份认证和访问控制等安全技术问题。公共安全服务应该考虑网络、系统和应用中可以使用通用技术解决 SWIM 系统中基础信息的安全问题，如防火墙、入侵检测、漏洞扫描、防病毒、安全审计等通用网络和系统安全技术。身份认证技术是计算机网络中为了确认操作者身份而产生的技术，可参照信息安全技术网络基础安全技术要求（GB/T 20270—2006），主要策略包括开放、分布式的身份认证方法；身份认证系统自身的安全和证明；加强身份认证系统实时性和灵活性；建立统一时钟，保证日志等信息的准确性；将身份认证系统归于安全审计系统的数据采集。访问控制是按用户身份及其所属组来限制用户对信息的访问，或限制对某些控制功能的使用，是信息安全保障机制的核心内容。访问控制的主要目标是防止网络资源被非授权使用和非常访问，防止合法用户以非授权的方式访问资源。SWIM 访问控制授权策略主要包括：阻止非法用户进入系统，防止合法用户对系统资源的非法使用；对用户进行识别和认证，并确定该用户对某一系统资源的访问权限；建立粒度可控的授权方法；加强日志管理，记录非法用户的访问和合法用户的非法操作，并计入安全审计系统。

根据信息安全管理标准 ISO27001，SWIM 系统信息安全管理策略可以综合为以下几条。

① 信息安全组织管理策略，建立和完善信息安全管理组织体系，建立 SWIM 系统中组织与成员间的协调机制，并在组织机构内部开展和控制信息安全策略的实施和推广。

② 信息资产的管理策略，协调 SWIM 系统中各成员机构对自身信息资产进行核查分类和建档，建立信息资产保护和管理制度，并对信息资产定期进行检查和更新，对保护和管理制度的执行情况进行监督等。

③ 数据安全管理策略，根据 SWIM 业务数据的重要性确定需要备份和恢复的业务数据，根据业务数据对 SWIM 系统的重要性制定规范的备份标准和流程等。

④ 制度完善与人员安全策略，完善和细化 SWIM 系统中信息安全管理制度，加强制度执行的可操作性和人员信息安全意识等。

5.2.3.2 认证管理

SWIM 核心服务是为满足应用系统间信息管理和共享所必需的，为了保证信息只提供给被授权合法的用户，必须对 SWIM 系统中用户身份进行认证，主要涉及用户身份的注册、注销以及用户身份认证的过程。计算机网络中一切信息都是用一组特定的数据来表示，所以对用户的授权即是对用户数字身份的授权。由于用户数字身份信息可能在多个民航组织间共享，因此在 SWIM 系统中对身份信息的安全管理具有较大挑战。同时，SWIM 系统的基础架构将服务提供者和消费者关联在一个松耦合的 SOA 架构中，正是由于 SWIM 系统松耦合和分布式的特征，也加大了 SWIM 系统中对用户身份认证的难度。

随着网络的普及和技术的发展，单体结构系统下的认证技术难以满足异构环境下分布式系统的认证需求。需要在整体上规划企业各种资源的安全访问控制策略，开发适应异构系统要求的统一认证平台。常用的身份认证方法有很多，下边以 Kerberos v5

和 SAML 认证体系为例进行介绍。

（1）Kerberos v5

Kerberos v5 是域内主要的安全身份验证协议，可以验证客户端身份，也可以对服务器身份进行验证，这种双重认证可称为相互身份认证。该协议是 Kerberos 身份认证协议的当前版本，是由麻省理工学院研发的，可为网络上的各种服务器提供认证服务，使口令不再以明文方式在网络上传输，并且连接之间的通信也是加密的。但与公钥基础设施（Public Key Instructure，PKI）使用公钥机制（非对称加密）不同，Kerberos 采用基于私钥的机制（对称加密）。Kerberos 协议的基础是基于双方信任第三方，它提供了在网络中进行身份认证的方法，认证实体可以是用户或用户服务。这种认证不依赖宿主机的操作系统或主机的 IP 地址，不需要保证网络上所有主机的物理安全性，并且假定数据包在传输中可被随机窃取篡改。

Kerberos 协议的认证过程由一个 Kerberos 主系统和一个叫做票证许可服务（Ticket Granting Service，TGS）的辅助系统来处理。两个系统构成类似于密钥分发中心(Key Distribution Center，KDC)的集中授权机构，它分别与网络中的每个用户共享一个不同的保密密钥。Kerberos 主系统向 TGS 提供客户身份认证，TGS 则验证用户访问特定网络服务的权限。感兴趣的同学可以多查些资料进行学习。

（2）SAML 认证体系

安全断言标记语言（Security Assertion Markup Language，SAML）是一项优秀的认证技术，是结构化信息标准组织（Organization for the Advancement of Structured Information Standards，OASIS）安全服务技术委员会的产品。作为单点登录开放技术标准，它采用 XML 作为 Web 服务站点间相互操作消息的标准，可用于不同安全域之间交换认证和授权数据。所以使用 SAML 可以方便地实现用户的跨域安全访问。

不同的应用服务只要基于 SAML 体系，就可以实现系统的相互合作，共享安全认证和授权信息，使得这些信息可以在不同的应用系统中传递，从而有效地避免多次用户认证，提高了单点登录的效能。

SAML 体系结构主要包括主题、信任方和断言方三个部分，主题是 SAML 中的一个重要的概念，它包括 User、Entity、Workstation 等，用于表征一个参与信息交互的实体。信任方是 SAML 中的服务提供者，也就是提供应用服务的一方，通常表示企业中应用系统所暴露出来的 Endpoint。断言方是 SAML 体系的核心部分，用于提供对主题身份信息的正确断言，类似一个公正机构。

SAML 提供了一套安全断言的规范，它基于 XML 和 SOAP 消息，不需要考虑传输协议以及开发应用平台的不同。SAML 可以与 HTTP/SSL/JMS/SOAP 等几乎所有的传输协议实现捆绑。在面向服务的体系架构中，有许多应用服务可能基于不同的开发平台，具备各自不同的传输协议。需要在这样复杂的环境下实现单点登录，就必须使用 SAML 这样的开放标准，因为它能够做到与平台无关、与传输协议无关。

尽管 SAML 有着许多与生俱来的优势，其中依旧存在着许多功能完整性、安全性和操作使用上的不足，如没有一套成型的授权控制机制、没有规定客户端身份信息的获取方式等。虽然被 OASIS 定位成单点登录的现行标准，在实际工程中仍需要对其本身做一系列的完善工作。

5.2.3.3 访问控制

目前，SWIM 系统的安全性仍然存在很多具体的问题，如何实现有效的访问控制是其中之一。SWIM 的访问控制主要利用已有的访问控制策略结合系统的特点来实现。在面向服务、高度动态的环境中共享信息将会面临比较严峻的安全挑战。一方面，相互协作的系统之间要求信息能够被用户方便地访问；另一方面，只能允许已授权的用户检索和操作机密数据。

访问控制是网络安全防范和保护的重要手段，它的主要任务是维护网络系统安全，保证网络资源不被非法使用和非法访问。通常在技术实现上包括以下几部分：接入访问控制、资源访问控制、网络端口和节点的访问控制。接入访问控制为网络访问提供了第一层访问控制，是网络访问的最先屏障，它控制哪些用户能够登录到服务器并获取网络资源，并控制准许用户入网的时间和准许他们在哪台工作站入网。一般可分为三个步骤：用户名的识别与验证，用户口令的识别与验证和用户账号的默认限制检查。资源访问控制是指对整体资源信息的访问控制管理，其中包括文件系统的访问控制（文件目录访问控制和系统访问控制）、文件属性访问控制、信息内容访问控制。网络端口和节点的访问控制主要针对网络中的节点和端口，这些重要位置的管理必须能够防止黑客发动攻击。

根据访问控制策略的不同，比较成熟的访问控制一般分为自主访问控制（Discretion Access Control，DAC）、强制访问控制（Mandatory Access Control， MAC）和基于角色的访问控制（Role Based Access Control，RBAC）三种。 下面对这三种访问控制逐一介绍。

（1）自主访问控制技术

自主访问控制（DAC）是目前计算机系统中实现最多的访问控制机制，其基本思想是，允许某个主体显式地指定其他主体否可以访问其拥有的信息资源，以及可执行的访问类型，如 Windows 和 UNIX 就是这种类型。它的特点是根据主体的身份和授权规则来决定访问模式。自主访问控制有两个至关重要的标准：文件和数据的所有权、访问权限及获批。系统中的文件和数据都有所有者，在大多数 DAC 系统中，它们的所有者是产生这些数据和文件的系统，那么它们的自主访问控制权限由产生系统决定；数据和文件的所有者拥有访问权限，并且可以规定其他主体的访问权限。

自主访问控制具有易用性与可扩展性等特点，能够适用于多种系统和应用中，所以在商业和工业环境中被广泛应用。

（2）强制访问控制技术

强制访问控制（MAC）是“强加”给访问主体的，即系统强制主体服从访问控制政策。它预先定义主体的可信任级别和客体（信息）的敏感程度（安全级别），根据主体和客体的级别标记来决定访问模式，如绝密级、机密级、秘密级和无密级。它的访问控制关系分为上读/下写（保证数据的完整性）和下读/上写（保证数据的机密性），并通过安全标签实现单向信息流通模式。这种访问控制方式主要适合于多层次安全级别的军事应用。

MAC 技术用来保护系统确定的对象，对此对象用户不能进行更改。也就是说，系统独立于用户行为之外强制执行访问控制，用户不能改变它们的安全级别和对象的安全属性。这样的访问控制规则通常对数据和用户按照安全等级划分标签，访问控制机制通过比较安全标签来确定授予还是拒绝用户对资源的访问。

在强制访问控制系统中，所有主体（用户或进程）和客体（文件或数据）都被分配了安全标签，安全标签标识一个安全等级，访问控制执行时对主体和客体的安全级别进行比较。

（3）基于角色的访问控制

基于角色的访问控制的核心思想是，授权给用户的访问权限通常由用户在一个组织中担当的角色来确定。基于角色的访问控制有以下五个特点。

① 以角色作为访问控制的主体

用户以什么样的角色对资源进行访问，决定了用户拥有的权限以及可执行何种操作。

② 角色继承

为了提高效率，避免相同权限的重复设置，基于角色的访问控制采用了“角色继承”的概念。定义的各种角色具有不同的属性和权限，还可以继承其他角色的属性和权限。角色继承把角色组织起来，能够很自然地反映组织内部人员之间的职权和责任关系。

③ 最小特权原则

最小特权原则是系统安全中最基本的原则之一。最小特权是指在完成某种操作时所赋予网络中每个主体的必不可少的特权。最小特权原则是指应限定网络中每个主体所必须的最小特权，确保由事故、错误和网络部件的篡改等原因造成的损失最小。最小特权原则一方面给予主体必不可少的特权，这就保证了所有主体都能其特权之下完成任务或操作；另一方面，它只给予主体必不可少的特权，这就限制了每个主体所能进行的操作。

④ 职责分离（主体与角色的分离）

对于某些特定的操作集，某一个角色或用户不可能同时独立地完成所有这些操作。职责分离可以有静态和动态两种实现方式。静态职责分离：只有当一个角色与用户所属的其他角色彼此不互斥时，这个角色才能授权给该用户；动态职责分离：只有当一个角色与一个主体的任何一个当前活跃角色都不互斥时，该角色才能成为该主体的另一个活跃角色。

⑤ 角色容量

在创建新的角色时，要指定角色的容量。在一个的特定的时间段内，有一些角色只能由一定人数的用户占用。

基于角色的访问控制是根据用户在系统里表现的活动性质而定的，这种活动性质表明用户充当的角色。用户访问系统时，系统必须先检查用户的角色，一个用户可以充当多个角色，一个角色也可以由多个用户担任。

基于角色的访问控制机制有几个优点：便于授权管理、便于根据工作需要分级、便于赋予最小特权、便于任务分担、便于文件管理、便于大规模实现。它是一种有效而灵活的安全措施。

5.2.3.4 服务监控

在 SWIM 系统中，随着共享服务的增加和基础设施服务的完善，为保障系统正常稳定和高效安全运行，必须建立 SWIM 系统的运维度量体系，实时监控服务的性能、可用性及使用情况。在后续讲到的民航广域信息管理系统的 SOA 治理和安全策略中，服务监控和管理被视为面向服务架构的核心组成之一。事实上，服务监视也是高效实施 SOA 策略所必需的。

服务监控可以监控服务的性能、可用性及使用日志，以发现相关异常和问题，预示安全漏洞或盗用系统资源，然后可以请求支持或者通知系统运维和分析人员。

5.2.4 企业服务管理

在 SOA 架构中，各类服务就像一堆“元器件”，它们有标准的服务和接口定义，以及统一的数据结构和格式，促进实现强互操作性和松耦合的 SWIM 系统。但是在 SWIM 系统运行阶段，系统内的服务不可能一直正常运转下去，要保证系统的正常、高效和有序地运行，就需要企业服务管理。企业服务管理是 SOA 架构的润滑剂和故障信标，能够对 SOA 架构系统进行有效监控和管理，保证由一堆“元器件”组成的“产品”（即基于 SOA 架构的 SWIM 系统）正常工作。企业服务管理主要包括以下四个方面：策略实施/指标收集，性能监控/报告，故障检测/报告，异常反馈/告警。

（1）策略实施/指标收集

在完成 SWIM 系统整体规划和策略的制定后，下一步需要对规划和策略进行具体实践和实施。

策略实施阶段，包括基础设施建设、服务设计和构建、服务部署和测试、服务发布和运行等各环节。每个环节在 SOA 实施中都扮演着特定的角色，起着举足轻重的作用。

指标收集是策略实施的量尺和准绳。在策略实施过程中，每个环节都应该满足前期整体规划要求，达到相关技术指标，实现总体预期功能。将各环节各实施阶段的相关功能、技术等指标进行有序收集，经过数据分析、虚实对照、检测验证等，能为系统实施者和决策者提供有效的数据支持，推进实施进度，保证实施质量。

（2）性能监控/报告

为了保证 SWIM 系统良好的运行，必须对 SWIM 系统架构中的各个层次实行性能上的监控和管理，包括可用性、可靠性和事务性能等。其中事务性能是一个非常重要的方面，尤其在基于SOA的广域信息管理系统分布式架构中，如何捕获事务数据，如何跟踪事务过程，如何评估业务层的事务问题对服务层的影响，以及如何准确定位服务的问题根源等，都是SOA应用系统管理中必须解决的问题。

性能监控可以对服务和应用程序的可用性和性能进监控，通过收集跟踪并改善事务性能，确保最优响应能力。它可以在阈值违例报警、历史数据报告、相关性监控等方面为民航广域信息管理系统的事务管理提供支持。

性能报告是在对SWIM系统性能监控的基础上对系统的可用性、可靠性和事物处理等各方面监控指标和数据进行收集、汇总、分析和报告，同样为系统实施者和决策者提供有效的数据支持。

（3）故障检测/报告

故障检测目的是保证SWIM系统中各服务能够安全、高效和可靠地运行，当SWIM系统出现异常时，系统能够自动产生故障标示，利用检测得到的信息，对故障进行诊断，并最终确定故障原因，然后再依据故障知识库中的相关知识提供正确的故障响应方法。

故障报告是在对SWIM系统发生故障并被检测到时，对故障原因、时间、环境、影响等相关检测数据进行收集、汇总、分析和报告。该报告将被记录到故障知识库中，为以后同类故障的相应和解决提供帮助，同时也为系统实施者和决策者提供有效的数据支持。

（4）异常反馈/告警

SWIM系统中服务的自治性和动态性使其能够较好地适应服务消费者不断增长的应用需求，但这些特性也可能导致服务流程的不稳定。另外，组合服务的松耦合性，网络环境的分布性和异构性都可能带来服务流程失效问题。在服务自身的可靠性以及服务环境的可靠性两方面影响下，组合服务流程的异常失效成为一个较为普遍的常态。SWIM系统中服务在出现各种异常的情况下，怎样确保其仍能正常完成，达到预期的目标，从而满足用户的要求变得越来越重要。通常情况下，我们将组合服务的异常分为以下几种情形：

① 系统环境故障。指服务运行的底层支持系统出现异常，如服务引擎崩溃、网络错误或拥塞等导致的故障。

② 服务流程异常。组合服务本身的逻辑设计问题导致运行失败。服务流程级别异常通常是由流程设计存在缺陷引起的，因此有必要开发一些测试工具尽可能减少流程设计中的缺陷。

③ 服务异常。可分为服务器端异常和服务调用方异常。服务器端异常包括成员服务的维护、更新、移除或自身内部逻辑原因造成的该服务不能完成其所声明的业务功能，或者虽然能够完成该功能却违反了其相关的非功能承诺。服务调用方异常发生在流程调用方对服务的调用不合法时，如服务间消息格式不对或者消息响应序列不正确时。由于服务的自治性、松耦合性和异构性等特征，在组合服务运行过程中，服务异常更有可能发生。因此在组合服务运行时动态处理服务异常的能力是保证流程可靠性、

连续性的关键点之一。

④ 组合服务的质量约束不满足。组合服务完成了其业务功能，但是运行结果违反了服务使用方对服务质量的要求。用户所提出的非功能性要求一般主要有安全性、可靠性、事务性、响应时间和吞吐量等。

企业服务管理可以为 SWIM 系统运行时为服务管理提供全方面综合的视角。SOA 企业服务管理是 SWIM 系统核心服务不可或缺的组成部分，在系统运行时发挥着重要协调和监控作用，为系统的正常、高效和可靠运行提供强有力的保障。

5.3 民航广域信息管理基础设施

SWIM 系统基础设施包括基本信息技术和信息系统安全的基础设施，它们对广域信息管理系统和民航业务系统提供技术和功能支持，通常由以网络为中心的民航业务系统的基础设施提供，主要包括边界保护、消息中间件、地地和地空通信网络、数据存储和安全支持。

5.3.1 边界保护

边界保护能够促进不同系统互联时安全策略的适配，如流入或流出互联系统信息流的控制。还可以监视并控制信息系统外部边界的通信，以防止和检测恶意或其他未授权的通信。这个部分涉及对民航业务系统和非民航业务系统实体之间连接和信息流的控制。防止内部应用系统与外部应用系统之间存在恶意访问或攻击。

SWIM 系统应该为民航业务系统提供边界保护功能，降低系统实体和外部实体之间信息交换的风险，并对保密性、完整性和系统可用性进行检测。在通用的管理与操作控制之下，边界保护的设备可以调节系统实体和外部实体之间的信息交换。这些边界保护设备之间通过 IP 地址进行连接，对系统实体和外部实体之间传输的信息在被转发到目的地之前，要根据边界保护的要求进行存储、检查和处理。除此之外，SWIM 系统还应该支持系统内部实体对数据传输速度和频率进行控制。

SWIM 系统可以根据不同的情况制定不同的边界保护策略。

① 在航空合作伙伴接入方面，SWIM 系统提供的边界保护支持内部系统通过 IP 网络与航空合作伙伴进行连接，并允许进行信息交换；需要对航空合作伙伴进行严格的身份认证和访问控制；保证航空合作伙伴访问信息的完整性、保密性。

② 在公共访问方面，为公共访问提供边界保护的功能；为公共边界保护的数据传输提供认证、完整性和保密性控制选项。

③ 在非 IP 数据传输方面，SWIM 可以为非 IP 网络的传输提供边界保护，包括 X25、HDLC 等；可以提供一种通用设备整合所有外部非 IP 访问的边界保护功能；支

持实现传统非IP信息流转化为基于IP的信息流的边界保护功能。

④ 在远程管理访问方面，SWIM系统应该可以让系统管理员、技术人员以及其他授权的个人从系统外部访问内部数据，实现远程管理访问，但要预先设置访问权限；对通过远程管理访问传输的数据，应加强完整性、认证以及保密性的控制；提供强有力的身份认证机制控制远程访问；可以支持通过互联网或公共电话交换网的远程管理访问功能；还要对所有数据传输提供反病毒检测等。

通过边界保护，SWIM环境中的系统可以安全的与外部实体进行交互，也为信息共享提供了安全传输的保障。

5.3.2 消息中间件

面向消息的中间件（Message-Oriented Middleware，MOM），简称为消息中间件，是指利用高效可靠的消息传递机制进行平台无关的数据交流，并基于数据通信来进行分布式系统的集成。消息中间件屏蔽了操作系统、硬件、网络协议和数据库等异构性，为上层应用系统提供可靠的数据交换，并且具有很高的移植性和软件复用性。消息中间件的工作流程是：客户端生产消息，并将消息发送向消息中间件，消息中间件再同步或者异步地将消息发向消息的接收者。消息中间件中转消息，管理消息发送时间和流向。生产消息的客户端和接收消息的客户端不用直接参与消息的传送，只需要将消息丢给消息中间件，它会按时按接收地点将消息发送给接收者。一般消息中间件存放消息的是队列(Queue)或者主题(Topic)。通过提供消息传递和消息排队模型，其可以在分布式环境下扩展进程间的通信，并支持多通信协议、语言、应用程序、硬件和软件平台。目前消息中间件产品有IBM的MQSeries、微软的MSMQ、Apache的ActiveMQ等。消息中间件的主要特点有：

（1）支持同步和异步通信模式

消息中间件不但有传统的同步接收方式，还有异步接收方式。发送和接收消息的客户端不用同时在线，他们可以不用互相感知，没有直接联系，发送客户端将消息放入消息中间件的队列(Queue)或者主题(Topic)中，等待接收客户端可以在空闲时再对消息进行处理，即接收客户端不必一直在线，客户端也不会一直等着接收端处理消息而挂起。

（2）支持多种数据传输组合

通过消息中间件传输数据，消息的发送和接收客户端可以有多种交互关系，可以是一对一、一对多、多对一、多对多或者它们的组合，应用程序不会因此增加程序代码和复杂度。

（3）应用与网络复杂性相隔离

应用可以将消息放入消息队列或从消息队列中取出消息，也可以进行与此相关的其他操作，如维护消息队列、维护应用和队列之间的关系、移动网络中的消息等，应用不需要直接与其他应用通信，所以不会涉及网络通信的复杂性。

5.3.3 地地、地空通信网络

航空电信网（ATN）是国际民航组织提出的适应新航行系统的全球航空专用通信网络，主要采用通用接口服务和基于ISO-OSI参考模型的协议体系，提供地面系统之间以及地面系统和机载设备之间的全球无缝互连服务。

ATN由多种子网、网关和路由组成，其中子网包括移动子网和固定子网。移动子网是指地空数据子网；固定子网是指地地数据子网和航空电子设备子网。

目前，我国民航在地面系统之间提供数据互联服务的网络主要是AFTN自动转报网，未来几年内将逐步从AFTN自动转报网过渡到航空信息处理系统（Aeronautical Message Handling System，AMHS），进而过渡到ATN。因此，SWIM技术的应用也将随着地面数据通信网的发展而不断成熟。

对地地通信网络，SWIM系统的传输网络包括广域网（WAN）和局域网（LAN），支持因特网协议簇（Internet Protocol Suite，IPS），并且不只含有基本的网络协议服务，还包含如域名系统（DNS）服务和网络授时协议（NTP）服务等。此外，还包括如为企业服务提供的计算平台、数据存储等其他技术功能。

地空通信网络是包括采用甚高频数据链、二次雷达的S模式数据链以及卫星通信等技术的网络。因此，ATN中的地空数据子网也将和数据链技术整合在一起提供地空数据互联服务。

甚高频数据链（VDL）技术主要包括四种模式：模式1、模式2、模式3和模式4。ICAO定义甚高频数据链模式1和模式2的标准主要用于验证，并且已于1994年完成相关技术的验证。为了推动飞行员和管制员之间数据链通信的实施，提供甚高频数据链模式2数据链服务的地面站已由航空无线电通信公司（ARINC）和SITA进行了大范围的部署，并用于传输飞机通信寻址与报告系统（Aircraft Communications Addressing and ReportingSystem，ACARS）报文。甚高频数据链模式2包含三层架构：子网层、链路层和物理层，其中子网层遵守ICAO定义的航空电信网标准。

甚高频数据链模式3标准定义了向航空器提供数据和数字化语音的通信协议，其中数据和数字化语音包根据地面站分配的时分多址接入（Time Division Multiple Access，TDMA）间隙来进行传输。此标准由美国FAA提出，但已于2004年停止实施。

甚高频数据链模式4标准提供了航空器与地面站之间以及航空器与航空器之间数据交换的协议。甚高频数据链模式4是瑞典民航局于1988年提出的数据链技术，采用了自组织时分多址接入（Self-Organized Time-Division Multiple Access，STDMA）协议，不需要设置主用地面站，比模式3更简单易于实施。

二次雷达S模式数据链技术主要基于S模式1090MHz的扩展电文功能。A/C模式二次雷达应答机的数据传输内容非常有限，而S模式应答机具有较强的数据传输能力，可以定期提供航空器的位置、高度、时间以及意图等信息。

2002年，美国FAA已经正式宣布采用1090MHz ES和通用访问收发机（Universal

Access Transceive，UAT）作为 ADS-B 系统应用的数据链技术。其中，1090MHz ES 数据链技术主要用于为商业航空承运人提供高效服务，UAT 数据链技术主要用于为通用航空用户提供灵活的服务。

5.3.4　数据存储

数据存储是数据流在处理过程中存储临时文件或处理过程中需要从中检索相关信息。数据以某种格式记录在计算机内部或外部存储介质上。一般数据存储需要进行良好的命名，这种命名要反映信息特征的含义。数据流反映了系统中数据的流动性，表现出动态数据的特征；数据存储反映系统中静止的数据，表现出静态数据的特征。

在 SWIM 系统中，数据存储包括可满足广域信息管理系统核心服务和其他民航业务系统需求的数据存储功能，例如数据库存储引擎等。

5.3.5　安全支持

信息系统安全支持基础设施提供密钥管理等功能，具备支持民航业务系统访问控制的能力。在系统内部，SWIM 系统应当能够提供支持基于标准的识别、认证，具备完整性、保密性、不可否认性等控制功能，包括数字身份认证、证书验证、审计与告警等。

针对数字身份认证，SWIM 系统应当提供支持使用数字身份证书的功能，支持使用个人身份验证凭证来认证系统用户，以及认证请求访问系统信息的消费者身份等。针对证书验证，SWIM 系统支持访问成员的认证、数字签名以及加/解密的需要，并且能够为系统内部和外部参与者提供身份验证功能。针对审计与告警，SWIM 系统可以审计服务处理情况并追踪运行状态，降低服务组件的变动，并且为审计数字身份证书提供创建、修改、暂停、撤销和验证功能。

5.4　民航广域信息管理企业治理

在原有的民航信息系统架构里，当系统仅仅是纵向烟囱式系统时，各子系统或软件模块之间的关系简单，治理不是一个很突出的问题。而如今企业系统日渐庞大复杂，当对民航各部门系统进行整合时，如果采用企业应用集成（Enterprise Application Integration，EAI）的方式，企业治理也不存在问题。当采用面向服务架构（SOA）的信息系统设计原则和思想时，把原有传统的纵向烟囱式系统转化为基于 SOA 架构的 SWIM 系统，治理的问题就凸显出来。基于 SOA 的民航广域信息管理的自身特点和架构模式决定了需要一种高层次的规划和管控，即进行民航广域信息管理企业治理。

民航广域信息管理治理是用来控制和保证SWIM系统各工作部分正常、高效运转的规则和制度，包括系统中不同部门、不同角色应遵守的职责和协议。基于SOA的民航广域信息管理企业治理贯穿在SOA整个生命周期（设计、部署、建设和运行）中，进行治理策略的创建、沟通、执行、维护和调整。民航广域信息管理企业治理主要包括两大部分：运行管理和策略治理。

5.4.1 运行管理

民航广域信息管理企业治理中最重要的需求和目的是在服务生命周期内，通过定义服务策略标准，验证和保证系统内各民航信息业务服务按照一定的服务策略正常运行。SOA治理其实是传统IT治理的一种特殊化，其将关键治理决策置于服务构建、服务编排和服务安全等服务生命周期中。SOA 治理的目的是对服务生命周期进行有效管理。运行管理主要包括安全策略管理、服务编排、服务策略管理和服务生命周期管理。

（1）安全策略管理

安全策略是指事务处理过程中，为确保信息交换安全，协作双方所采用的机制和规则等。安全策略管理机制配置方式可以分为：静态配置方式、在线动态生成方式、中央配置方式和互操作协议文档方式。

服务安全策略管理的关键在于构建整体安全策略的匹配和检测。通过SWIM系统中的服务和消息总线来传递服务消息，并负责服务提供者和消费者交互时，安全策略的注册、匹配和检测等功能。

安全策略注册，记录所在服务环境中所有用户的安全策略信息，包括种类、版本等信息。

安全策略匹配，在服务提供者和消费者双方之间建立通信前，确定使用何种安全策略，类似握手的过程。

安全策略检测，对服务提供者和消费者在通信过程中进行安全策略检测，确保双方使用合法有效的安全策略。

（2）服务编排

在采用基于面向服务架构设计原则和思想的系统架构中，我们通过对服务进行编排来实现业务流程，如通过编程方式或使用基于业务流程执行语言（Business Process Execution Language，BPEL）。

业务流程中服务编排的目标是实现所需的业务逻辑。在实现服务编排使，需要选择恰当的原子服务或组合服务，并需要确定使用的关键参数和调用服务的顺序，同时还要处理各种可能的响应，包括错误异常等。

（3）服务策略管理

SWIM系统的实现主要采用SOA架构，其中服务主要采用Web服务的方式实现。由于大量Web服务的存在，需要有效的治理策略对服务进行管理。服务策略的目标是指定Web服务使用者必须遵循的策略信息。典型的是Web服务策略框架（Web Services

Policy Framework，WS-Policy），该框架是允许访问 Web 服务必须满足和使用的一组规则或规范，提供了一种灵活、可扩展的语法，用于表示 Web 服务的要求和特性。调用 Web 服务的消费者必须了解服务策略信息，以确定是否满足或遵守对应的策略，如某 Web 服务具有时间戳的策略，即要求消费者在访问该服务的时候必须携带时间戳，否则不能访问该服务。WS-Policy 包括断言、替代、标准化、融合和交集等重要概念。

（4）服务生命周期管理

SWIM 系统内的各业务服务不会在创建后永远存在，所有服务都有一定的生命周期。服务从需求概念定义开始，经过分析、设计、开发、测试和部署运行，一直到最终被弃用，各阶段具有不同的职责和相应的管理策略。

图 5.21 在高层次的角度对服务生命周期进行了描述，具体过程如下：首先提出服务的需求概念；经过分析后得到需求概念的概述，如果分析没有通过，则服务进入延期或放弃状态；通过筹资决策确定服务资金的来源，如果没有获得资金支持，则进入延期或放弃状态；然后制定规范的服务计划，如果计划不满足服务需求，则重新进行分析；满足服务需求后，经过实施操作进入设计状态；然后经过构建和测试完成服务开发，进入服务评估阶段，如果评估没有通过，则返回重新开发；成功评估后，进入待批准状态；服务经过批准后，可以部署和发布，进入运作状态；将来某个时刻，该服务不能满足业务需求，可以重新更新开发，或者进入弃用状态；执行退役策略后，服务进入延期或放弃状态。

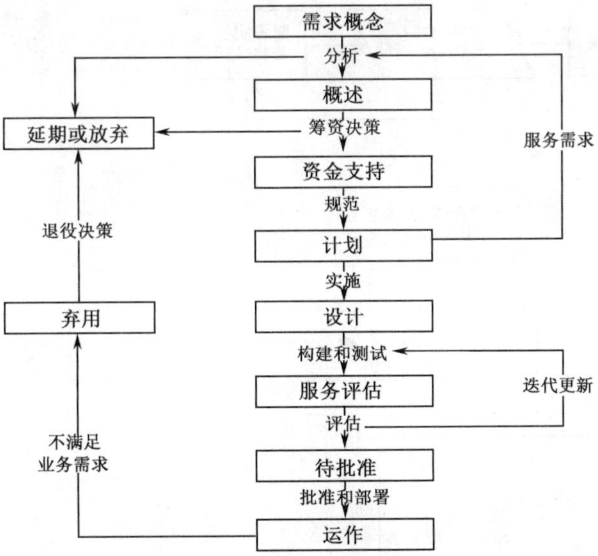

图 5.21　服务生命周期过程

上图描述了较高层次的服务生命周期过程，图 5.22 详细描述了 SWIM 系统中服务生命周期流程，主要包括服务定义、服务实现需求、服务实施、服务实例兼容性评估、服务部署、服务撤销和废弃服务。其中椭圆形表示不符合 SWIM 需求的情况，菱形表示事件，长方形表示进程。

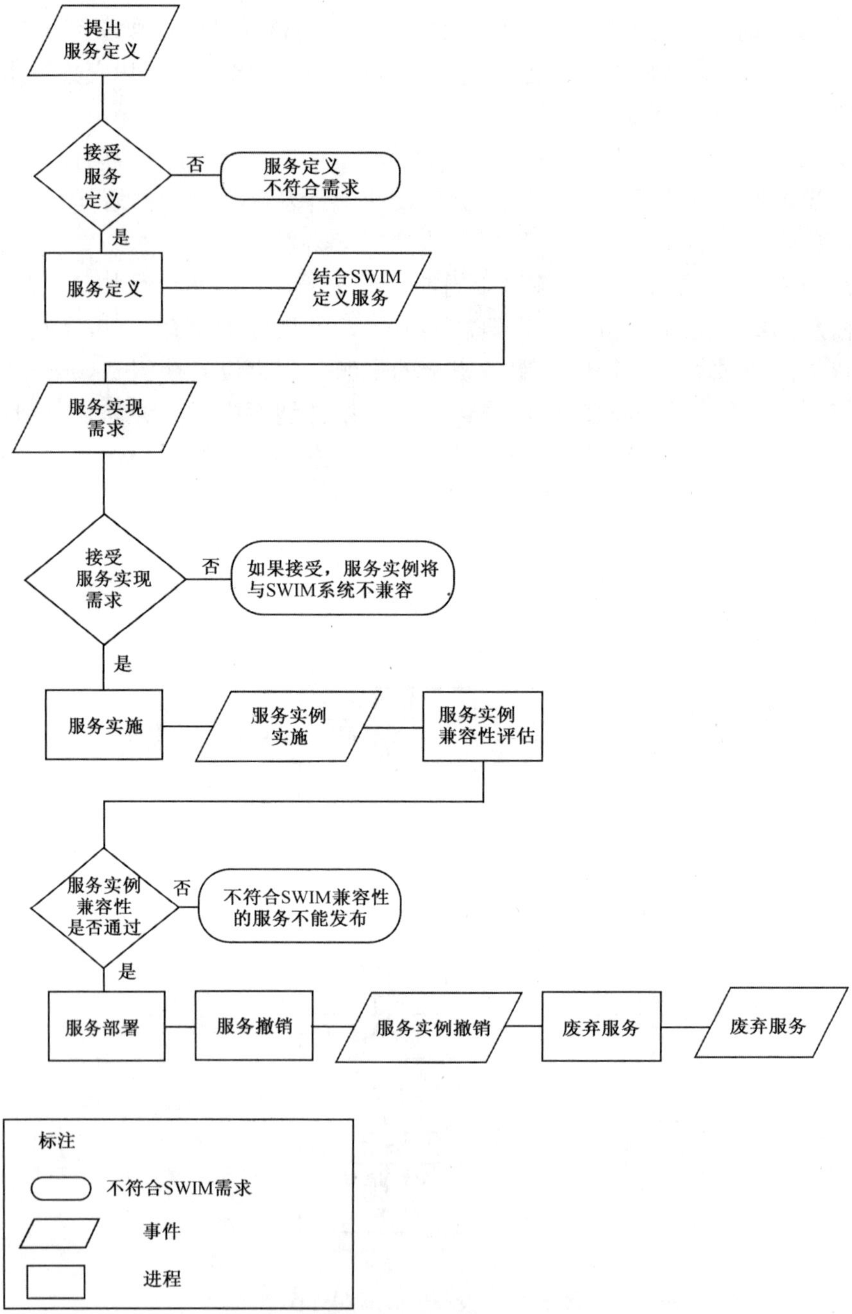

图 5.22　SWIM 系统中服务生命周期流程

服务生命周期是一种按时间分程的思想，即按部就班、逐步推进，每个阶段都有相对应的工作任务，为服务的开发实现和部署运行提供了必要的管理保障。因此，要保证 SWIM 系统的正常运行，对服务生命周期的管理是必不可少的。

5.4.2 策略治理

在实际实践中，SWIM 系统企业治理可以指导可重用资产的开发，确立如何设计和开发民航业务服务，以及这些服务如何随时间增长进行更新。它将在服务提供者和消费者之间建立规则和制度，感知消费者希望得到什么功能服务，和提供者应该提供什么功能服务。所以，SWIM 系统企业治理更多的是策略问题，而不是具体实现技术或民航业务问题。技术的重点是匹配接口和调用协议，业务的重点是为 SWIM 系统中各成员提供服务的功能。技术和业务都关注的是需求。虽然企业治理也涉及这些方面，但它更多的是要确保 SWIM 系统中各个组成部分协同工作。治理不能确定决策的结果是什么，但可以考虑必须进行哪些决策以及谁进行这些决策等工作。策略治理包括 SOA 策略治理、服务设计治理、运行和操作治理、SOA 治理支持。

5.4.2.1 SOA 策略治理

SWIM 系统是采用面向服务架构（SOA）的设计原则和思想进行设计和搭建的，所以主要的 SOA 策略治理都适用于 SWIM 系统企业治理。

现有的 SOA 治理方法都是基于策略来进行的，策略可以保证治理的可执行性、可理解性、业务主导、可操作性和可预测性。策略治理涉及组织机构、应用程序、业务服务、流程执行和服务部署运行等各方面的作用和责任。在整个信息系统的角度，治理策略一般可分为企业策略、业务策略、流程策略、技术标准兼容性策略和安全策略等；在服务整个生命周期的角度，一般可分为设计策略、部署策略、运行策略和变更策略等，并且在服务提供者和消费者的不同视角还有一定差异。

5.4.2.2 服务设计治理

最基本的 SOA 治理是对服务的创建过程进行治理，即服务设计治理，包括标识服务、描述服务功能和确定服务行为等。在需求分析和解决方案构建阶段，服务设计原则为指导方针，用以在特定目标之下通过某种途径来设计方案逻辑和服务组成等。

SWIM 系统的目标之一是构建一系列标准化的服务和接口，并存储在注册库中。在服务构建之前，为所有已规划的服务建立设计策略是很有必要的。在面向服务的设计原则中，通常涉及服务可复用性、服务自治和服务可发现性。

5.4.2.3 运行和操作治理

运行和操作治理可以控制和保证系统各组成部分正常高效地运转。在实际的信息系统运行和操作治理过程中，要协调和调控好各利益相关者之间的互操作，使其遵从一定的管理流程、标准和指标，以便高效、全面地达到治理的目标。广域信息管理系统的运行和操作治理基本原则如图 5.23 所示，主要包括兼容性、沟通、异常反馈和生命力四部分。

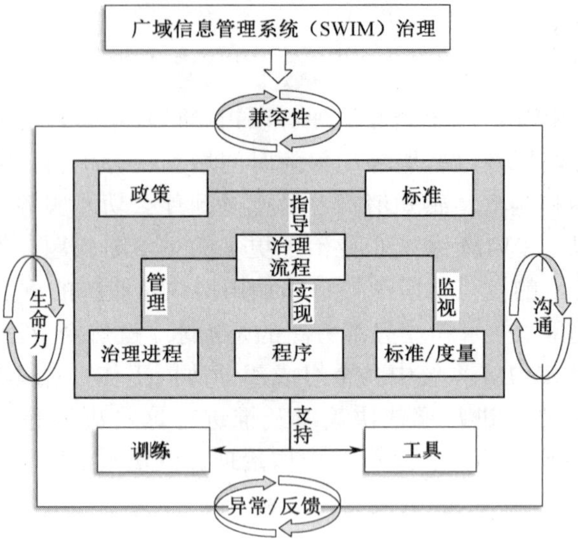

图 5.23　运行和操作治理基本原则

（1）兼容性

兼容性指的是在 SWIM 系统操作运行时，其中各组成部分需要兼容已制定的规则和制度。治理的过程是由治理规则和制度决定的，定义规则和制度对于治理的具体实践很重要。如果 SWIM 系统中各部门及其扮演的角色对规则和制度没有兼容性，那么 SWIM 系统将发挥不出最大的作用和优势。

（2）沟通

有效的沟通对于 SWIM 系统治理来说非常关键。在 SWIM 内的各部门、企业和用户之间保持顺畅、高效的沟通是必需的。空中交通管理部门、航空公司、机场、气象情报部门之间进行各类民航信息的交换和共享时，就需要以有效的沟通为基础，根据各自业务需求，利用开放标准和标准的数据结构格式，遵循接口涉及规则，进行数据交换共享。当出现问题时，通过有效沟通，及时发现症结，按照治理规则和制度，协商最佳解决方案，保证 SWIM 系统的正常运行。

（3）异常和反馈

SWIM 系统治理不是一个没有任何灵活性的、古板僵硬的静态管治过程。SWIM 系统中各部门在收到治理意见后，可以在符合治理规则和制度的情况下，根据自身情况向 SWIM 系统的运行和治理的组织机构进行反馈。

（4）生命力

随着时间的推移，SWIM 系统也会在根据具体运营情况和民航信息交换共享需求的变化而变化。因此，SWIM 系统治理也必须能够及时作出积极反应，适应这种变化，持续保持生命力。

5.4.2.4　SOA 治理支持

从 SOA 的完整性角度考虑，有效的 SWIM 系统企业治理需要合适的 SOA 治理支持。在一个庞大的信息系统中，SOA 治理支持包含各个方面，比如：组织机构层面的 SWIM 系统决策者、部署运行者、企业治理执行者等；系统和服务开发技术层面的 SWIM 整体架构、服务设计、服务开发、服务测试、服务部署、服务运行等各类技术开发人员等；SWIM 用户层面的各类服务消费者。

SWIM 系统企业治理是一个广域系统范围内的庞大协调、管理工作，只有系统内各部分和角色都积极配合企业治理部门进行 SOA 治理，才能保证民航广域信息管理系统的正常、高效、安全运行。

SWIM 系统是一个庞大的信息管理和共享的平台，要保证这个系统的平稳、高效、安全、可靠地运行和提供服务，就需要一个基于规则和制度的，并包括策略、合约和服务相关协议在内的基础，而这个基础就是 SWIM 系统企业治理。良好的 SWIM 治理将帮助 SWIM 决策层和管理层更合理地分派决策权、角色和职责，确保各部门各司其职，高质高效地完成各自的责任和坚决执行各自的权利，始终将注意力集中在确保 SWIM 系统正常运作上。

5.5　民航广域信息管理服务管理

在真正实施基于 SOA 的 SWIM 系统之前，需要制定详细、合理的 SOA 管理策略和服务。根据具体业务、功能和架构实际，给民航广域信息管理系统匹配服务管理，以对整个系统进行全面监视和管理。在民航广域信息管理系统中，服务管理主要由数据/网络支持服务和服务运维管理两大部分组成。

5.5.1　数据/网络支持服务

SWIM 系统本质上是一个信息数据的管理、交换和共享的系统。底层提供的安全、高效、稳定的数据/网络支持服务是整个 SWIM 运行的基石，主要包括数据库管理服务、网络支持服务、信息系统安全保障管理、事件检测和响应。

（1）数据库管理服务

数据库管理服务为民航广域信息管理系统中的民航信息数据提供存储功能。民航信息系统各类数据的量是巨大的，而这些数据又是极其重要的，有些可能甚至涉及国家秘密。所以，对数据库的管理是不容懈怠的，在民航广域信息管理系统内提供数据库管理服务就显得尤为重要。

数据库管理服务能根据具体的业务和不同数据需要，制定各自不同的数据库管理支持方案，在降低开发、使用和运维的技术和人力成本的同时能够获取专业、高效和安全的数据库管理服务。

（2）网络支持服务

地面网络通信是民航广域信息管理系统的底层网络基础，加上整体功能架构中技术基础设施层在内的地/地、地/空数据通信网络，构成了广域信息管理系统的物理层面的网络构成。网络支持服务对这些基础通信网络进行监测和管理，以及对于维护网络顺利运作提供必要辅助功能，如主机名和地址的分配、管理系统、网络地址的主机名转换。

（3）信息系统安全保障管理

在信息系统安全技术基础设施服务领域内，信息系统安全保障管理对系统基础设施管理提供支持。

（4）事件检测和响应

事件检测和响应通过民航业务系统，对事件进行监测和分析，并关联事件检查传感数据，在事件发生时报告并协调系统反应行为。

5.5.2 服务运维管理

服务运维管理主要包括服务的开发集成和测试、服务供应、认证软件的管理、服务诊断以及培训支持。

（1）服务开发、集成和测试

服务开发、集成和测试确保服务在配置到民航业务信息系统之前，进行一体化的开发、集成和测试，促使服务按预定目的运营而不会产生故障。

（2）服务供应

服务供应可以为配置到民航业务系统的服务分配计算资源。

（3）认证软件的管理

认证软件的管理为在民航业务系统正常运行的软件提供认证管理，确保该软件功能的完整性和有效性。

（4）服务诊断

服务诊断能够支持服务故障原因检测的辅助工作，为某些不能立即在现场处理的问题提供服务。

（5）培训支持

培训支持为用户、运营商和维护者提供系统运行和服务培训。

本章小结

本章主要介绍民航广域信息管理的功能架构，内容包括民航广域信息管理整体功能架构、核心服务、基础设施、企业治理和管理服务等。

根据面向服务架构的设计思想和原则，为屏蔽信息技术的多样性与复杂性，使服务能够通过标准的、独立的接口（如 XML 和 Web 服务）进行交互，给出民航广域信息管理的整体功能架构。该架构自上而下为民航业务信息系统、业务数据服务、SWIM 核心服务、SWIM 技术基础设施，还包括企业治理和管理服务。各个服务提供者将各自的功能组件封装成可通过这些标准接口互操作的服务，并将其注册在网络上或注册库中，其他参与者可以通过网络发现这些服务，并进行调用。

然后对 SWIM 核心服务、技术基础设施、企业治理和管理服务进行了详细介绍。SWIM 核心服务包括消息服务、接口管理、安全服务和企业服务管理，根据整体功能架构对每个核心服务进行介绍。消息服务主要介绍了服务的发布/订阅、请求/响应模型，以及消息路由和消息转换，使消息在 SWIM 环境下如何传输、如何路由等更加清晰。对接口管理的介绍主要从服务注册、服务发布、服务发现和服务调用等四方面进行，尤其是比较详细地介绍了服务同步和异步调用模式。安全服务为 SWIM 环境中系统间顺利进行交互提供安全保障，包括安全策略、认证管理、访问控制和服务监控，保证服务安全有效的提供和消费，防止非法用户访问和用户越界访问等，并对服务发布和调用过程进行监督和控制。企业服务管理是 SOA 架构的润滑油和故障信标，需要对 SOA 架构系统进行有效监控和管理，保证基于 SOA 架构的广域信息管理系统正常工作。企业服务管理主要包括四个方面：策略实施/指标收集、性能监控/报告、故障检测/报告、异常反馈/告警。

SWIM 技术基础设施主要为 SWIM 核心服务提供软硬件方面的支持，包括边界保护、安全支持、消息中间件、服务引擎、数据存储、数据处理平台、硬件支持、地地和地空通信网络等。可以粗略地等价于 OSI 模型中的物理层和数据链路层，为上层服务与功能提供包括传输机制、安全保障、策略规则等方面的支持。如边界保护使系统内部和外部实体间互操作更具有保证，地地和地空通信网络为服务传输和路由提供了硬件资源，消息中间件屏蔽了网络和底层系统的复杂性，使操作更透明、更简单。

企业治理为基于 SOA 的民航广域信息管理提供了一种高层次的规划和管控，规定了系统中不同部门、不同角色对应的职责和协议。企业治理贯穿在 SOA 整个生命周期中，包括设计、部署、建设和运行，并进行治理策略的创建、沟通、执行、维护和调整。其主要包括两大部分，分别是运行管理和策略治理。其中，运行管理目的是对服务生命周期进行有效管理。策略治理主要包括 SOA 治理策略、服务设计治理、运行和操作治理、SOA 治理支持等。

根据具体业务、功能和架构的实际情况，还需要给民航广域信息管理系统匹配管理服务，以对整个系统进行全面监视和管理。在民航广域信息管理系统中，管理服务主要由数据/网络支持服务和服务运维管理两大部分组成。

通过本章对民航广域信息管理整体功能架构的详细介绍，我们对包括 SWIM 核心服务、基础设施、SOA 治理、生命周期管理等概念与内容有了全面的了解，对民航广域信息管理系统有了更加清晰和层次化的认识。

思考题

5-1 简述地地 SWIM 和地空 SWIM 的含义。

5-2 简述民航广域信息管理功能架构的组成，以及各层的作用与意义。

5-3 SWIM 的核心服务有哪些？并列举它们各自的组成。

5-4 简述消息服务的两种传输模式。

5-5 简要分析定制消息路由模型和基于内容的消息路由模型。

5-6 列举服务同步和异步调用模型。

5-7 分析单向调用、回调、轮询、发布订阅模型，并进行比较。

5-8 简述安全服务中的认证管理和访问控制。

5-9 简要分析服务生命周期管理的过程。

5-10 列举 SWIM 运行和操作治理的基本原则，并进行分析。

5-11 简要介绍民航广域信息管理管理服务的组成。

第6章

民航广域信息管理技术进展与应用

根据前面章节对 SWIM 概念、核心思想和功能架构的介绍，相信读者对广域信息管理有了比较全面的了解，本章将为读者首先介绍欧美在 SWIM 系统建设实施方面的最新进展；然后介绍在 SWIM 系统实践中需要的业务数据模型，包括航空信息交换模型、气象交换逻辑模型和航班信息交换模型，它们都是相关服务交互的数据规范；接下来以欧洲数字航空信息管理（D-AIM）、SWIM 注册库和空管 SWIM 仿真平台为例介绍 SWIM 系统的实践原型和应用。

6.1 国外 SWIM 最新进展

以欧美为代表的国家和地区在 SWIM 系统建设和实施方面进展比较迅速，已投入使用的系统在空中交通管理过程中发挥着重要作用，并产生了一定的经济效益。接下来将介绍美国和欧洲 SWIM 系统建设实施的最新进展。

6.1.1 美国 SWIM 最新进展

美国 FAA 于 2014 年 8 月发布的下一代航空运输系统实施计划（NextGen Implementation Plan，NGIP），将 SWIM 系统建设列为七大关键项目之一，使其负责信息交换和共享的任务。SWIM 系统是下一代航空运输系统实施计划的重要基石，为空中交通管理及其相关民航系统提供数据共享和管理服务。

由第 2 章可知，FAA 对 SWIM 二期的规划中主要包括两个阶段，分别是 2a 期和 2b 期。其中 FAA SWIM 2a 期的部署规划完成情况包括：添加 NAS 企业级消息服务（NEMS）的功能，其能够用于 NAS 的飞行计划、流量管理、地面雷达和气象等数据的发布和共享，并在亚特兰大、盐湖城、洛杉矶、迈阿密、波士顿、明尼阿波利斯、芝加哥、华盛顿、西雅图和沃斯堡等空中交通管制中心部署了 NEMS 节点。

美国联邦航空局（FAA）正在完善和构建相关的民航系统，目前能够接入 SWIM FTI 的系统包括交通流量管理系统（Traffic Flow Management System，TFMS）、基于时间的流量管理（Time-Based Flow Management，TBFM）、终端航班数据管理（Terminal Flight Data Management，TFDM）、SWIM 终端数据分发系统（SWIM Terminal Data Distribution System，STDDS）、SWIM 航班数据发布服务（SWIM Flight Data Publication Service，SFDPS）、集成终端气象系统（Integrated Terminal Weather System，ITWS）、气象信息交换中心升级系统（Weather Message Switching Center Replacement，WMSCR）、走廊集成气象系统（Corridor Integrated Weather System，CIWS）、AIM 联合航行通告分发系统（Federal NOTAMS Distribution System，FNS）、AIM 特殊活动空域（Special Activity Airspace，SAA）和 AIM 现代化阶段 2（Modernization Segment Two，AIM-M S2），如图 6.1 所示。并且他们都通过 NEMS 节点为用户提供数据和服务，其中实线框表示的系统或服务能够连接到 NEMS 节点，虚线框为未来计划开发的系统或服务。这些系统和数据可以分为航班、气象和航空情报三大类，TFMS、TBFM、TFDM、STDDS 和 SFDPS 属于航班信息，ITWS、WMSCR 和 CIWX 属于气象信息，FNS、SAA 和 AIM-M S2 属于航空情报信息。

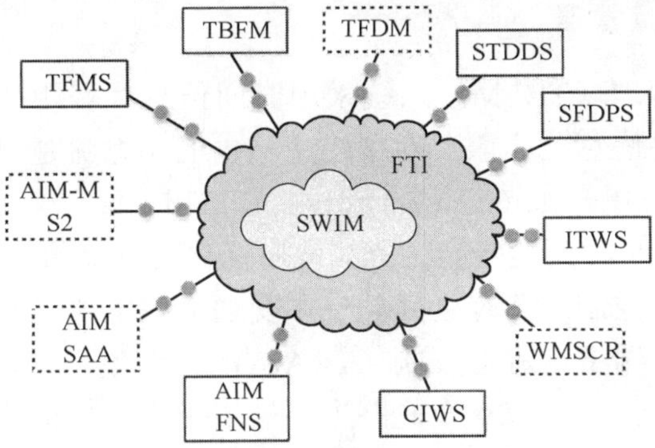

图 6.1　目前已接入 SWIM FTI 的系统

1．交通流量管理系统

交通流量管理系统（TFMS）是 FAA 平衡 NAS 系统需求和容量的自动化工具。该系统可以监视需求和容量信息，评估系统约束的影响，根据相关信息提供告警，辅助决策者制定适当的调整策略。该系统的应用可增加 NAS 系统的可预测性、灵活性、高效性和容量，并减少航班延迟、不确定性、安全风险和成本等。TFMS 系统主要描述 NAS 系统中当前和计划的交通流量信息，并为用户提供订阅航班信息和流量信息服务。航班信息包括航班计划、起飞降落、取消、跨区域和航迹位置报告等数据，流量信息包括流量约束区域和评估区域、地面延迟、空域流量和协同航迹操作等数据。目前该系统的数据由位于美国新泽西大西洋城的 FAA 威廉・J・休斯技术中心进行处理，备份功能运行在美国北弗吉尼亚的国土安全部灾难恢复中心。TFMS 系统为包括 FAA、军方、商业、公众和国际合作伙伴在内的 30 多个利益相关者提供服务接口，其被部署在空中交通控制系统指挥中心和 88 个其他空中交通管理点。但该系统还需要在与航班和机场运营交互等方面进一步完善。图 6.2 为位于美国弗吉尼亚州沃伦敦的 FAA 空中交通管制系统指挥中心的正运行的 TFMS 系统。

图 6.2　TFMS 正在运行于 FAA 空中交通管制系统指挥中心

2. 基于时间的流量管理

基于时间的流量管理（TBFM）系统采用时间信息代替距离信息，辅助管制员管理空中交通，旨在通过信息共享服务对繁忙空域内的飞行流量进行优化。TFBM 主要基于交通管理顾问（Traffic Management Advisor，TMA）系统，添加基于时间操作的信息，指引飞行在指定时间到达指定地点，从而优化飞行流量。TMA 系统已经部署在所有航路中心，并可以控制航路点之间的空中交通。TBFM 系统可以辅助航路管制员将航空器转交给机场终端雷达进近管制（TRACON）设备，使系统运行更加准确。在 2013 年 7 月，该系统已部署在 20 个航路中心，用于将准确的飞机数量和飞机下降至跑道的飞行路径提供给空域管理部门。图 6.3 为运行中的 TBFM 系统。

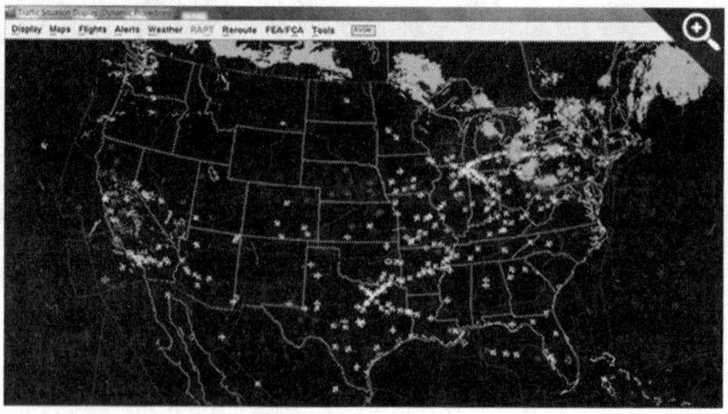

图 6.3　运行中的 TBFM 系统

3. 终端航班数据管理

终端航班数据管理（TFDM）系统旨在提高机场场面和终端空域操作的效率，包括四个核心功能：电子航班数据发布、交通流量管理、机场场面的协同决策和系统整合。TFDM 使塔台设备和操作更现代化，使航空器流线式排序运行，从而减少延迟，提高态势感知。2016 年 6 月，FAA 资助洛克希德・马丁公司开发实现 TFDM 系统，预计将在 2019 年开始投入运行。

FAA 已经完成 SWIM 场面虚拟工具（Surface Visualization Tool，SVT）的部署，其将支持 TFDM 系统的实现。SVT 工具被 NextGen 咨询委员会（NextGen Advisory Committee，NAC）设为优先实现的项目，其支持 TRACON 设备显示终端场面数据，使管制员更容易地处理起飞拥挤状况和改变计划，如为应对气象条件切换可运行的跑道等。已在 TRACON 设备中部署 SVT 工具的地方包括南加利福尼亚、北加利福尼亚、波托马克河、路易斯维尔、芝加哥、休斯敦、波士顿和纽约等，部署 SVT 工具的航路中心包括洛杉矶和纽约，还包括空中交通管制系统指挥中心。图 6.4 为 SVT 工具运行场景，为其他设备提供机场场面的态势感知，可以优化交通流量和减少航班成本，并可促使 TRACON 和航路中心更好地与塔台协作。未来 SVT 原型将会被 TFDM 系统代替。

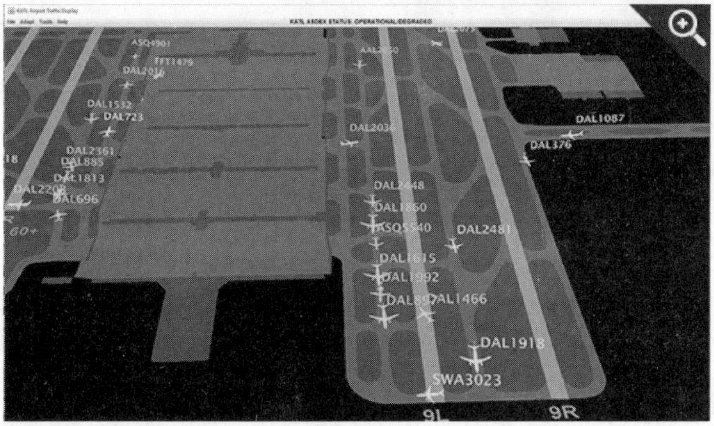

图 6.4　运行的 SVT 工具

4．SWIM 终端数据分发系统

SWIM 终端数据分发系统（STDDS）是一个成功通过 SWIM 开发和集成服务的系统，将来自机场塔台的原始地面数据转换成可读取和访问的数据，然后将其发送给相应的机场终端雷达进近管制（TRACON）设备，接下来终端雷达进近管制设备再将收到的信息通过 NEMS 节点提供给相应的航空公司和其他用户。STDDS 系统非常重要，其可以使塔台管制员和 TRACON 管制员持有共同的态势。目前 STDDS 系统部署在 35 个机场场面探测设备—型号 X（ASDE-X）、2 个具备场面监视功能（Airport Surface Surveillance Capability，ASSC）系统（未来将建成 9 个）、68 个装有电子进程单传输系统、74 个具备塔台数据链服务、157 个 TRACON 设备和 130 个跑道可视距离（RVR）等中，涉及航空器起飞降落、撤/上轮档和跑道可视距离等信息。SWIM 终端数据分配系统还会将数据提供给控制和平衡 NAS 系统内交通容量的交通流量管理系统（TFMS），利用这些数据，TFMS 可以更好地计算和优化航班轨迹，提高交通流量管理能力。图 6.5 为 STDDS 系统在 RVR 状态监视中运行。

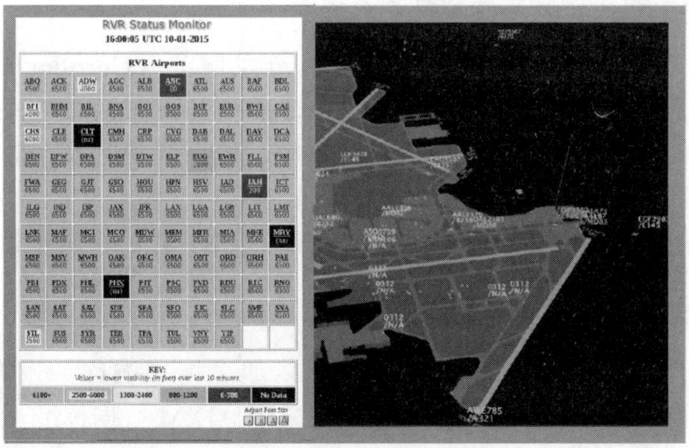

图 6.5　STDDS 系统在 RVR 中运行

5. SWIM 航班数据发布服务

SWIM 航班数据发布服务（SFDPS）的目标是提高飞行数据共享效率，并通过对各类民航信息系统中飞行数据的整合和标准化，确保在 NAS 系统内飞行数据的一致性。SFDPS 是第一个通过 SWIM 系统发布航路数据的服务，也是最早使用航班信息交换模型（FIXM）和航空信息交换模型（AIXM）来提供飞行数据的服务。除此以外，该服务还通过 SWIM 消息服务为航空公司和机场提供飞行信息的相关数据。并且支持请求响应和发布订阅的通信模式，以便用户可以根据需求进行定制数据服务。目前 SFDPS 数据库支持当前和历史数据存储，支持快速准确的航班匹配，还支持大数据分析。

6. 集成终端气象系统

集成终端气象系统（ITWS）可以发布 TRACON 设备解析和处理的基于 XML 的标准化气象数据，这些气象数据包括机场雷电告警和风暴监视等 30 多项数据。该系统已被部署在包括迈阿密和亚特兰大等 34 个城市和地区，并且美国 FAA 计划 2017 年将 ITWS 的气象处理功能纳入下一代航空运输系统的气象处理模块（NextGen Weather Processor，NWP）中，并将 ITWS 的气象数据发布功能以符合开放地理空间信息联盟（Open Geospatial Consortium，OGC）数据格式的形式纳入常规天气支持服务（Common Support Services–Weather，CSS-Wx）中。CSS-Wx 服务可以处理和传输民航气象信息，有助于管制员和运营者制定航班计划和优化的决策。

7. 气象信息交换中心升级系统

气象信息交换中心升级系统（WMSCR）为 SWIM 一期工程 SIP，其在 NAS 系统中收集、处理、存储和转发文本形式的航空气象信息，包括飞行员报告（PIREP）和高度表等数据。WMSCR 支持请求响应和发布订阅的通信模式，数据格式遵从 WXXM 模型。

8. 走廊集成气象系统和走廊数据分发服务

走廊集成气象系统（CIWS）和走廊数据分发服务（Corridor Data Distribution Service，CDDS）同样通过基于 XML 数据的请求响应和发布订阅两种通信模式进行信息交换和共享，信息源来自于三维气象追踪系统，该系统关注大容量的走廊信息，涉及特定航路和终端空域。其中 CIWS 涉及的数据包含走廊雨量和风暴等信息。同 ITWS 一样，美国联邦航空局计划在 2017 年将 CIWS 纳入 NWP，将 CDDS 纳入 CSS-Wx。

9. AIM 联合航行通告分发系统

AIM 联合航行通告分发系统（FNS）可以通过请求响应和发布订阅的方式在 SWIM 系统中传输数字化的 NOTAM 数据，并采用 AIXM 数据标准。航行通告分发系统（NOTAM Distribution Service，NDS）服务可以为飞行员实时提供数字化航行通告，并支持数字存储以满足特殊航路飞行的需求。目前美国国防部已采纳了该服务，并在SWIM环境中对其功能进行了拓展。

10. AIM 特殊活动空域

AIM 特殊活动空域（SAA）提供机场引用和配置数据，SAA 定义的数据包括临时飞行限制数据、FNS 数据和导航数据等。AIM 现代化（Aeronautical Information management Modernization，AIMM）使 NAS 系统中的航空情报数据以数字化的方式在 SWIM 环境中进行传输，AIM-M S2 将通过构建航空通用服务（Aeronautical Common Service，ACS）和一站式（One-Stop-Shop，OSS）门户对航空情报的收集、整合、管理、维护和分配进行现代化，为用户访问航空情报建立统一和安全的访问节点，将 FAA 从以产品为中心转变为航空情报管理为中心。航空情报信息包括航行通告、SAA 数据、机场数据和其他 NAS 基础设施数据。其中 ACS 可以提供 FAA 和 NAS 利益相关者访问航空数据的功能，OOS 是一个数据查询、展示和分析工具，其允许用户通过不同的方式（如桌面应用或浏览器）访问 ACS 的数据和功能。

连接以上各系统的关键是 NEMS，其是 SWIM 信息共享的物理系统，支持 NAS 数据的发布和共享。目前 NEMS 节点已部署在 16 个 FAA 航路中心（总共规划 20 个），用于内部消息传输。外部消息传输功能由 8 个 NEMS 网关提供，这些网关目前已部署在大西洋城、俄克拉何马城、盐湖城和亚特兰大等 4 个城市。

除了建设和完善航班、气象和航空情报等系统外，未来还将开展 CSS-Wx、NAS 公共参考（NAS Common Reference，NCR）模型和航空情报管理现代化（AIMM）等方面的工作。其中，NCR 将在共同的参考模型下，为 NAS 和非 NAS 用户提供企业级和跨域的状态信息交换，促使系统中个用户保持共同的态势感知。AIMM 将采用现代化手段收集、管理、维护和分发航空情报。

6.1.2 欧洲 SWIM 最新进展

在 2015 年第四届 SWIM Master Class 期间，所有参与者在 SWIM 信息服务和应用两个方面进行开发，并且首先能够请求访问 SWIM 注册库，其中包含了所有 ATM 数据资源和服务，其次能够通过证书认证对 NM B2B 服务进行访问。在服务类别中，4D WeatherCube 服务获得了 Best-in-Class，其由欧洲国家气象服务提供者 EUMETNET 提交，该服务提供可裁剪的气象信息，所有 ATM 利益相关者可以通过 SWIM 兼容的航空气象网关（MET-GATE）进行访问。FlightAware 的在线 ADS-B 航班位置数据反馈服务和 M-CLICK 的航空数据验证平台也得到奖励，他们分别用来跟踪航班和验证航空数据。在应用类别中，Frequentis 的国家空中警务中心（National Air Policing Centre，NAPC）获得了 Best-in-Class，其允许共享民航和军航信息，以便实时的进行协调决策。Airbus Defence & Space 的机场 KPI 分析和优化应用，以及 Ingegneria Dei Sistemi（IDS）的 ATC 模拟环境—SWIM 兼容系统也获得奖励。图 6.6 为 FlightAware Web 服务显示航班 ADS-B 位置。

图 6.6　FlightAware Web 服务显示航班 ADS-B 位置

其中，SESAR SWIM 系统中最典型的服务是网络运行计划中的 NM（Network Manager）B2B Web 服务，通过该服务，Eurocontrol 为所有利益相关者提供访问数据资源的统一接口。为实现充分的互操作，NM B2B Web 服务采用开发的 Web 服务技术，不需要用户安装额外的应用，并且符合 SWIM 概念推荐的架构标准。同时该服务交换的数据格式遵从 AIXM 模型，从而促进数据交换的标准化和一致性。

目前 NM B2B Web 服务包含航班服务、空域服务、流量服务和通用信息服务。其中航班服务包括航班计划（Flight Plan,FPL）准备、FPL 管理和航班数据检索等，FPL 准备能够制定可用航路和验证 FPL 报文，FPL 管理可以提供 FPL 过滤、更新、取消和关联等功能，航班数据检索提供查询和检索航班计划等信息。

空域服务包括电子空域管理信息（e-AIM）、空域灵活使用（Flexible Use of Airspace，FUA）服务和空域数据服务，e-AIM 可以通过采用 AIXM 模型访问欧洲空域使用计划（Airspace Use Plan，AUP）或更新使用计划（Updated Use Plan，UUP），FUA 服务可以采用 AIXM 模型对 AUP/UUP 进行创建和更新，空域数据服务可以提供访问最新的空域数据。

流量服务包括规则列表服务和 ATFCM 通告消息（ATFCM Notification Messages，ANM）服务，通过规则列表服务，用户能够访问所有在 NM 流量管理系统中使用的规则信息；通过 ANM 服务可以访问发布的规则信息。其中包含的通用信息服务主要用于访问通用网络操作信息。

除了 NM B2B Web 服务外，Jumpstart 应用是一个 SWIM 系统原型应用，其是包含航班、航空情报和气象等信息的软件，所有功能都是通过注册在SWIM注册库中的Web服务提供，将在后边第三小节对其进行详细介绍。

随着SESAR SWIM Master Class的举办，SWIM原型系统在空中交通管理中正变得真实可操作。2016年6月SJU组织在全球范围内对SESAR SWIM进行验证，其遵从ICAO GANP/ASBU和欧洲ATM计划。验证过程由150参观者和40多个组织参与，验证测试了信息共享、面向服务、开发的标准和服务生命周期等。SESAR 部署经理Guy Potiron表示，SWIM系统作为SESAR部署项目一部分，将会于2025年在全欧洲部署初始SWIM（initial SWIM，iSWIM），其将提供航空、气象和航班等方面的信息服务。

iSWIM是欧洲试点项目（Pilot Common Project，PCP）中6个ATM功能（ATM Functionalities，AF）之一，对应为AF5，能够促进其他AF的实现。iSWIM支持基于标准的信息交换和基于IP网络的数据传输，可以提供数字信息服务，包括航班计划、气象更新、交通流量和空域监视等，这些数据服务将提高信息传输的准确性和效率。

iSWIM 包含 6 个子功能：通用基础设施组件、SWIM 技术基础设施（Technical Infrastructure，TI）和简介（Profile）、航空情报交换、气象信息交换、航班信息交换和协作网络信息交换。

（1）通用基础设施组件是SWIM基础设施，包括注册库和公钥基础设施（Public Key Infrastructure，PKI），注册库用于存储和发现信息和逻辑信息模型，及SWIM支持的服务、业务、技术和政策信息。PKI 用于签署、颁发和维护证书，以确保信息安全传输。

（2）SWIM技术基础设施和简介，SWIM技术基础设施的实现需要依赖标准和互操作服务，信息交换服务简介包括SWIM TI蓝皮书（用于ATC之间航班信息交换）和黄皮书（用于交换其他ATM数据，包括航空、气象和集成等）。

（3）航空情报交换，交换的信息包含空域限制生效和解除通告、按需请求的航空情报信息、空域使用计划和数字航行通告等，数据遵从AIXM信息模型。

（4）气象信息交换，涉及机场气象预测（风向、风速和跑道视距等）、高空气象等服务，以支持航路ATC管制操作，数据遵从WXXM信息模型。

（5）航班信息交换，管制单位采用SWIM TI蓝皮书实现航班信息的传输，以操作不同的航班对象、共享航班对象信息；其他利益相关者采用SWIM TI黄皮书实现航班信息的传输，以验证航班计划和航路、包含4D航迹和航班状态等信息，数据遵从FIXM信息模型。

（6）协作网络信息交换，利益相关者采用B2B Web服务和SWIM TI黄皮书实现协同的网络信息交换，使特定气象条件下机场容量最大化，及网络操作计划和机场操作计划同步等功能。

AF5（iSWIM）只进行了地地信息交换，在AF6（初始航迹信息共享）中，航空器可以下传航迹信息，实现地面SWIM系统对航迹信息的访问。

6.2 民航业务数据交换

随着民航业的发展以及民航信息网络的优化，异构的空中交通管理（ATM）系统之间集成性和互操作性、地空数据信息可获得性、信息网络容量可扩展性的缺失问题日益明显，成为限制民航系统信息化进程的主要因素。民航现有信息系统现状如下：种类繁多，数据类型多样，如航空数据、监视数据、气象数据和飞行数据等，信息化进程不一，系统之间关联性弱；不同类型民航信息系统之间的同类数据结构和数据接口的不一致，在互联和交互时需要在系统数据接口开发方面耗费大量成本，增加冗余重复的工作量，数据通信和交换机制不顺畅，严重制约了民航信息高效共享。在信息获取途径方面，仍然存在同类信息需从多个数据源获取数据进行拼接的问题，对信息资源的整合、业务数据发布与更新的一致性和实时性均有较大的压力。

当信息由大量不同参与者提供，并由大量 ATM 服务消费者使用时，信息交换模式是必不可少的。并且要实现不同业务系统间互操作，信息必须被明确地定义和充分地理解。换句话说，这是对语义互操作性的要求，需要在数据交换之前对信息进行详细和标准的描述，即后面将会介绍的信息交换模型。其中涉及信息域的概念，其可以以更小的和易于管理的单元组合对信息进行定义。图 6.7 描述了国际民航组织已经确定的信息域，包括航空、监视、气象、航班和流量等信息域，某些国家或组织也可以根据需要定义其他的信息域。

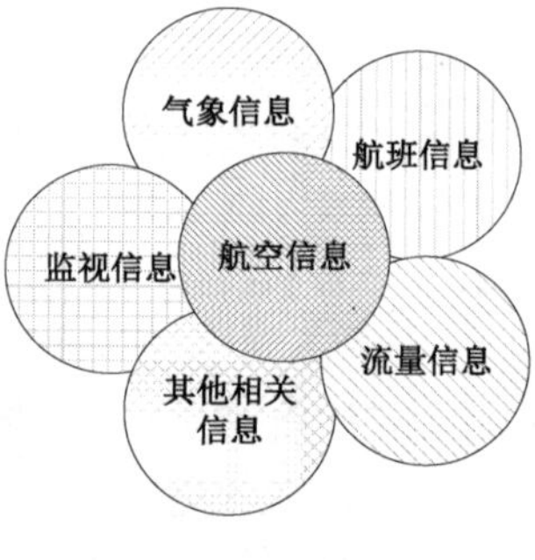

图 6.7 潜在的信息域

目前在航空、气象和航班等三方面，由欧美主导构建了信息交换模型，即 AIXM、WXXM 和 FIXM 模型，为相应信息传输提供标准化描述。下面将对这三个信息交换模型进行详细介绍，由于它们采用的技术是相似的，不同点在于 AIXM 用于航空情报信息的建模，WXXM 用于气象信息的建模，FIXM 用于航班信息的建模，故对 AIXM 和 WXXM 只进行简单介绍，而以 FIXM 作为重点进行讲述。

6.2.1 航空信息交换

随着世界经济的发展，飞行安全和效率需要及时、准确和完整的航空情报服务（Aeronautical Information Service，AIS）来支持，传统的航空情报服务在时效性和信息量方面逐渐难以满足未来航空运输系统发展的需要。

自 2006 年以来，由国际民航组织在全球范围内开始推动航空情报服务过渡到航空信息管理（Aeronautical Information Management，AIM），改善目前的以产品为中心的管理模式，逐步过渡到以数据中心的管理模式。AIM 是指通过在各相关方之间协同地交互高质量的数字化航空数据，对航行情报服务进行动态和集中的管理，使其具有安全、经济和高效等优势。AIM 的最终目标是向飞行全过程、航空器运行监控与流量管理提供实时和数字化的航空数据，为新一代空中交通管理系统提供数据支持服务。

支持航空运行的关键是涉及空管、机场和航空公司的各种数据，从空中到地面，没有数据就谈不上飞行。而数据的可靠性、及时性、有效性和完好性是飞行安全、有序和高效的保障，而现有的 AIS 和地形图的半自动化作业方式，以及以纸张作为主要发布介质的状况已难以满足数据使用者的需求，甚至可能制约某些业务的发展。AIS 向 AIM 过渡就是这种需求的结果，传统 AIS 服务和未来的 AIM 服务在管理手段、信息范围、信息集成形式、信息发布、系统支持和信息交换模式上有着很大的区别。

AIM 是在全球范围内以交互的方式提供高质量、满足当前及未来 ATM 系统和所有飞行阶段需要的航空数据。当前航空信息管理的信息流变得越来越复杂，涉及利益相关者越来越多。AIM 为空中导航和 ATC 系统提供高质量、实时的航空信息，将从以产品为中心转为以数据为中心。AIM 的目标是支持“联合信息共享”的理念及其实施，最终过渡到 SWIM 系统，实现航空情报的实时、高效和准确的发布与执行。航空信息交换模型（AIXM）支持以数据为中心的环境，并且支持在整个数据链中对航空信息的集成、存储和转换。这将使得所有系统间传输的数据变得更加准确和一致，使得航空情报服务（AIS）运行更加高效。

1．AIXM 概述

为了促进全球航空事业稳定快速的发展，实现全球航空数字化和一体化，国际民航组织提出了民航标准和规范，以及从传统以服务为中心的航空情报服务向以数据为中心的航空情报管理过渡的目标和规划。Eurocontrol 和 FAA 极力推行的航空信息交换模型（AIXM）是众多航空信息标准之一，是航行情报部门用于建立国家中央数据库和数据交换格式的标准。采用该标准可以实现航空信息发布（Aeronautical Information Publications，AIP）的自动化处理、航图制作和发布自动化、NOTAM 与地理信息的整合、机场地图数据库和相关应用，还可以支持电子飞行包相关功能，以及驾驶舱态势显示和飞行管理系统（Flight Management System，FMS）。

航空情报信息交换模型设计与开发的目的是促使 AIS 数据以数字化的形式进行管理和发布，使命是在全球范围内提供一个实际可行的航空数据和交换模型，使用该模型不仅可以改进 AIS 系统，同时可以实现各国 AIS 系统之间的信息交换。同时，AIXM 模型使得各国能够将其他国家的数据引入自己的系统，根据需要直接构建定制化的产品，促进航行情报部门所提供的服务更贴近实际运行的需要。由于世界航空越来越依赖于实时、彼此兼容和高质量的航空信息，所以未来 SWIM 系统中采用 AIXM 标准是必需的。

2. AIXM 历史

最初 Eurocontrol 为了满足欧洲 AIS 数据库（EDA）的需要，开发了 AIXM 模型，后来于 2003 年联合美国 FAA 共同开发演进。2005 年发布 AIXM4 和 AIXM4.5，增加了对军民航的兼容。在 2006 年召开的全球 AIS 大会（Global AIM Congress）上发布了 AIXM5 版本，同时会议通过的 10 项议题中的第一条就是建议国际民航组织采用 AIXM 作为可执行的国际标准。

AIXM5 的目标是支持当前和未来的航空信息处理，包括数字 NOTAM、飞行程序设计和动态空域管理。该版本与早期版本相比，存在重大改变，采纳了许多国际标准，如图 6.8 所示，如地理标记语言（Geography Markup Language，GML）、ISO19100 系列空间信息标准和统一建模语言 UML 等；并将元数据加入到模型中；更新了一些概念，如机场地图、终端区程序和障碍物数据；增加了新的功能，涵盖静态数据和动态（临时）数据，模型中引入了时间概念，报文和交换脚本实现模块化，具备可扩展性和灵活性等。

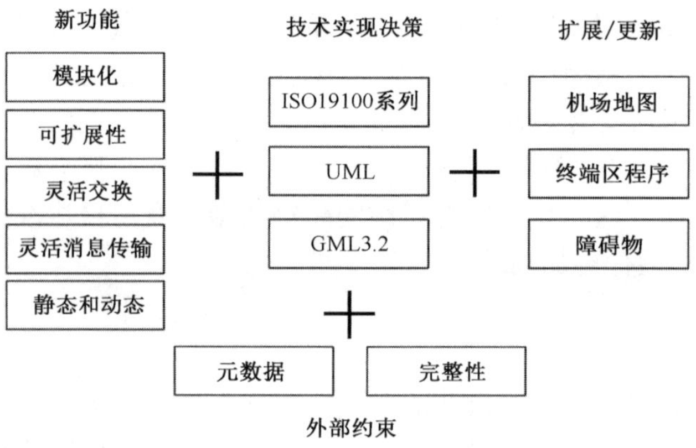

图 6.8　AIXM5 标准与扩展

2007 年增加了数字航行通告（xNOTAM）概念，在 2008 年发布的 5.0 版本，不仅涵盖了静态信息管理标准，而且包含动态信息（如 NOTAM）管理标准。目前最新版本为 AIXM5.1.1。

3. AIXM 模型组成

AIXM 模型包括 AIXM 概念模型（AIXM Conceptual Model，AICM）和 AIXM XML Schema 两部分。AIXM 概念模型是航空域的概念模型，描述了航空域的特征和属性，因此可以作为 AIM 数据库设计的逻辑基础。该模型的设计采用统一建模语言 UML，后续将对其详细介绍。AIXM XML Schema 是航空数据的交换模型，其采用 XML Schema 实现概念模型，因此该模型可以用于系统间采用 XML 的形式交换航空信息。

AIXM 模型对多个概念主题进行建模，如机场/直升机场及设备、空域、导航设备、障碍物、组织结构、飞行程序、空中加油、航路航线等， 与 UML 模型中的包相对应，如图 6.9 所示。

以空域概念为例，空域概念可以描述任意具有航空意义的三维空域，如航班信息区域（Flight Information Region，FIR）、空中交通控制扇区、受限的区域、终端区域（Terminal Approach，TMA）和临时空管区等。图 6.10 描述了一个有两部分组成的复杂空域，在 AIXM 和 3D 空域中将其定义为一个 Airspace 对象，该对象通过高度范围和水平范围进行描述。并且在使用该空域时，还具有时间信息，其描述了该空域可以运行或活动的时间。

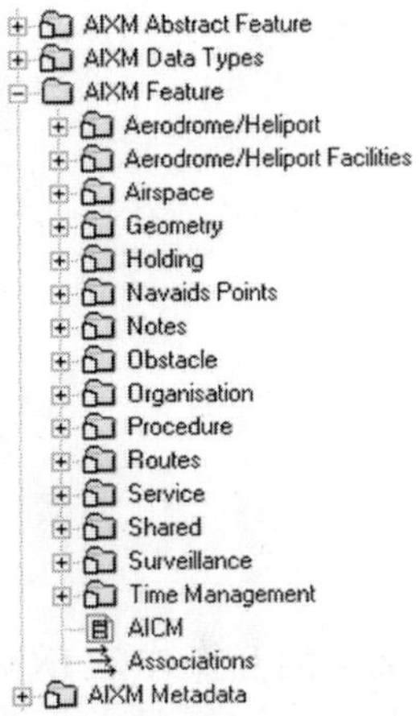

图 6.9　AIXM UML 模型

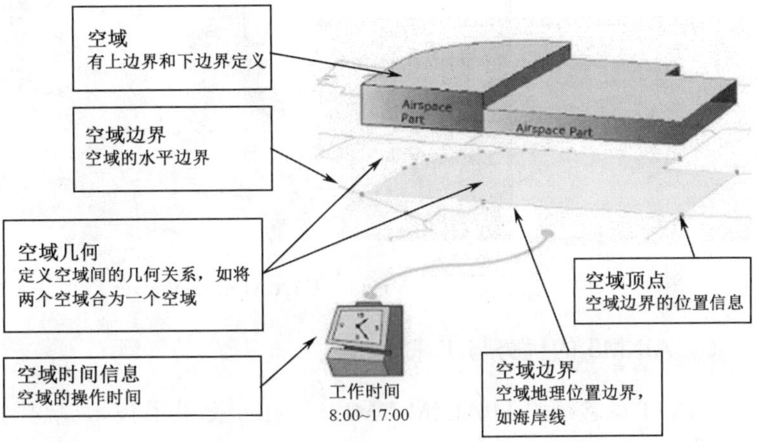

图 6.10　空域概念

AIXM XML Schema 是 AIXM 模型的重要组成部分，用于系统间交换航空信息，该 Schema 通过将 AIXM 概念模型中的特征、属性和业务规则映射到 XML 中。其主要用于自动化处理系统中促进不同系统间准确通信，但其不会直接被飞行员、AIS 工作者等使用，而是通过良好的人机交互接口来呈现封装的数据。

4．AIXM 的实例应用

随着 AIXM 版本的不断演进，欧美等国家已将其在某些应用中进行试验与验证，这将推进 AIXM 模型的完善与应用，也促进了民航业务系统间关于航空情报信息的交换。下面以 FAA AIXM 5 Viewer（以下称为 Viewer）为例进行简单介绍。

Viewer 是由 Luciad 和 FAA 开发的应用，其目标是对 AIXM5.0 和 AIXM5.1 数据可视化提供方案。该应用能够提供 2D 和 3D 视图，如图 6.11 所示。当加载完遵从 AIXM 的文件后，可以将数据映射到虚拟地球上、定制可视化、查看并比较 AIXM 的特征属性，并可以根据 AIXM 的临时模型显示数据状态的具体时间和位置。另外，Viewer 还支持 Geo TIFF 格式的图片数据和 SHP 格式的矢量数据的可视化（关于这两种数据格式不再过多介绍，请感兴趣的读者自行查阅相关资料）。

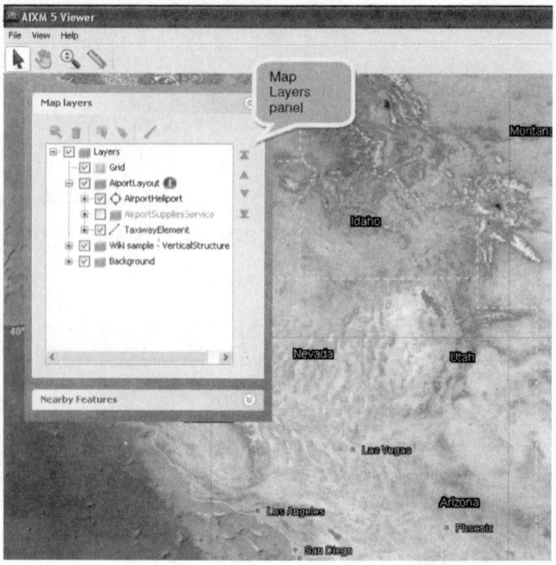

图 6.11　FAA AIXM5 Viewer 应用

5．AIXM5 的优势与未来

AIXM 概念模型和 AIXM XML Schema 提供了技术概念与语义上的互操作，AIXM 概念模型的主要优势包括，将真实世界的概念表示为一个理论结构，其可以被自动化系统理解和描述；为软件实现提供基础的逻辑数据结构；实现本地数据视图与应用的隔离；标准化航空数据的概念理解等。AIXM XML Schema 的主要优势包括，提升安全性，减少数据冲突，并且计算机操作将减少人为的错误；降低成本，AIXM 模型在软件系统中可以复用，并且适配器可以连接遗留系统；另外输入输出数字化，也可以减少数据质量检测和数据集成的成本。

AIXM5 目的是成为全球航空数据交换标准，不仅促进 SWIM 系统中航空情报信息的标准化描述，而且为未来其他构建信息域的数据标准提供参考和依据。

6.2.2　气象信息交换

目前，空中交通气象服务涉及的信息流变得越来越复杂，并且该信息流涉及大量服务提供者和消费者。ATM 系统的主要功能是在容量限制的条件下，利用所有系统资源，以保障航班从机场起飞进入空域，到最后机场降落的整个过程中的安全性，其中恶劣天气安全隐患最大。

同时，航空气象（MET）组织正在从以产品为中心的操作向以数据为中心的操作转变。在未来以数据为中心的环境中，使用航空气象（MET）信息和预测 MET 的功能将对利益相关者交互产生积极的影响，信息交换不仅可以从 MET 信息视角进行，而且还可以促进 ATM 信息域互联。ATM 系统不仅使用 MET 信息，而且可能会与其他相关信息进行融合以支持策略的判决，如航空情报信息和航班信息等。因此，MET 信息应根据 ATM 信息管理准则对气象信息进行构建，其中气象交换信息模型就是在该背景下产生的。

1. 气象交换逻辑模型概述

目前，气象交换逻辑模型正式发布的最新版本为 V2.0（2015 年 3 月发布）。同时，美国 FAA 和 Eurocontrol 相关工作人员对现有版本继续进行修改和更新。气象交换逻辑模型规范支持以数据为中心的环境，支持在整个数据链中气象信息的收集、传输和转换。气象信息交换模型包括三个主要部分：气象交换概念模型（Weather Exchange Conceptual Model，WXCM）、气象交换逻辑模型（Weather Exchange Logical Model，WXXM）和气象交换 XML 模式（Weather Exchange XML Schema，WXXS）。气象信息交换模型和模式（WXCM-WXXM-WXXS）将促使平台的独立、气象信息交换的协调和互操作，并包含空中交通行业所有的需求。

2. 气象交换概念模型

气象信息交换概念模型是一个气象域高层次的概念模型，其提供了组成数据模型的概念和标准的视图，如 ICAO 附件 3、ISO 19100 和 WMO BUFR 表等。该数据模型采用文本和 UML 进行描述。

WXCM 遵从 Eurocontrol 和 FAA 航空信息管理（AIM）概念的准则，即该模型具有促使互操作、开放、平台独立和遵从全球标准等特征。另外，WXCM 的构建是基于 ISO 19100 系列标准的，该标准提供了概念描述和地理数据应用实现的标准。通过遵从这些标准，该概念模型能够容易地与现存的系统和服务交互，尤其是经过良好建立的数据格式，如 AIXM 模型。ISO 19000 标准提供数据模型设计的标准，其促使不同域间的交互。遵从该标准的数据模型可以分层构建，所有 WXCM 对数据类型、测量尺度、气象现象、观测和气象产品等进行分层定义。

3. 气象交换逻辑模型

气象交换逻辑模型结合高层次 WXCM 模型的概念构建具体逻辑模型，其涉及数据交换方面的考量。与减少重复的规范化数据库模式类似，气象逻辑模型主要关注通用信息，以提高数据传输的效率。例如气象观测对象，可以分离出特殊的观察信息，对于其他通用的信息没有必要重复交换，从而促进实现数据交换的高效性。

WXXM 遵循地理标记语言（GML）对象属性模型，其需要对象属性用一个简单类型来表示。在观察和测量方面，WXXM 模型的构建采用开放地理空间信息联盟（OGC）模式，给出每个元素的定义，并包含一个描述该元素的值。

4. 气象交换 XML 模式

气象交换 XML 模式（WXXS）用于系统间气象信息的交换，其是通过将 WXXM

中的特征、属性和业务规则映射到 XML 中生成的。WXXS 是 GML 应用模式的一个实现，遵从 GML 文档描述，因此该模型能与其他遵从 GML 的应用能够兼容，也能使航空用户利用地理信息系统（Geographic Information Systems，GIS）标准的优势。

表 6-1 展示了一个简单 METAR 报的 WXXS 格式，包含一个机场的气象信息，METAR 属性被封装在 avwx:AerodromeWx 对象中。其中包含 rawText，其表示原始基于文本的 METAR 报文，这在混合环境下比较有用。每个报告可以包含多个观察与预测，都指向一个 featureOfInterest 元素。报告的基础类型包含 appliesTo 属性，其用于表示气象描述的目标对象。

在该实例中，featureOfInterest 元素具有一个#id2 的链接，指向表示具体机场的 appliesTo 属性，其中 gml:id 属性是 GML 中通用的模式以表示复杂对象。该报文的具体含义为：日常航空天气报告，特伦顿机场，观测时间世界协调时 5 日 18 时 53 分(UTC)：风速 11KT，风向 40°，能见度 0.5 英里，机场附近有雷暴和雪以及冻雾，5~7 个八分量的云，云底高 90m，8 个八分量的云，云底高 300m，温度−2℃，露点−2℃，修正海平面气压 30.06 英寸汞柱，该地点有降水传感器，雷暴在 40 分钟前开始，当前大气压推测是 1017.6 hPa，过去一小时累计有 0.02 英寸的降水，温度−1.7 °C，露点−1.7 °C。

表 6-1　一个简单 METAR 报的 WXXS 格式

```
< avwx:METAR
  xmlns:avwx ="http :// www.eurocontrol.int / avwx /1.1"
  xmlns:wx ="http :// www.eurocontrol.int / wx /1.1"
  xmlns:wxont ="http :// wmo.int / ontologies / wx.owl #"
  xmlns:om ="http ://www.opengis.net/om/1.0/gml32"
  xmlns:gml ="http ://www.opengis.net/gml/3.2"
  xmlns:xlink ="http ://www.w3.org/1999/ xlink "
  xmlns:xsi ="http ://www.w3.org/2001/ XMLSchema-instance "
  gml:id ="id0">
  < avwx:rawText >
    METAR KTTN 051853Z 04011KT 1/2SM VCTS SN FZFG BKN003 OVC010 M02/M02
    A3006 RMK AO2 TSB40 SLP176 P0002 T10171017=
  </ avwx:rawText >
  <!--
    Aerodrome weather observation.
  -->
  < avwx:aerodromeWxObservation >
    < wx:Observation gml:id ="id6">
      < om:samplingTime >
        < gml:TimeInstant gml:id ="id8">
          < gml:timePosition >2008-11-04T12:00:00Z</ gml:timePosition >
        </ gml:TimeInstant >
      </ om:samplingTime >
```

续表

```
< om:procedure xlink:href ="urn:fdc:faa.gov:Sensor:WeatherStation:01234"/>
<!-- Observed property links to higher-level Ontology concept that
  corresponds to result type
-->
<om:observedProperty xlink:href="http://www.eurocontrol.int/ont/avwx/1.1/wx.owl#AerodromeWx"/>
<!-- Feature of interest links to Aerodrome feature within this
  METAR instance.
-->
< om:featureOfInterest xlink:href ="#id2"/>
<!-- Result contains weather properties relevant to Aerodrome area of
  interest
-->
< om:result >
  < avwx:AerodromeWx gml:id ="id10">
    < avwx:airPressure uom =" mBar ">900</ avwx:airPressure >
    < avwx:airTemperature uom ="C">30</ avwx:airTemperature >
    < avwx:dewpointTemperature uom ="C">20</ avwx:dewpointTemperature >
    < avwx:verticalVisibility uom ="NM">2</ avwx:verticalVisibility >
    < avwx:windDirection uom ="deg">30</ avwx:windDirection >
    < avwx:horizontalVisibility gml:id ="hv1">
      < avwx:minimumVisibility uom ="NM">5</ avwx:minimumVisibility >
      < avwx:directionMinimum >NW</ avwx:directionMinimum >
    </ avwx:horizontalVisibility >
    < avwx:windSpeed uom =" kt ">15</ avwx:windSpeed >
    < avwx:qnh uom =" mBar ">900</ avwx:qnh >
    < avwx:qfe uom =" mBar ">900</ avwx:qfe >
    < avwx:cloudCondition gml:id ="cc1">
      < wx:base uom =" ft ">2000</ wx:base >
      < wx:cloudType >CUMULUS</ wx:cloudType >
    </ avwx:cloudCondition >
    < avwx:cloudCondition gml:id ="cc2">
      < wx:base uom =" ft ">15000</ wx:base >
      < wx:cloudType >CIRRUS</ wx:cloudType >
    </ avwx:cloudCondition >
    < avwx:seaWx >
      < avwx:SeaWx gml:id ="id18">
        < avwx:surfaceTemperature uom ="C">20</ avwx:surfaceTemperature >
        < avwx:seaState > CALM RIPPLED</ avwx:seaState >
      </ avwx:SeaWx >
    </ avwx:seaWx >
  </ avwx:AerodromeWx >
```

续表

```
    </ om:result >
   </ wx:Observation >
  </ avwx:aerodromeWxObservation >
  <!--
  Aerodrome is specified outside the context of individual observations
  and forecasts within METAR report and referenced within each
  observation/forecast to reduce redundancy in report instances.
  -->
  < avwx:appliesTo >
   < avwx:Aerodrome gml:id ="id2">
    < gml:identifier codeSpace =" urn:icao:code:Aerodrome :">DEN</ gml:identifier >
    < gml:name >BOS</ gml:name >
    < gml:location >
     < gml:Point srsName ="urn:ogc:crs:EPSG:4979" srsDimension ="3" gml:id ="id4">
      < gml:pos >40.0 -70.0 1000.0</ gml:pos >
     </ gml:Point >
    </ gml:location >
   </ avwx:Aerodrome >
  </ avwx:appliesTo >
  < avwx:stationId codeSpace =" urn:icao:code:weatherStation :">KDEN</ avwx:stationId >
  < avwx:automated >true</ avwx:automated >
  < avwx:missing >false </ avwx:missing >
</ avwx:METAR >
```

随着 WXXS 不断地更新和完善，其变得越来越庞大和复杂，但是 WXXS 通过计算机自动处理后，可以有效促进不同系统间的信息交互。该 XML 不会被飞行员和气象工作者等直接使用，终端用户将采用人机友好交互的方式进行处理。

综上所述，WXCM 为概念提供高层次的视角；WXXM 描述了信息模型的交换逻辑模型，其与概念模型相对应，并且支持多种物理描述；WXXS 根据逻辑模型的映射进行物理描述，采用 XML 模式定义进行表示。气象信息交换模型的开发过程为：首先建立概念模型，然后在此基础上建立逻辑模型，最后再根据逻辑模型生成物理模型。

气象信息交换模型的建立，将促进气象信息领域从以产品为中心向以数据为中心的转变，促使民航各业务系统间气象信息的交换具有灵活性、可扩展性和安全性等优势，从而为民航运输业的信息化进程和发展带来极大的推动作用。

6.2.3 航班信息交换

经过上述对 AIXM 和 WXXM 模型的介绍，相信读者对信息交换模型有了一定的认识，除了航空和气象领域外，航班信息的交换在整个航班运行中也占有很大的比重，航班信息准确、及时的发布与处理是确保飞行安全的基石。下面我们详细介绍航班域信息交换模型的相关内容。

1. 航班信息交换模型概述

最近几年，航班延误问题越来越突出，民航局提出开展保障航班正常、大面积航班延误后应急处置、空管协同统一放行等专项工作，目的就是为了提高航班运行效率。围绕保障航班正常这一中心任务，需要采取多项措施以提高运行管理能力，实现对航班运行全过程的监督和管理。

目前，ATM 系统之间或者 ATM 系统和外部利益相关者（如空中导航服务提供者（ANSPs）、航空公司、政府部门以及公众）之间交换的航班信息等关键业务数据不完整、不系统，标准以及格式不统一，从而阻碍了运行相关方实现完整、实时的态势感知和协同决策。ATM 相关系统间航班信息交换局限主要体现在以下几方面：系统之间交换的航班信息格式和内容不一致；各飞行领域采用适合自身的规则、定义方式和数据格式，独自共享数据；系统中同一信息元素的命名和表示不一致，需要代理转换实现通信交换；不同系统对同一航班维护不同的数据项，导致信息割裂；各部门系统只支持自身相关信息，导致信息孤岛；系统间进行点对点通信，新建和修改接口成本和复杂度高。

基于这些问题，国际民航组织航空交通管理需求和性能组（ATMRPP）认同并支持航班信息交换模型（FIXM）的建立与推广，并在第十二次航行大会上获得通过，成为航空系统组块升级计划的一部分。在协作环境下的飞行与流量信息（Flight and Flow Information for a Collaborative Environment，FF-ICE）中对 FIXM 的需求进行了描述。FIXM 旨在通过定义标准的航班数据元素集以解决存在的问题，这些航班数据元素必须满足以下条件：采用所有飞行域都接受的术语进行明确的定义；采用标准的数据测量和单位来统一表示；按组打包封装以促使模块化、灵活性和可扩展性。

FIXM 模型旨在成为唯一通用的航班信息参考标准，以满足所有空管系统和空中交通利益相关者的需求。其允许授权的利益相关者和 ANSPs 交换标准化的航班数据，该数据可以是根据它们各自的需求和用途进行裁剪而得到的。FIXM 模型将促进系统间通用航班信息的共享，并促使各地区系统采用一个通用的参考架构进行合作，以到达共同的态势感知。航班信息交换模型（FIXM）是 SWIM 数据标准之一，其位于架构的应用层，如图 6.12 所示，用于联通协调作为数据发布者和作为数据订阅者的 ATM 系统。其中作为数据发布者的 ATM 系统包括 ATC 系统、交通流量管理系统和气象处理系统等，作为数据订阅者的 ATM 系统包括空域用户、航班运行中心、机场和交通部门、军队指挥和控制中心等。

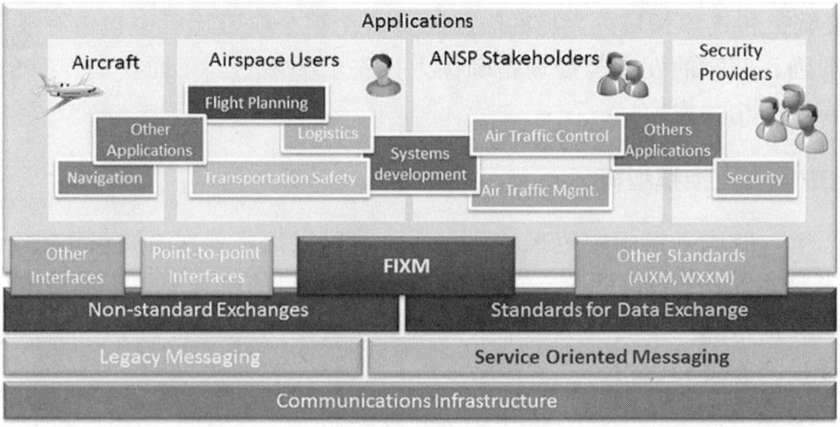

图 6.12 FIXM 模型在互操作架构中

航班信息交换模型（FIXM）具备多种功能，其支持基于面向服务实践的架构，该架构的优势在于支持标准的消息传输、身份认证和证书管理、企业服务管理、接口适配、冲突消除和数据再分配。FIXM 模型也可以处理遗留系统的接口，如点对点的 TCP/IP 套接字。

航班信息交换模型的主要目的是建立全球统一的航班信息交换的标准格式，促进民航各系统间对航班信息的共享。目标包括创建所有信息域间通用词汇表；反映所有利益相关者的关注点；支持模块化、灵活性和可扩展性；以及支持快速识别等。

FIXM 模型能够作为 SWIM 信息交换标准之一，其存在诸多优势，如简单的互操作性、可伸缩的技术、通俗易懂、灵活适配、促使利益相关者采纳、增加信息的数量和质量，以及增加航班操作的动态和分布等。

2. FIXM 模型的演进

欧美等民航发达国家，很早以前就已经意识到现有空管航班信息数据交换格式标准的缺点，并着手联合制定面向当前及未来的新的航班信息交换模型。被航空交通管理需求和性能组（ATMRPP）接受并对其进行标准化。在 ATMRPP 专家组的指导下，由 FAA、Eurocontrol 等机构和组织共同组成的开发小组开展了航班信息交换模型（FIXM）的研究工作，目前已经完成并发布 4.0.0 版本，并在很多国家和地区得到了应用。

美国在下一代空中交通管理系统（NextGen）中，使用了 FIXM 模型作为其基础航班信息交换模型，配合广域信息管理系统（SWIM）的建设，实现航班信息的高效共享和交换。如由 FAA 实施的 SWIM 航班数据发布服务（SFDPS），用于在 SWIM 环境中提供飞行相关的数据，并与 NAS 企业消息服务（NEMS）传输模式相兼容。另外，美国 FAA 联合新加坡、日本、韩国等亚太国家共同组织的 Mini-Global 实验验证项目，针对 SWIM、FIXM 等新技术进行实验验证。在 FIXM 核心的基础上，FAA 根据实际情况，对核心模型进行了拓展，在最新的版本中添加了与交通流量管理系统兼容的航班和流量数据元素。

欧洲在航班信息数据格式方面也进行了多年的研究，在单一欧洲天空项目 SWIM-SUIT 子项目中，就设计了航班对象（Flight Object）的概念和模型。目前，Eurocontrol 已经确定将 FIXM 作为下一代空中交通管理系统的航班数据交换标准，并且已经开始了实验验证工作。在 2014 年度开展的 SWIM Master Class 中，以及从 2015 年开始进行的基于 SWIM 的跨国飞行计划数据和航空情报数据交换工作中，都将 FIXM 的研究与应用作为重点工作。在 FIXM 核心的基础上，Eurocontrol 在机场协同决策（Airport Collaborative Decision Making，A-CDM）方面进行了拓展。另外，Eurocontrol 的 SWIM 系统原型 Jumpstart 和 NM B2B 服务都支持 FIXM 模型，从而也促进 FIXM 概念的推广和应用。

澳大利亚的运行数据服务系统（Operational Data Services，ODS）将采用 FIXM 作为航班信息模型用于利益相关者之间的信息交换。航班信息中介（Flight Information Broker，FIB）会提供包括查询获取 FIXM 格式信息的航班信息服务。

除此之外，其他国家和组织也积极参与 FIXM 模型的研究与开发工作，如 Snowflake 软件采用 FIXM 模型实现新系统和遗留系统数据交换的能力，并建立 Web 特征服务用于接收来自 Harris 航班对象交换服务（Flight Object Exchange Services，FOXS）的数据，将其整合到 FIXM 数据库中。

FIXM 模型的开发与建立经过不断的更新迭代，每个版本都添加了新的功能模块和数据元素。模型版本迭代时间表如图 6.13 所示。

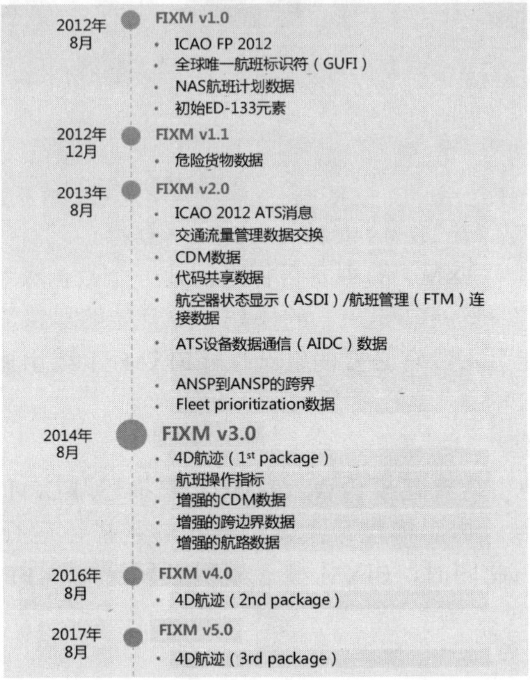

图 6.13 模型版本迭代时间表

3. FIXM 的模型组成

FIXM 模型的构建与 AIXM 和 WXXM 模型相似，采用在核心基础上进行拓展的设计模式，如图 6.14 所示。该模式将部分与飞行相关的通用且基础的概念和数据定义为 FIXM 核心部分，描述的是模型中相对固定和常用的信息，这部分信息需要严格定义和详细规范。在 FIXM 模型中，核心数据包含航班的基本信息和关键数据，包括整个生命周期中的计划、状态以及应急等数据，这部分数据是描述一个航班的静态信息。相对于核心数据，拓展数据描述的是非固定的但与核心数据紧密相关的数据。每个国家、地区或组织可以根据不同的需要和实际情况对 FIXM 模型进行拓展，如 FAA 和 Eurocontrol 对 FIXM 模型在 NAS 和 A-CDM 方面进行了拓展。FIXM 模型的拓展部分充分保证了系统的灵活性，这样的开发模式能够满足 FIXM 模型的不同用户的需求，而又不把所有数据功能强加给用户，能够进行最大程度的资源合理配置。另外，拓展数据的应用还可以有效区分同名数据在不同系统中的运用。

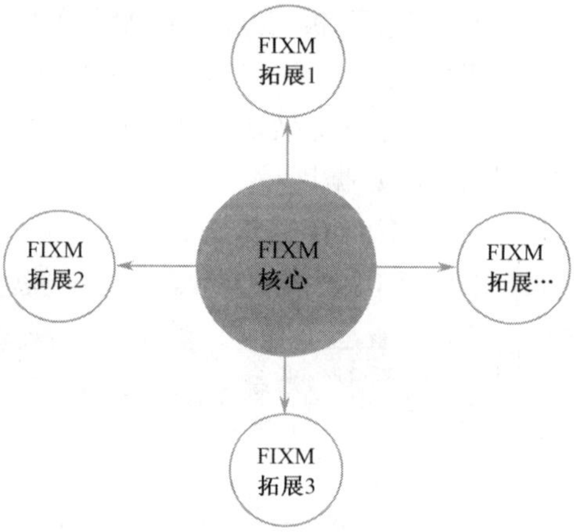

图 6.14　FIXM 模型体系结构

航班信息交换模型（FIXM）的主要目标是创建一个数据模型，该模型支持未来协作环境下的航班和流量信息（FF-ICE）的操作，并且能够尽量简单简洁地为这些操作提供最好的支持，不能引入没有必要的复杂性。FIXM 主要由概念模型、逻辑模型和 XML 模式三部分组成。

（1）FIXM 概念模型

FIXM 概念模型使用统一建模语言（UML）来描述 FIXM 运行环境中航班和流量信息交换方面的场景。概念模型最主要的作用就是描述运行环境中的各个实体以及它们之间的关系，与此同时，FIXM 概念模型必须保持与 FF-ICE 之间紧密联系和对应关系。

（2）FIXM 逻辑模型

FIXM 逻辑模型比概念模型更为具体，逻辑模型主要用来从技术层面描述航班信息在系统与系统之间的交换，包括空地之间的交换。该逻辑模型必须能够详细描述每个数据实体、数据实体的属性以及相互之间关系，同时能够准确定位外界运行环境对各个数据实体的各种限制条件。在此基础上，FIXM 逻辑模型能够通过一种拓展机制将数据实体、数据实体属性及其相互关系提供给核心模型以外的环境。FIXM 逻辑模型由概念模型发展而来，在层级划分上高于物理实现。

FIXM 逻辑模型是 FIXM 数据字典（FIXM DD）或者概念模型和物理实现的中间模型，物理实现包括 XSD 文件和相关的文档等。逻辑模型将结构和实现信息添加了域的概念，并以可视的 UML 类视图表示。UML 类视图是模式中立的格式，对相关专家和实现工程师都容易理解，FIXM 逻辑模型是他们沟通的通用语言。为了与 FIXM 数据字典保持一致，FIXM 逻辑模型中的元素分为三类：来源于 FIXM 数据字典的元素、合成对象和基本对象。对于来源于 FIXM 数据字典的元素，逻辑模型中的类与一个或多个数据字典中的条目直接对应；合成对象中的类由其他类共同组成，并不与数据字典直接对应；基本对象表示基本数据类型，用于表述 FIXM 数据字典中的数据元素，并不与数据字典直接对应。如 Free Text 和 MultiTime 分别表示文本字符串和时间等。这些基本类型中都来自于 AIXM 和 GML 对象。

（3）FIXM XML 模式

FIXM 逻辑模型是 FIXM 概念模型（或者数据字典）和物理实现的中间模型，物理实现包括 XSD 文件和相关的文档等。逻辑模型描述信息的结构和实现，并以可视的 UML 类视图表示。UML 类视图是模式中立的格式，逻辑模型可以生成对应的 XSD 文件。

FIXM XML 模式是 FIXM 的物理表述或物理实现，其形式采用 XSD 定义，是通过 XML 语言将 FIXM 逻辑模型中的结构体进行具体描述。物理实现最初主要用于解决地/地间航班信息的交换问题，成熟后也可应用于地/空间航班信息的交换，从而促进空天一体化进程。

4. FIXM 逻辑模型

FIXM 逻辑模型的整体架构如图 6.15 所示，该模型包括基础部分和核心部分，由 Foundation、Base 和 FlightObject 三部分组成。

Foundation 主要包含定义 FIXM 核心模型中数据元素的基础类型，并与 AIXM 进行共享，其中有些元素是直接依赖于 AIXM 和 GML 中的数据元素。Foundation 主要包括 Address、Aerodrome、Aeronautical、Altitude、Location、Measures、Organization 和 Time 等主题。

Base 中的元素为 FIXM 模型低层次元素，也属于基础部分。除了 AIXM 和 GML 外，可被逻辑模型中其他包共享。其主要包括 Aerodrome、Airspace、Extension、Feature、Location、Time 和 Type 等主题。一般情况下，核心包（即 FlightObject 包）中元素优先引用和扩展 Base 中的类或元素，其次为 Foundation。Base 为核心包提供隔离层，以屏蔽 Foundation 中的变化。

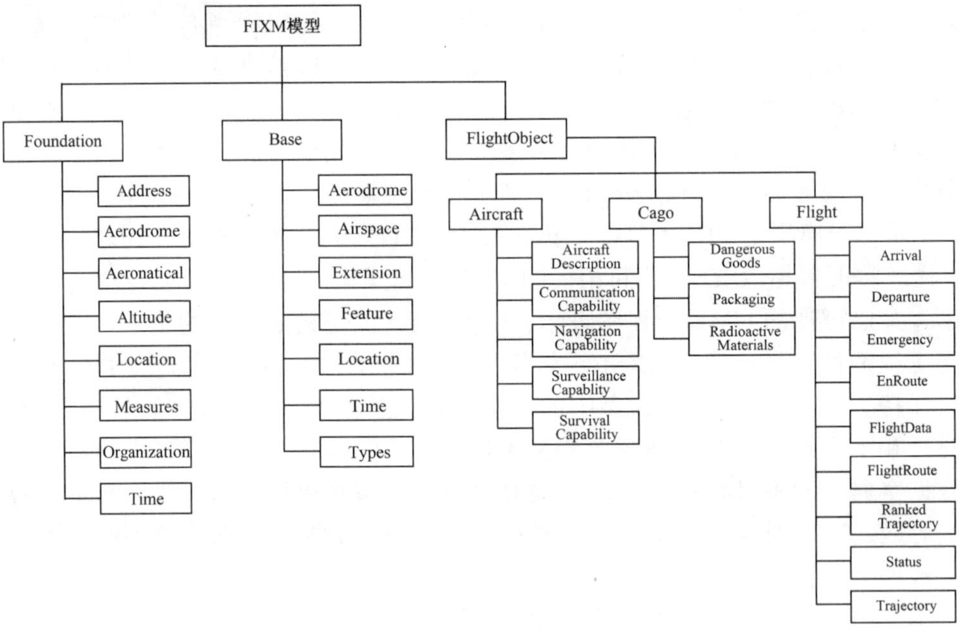

图 6.15　FIXM 模型的整体架构

FlightObject 主要用来描述与航班相关的重要信息，如航班状态、航空器状态和航班类型等，其由 Aircraft、Cargo 和 Flight 组成，其中 Aircraft 包含航空器描述、通信功能、导航功能、监视功能和危险应急功能等；Cargo 主要包含航运危险品描述信息；Flight 为 FIXM 模型的核心，用来描述航班生命周期中的核心信息，包括航班起飞信息、航路信息、航班状态信息、航迹信息和航班降落信息等。模型中的元素与数据字典中定义的元素相对应，并可以在其基础上添加一些必需的结构元素。

在以 UML 表示的逻辑模型中，根据不同的主题和复杂度将航班信息分到不同的包（Package）中，每个包中包含特定的主题元素，这些元素以类的形式在 UML 中表示，并且不会出现重复。FIXM 模型的包结构如图 6.16 所示，其与图 6.15 是对应的。

其中 Flight 包中的 FlightData 是核心包，如图 6.17 所示，主要描述与航班相关的信息，如航班标志与标识、航空器操作、航路信息、飞行类型、航迹信息、运载货物信息、机载设备等信息。其中，FlightIdentification 类描述航空器和运载信息等标识数据；Originator 类描述航班的始发地址，如 8 字母的 AFTN 地址或者其他适当的联系方式；AircraftOperator 类包含航空器操作者等信息；SpecialHandlingCode 类表示航班需要 ATS 部门予以特殊处理，如 ALTRV 等；EnRouteDiversion 类包含航线上航班转移恢复等信息；EnRoute 类为引用 EnRouteData 包中的类，描述航班航路上的信息，如航班当前位置、与空中交通部门协调以及跨边界飞行等；SupplementalData 类包含航班的补充数据，如机载人数、机长和燃料等信息；TypeOfFlight 类指示由 ATC 提供的航班飞行规则，如军用飞行、通用飞行、常规飞行等；TrajectoryRoutePair 类引用 Trajectory 包中的类，描述协调航路和 4D 航迹信息；RankedTrajectory 类包含 Ranked 4D

航路和航迹，航路与单个 4D 航迹联合，指示航班飞行的目的地、飞行高度和速度等，航迹包含一系列可以进行容错的 4D 航迹；DangerousGoods 类包含托运人关于危险货物的说明书，如收发件人、危险品信息等；FlightDeparture 类描述关于航班离港信息；FlightArrival 类包含关于航班到达信息，包括指定的跑道、指定的 STAR 程序以及 AMAN 是否就绪等；FlightEmergency 类描述航班危险信息，如危险描述、阶段和位置等；RadioCommunicationFailure 类处理关于无线电通信能力丢失的问题；Aircraft 类包含所有关于航空器的信息，包括机载设备等；FlightStatus 类指示航班生命周期的状态等信息。

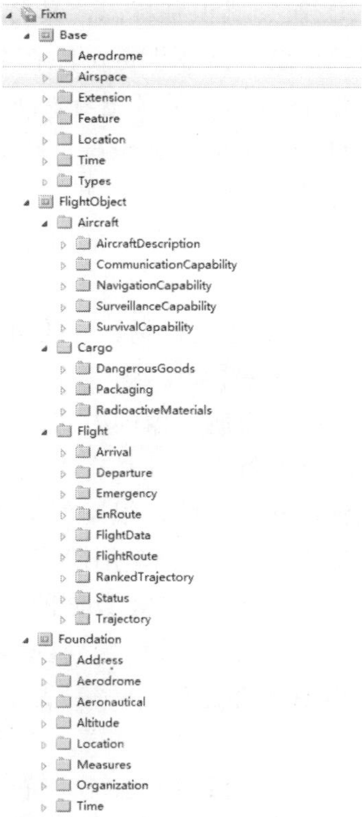

图 6.16　FIXM 逻辑模型的层次结构

在 EnRouteDiversion 类中，包含 diversionRecoveryInformation 属性，其类型为全球唯一航班标识符（GloballyUniqueFlightIdentifier，GUFI），表示该航班为修改目的地后恢复的航班，其通过与原来航班的 GUFI 相同。GUFI 是航班数据中的重要元素，其包含于每一个 ATM 航班数据中，用来鉴别航班。过去或现在很多系统采用不同的航班识别方式交换 ATM 数据，但是没有一个满足实际需求的方案，仅仅对一个空中导航服务提供者（ANSP）中的系统就存在不同的方式，如：

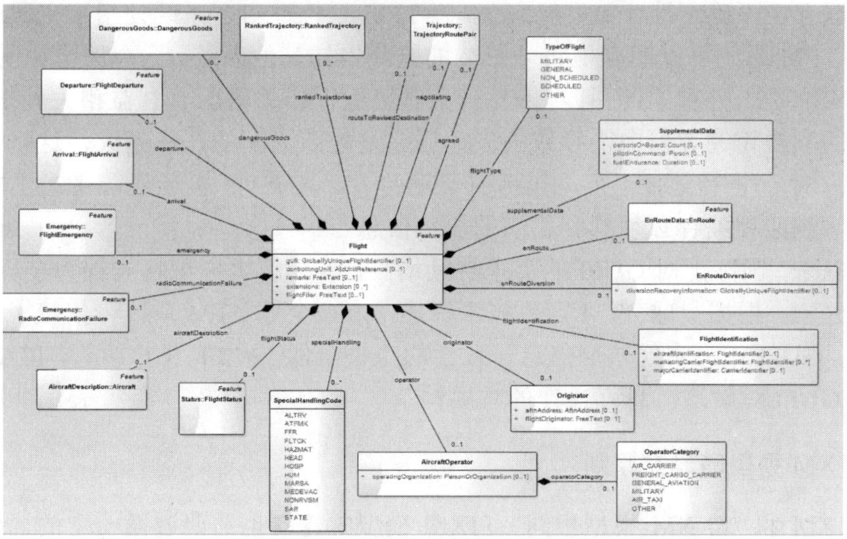

图 6.17　FlightData 包 UML 逻辑模型

① 航空器识别标志，又名呼号，缺点：一次航班的航空器标识符可能会变化，并且同一个航空器标识符可能在多个航段中使用。

② 注册号，又名尾号，缺点：航空公司可以替换航空器而改变注册号，但是仍然采用同一个航空器标识符、相同的飞行计划和相同的飞行操作。

③ 结合起飞和目的地的航空器标识符，缺点：同样标识符可以改变，目的地可以改变，一天中可以多次采用相同的航空器标识符表示从相同的起飞机场到相同目的机场的航班。

④ 结合起飞机场、目的机场和起飞时间的航空器标识符，缺点：除上述外，起飞时间可以改变。

这些标志航空器的方式主要采用航班的某些属性，但是这些属性是会变化的。如果接收到的标志属性具有不同的值，将导致无法进行确定无疑的匹配，并且一旦数据分配到不同的系统，很难保证系统间属性值的同步。

GUFI 的目的就是消除多个系统之间数据混淆和关联困难等障碍，允许任意 ATM 航班数据与其他 ATM 数据的关联更简单和准确。采用 GUFI，所有系统在交换航班数据时可以确定是否为同一航班，将增强 ATM 航班数据的准确性和一致性，提高航班计划和运行的效率。

考虑一个简单的例子：某航空公司将一个从机场 A 到机场 B 的航班计划提交给交通流量管理（TFM）系统。航空公司同时也为 ATC 系统制定了同样的航班航班计划。假设机场 B 存在某种限制，导致 TFM 系统更改了航班的起飞时间。TFM 系统将新的起飞时间发送给了航空公司和 ATC 系统。

航空公司和 ATC 系统是否将分配的起飞时间应用到同样的航班至关重要。因为航班公司发送给 ATC 的航班计划可能同前期发送给 TFM 系统的数据并不完全吻合，导致这种关联存在不确定性。如果航空公司、TFM 系统、ATC 系统使用了一致的航班标识 GUFI，TFM 系统可以明确地将受影响的航班告知其他系统。这个例子说明了 GUFI 不仅对 ANSP 是十分重的，而且对于与一个航班运行相关的所有利益相关者都很重要。并且涉及的利益相关者越多，导致丢失数据完整性而失配的几率越大，这将直接影响操作效率。对于空中交通运行，包括航班运营者、ANSP、机场运营者、燃料服务、餐饮服务等利益相关者必须具有相同的航班信息。

长期以来，国际上对 GUFI 的需求持续增长，唯一航班标识符被视为全球 ATM 系统的关键元素。根据全球 ATM 操作概念描述，未来全球 ATM 系统将依赖于明确不含糊的信息。GUFI 作为实现航班信息一致性的完整组件，被 FF-ICE 纳入，ICAO SWIM 更强调了 GUFI 对航班信息互操作的重要性。

5. FIXM 模型的建立原则

与 AIXM 和 WXXM 模型相同，FIXM 模型的建立也需要遵循一定的规则，比如需要了解交换的航班数据中所包含的数据类型、知晓当前 FIXM 模型建立的状态、平衡共性避免重复、模型建立支持可扩展性用于迭代开发，以及遵从相关的国际标准等。

这些都是模型建立必不可少的前提。

（1）了解操作需求

定义操作需求不仅关注利益相关者之间交换的数据类型，还有性能参数，如可靠性、吞吐量、延迟和数据保持等。

（2）了解当前状态

FIXM 模型开发团队鉴定 ANSP 系统间交换数据最常用的航班数据元素，并编辑统一的数据字典，包含所有与这些数据元素相关的信息。该过程针对不同的信息域，以能够反映他们各自对航班数据元素不同的观点。通过去掉同义词汇、消除信息冲突等过程，开发团队对数据字典进行标准化。

（3）平衡共性

FIXM 模型开发团队搜寻所有数据元素集的共性，同时维护每个信息域需求的粒度和差别。这将通过建立一个广泛代表各利益相关者的团队完成，然后定期请求他们的反馈意见，并积极采纳进行修改。另外，团队还邀请 FAA 和其他国际组织对相似或补充内容进行审查，以避免重复劳动，并与其他现代化成果保持一致。

（4）迭代开发

随着时间的推移，FIXM 模型的组成可能会发生变化，如新数据元素的添加或删除等。故团队建立一个迭代的程序，以对模型中数据元素进行调整，这将促进 FIXM 模型不断的完善。

（5）标准

FIXM 模型的目标之一是对标准的重用，模型开发中用到的标准包括以下部分：AIXM：航空信息交换模型；UML：统一建模语言；ISO1907：地理信息–空间模式；ISO19108：地理信息–时间模式；ISO19115：地理信息–元数据；ISO19133：地理信息–基于位置的服务–跟踪与导航；ISO19134：地理信息–基于位置的服务–多模式路由与导航；ISO19141：地理信息–移动功能模式；ISO19136：地理信息–地理标记语言（GML）；ISO19139：地理信息–元数据–XML 模式实现；XML：可扩展标记语言；OWL/RDF：Web 本体语言。

6. ATS 报文与 FIXM 模型的对应关系

成功表示 ICAO 航班计划的传输机制是 FF-ICE 的目标之一，FIXM 的交换格式将替换目前与 ATS 报文相关的航班计划。这是由 ATMRPP 大力推荐，并被认为是 SWIM 的关键数据模型。在此过渡期间，有些利益相关者采用 FIXM 发送和接收航班计划信息，有些利益相关者依然使用 ATS 报文。在此混合的环境中，需要实现 FIXM 格式和 ATS 报文格式之间的转换，但需要谨慎以免丢失关键信息。

在 FIXM 核心中包含了 ATS 报文到 FIXM 格式的映射，但主要关注于报文信息的内容。ATS 报文是一个为实现航班信息通信的消息传输格式，定义了一些语法来表示具体的航班数据，比如 DLA 表示航班起飞的延时。FIXM 是航班信息表示和交换的模型，其仅仅对航班信息进行建模，并没有定义消息传输格式，其定义了报文可能出现的信息，而不是信息本身，即 FIXM 表示了航班信息的内容格式，而不像 ATS 表示信息本身。

ATS 与 FIXM 的映射主要集中在各个编组上，但并不是直接的映射关系，存在一定的偏差。如 ATS 报文编组 7 描述航空器标识，直接对应于 FIXM 中的元素。但有一些 ATS 报文的编组根据消息类型映射到不同的 FIXM 元素上。另外，FPL 中的 13b 表示起飞机场预计撤轮时间，在 DEP 中表示实际起飞时间，它们可以用 FIXM 的一个主题元素表示。

下面，以一个民用航空飞行动态固定电报格式（MH/T 4007-2012）中代表“紧急情况说明”的编组 5 来对 ATS 报文与 FIXM 模型的对应关系以及 FIXM 模型的相关应用进行实例说明。在报文中编组 5 的格式如图 6.18 所示，包括数据项 A、B 和 C。

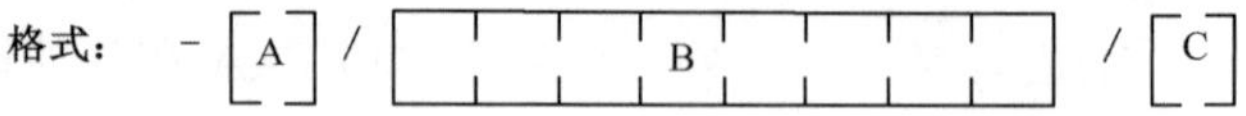

图 6.18　ATS 报文编组 5 格式

数据项 A：危险等级，如表 6-2 所示：

表 6-2　数据项 A：危险等级

INCERFA	表示不明阶段
ALERFA	表示告警阶段
DETRESFA	表示遇险阶段

数据项 B：电报签发者。用八个字母表示，前四个字母是国际民航组织分配的地名代码，后四个字母的前三个字母是发报的空中交通服务单位代码，最后一位为“X”或空中交通服务单位中的部门代码。

数据项 C：紧急情况的性质。根据需要加上明语短文，以便说明紧急情况的性质，各词之间用空格隔开。

该编组 5 报文与 FIXM 模型的对应关系，如表 6-3 所示。

表 6-3　编组 5 报文与 FIXM 模型的对应关系

ICAO44 44 编组	包	类	路径
5A	FlightObject.Flight.Emergency	EmergencyPhase	emergency.phase
5B	Foundation.Aeronautical	AtcUnitName	emergency.originator.unitIdentifier
5C	Base.Types	FreeText	emergency.emergencyDescription

从表中可以知道，编组 5 的数据项 A 对应 FIXM 模型中 FlightObject.Flight.Emergency 包下的 EmergencyPhase 类，该 Emergency 包的 UML 逻辑模型如图 6.19 所示。

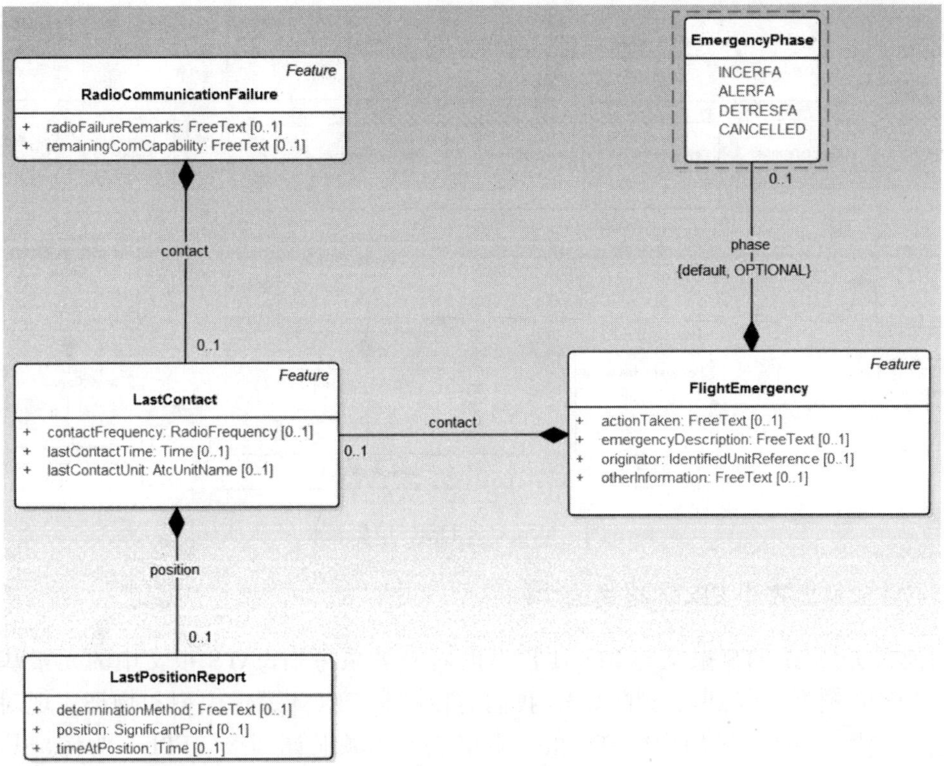

图 6.19　Emergency 包 UML 逻辑模型

数据项 B 对应 FIXM 模型中 Foundation.Aeronautical 包下的 AtcUnitName 类，其实际类型为字符串类型，该 Aeronautical 包的 UML 逻辑模型如图 6.20 所示。

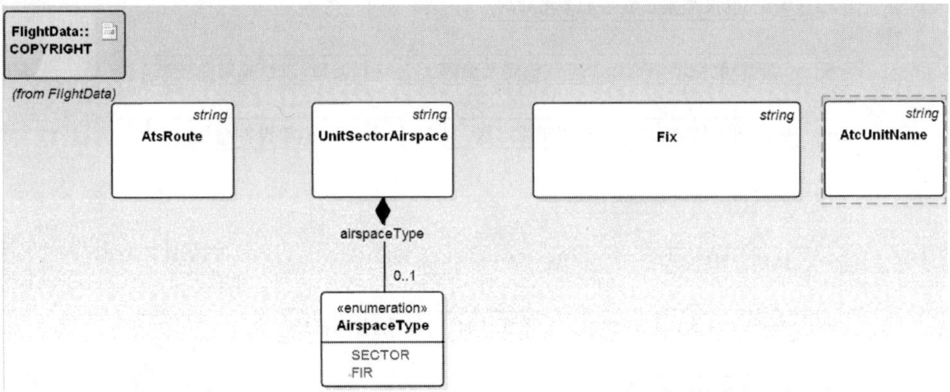

图 6.20　Aeronautical 包 UML 逻辑模型

数据项 C 对应 FIXM 模型中 Base.Types 包下的 FreeText 类，其实际类型也为字符串，Types 包包含大部分基础数据类型，其 UML 逻辑模型如图 6.21 所示。

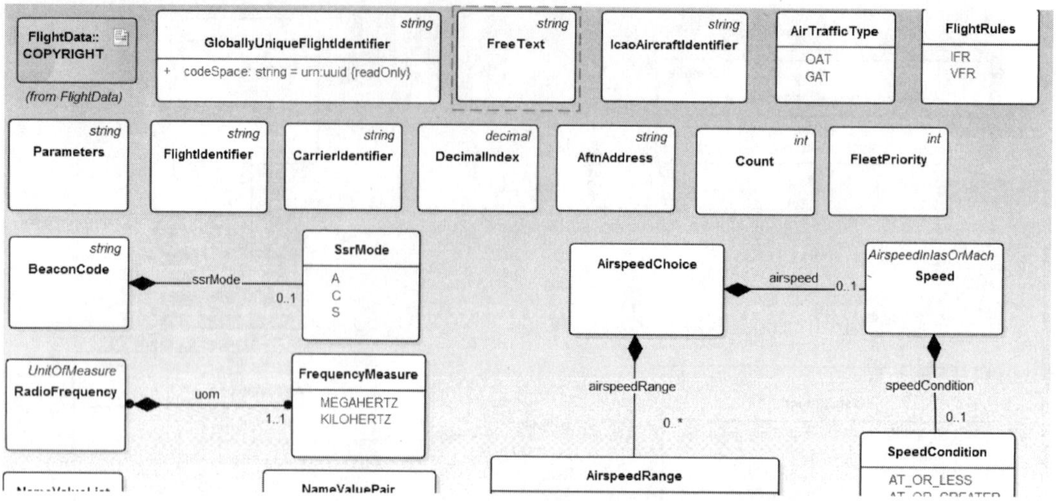

图 6.21　Types 包 UML 逻辑模型

7. ATS 报文转为 FIXM 格式的实例

由前文介绍的 ATS 报文与 FIXM 模型的对应关系可知，ATS 报文中的元素基本都能够在 FIXM 模型中找到对应的元素，我们可以根据 FIXM 逻辑模型和物理实现对 ATS 报文进行转换。下面，以具体 ATS 报文中最重要的领航计划报（FPL）为例，其表示航班执行前一定时间内必须提交给空管部门的航班计划执行信息，包括航空器信息、飞行规则与种类、机型和尾流、机载设备、起飞机场和时间、航路、目的机场和预计飞行总时间等信息，其格式如图 6.22 所示。

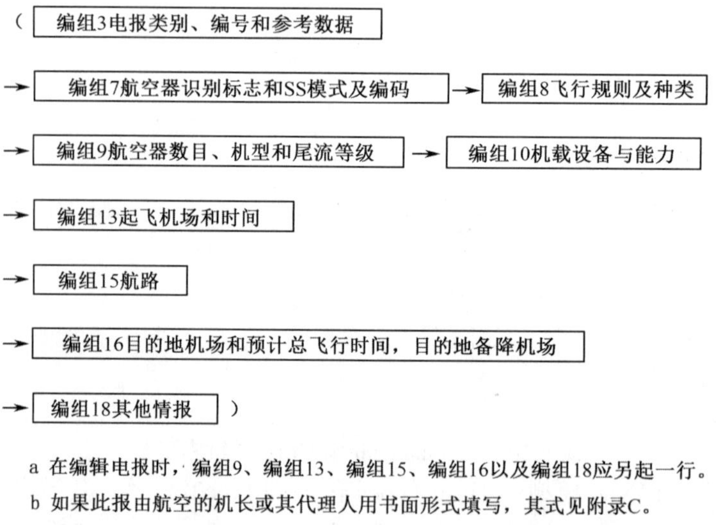

图 6.22　领航计划报报文格式

以 CSZ9739 航班为例，其 FPL 报文如表 6-4，其表示航空器标识符为 CSZ9739，仪表飞行，正班。一架 A320 中型机，机上载有标准的通信/导航/监视设备且工作正常。起飞机场为西安咸阳国际机场，预计撤轮档时间为 23:40，第一段航路的巡航速度为 0.78MACH，请求的第一个飞行高度层为 8900m，经过 UGSUT 航路点加入航路 H11，沿预定航路到达目的地。目的机场为景德镇罗家机场，预计飞行总时间为 92min，备降机场为福州长乐国际机场。预计到达武汉飞行情报区需用 19min，上海飞行情报区需用 53min，航空器注册号为 B6567，选择呼号代码为 RSBD，机上载有 TCAS 空中防撞系统。

表 6-4 FPL 报文

```
(FPL-CSZ9739-IS
-A320/M-SDE2E3FGHIRWX/LB1
-ZLXY2340
-M078S0890 DCT UGSUT H11 SHX H14 LRU H103 KAMDA W128 FYG B208 HFE H2 JDZ
-ZSJD0132 ZSFZ
-PBN/A1B1C1D1L1O1 NAV/ABAS REG/B6567 EET/ZHWH0019 ZSHA0053 SEL/RSBD
CODE/78056C PER/C RMK/TCAS)
```

对应的 FIXM 格式的航班计划如表 6-5 所示，包含 GUFI、航班号、航空器数量、尾流信息、航空器类型、航空器性能、机载设备（通信、导航和监视）、注册号、起飞机场和预计撤轮档时间、降落机场、备降机场，以及航路等信息。

表 6-5 FIXM 格式对应的航班计划

```xml
<fixm:FlightMessage xmlns:fixm="http://www.fixm.aero/fixm" xmlns:fx="http://www.fixm.aero/flight/3.0"
xmlns:fb="http://www.fixm.aero/base/3.0" xmlns:ff="http://www.fixm.aero/foundation/3.0">
  <fx:flight>
    <fb:gufi>urn:uuid:6d1e2395-a262-4629-a2df-6bdf11330f02</fb:gufi>
    <fx:activeFlightPlan>
      <fx:flightIdentifier>
        <fb:flightIdentifier>CSZ9739</fb:flightIdentifier>
      </fx:flightIdentifier>
      <fx:aircraftDescription>
        <fb:aircraftQuantity>1</fb:aircraftQuantity>
        <fx:wakeTurbulence>M</fx:wakeTurbulence>
        <fx:aircraftType>
          <fb:icaoModelIdentifier>A320</fb:icaoModelIdentifier>
        </fx:aircraftType>
        <fx:aircraftPerformance>C</fx:aircraftPerformance>
        <fx:capabilities standard="STANDARD">
          <fx:communication>
           ……
          </fx:communication>
```

续表


```xml
            <fx:navigation>
              ……
            </fx:navigation>
            <fx:surveillance>
              ……
            </fx:surveillance>
        </fx:capabilities>
        <fx:registration>B6567</fx:registration>
        <fb:aircraftAddress>78056C</fb:aircraftAddress>
    </fx:aircraftDescription>
    <fx:operator>
        <ff:textName>RUILI AIRLINES</ff:textName>
    </fx:operator>
    <fx:departure>
        <fx:departureAerodrome>
            <ff:code>ZLXY</ff:code>
        </fx:departureAerodrome>
        <ff:estimatedDepartureTime>2016-03-03T23:40:000Z</ff:estimatedDepartureTime>
    </fx:departure>
    <fx:arrival>
        <fx:arrivalAerodrome>
            <ff:code>ZSJD</ff:code>
        </fx:arrivalAerodrome>
        <fx:alternateAerodrome>
            <ff:code>ZSFZ</ff:code>
        </fx:alternateAerodrome>
    </fx:arrival>
    <fx:enRoute>
        <fx:estimatedCrossingTime>
            <fx:point>
                <ff:fix name="ZHWH"/>
            </fx:point>
            <ff:elapsedTime>P0Y0M0DT0H19M0.000S</ff:elapsedTime>
        </fx:estimatedCrossingTime>
        <fx:estimatedCrossingTime>
            ……
        </fx:estimatedCrossingTime>
        <fx:enRouteTime>P0Y0M0DT1H32M0.000S</fx:enRouteTime>
    </fx:enRoute>
    <fx:request>
```

续表


```
        <ff:altitude uom="METRES" ref="FLIGHT_LEVEL">8900.0</ff:altitude>
        <ff:airspeed uom="MACH">7.800000000000001</ff:airspeed>
        <fb:flightRules>IFR</fb:flightRules>
      </fx:request>
      <fx:route>
        <fb:text>DCT UGSUT H11 SHX H14 LRU H103 KAMDA W128 FYG B208 HFE H2 JDZ</fb:text>
        &lt;fx:segment&gt;
          <ff:airway nil="true"/>
          <fx:point>
            <ff:fix name="UGSUT"/>
          </fx:point>
        &lt;/fx:segment&gt;
            ……
        &lt;fx:segment&gt;
          <ff:airway>H2</ff:airway>
          <fx:point>
          <ff:fix name="JDZ"/>
        </fx:point>
        &lt;/fx:segment&gt;
      </fx:route>
      <fb:interFacilityRemarks>TCAS</fb:interFacilityRemarks>
      <fx:flightType>SCHEDULED</fx:flightType>
    </fx:activeFlightPlan>
  </fx:flight>
</fixm:FlightMessage>
```


FIXM 模型的研究将推动空管航班信息格式标准化工作，促进系统间高效的航班信息交换，提高航班放行系统的效率，减少航班延误。同时，AIXM、WXXM 和 FIXM 三大信息交换标准将为民航运行提供全面的态势感知，促进民航航空系统组块升级计划的实施，为国际空管数据传输与共享奠定了基础。

6.3 民航广域信息管理技术的应用

前面各章节对 SWIM 概念、核心思想、整体架构和相关技术的介绍，为 SWIM 系统的实践与应用打下了良好的基础。欧美国家在 SWIM 系统的实施建设方面要领先我国，如第 3 章中对欧美国家 SWIM 系统发展现状的介绍，他们已经进行了大量的实验验证和应用部署，很好地阐述了 SWIM 系统在未来民航系统中的应用。尤其美国是在

SWIM 系统的建设和部署方面取得了很大的成就，已经在全美进行相关基础设施的部署。欧洲在 SWIM 概念的推广和建设部署等方面也正紧锣密鼓地进行，每年都会举办 SWIM Master Class 将全球 SWIM 组织机构组织在一起进行原型开发和验证，并建立服务注册库 SWIM Registry，采用邀请制的添加用户，用户可以将自己的服务和应用按照规则注册到该注册库，其他用户还可以在注册库中查找自己感兴趣的主题进行订阅。我国也正在开展 SWIM 系统相关技术研究和系统原型建设的工作，并取得了一定的进展。接下来，我们将对 SWIM 的实践和应用进行介绍，包括具有代表性的欧洲数字航空信息管理（Digital Aeronautical Information Management，D-AIM）和 SWIM Registry，以及我国空管 SWIM 仿真平台。

6.3.1 数字航空信息管理（D-AIM）

目前航空业务基本都是数据驱动的，其高度依赖于准确和实时的航空信息交换。ATM/CNS 越来越依赖基于网络的和具有互操作功能的信息共享基础设施，包括航空器。由于对预测性的需求，也同样需要临时地理空间信息以支持策略决断。为了提高成本效益，需要一个集中的 CNS 基础设施和服务提供者。D-AIM 的目标是为未来 ATM 信息共享基础创建一个测试平台，促使现存和未来的 AIM 基础设施能够利用地理空间信息为其他用户提供互操作标准，从而支持数字化 AIM。这是通过在 AIM 中利用当前全球地理空间标准和 AIM 用户环境实现的。

D-AIM 项目是瑞典的一个联合工程，由瑞典空中导航服务提供者、瑞典机场（luftfartsverket，LFV）和 Eurocontrol 共同开发，在 2009 年底完成。采用全球标准来创建面向用户的丰富的数字航空信息服务，使用户和系统能够在准确的时间、准确的地点接收准确的信息，因此为了能够进行以网络为中心的信息分享，需要基于 SOA 的准则。通过采用 SOA 的架构思想，可以将静态和动态数据进行融合和格式化，并通过标准的接口进行交换。通过对分布式数据源提供无缝的访问和在数据共享基础设施中提供信息服务，D-AIM 标准数据可以在各系统间进行交换和传输。

D-AIM 是泛欧洲航空信息服务演进的基于全球标准的可行性研究，虽然没有定义所有潜在的信息服务，但是该项目探索的是数字航空信息的核心部分。D-AIM 项目的目标包括：探索除了现有 AIS 输出外的新数字服务；及时将高质量的数据传递给用户；对于 AIM 标准的互操作概念和实时共享进行证明；将现在 LFV 架构转变为面向服务的结构。在该工程中试验的用例和场景包括：采用 Web 要素服务（Web Feature Services，WFS）和 Web 地图服务（Web Map Services，WMS）加载基本的航空数据；更新临时禁飞空域和可视化驾驶舱内的变化；关闭跑道或滑行道，并在驾驶舱中显示，这将涉及机场映射数据库（Aerodrome Mapping Database，AMDB）和基于数字的通告；共享地理空间的气象信息。

D-AIM 将 AIM 和数据链通信集成，采用标准的接口和数据链基础设施提供地地和地空的信息共享。D-AIM 通过在新服务平台上进行自动化和集成的数据处理，以满足未来 AIM 社区对实时航空信息的 ATM 需求。

1. D-AIM 架构描述

该工程的出发点是针对当时（目前仍存在）静态数据和动态数据独自处理、信息更新周期长、用户间不同步等问题，采用相关技术和标准，使信息数字化、静态数据和动态数据融合、管制员和飞行员能够访问实时信息，以及用户具有共同的态势感知等。如图 6.23 所示，对包括静态 AIS、动态 AIS、气象和监视等数据源，在数据管理、产品和服务，以及用户的角度展示了当前 LFV 系统和 D-AIM 的区别和优势。当前情况下，静态数据和动态数据是由不同的系统进行单独管理的；在产品和服务方面，还有些信息是基于纸质的，信息更新的周期比较长，管制员和飞行员之间存在语音通信的方式，并且各系统服务的接口比较繁杂；在用户角度，信息流交换不顺畅，用户间对同一事务可能持有不同的信息，增加了信息出错的机率。在 D-AIM 中，实现了静态数据和动态数据的融合，并且有些数据是基于地理空间的；在产品和服务角度，实现了信息的数字化，管制员和飞行员能够访问实时的信息，所有服务都通过标准的接口进行发布；在用户角度，用户可以根据自身的需求进行选择性地获取信息，并且使用户具有共同的态势感知。在短期和中期阶段，当前系统和 D-AIM 混合存在，传统航空和气象信息继续通过以前系统传输，同时还利用 D-AIM 带来的优势。

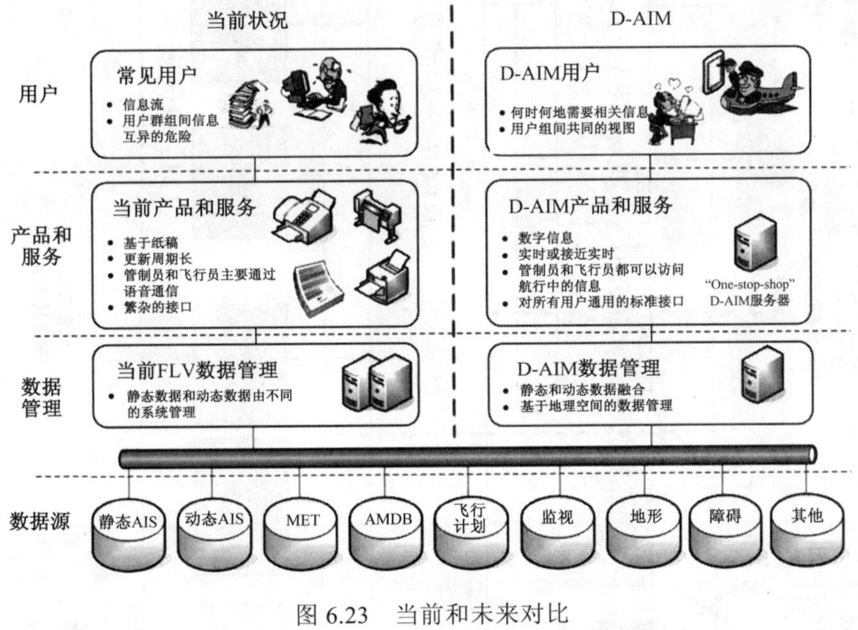

图 6.23　当前和未来对比

为了更好地展示 D-AIM 在整个 ATM 系统中的作用与角色，首先需要理解整个 ATM 系统的业务逻辑。图 6.24 为整个 ATM/CNS 目标架构（Overall ATM/CNS Target Architecture，OATA），所有 ATM 系统用户都通过“通信与分布式系统服务”进行交互。该图中所有元素都可以作为 D-AIM 中的数据源、提供者或用户，当存在这么多用户需要访问相同信息时，需要采用标准的接口和交换格式。D-AIM 可以认为相当于图中的“通信与分布式系统服务”部分，通过标准的接口和交换格式，为不同的用户提供准确的航空和气象信息。

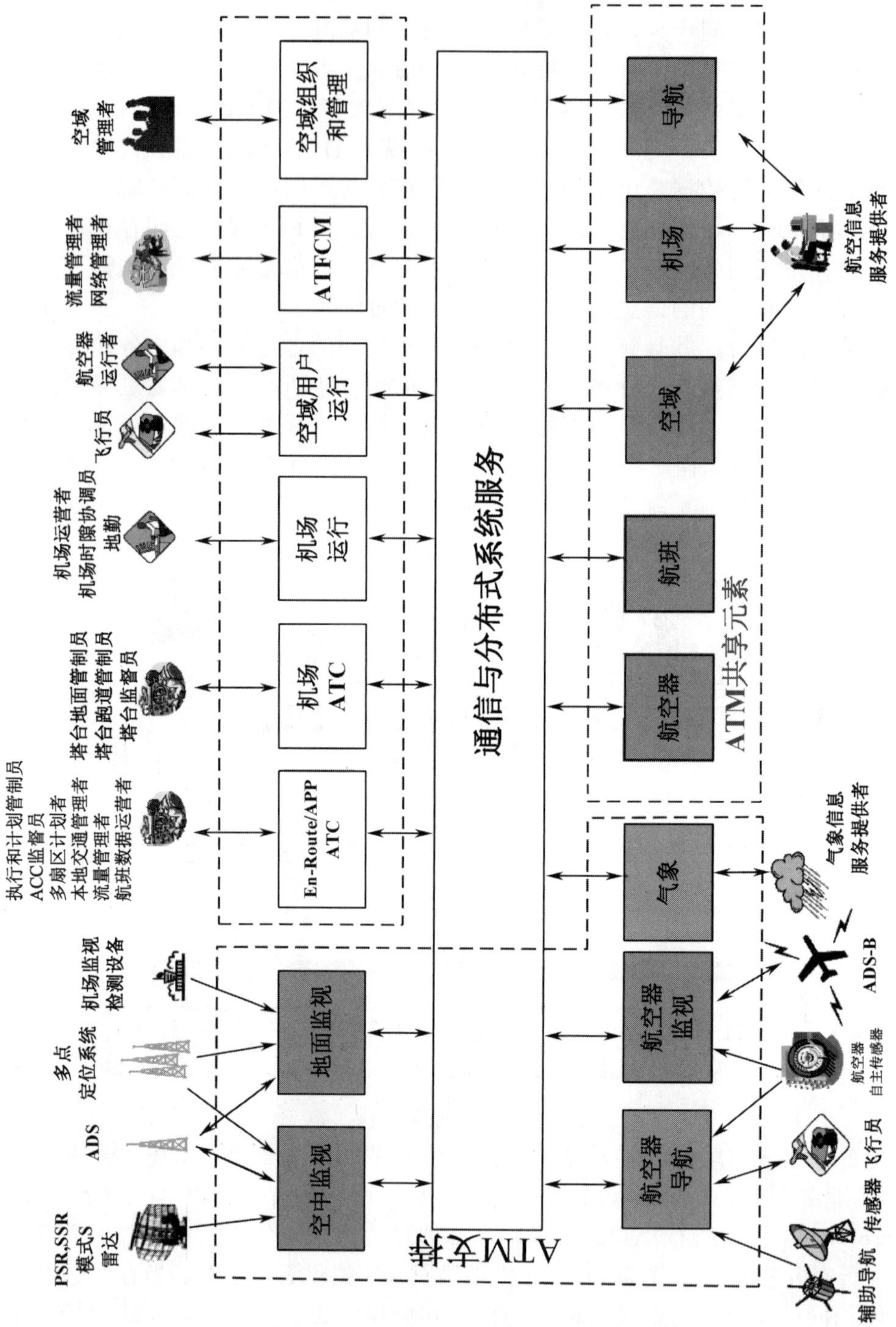

图6.24 ATM系统的OATA概览（参考Eurocontrol）

图 6.25 展示了理想的 D-AIM 逻辑架构，D-AIM 服务器处在中间位置，以平台独立的方式发布信息服务和提供相关产品，包括航空和气象服务等。用户向服务器请求感兴趣的信息，服务器会根据用户需求从不同的数据源中选择最新的数据进行融合，然后返回给用户。服务器中的信息服务能够为用户提供按需请求的数字信息，信息可以直接用于用户的再处理。

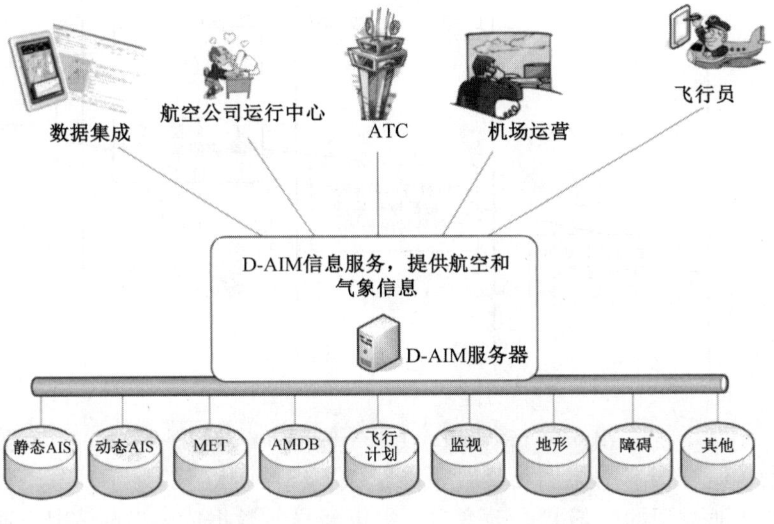

图 6.25　D-AIM“one-stop-shop”架构

2．实验用例

D-AIM 工程测试用例包括基于 OGC 的 Web 服务，为地面用户提供航空数据；提供临时隔离空域（Temporary Segregated Area，TSA）的状态信息；提供滑行道或跑道的关闭通知；提供气象信息；为外部用户提供滑行道和跑道的关闭信息，使其对数据进行集成和相应的处理。

在地空和地地数据链通信中，有三种通信方式，广播模式、需求模式和事务契约模式。在广播模式下，用户获取信息不需要交互，当在一定的空域内存在多个用户需要相同信息时，可以同时接收。但是消息提供者不清楚用户是否已经收到信息，并且无法满足用户试图了解的特定信息。在需求模式下，用户可以根据自己的需求进行请求服务，提供者可以确认用户是否接收该信息。但只能响应特定的请求，信息不能自动更新。在事务契约模式下，可认为是以上两种模式的综合，允许飞行员请求特定的信息，并确定是否收到信息，信息可以进行实时更新，但需要较宽的带宽。

以请求航空数据为例，图 6.26 为飞行员首先根据自己的需求对临时航空信息进行请求，数据链中的地面站接收该请求，并将其转向航班信息服务（Flight Information Service，FIS）服务器，FIS 服务器接收该请求，并转换数据格式得到实际请求信息，将请求发送给 D-AIM 服务器，然后 D-AIM 服务器请求 AIS 服务，AIS 服务响应请求，并将请求的结果逐级返回给航空器。

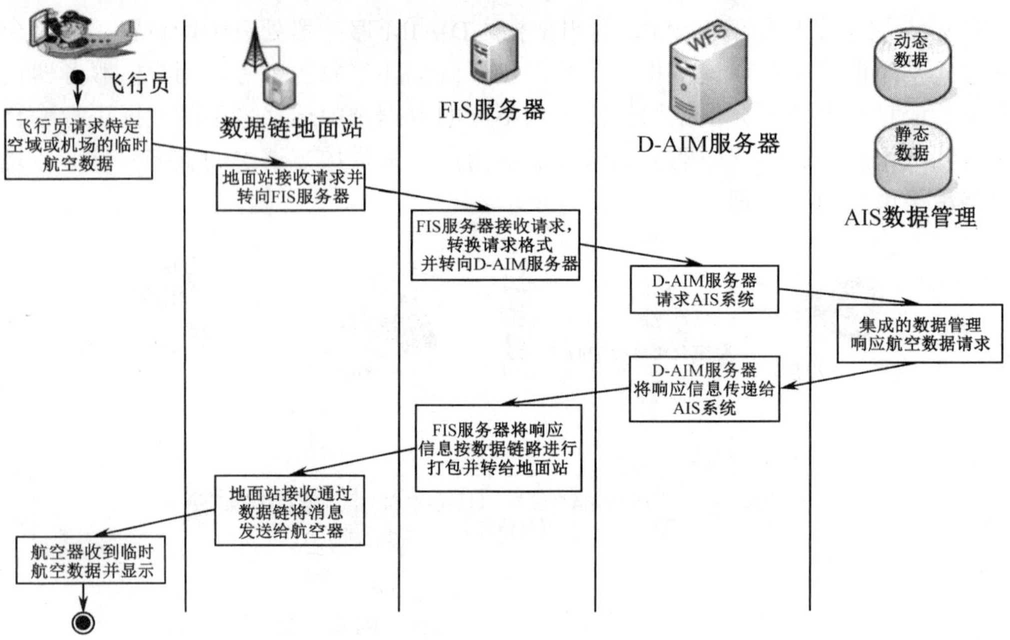

图 6.26　需求模式下航空信息的请求过程

另一个更新航空信息的案例是临时隔离空域（TSA）状态的显示，当具有某个限制区允许通行或者其他类型的空域状态改变时，将更新导航数据库。当前，用户通过 NOTAM 格式访问该信息，并且大多数都是飞行员通过语音与 ATS 进行通信。在 D-AIM 中，TSA 状态信息一旦由 ATS 初始化，就可以自动地在 ATS 系统和航空器上进行同步显示。

图 6.27 为在广播模式下，TSA 状态信息的传输，首先由 FIS 服务器定期向 D-AIM 服务器发出请求，ATS 系统根据其请求将 TSA 状态信息返回给 D-AIM 服务器，并转发给 FIS 服务器，然后根据数据链路的格式对信息进行打包，发送给地面站，最后发送给所有该区域内的航空器，使他们都具有共同的态势感知。

对于气象相关的案例可分为重要气象情报（Significant Meteorological Information，SIGMET）和航空例行天气报告（Meteorological Terminal Aviation Routine Weather Report，METAR）两种情况。重要气象情报是一个包含涉及某时刻某空域内所有航空器安全的气象信息通报，如剧烈气流、冰冻、雷雨、沙尘暴和火山灰等特殊气象。SIGMET 的用户包括正在飞行或正要起飞的飞行员、航空公司运行中心（AOC）和 ATC 等。

SIGMET 消息持续时间为 4 小时，并且在恶劣气象发生前 3 小时将该消息发出。一般传输 SIGMET 消息的次数比较少，可以采用广播模式和需求模式进行传输。在近期内不是所有的航空器具有数据链路功能以支持 FIS 应用，地面（ATS 或 AOC）用户可以采用相同的接口作为 FIS 服务器来访问信息，如图 6.28 所示。然后，ATS 可以通过 VHF 语音给没有数据链路功能的航空器提供信息。

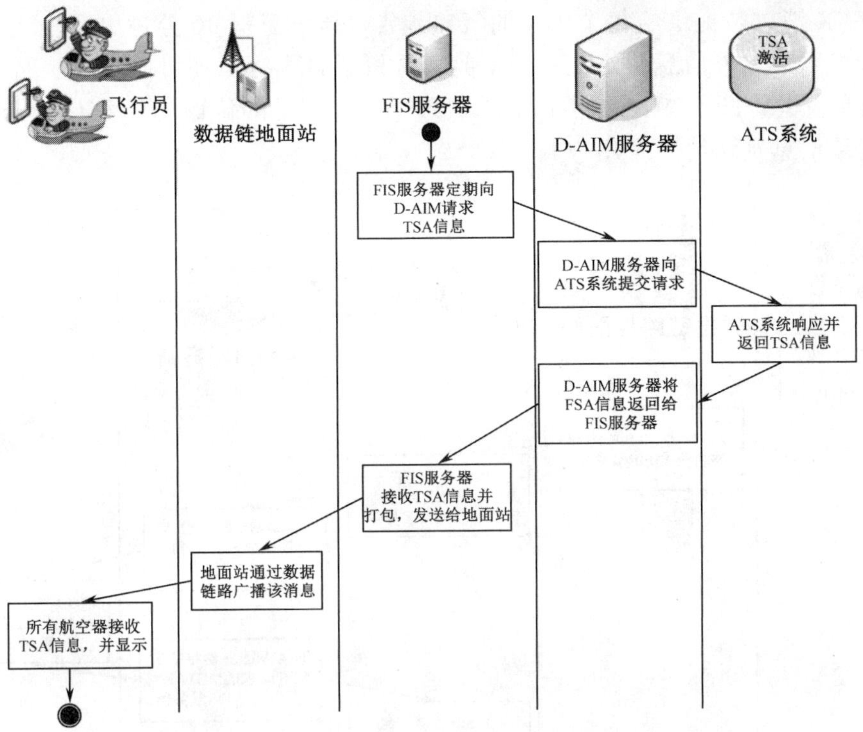

图 6.27　广播模式下的 TSA 状态传输

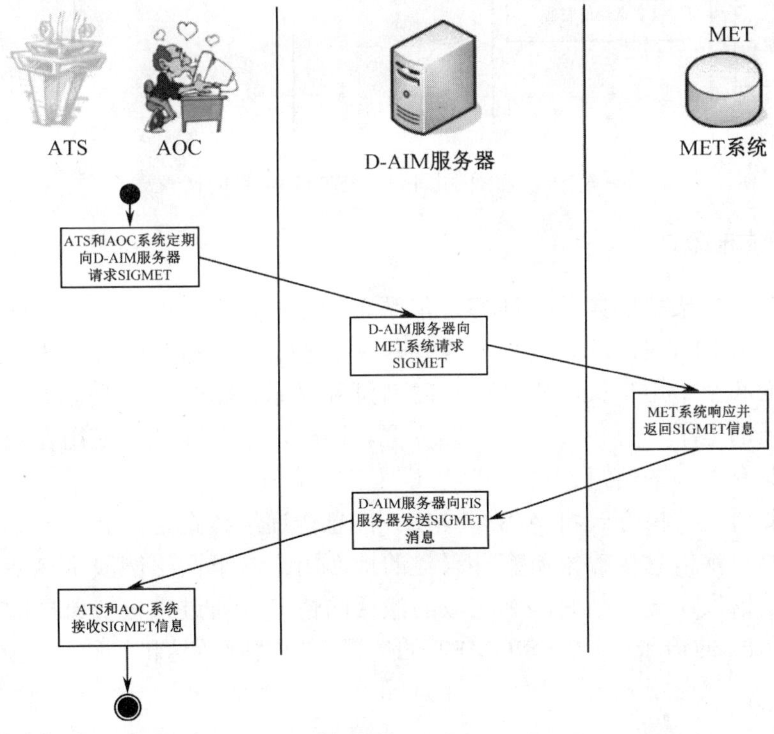

图 6.28　ATS 和 AOC 请求 SIGMET 信息

METAR 消息是提供给每个机场的气象预告，该消息每 30 分钟更新一次，飞行员可以根据机场的气象信息决定是否降落到备降机场。飞行员还可以请求航路上或附近的机场气象信息。图 6.29 展示了在需求模式下气象信息的传输，当然还可以通过广播模式将气象信息发送给所有用户。

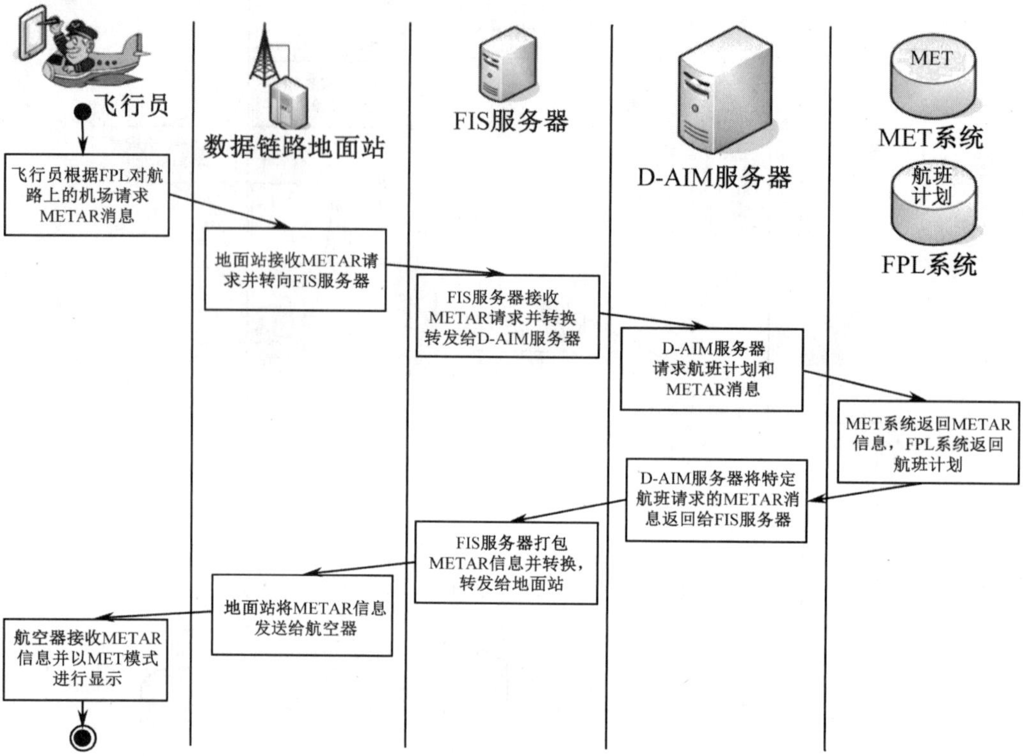

图 6.29　需求模式下对 METAR 信息的请求

3．用例演示验证

实验中包含一架从瑞典首都斯德哥尔摩布鲁马机场起飞的飞机，目的地为阿兰达机场，该飞机为 LFV 的 Beech 200，装备有数据链收发器和 NavAero 电子飞行包。在该实验中地面和空中用户接收更新的临时信息并显示，如图 6.30 所示，在一个大屏幕上通过飞行员的电子飞行包显示飞机的位置。同时，一些其他的应用在相应的屏幕上显示，他们具有相同的信息。

用例主要通过广播方式将 AIS 和 MET 信息传递给数据链路和装备电子飞行包的航空器，同时也将信息传输给所有感兴趣的地面用户。下面用例演示包括布鲁马机场滑行道关闭的情景；一个临时隔离空域的激活的情景；通过来自气象局的实时数据流可视化 METARs 的情景；一个 SIGMET 的情景；以及阿兰达机场跑道关闭的情景。

情景一：滑行道关闭（起飞阶段）

从布鲁马机场起飞的航班收到了关于滑行道关闭的通知，同时显示在航空器和地面系统中。图 6.31 显示了机场地面视图，圆圈部分表示关闭的滑行道，图 6.32 为飞行员视角的滑行道关闭的情况，是电子飞行包的屏幕显示。

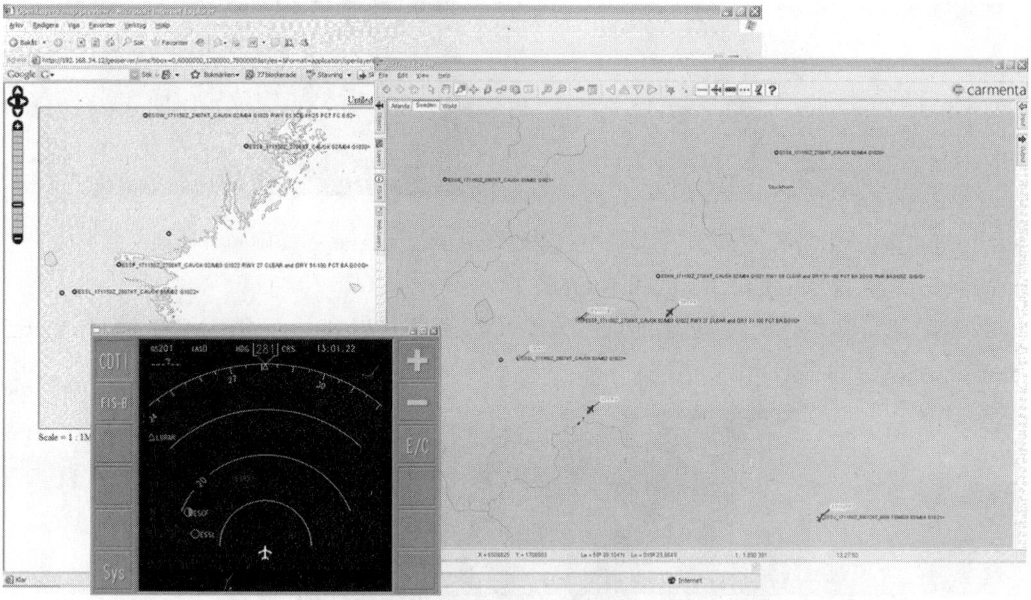

图 6.30　Web 应用

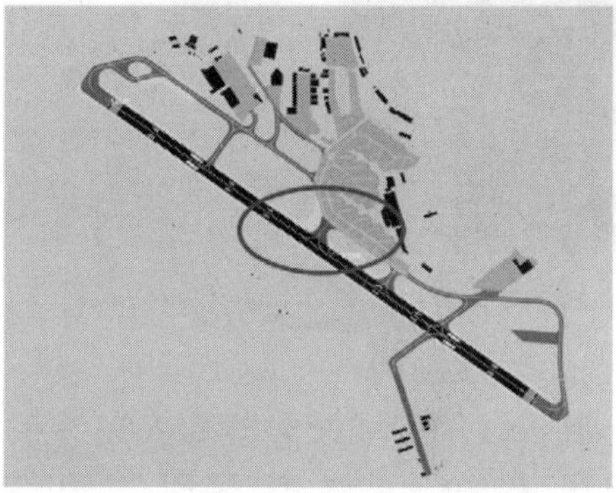

图 6.31　布鲁马机场地面视图

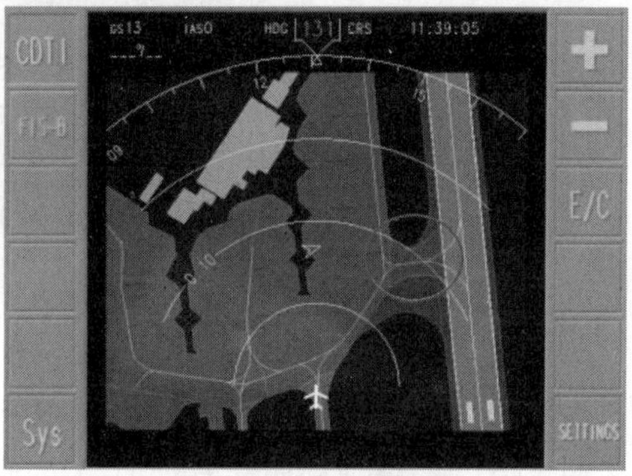

图 6.32　飞行员视角

情景二：临时隔离空域激活（En-Route）

图 6.33 展示了在 En-Route 过程中，航空器向北朝阿兰达方向飞行，途中收到临时隔离空域激活的信息，如图中画圆圈的区域。图 6.34 为航空器上显示的临时隔离空域激活信息。

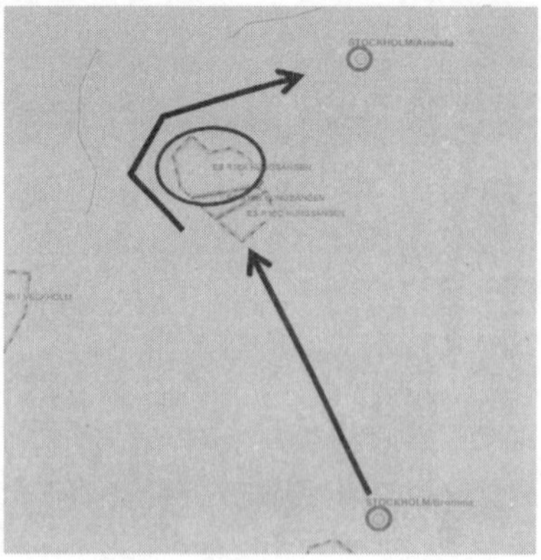

图 6.33　TSA 激活展示

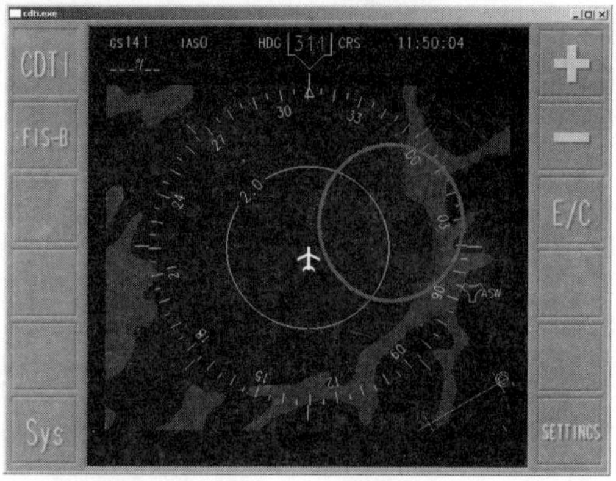

图 6.34　TSA 激活（圆圈对应的区域）

情景三：气象 METAR 信息和 SIGMET

广播斯德哥尔摩 TMA 机场的 METAR 气象信息并出现一个 SIGMET 情形，图 6.35 为电子飞行包中的 SIGMET 信息。

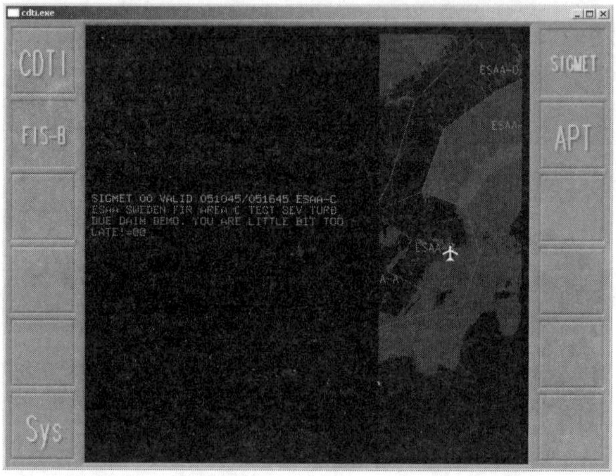

图 6.35　SIGMET 信息

情景四：跑道关闭（着陆阶段）

在飞机到达阿布兰机场前，跑道 08/26 关闭的通告被广播并显示，即图 6.36 中的圆圈中对应的跑道。图 6.37 展示了飞行员视角下机场跑道关闭的情况，显示了关闭的跑道（圆圈对应的跑道）和关闭方向（直线所指的方向）。

未来 ATM 将依赖先进的数据交换和数据共享服务，使航空信息能够在地面和空中都能够进行交互，包括基础设施、路由网络、机场、气象和障碍数据等。D-AIM 工程对 AIS 的实现是基于 SOA 的架构思想，同时每个服务都具有标准化的接口，进行发送和接收信息。这些服务是松耦合的，允许模块化实现。该工程的实现是实现 SWIM 的一个原型，其充分展示了可以采用 SOA 的架构通过 Web 服务的方式实现信息的交换和共享。

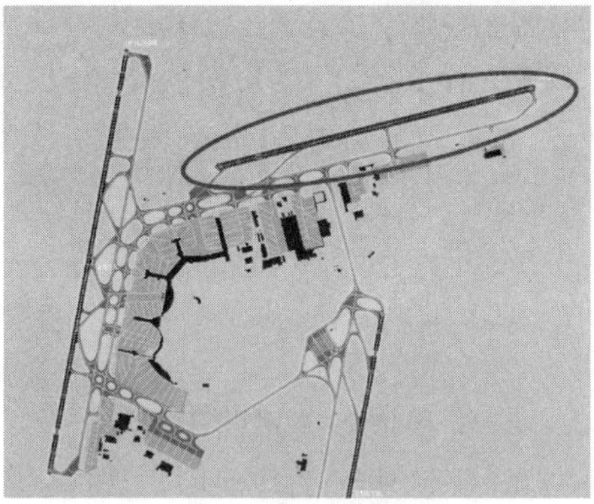

图 6.36　跑道关闭视图

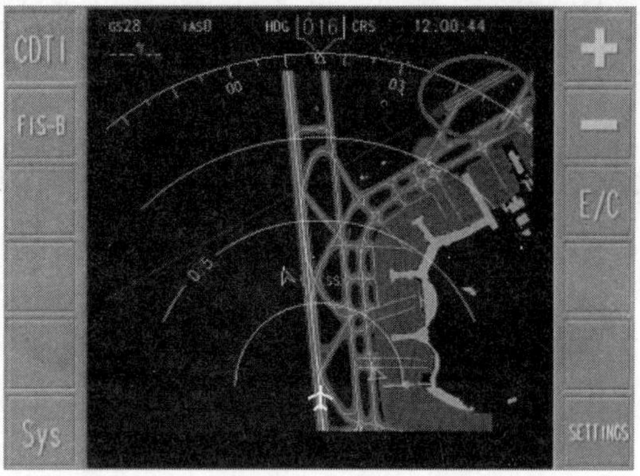

图 6.37　飞行员视角

6.3.2　SWIM 注册库

SWIM 注册库是用于存储 SWIM 相关服务的注册库，不仅实现了对相关服务的管理，还在 SWIM 中为与服务相关的资源提供了存储。注册库服务旨在通过 SWIM 提高对 ATM 信息和服务的可视化和可访问性，从而促进 SWIM 对信息共享的目的，促使服务提供者、消费者和规则授权者具有共同的态势感知。图 6.38 描述了服务提供者、消费者和 SWIM 注册库之间的关系。服务提供者将共享服务发布到注册库，注册库受理后，消费者可以在注册库中发现该服务，然后消费者根据自己的需求从注册库中获取服务相关信息，然后完成请求或订阅。

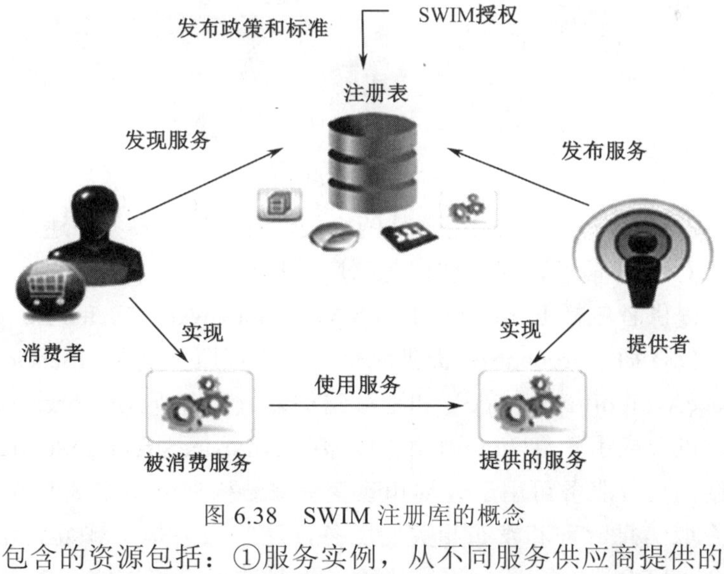

图 6.38　SWIM 注册库的概念

注册库中包含的资源包括：①服务实例，从不同服务供应商提供的可用的 SWIM 服务列表，并进行比较详细的描述；②标准，定义了服务的展现形式和订阅方式等，从而促进服务间的兼容性、易交互和独立性，如航空信息参考模型（AIRM）、航空信息交换模型（AIXM）、气象信息交换模型（WXXM）和航班信息交换模型（FIXM）等；③相关政策，如出于安全或其他考虑的约束条件，或者 SWIM 相关政策；④参与者信息，例如服务提供者和消费者等用户的信息。

另外，注册库还支持服务的管理，包括：服务发布、服务发现、演化管理、通知和依赖关系管理。服务发布允许新服务和信息的注册；服务发现支持通过搜索和浏览发现服务和信息；演化管理使信息和服务生命周期能够可控和协作演化；通知能够保持服务和信息的更新；依赖关系管理可以促进影响分析和依赖关系的识别。

SWIM Registry 是 Eurocontrol 创建的存储 SWIM 资源服务的注册库，其提供相关服务和应用的描述和介绍文档，包括服务实现和应用软件、参考模型（实现服务的通用模型 ISRM 和信息结构模型 AIRM 等）、标准（如 AIXM、WXXM 和 FIXM 等）、政策和参与者等。其中共享的信息包括航空信息、航迹信息、机场操作信息和气象信息等，图 6.39 为 SWIM Registry 的网页展示。

图 6.39　SWIM Registry 门户

该注册库中主要包含服务和应用软件两大类，服务包括服务描述、服务技术接口、服务通用文档和 QoS 等信息，应用软件包括应用描述、数据交换标准、服务实现和相关文档等。服务提供者包括 Eurocontrol、FAA、FlightAware、Selex ES、Snowflake 等上百家组织或单位，如 Eurocontrol 提供航空信息管理服务（AIMService）、空域可用性服务（AirspaceAvailibilityService）和空域结构划分服务（AirspaceStructureService）等数十个服务，以及应用软件 Jumpstart。以服务 AirspaceStructureService 为例，服务描述为：空域结构划分服务可用于查询和改变空域结构划分，空域服务 NOP/B2B 服务组主要提供空域信息管理和发布相关的服务，这些服务是空域数据仓库（Airspace Data Repository，ADR）的一部分进行传输，也是欧洲空域网络动态管理（Dynamic Management of the European Airspace Network，DMEAN）架构的一部分。

服务接口主要用于描述服务的实现技术接口和消费方式，包括 WSDL 文件、数据交换格式和基础设施等。服务通用文档是采用终端用户角度服务对服务进行描述。QoS 描述了服务的可靠性、可用性、安全性等。

其中，Jumpstart 为 SWIM 开源软件，采用标准的主流技术和标准的物理数据交换模型，对与 ATM 信息资源的互操作进行验证，实现高效、松耦合和鲁棒性的解决方案。其能够处理不同类型的航空数据，包括机场、监视、气象、航班和导航等。Jumpstart 是 SWIM 概念的验证原型，主要用于 SWIM 概念的推广，不用作商业运行。该软件是由 C#编程语言编写的，允许以集成和测试为目的的 Web 服务消费，还可以作为 Web 服务提供者提供服务。集成了丰富的功能，包括 AIM、航班、飞行器、CNS、流量和气象等。

1. AIM

AIM 即航空信息管理，这部分可以查看机场位置、航路、空域等静态信息，并在地图中进行可视化。这些数据主要来自 AIXM 数据集，并通过 NM B2B 进行下载。另外一个重要的功能是查询数字航行通告（DNOTAM）。以机场和航路为例，在 A 中填入经过 Web 服务下载的数据集，然后在 C 中填写 ICAO 4 字符机场代码（如法国巴黎夏尔·戴高乐国际机场 LFPG），然后在右侧的地图上显示该机场的地理位置和跑道视图，如图 6.40 所示。其中 B 中描述该机场的详细信息，包括机场 IATA 代码（CDG）、机场地理位置等相关数据。

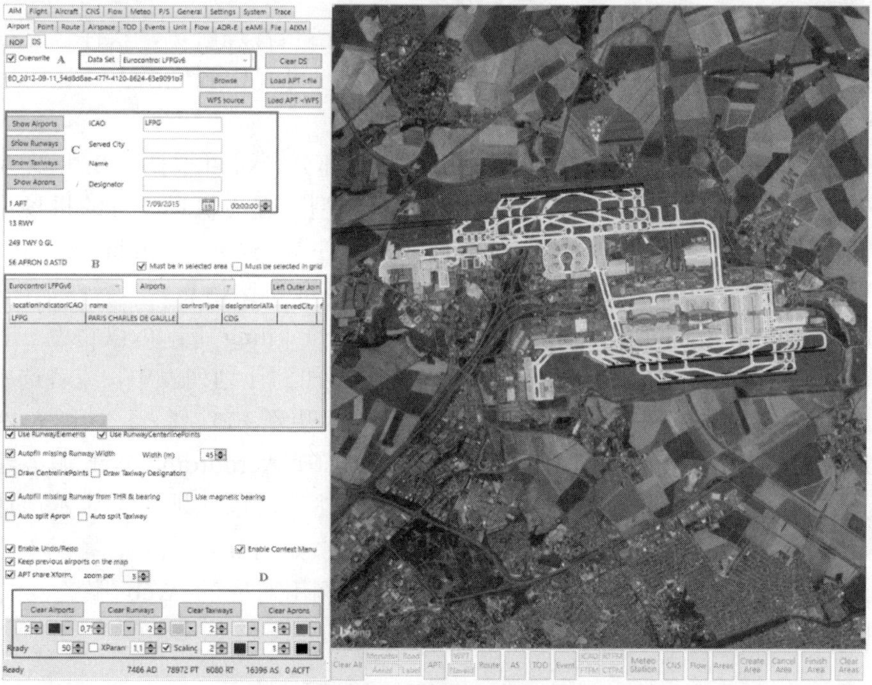

图 6.40　夏尔·戴高乐国际机场

在戴高乐国际机场上空划设一个空域，然后选择“Show Routes”选项，将包含在该空域中的航路显示在地图上，如图 6.41 所示，这些航路信息都是之前通过 Web 服务从 NM B2B 下载的 AIXM 格式数据。

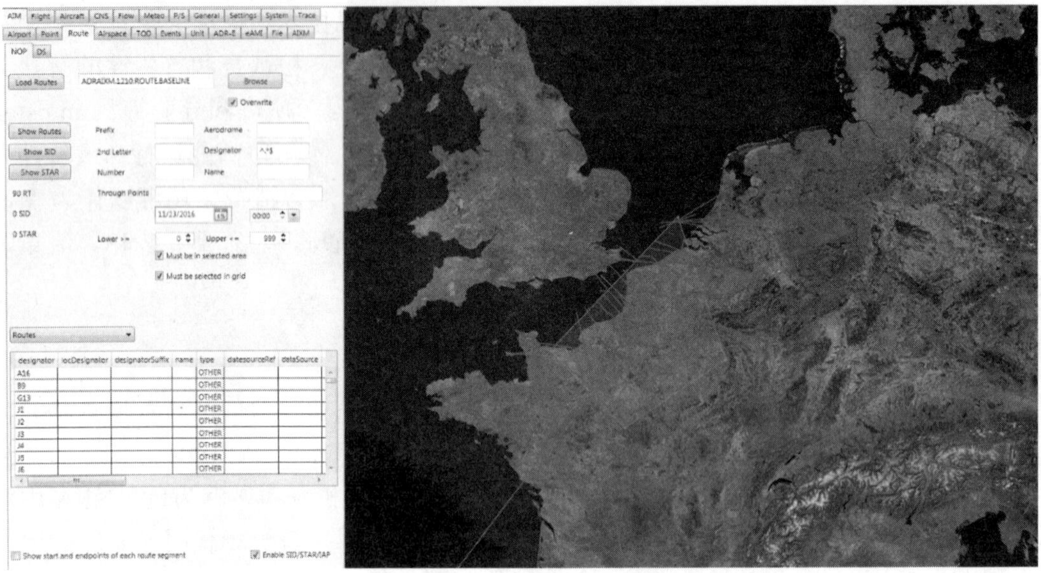

图 6.41　某空域中航路信息

2. 航班

这部分采用 NM B2B 的航班服务进行计划、归档和管理航班，软件包含很多数据信息，并对它们进行集成融合，可以将某个航班路线可视化到地图上，还可以添加气象、航路点和导航点等信息。

其中，航班计划填写功能在 Flight Preparation 部分，可以根据 FPL 报文在图 6.42 中 A 部分填写对应的数据，如航空器编号、航班类型、起飞机场、目的机场和航路信息等。填写完毕后，可以通过调用核实航班计划报文的 Web 服务“FlightPlanValidation”，以验证填写航班计划无误。如果填写无误，通过 E 获取航路信息，然后在地图上显示。

航班计划归档或者创建航班计划功能主要在 Flight Filing 中，可以将上一步中通过验证的航班计划，通过“FlightRetrieval” Web 服务添加到计划列表中，或者选中列表中的某航班计划，通过该服务获取 FPL 进行修改，然后更新 FPL 列表，如图 6.43 所示。

航班管理功能可以根据机场名，通过“FlightListByAerodrome”Web 服务起飞或目的机场为该机场的所有在规定时间内的航班计划，然后可以在地图上显示该计划的具体航路信息，还可以为航路点添加气象等附加信息，如图 6.44 所示。

如上所述，每当进行相关操作的时候，可能会调用对应的 Web 服务，如图 6.45 所示，其采用 SOAP 协议调用 NM B2B 相关的服务。

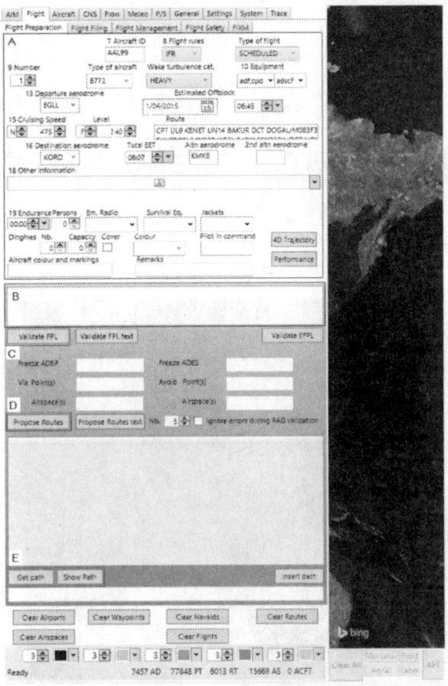

图 6.42 Flight Preparation 功能

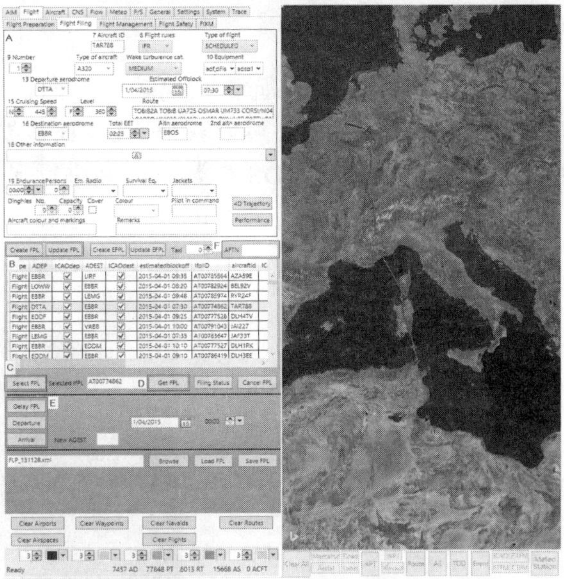

图 6.43 Flight Filing 功能

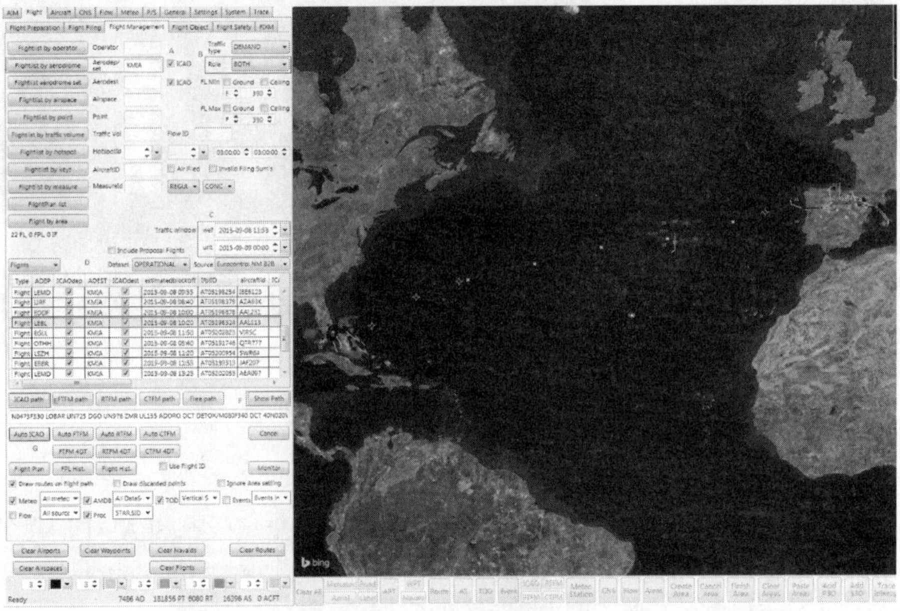

图 6.44 航班管理功能

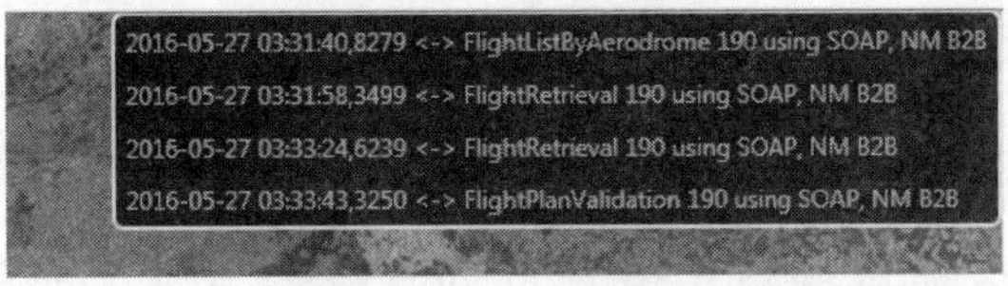

图 6.45 NM B2B Web 服务

3．CNS

目前，在通信、导航和监视功能方面，该软件只有监视服务能够进行请求，从“FlightAware” Web 服务可以获得 ADS-B 数据。同样在地图上划设一块空域，然后软件会检索该区域内的 ADS-B 数据，并进行显示，如图 6.46 所示。通过该功能，用户（包括服务提供者和消费者）可以追踪感兴趣的航班，实现航班的实时监视。

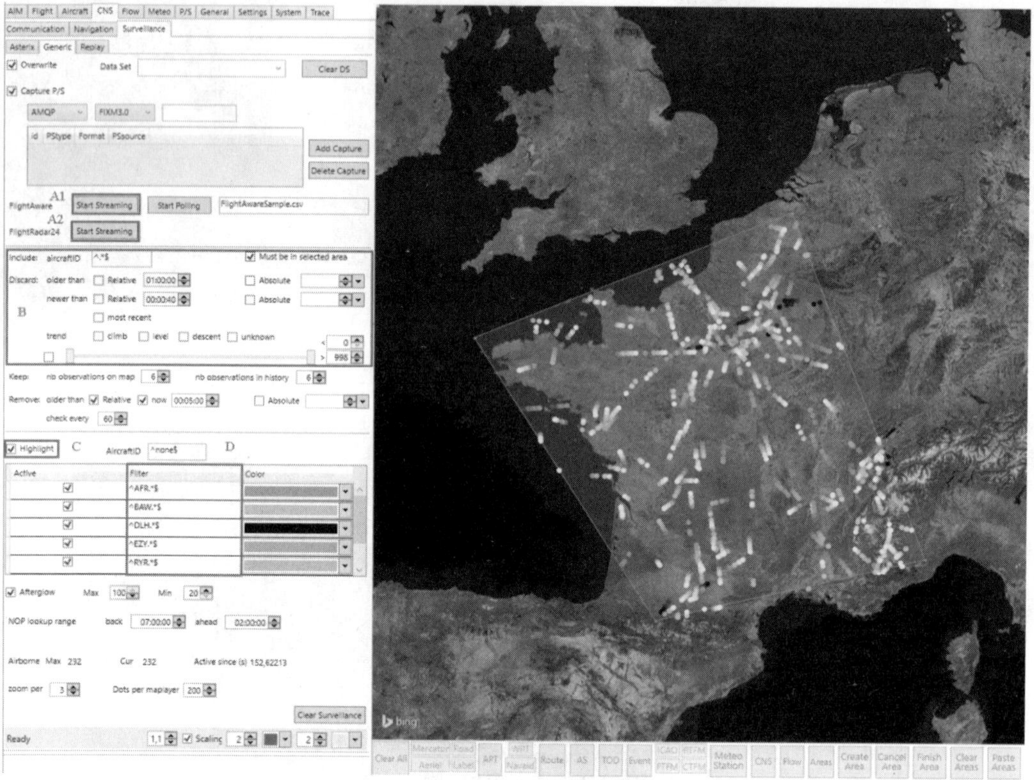

图 6.46　软件监视功能

4．流量

流量管理功能主要利用 NM B2B 的流量服务，包括空域限制和 AIM 消息等功能，目前这两个功能被授权使用。其中空域限制信息通过“Regulations”部分请求 RegulationListDetail 服务获取，可以将获取的空域信息显示在地图上，如图 6.47 所示，并且每个限制区将会持续有一定的时间，能够比较好地将当前空域信息反馈给用户，实现共同的态势感知。

5．气象

通过该软件还可以通过服务了解最近的气象信息，所有标准的气象信息，如 METAR 报文、TAF 报文和地面气象站等，都可以获得并显示在地图上。其中下载

METAR 报文，并将其转化为 WXXM 标准格式，然后将其显示在地图上，图 6.48 展示了某区域内的气象观测站和气象信息。用户可以直观地看到气象观测站附近的气象信息。

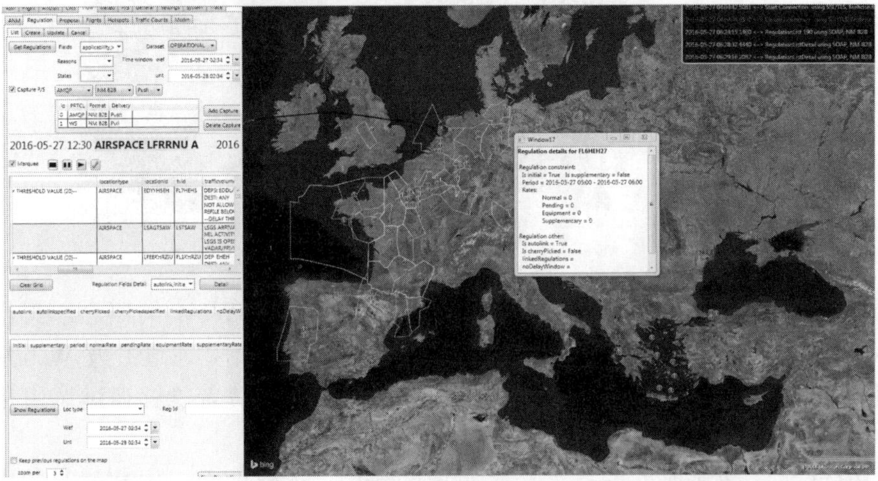

图 6.47　空域信息显示

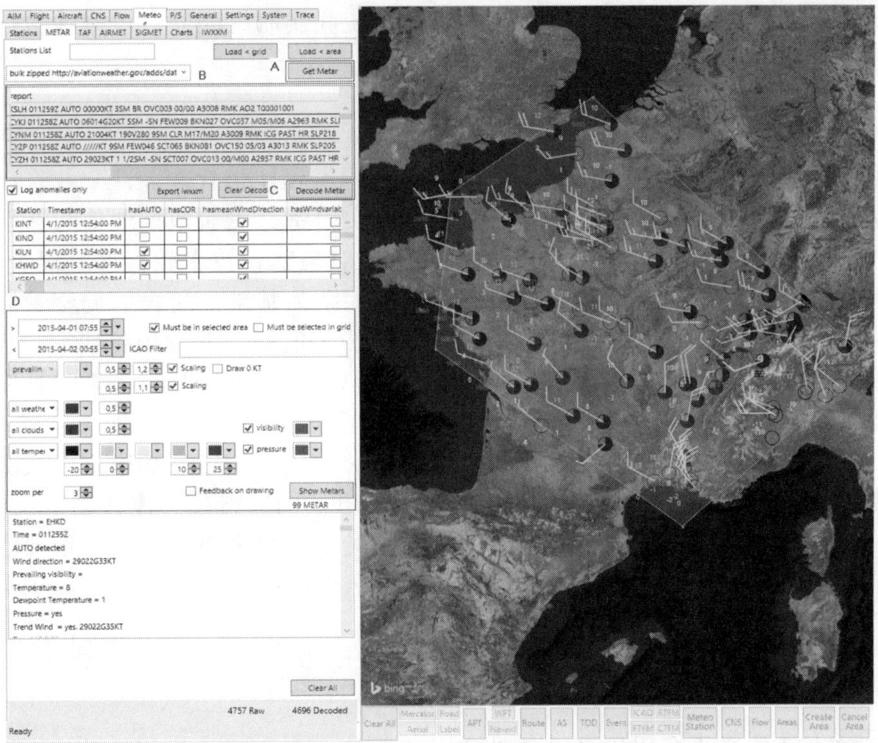

图 6.48　某区域地面气象站和风信息

除了获取某区域内的气象信息，还可以获取全球的其他信息，如风、气压和云等信息，图 6.49 展示的为全球风向和风级。

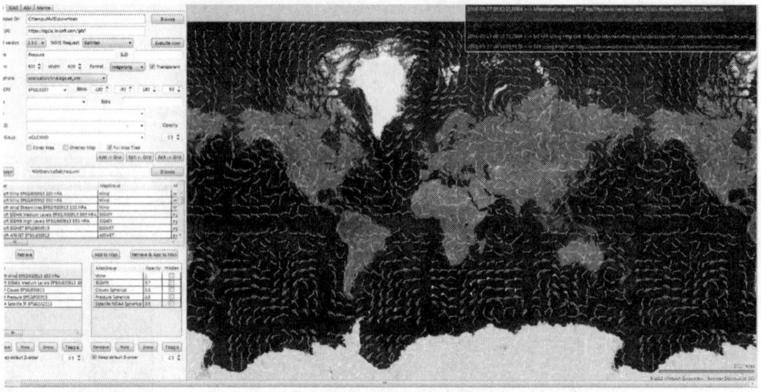

图 6.49　全球风信息

通过对 Jumpstart 软件的介绍，能够比较全面地阐述 SWIM 的概念。其代表了实现 SWIM 的一种方式，即服务提供者根据已有的资源和数据，通过开发 Web 服务，并将服务注册到注册库，经审核后对外发布。授权的服务消费者能够通过调用相应的服务，获取标准的数据资源，从而实现数据的交换。

在 SWIM 系统中注册库发挥着至关重要的作用，该软件中所用到的服务均注册在 SWIM Registry 中，用户可以根据需求对服务以不同形式的调用，能够促使民航系统具有松耦合、灵活性和可扩展性等特点，实现系统间实时、高效、准确地数据共享。

6.3.3　空管 SWIM 仿真平台

由于我国 SWIM 研究工作起步晚，与欧美等国家相比仍存在差距。北京航空航天大学依托所拥有的国家空管新航行系统技术重点实验室、民航数据通信与新航行系统科研基地（民航局部级重点实验室）、先进航空导航与空管技术教育部工程研究中心、协同式网络化空中交通管理系统研究教育部创新团队为基础，与民航局空管局技术中心合作，在国内主持或参与完成了与 SWIM 研究相关的系列课题项目研究，包括：民航局空管局科技项目“空管系统信息服务规范化研究”（2006-2007）、“空管信息用户身份管理体系架构研究”（2009-2010）“面向服务的空管数据高效共享机制研究”（2012-2013）、“中国民航空管 SWIM 技术政策”，（2014、2015、2016）、“关键空管业务数据模型研究”（2015-2016）；参与完成了“十二五”国家科技支撑计划重大项目“民航广域信息管理技术与平台课题”（2012-2015）、民用航空空中交通管理管理信息系统技术规范；并与美国 FAA 和欧洲 Eurocontrol 进行 SWIM 国际合作交流，在基础上，研究开发了空管 SWIM 仿真平台。

1. 空管 SWIM 仿真平台

空管 SWIM 仿真平台采用开源软件实现了服务注册和服务代理的功能，共享场景如图 6.50 所示（在第 4 章已讲述过，为叙述方便仍在此处进行简单介绍），主要由空管信息系统（如流量、气象信息系统等）、接口适配器服务器、服务总线、服务注册管理、服务注册库/中心组成。

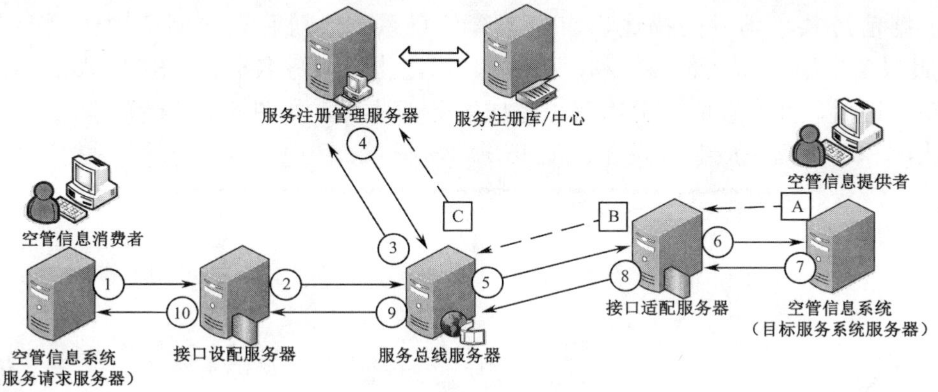

图 6.50　数据共享的场景流程

服务发布的场景实现如下：（A）空管信息系统（目标服务系统服务器）发送服务描述文件至接口适配服务器；（B）接口适配器按照标准化 Web 服务转换接口，生成服务描述信息发送至服务总线服务器；（C）服务总线服务器将服务描述信息推送到服务注册管理服务器，服务信息通过服务管理的策略验证后，在服务注册库/中心注册，成功发布空管数据服务。

空管 SWIM 仿真平台实现了对中间所有服务器的整合和协调，图 6.51 为仿真平台的界面，左边的功能树包括主要的平台管理功能，分为服务、监视、配置和工具四类，其中服务选项主要用于服务的部署和服务总线代理等，监视选项主要用于监视仿真平台和相关服务的运行情况，配置和工具选项为平台提供相关的配置方法和工具。右侧的信息区主要向用户展示了目前部署的服务和平台其他信息。

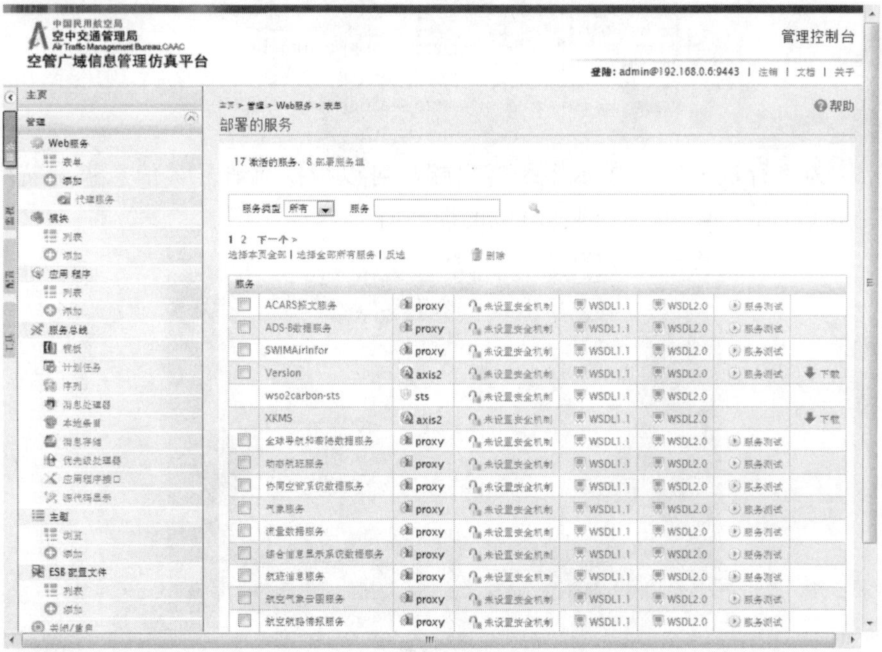

图 6.51　空管广域信息管理仿真平台

根据前边共享场景的描述，首先空管信息系统注册和发布服务到该平台上，在Web 服务条目中选择“添加”和“代理服务”，指定服务名称、WSDL 端点地址位置信息以及键值，并设置服务分组等，完成服务的注册，如图 6.52 所示。随后经过管理员的认证和审查后完成服务发布。

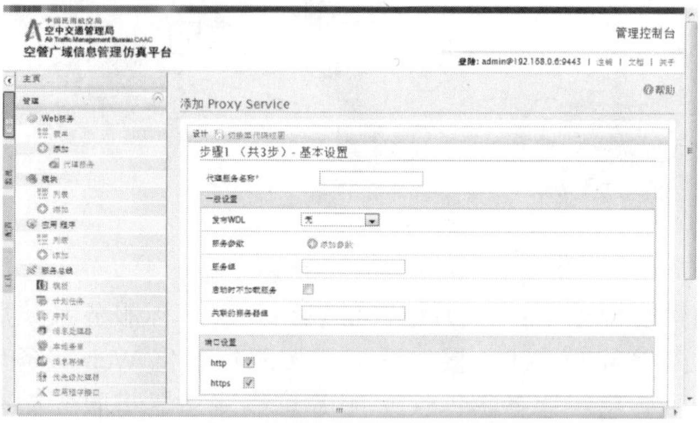

图 6.52　服务注册

随后服务消费者可以通过查询注册库，查找并调用航班信息查询相关的服务，通过航班号或者其他信息对服务进行请求，然后 Web 服务响应请求，并返回查询信息，如下所示是对航班信息查询服务的测试结果。

This is the test result with ESB:
航线信息（北京-南京）：LADIX,W40白头(BTO),A593邳县(PIX),A470半塔集(OF)
航线总距离（北京-南京）：967Miles
This is the test result with ESB:
航线信息（北京-南京）：LADIX,W40白头(BTO),A593邳县(PIX),A470半塔集(OF)
航线总距离（北京-南京）：967Miles
This is the test result with ESB:
航线信息（北京-南京）：LADIX,W40白头(BTO),A593邳县(PIX),A470半塔集(OF)
航线总距离（北京-南京）：967Miles
This is the test result with ESB:
航线信息（北京-南京）：LADIX,W40白头(BTO),A593邳县(PIX),A470半塔集(OF)

图 6.53 为飞行数据综合显示系统客户端，可以根据航班号等信息查询航班信息，如图中根据航班号 KAL906 查询其对应的航班计划。

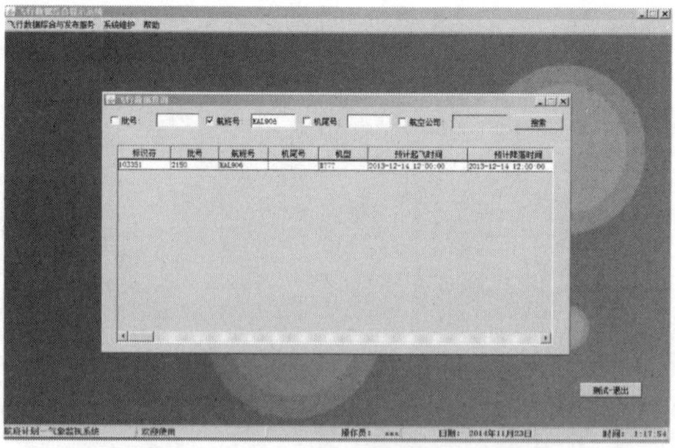

图 6.53　服务消费者客户端

2. 空管 SWIM 仿真平台测试

根据发布的服务将空管 SWIM 仿真平台结合模拟空管服务进行集成测试，测试环境如表 6-6 所示。

表 6-6 测试环境

计算机组件	配 置
处理器	x86 双核处理器: 2.66GHz
内存	4.00 GB
操作系统	Windows Server 2008 R2

主要采用 Apache JMeter 对仿真平台进行了压力测试与效能分析。Apache JMeter 是 Apache 组织开发的基于 Java 的压力测试工具，它最初被设计用于 Web 应用测试，后来扩展到其他测试领域。它可以用于测试静态和动态资源，如静态文件、Java 小服务程序、CGI 脚本、Java 对象、数据库和 FTP 服务器等。JMeter 可以用于对服务器、网络或对象模拟压力测试，实现在不同压力情况下测试它们的强度和分析整体性能。

（1）压力测试

目前我国有 1 个空管总局，7 个地区局，37 个空管分局站，根据空管系统具体使用情况进行测试。针对空域气象系统的仿真需求，总局通信、导航、气象、情报和技术等中心共设立 20 个并发节点，7 个地区局各设立 5 个并发节点，37 个空管分局站各设立 1 个并发节点，航空公司和机场各设立 4 个并发节点，故测试所有的并发节点数为 92 个，每个节点的请求时间为 5 秒的间隔，总请求数 1000000 条，具体测试的模拟参数如表 6-7 所示。

表 6-7 压力测试仿真参数设置

仿真需求参数	Apache JMeter 参数	参数设置值
节点数	线程数	100
请求节点	Ramp-Up Period(in seconds)	5
节点请求数	循环次数	10000
请求总数	总请求数	1000000

启动 Apache JMeter，点击【测试计划】，添加新的线程组作为测试单元，设置 Apache JMeter 参数，如图 38 所示。

具体针对服务的测试分为两部分：传统 Web 服务压力测试和空管 SWIM 仿真平台虚拟 Web 服务压力测试。

① 传统 Web 服务压力测试

在添加线程的基础上，根据发布的 SWIMAirInfor 服务设置测试参数。在传统的 Web 服务测试中，我们使用的消息是 SOAP 请求，消息头为 SOAP 信封和其命名空间，消息内容是具体的地点，该消息发送的目标服务应该是根据路由信息调用目标方法，最后返回结果。具体的参数添加如图 6.55 所示。

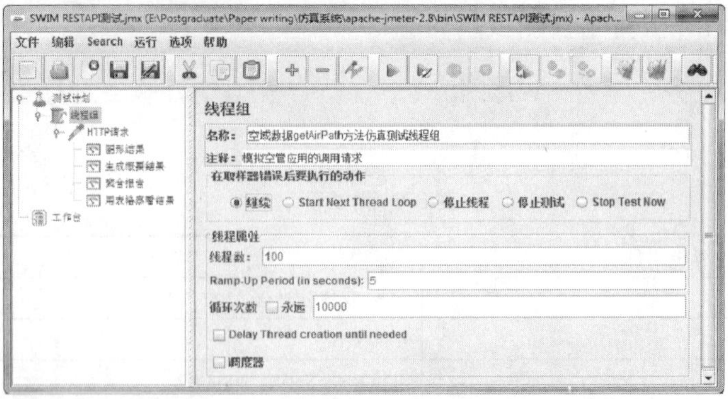

图 6.54 Apache JMeter 参数设置

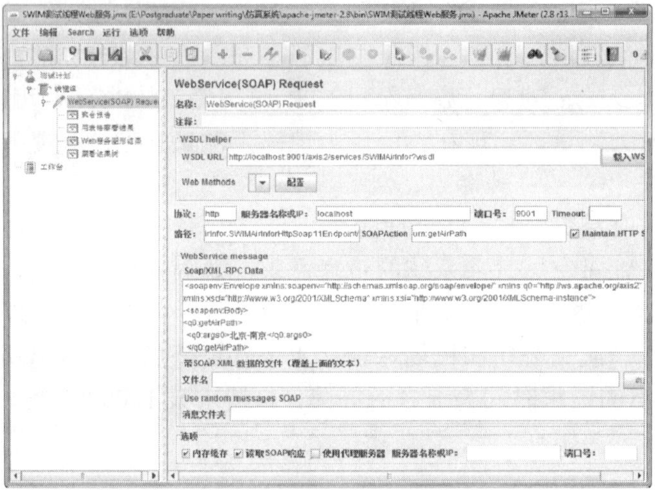

图 6.55 服务参数设置

按照软件对应的步骤进行测试，测试测试结果如图 6.56 所示，测试结果将在后面效能分析中进行分析。

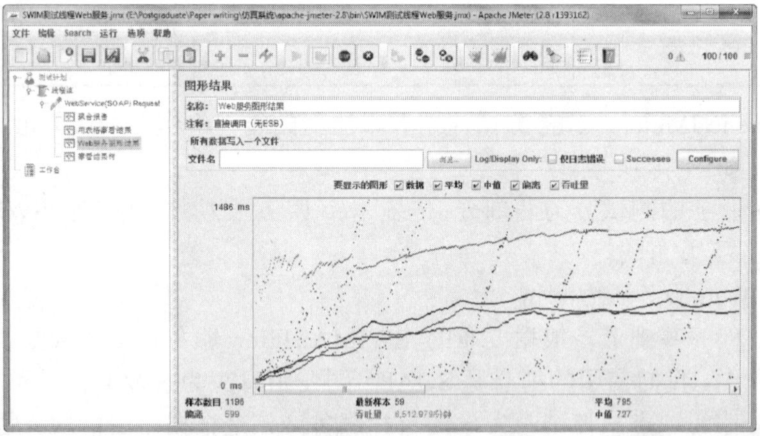

图 6.56 传统 Web 服务测试结果

② 空管 SWIM 仿真平台 REST 服务压力测试

空管 SWIM 仿真平台 REST 服务的测试线程参数设置与图 6.54 相同，服务的端点信息设置如图 6.57 所示，调用信息主要通过 HTTP 发送的 URI 完成,。

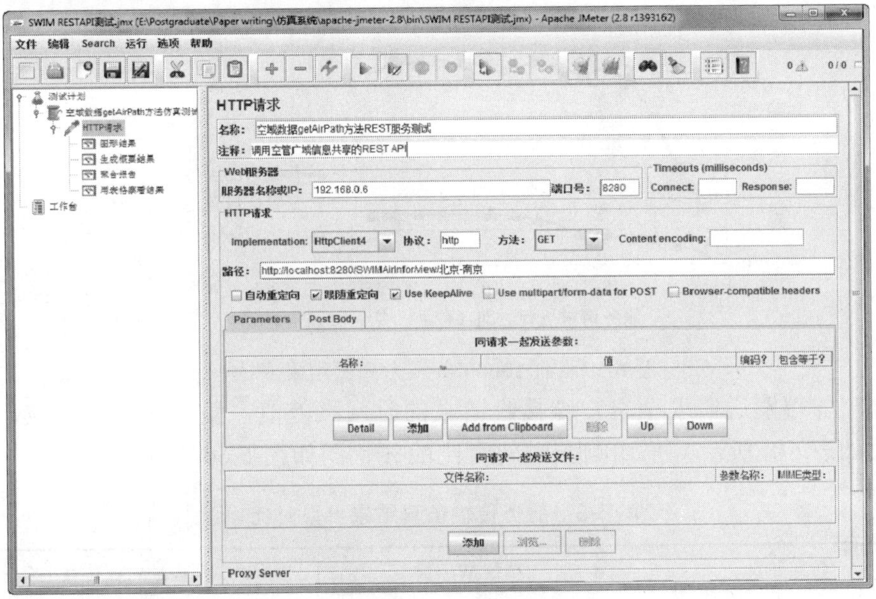

图 6.57　空管 SWIM 仿真平台虚拟 Web 服务参数配置

完成设置参数之后，按软件步骤进行测试，测试结果如图 6.58 所示，测试结果将在后面效能分析中进行分析。

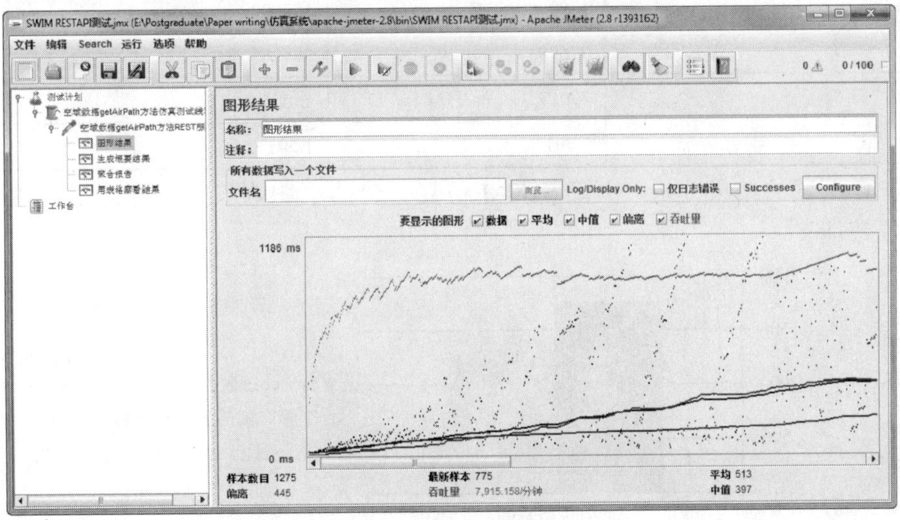

图 6.58　空管 SWIM 仿真平台虚拟 Web 服务测试结果

（2）效能分析

本节对压力测试的结果进行分析，图 6.59 显示测试的前 10000 条结果对比，对比图的横坐标为服务请求运行时间（单位为秒），纵坐标为端口的吞吐量（单位为 KB/

秒），从前 10000 条测试的结果图可以看出，通过空管 SWIM 仿真平台的吞吐量比普通的 Web 服务提早 5-10ms 达到峰值，能提供较好的瞬发响应效果。同时，空管 SWIM 仿真平台的吞吐量比传统 Web 服务增加 3.9 倍。

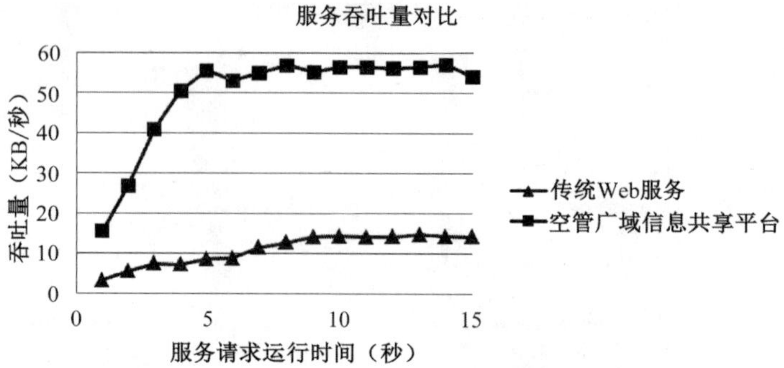

图 6.59　前 10000 条压力测试结果对比

针对服务端发送请求至客户端接收请求的时间戳差值，服务的平均响应、最小响应等参数如表 6-8 所示，平均响应时间对比的柱状图如图 6.60 所示。

表 6-8　服务传输仿真结果参数对比

仿真参数	传统 Web 服务	空管 SWIM 仿真平台
平均响应时间	1760ms	1465ms
最小响应时间	14ms	9ms
最大响应时间	614331ms	326010ms
请求计数	1000000	1000000
响应计数	976983	984965
错误计数	23017	15035
错误率	2.301%	1.503%

从仿真测试的结果分析，空管 SWIM 仿真平台的平均响应时间降低了 16.76%，提升了服务效能。

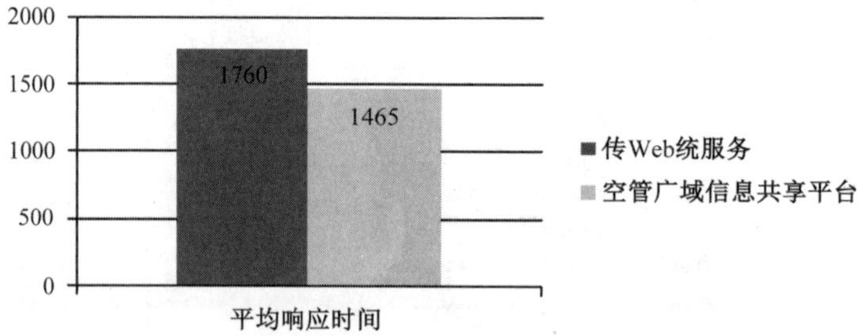

图 6.60　平均响应时间对比

从发送的消息文件对比，Web 服务发送消息文件大小为 345bytes，REST 发送消息文件大小为 55bytes，减少了 84.06%消息文件大小，节省了客户端的硬件开销。综上所述，空管 SWIM 仿真平台在瞬发响应能力，平均响应时间和消息文件大小三个维度都优于传统的 Web 服务调用方式。

同时，比较网关传输与数据库直连模式，空管 SWIM 仿真平台具有实时性、易管理等优势。由以上内容可知，空管 SWIM 仿真平台实现了服务注册和发布，并且服务交换的消息通过 ESB 进行传输，实现了服务的虚拟化代理和路由。该平台初步实现了面向服务的 SWIM 概念，为我国 SWIM 进一步深入研究和系统建设打下了坚实的基础。

本章小结

本章主要介绍民航广域信息管理技术进展与应用，包括欧美 SWIM 最新进展、民航业务数据交换和民航广域信息管理技术应用。

以欧美为代表的国家和地区在 SWIM 系统建设和实施方面进展比较迅速，已投入使用的系统在空中交通管理过程中发挥着重要作用，并产生了一定的经济效益。本章首先介绍美国和欧洲 SWIM 系统建设和部署实施情况，尤其美国在 SWIM 系统基础设施方面建设以取得了巨大的成就，值得其他国家学习。

由于民航现有信息系统种类繁多，数据类型多样，如航空数据、监视数据、气象数据和飞行数据等，信息化进程不一，系统之间关联性弱；不同类型民航信息系统之间的同类数据结构和数据接口的不一致。为实现数据和接口的标准化，需要制定相关的结构标准或模型，使所有服务提供者根据标准开发服务，然后消费者可以对服务进行标准的调用和请求。其中三个关键信息交换模型，包括航空信息交换模型，解决航空情报信息的标准化；气象交换逻辑模型，解决气象信息的标准化；航班信息交换模型，解决航班信息的标准化。并以 FIXM 模型为代表进行详细介绍，包括其逻辑模型和物理模型等。

然后，根据目前国内外 SWIM 的研究与实施进程，以欧洲的数字航空信息管理（D-AIM）、SWIM Registry 和空管 SWIM 仿真平台为例介绍 SWIM 在民航中的应用。其中 D-AIM 为未来 ATM 信息共享基础创建测试平台，促使现存和未来的 AIM 基础设施能够利用地理空间为其他用户提供互操作标准以支持数字 AIM，其比较完整地描述了通过 SOA 的架构思想和 Web 服务实现民航个业务系统间的信息交换和共享。SWIM Registry 为 Eurocontrol 开发的 SWIM 注册库，存储着全球主要的服务提供者提供的基于标准接口的 Web 服务和相关应用。其中 Jumpstart 为一个典型的 SWIM 应用，包含航班、气象和 CNS 等服务，并且服务的调用都采用标准的数据格式，比较充分地描述了 SWIM 的概念和思想。空管 SWIM 仿真平台借助开源软件实现 Web 服务的注册和代理，初步实现了面向服务的 SWIM 原型系统，为我国进一步开展 SWIM 工作奠定了基础。

思考题

6-1 在空中交通管理（ATM）系统中，潜在的信息域包括哪些？

6-2 简述航空信息交换模型（AIXM）的模型组成。

6-3 简述气象信息交换模型（WXXM）的模型组成。

6-4 简述航班信息交换模型（FIXM）的模型组成。

6-5 简要介绍 AIXM、WXXM 和 FIXM 分别解决哪些方面的问题。

6-6 简述需求模式下航空信息的请求过程。

6-7 简述 SWIM 注册库、服务提供者和消费者的关系，以及注册库的功能。

第 7 章

民航广域信息管理技术未来展望

SWIM 概念的提出是为了解决民航系统基础设施复杂、接口不一致和数据结构不一致等问题，是实现民航各系统间信息高效共享的基石。目前 SWIM 系统主要关注点是地面基础设施间的信息交换，未来会将航空器也纳入到 SWIM 环境中，从而真正实现所有民航系统互联互通。SWIM 系统的实施需要借助于先进的计算机和网络通信技术，具体建设与落地实施将面临着技术、政策、成本和性能等挑战。接下来我们将介绍航空器接入 SWIM、新技术融合和发展前景及挑战等内容。

7.1 航空器接入 SWIM

通过前面各章节对 SWIM 的介绍可知，SWIM 包含两部分，即地地 SWIM 和空地 SWIM。目前在地地 SWIM 系统建设方面已经取得了一定的进展，在空地 SWIM 方面各国也在积极推进研究和实验。如 NextGen 在协同的 ATM 技术（CATMT）项目中开展了航空器接入 SWIM（Aircraft Access to SWIM，AAtS）的研究，促使航空器与 SWIM 基础设施的交互。欧洲 SESAR 除了开展地地 SWIM 工作外，还积极推动空地 SWIM 方面的研究。下面以美国 AAtS 为例对空地 SWIM 进行阐述说明。

AAtS 主要关心两点，首先通过 SWIM 为机组人员提供与其他 NAS 系统相同的信息，其次为航空器与 NAS 服务提供空地信息交换。AAtS 主要涉及六个部分：①NextGen 原型网络（NextGen Prototyping Network，NPN），利用私有多协议标签交换云服务；②NAS Thread 功能，包含来自 FAA 研究与开发（R&D）域的数据产品，并可以利用 R&D 域的企业消息服务；③AAtS 数据管理服务（Data Management Service，DMS），主要利用先进的消息传输和队列协议，提供访问 SWIM 数据的服务；④数据链服务提供者，支持陆基和星基；⑤航空器设备，如电子飞行包等；⑥航空公司运营中心（Airline Operations Center，AOC）和航班运行中心（Flight Operations Center，FOC）。

目前，航空机组访问航空相关信息的约束主要包括：NAS 数据源中航空相关的信息不统一；缺乏空地功能以获取 NAS 服务和信息；重度依赖语音通信，存在重复回复和频率拥塞等问题；限制访问 NAS 服务和信息导致低效的策略计划和执行。这导致机组人员无法实时掌握 NAS 环境的全息图，而影响策略制定。

为了解决以上的限制，AAtS 将在整个航班周期中提供航空器访问 SWIM 系统的能力，其将采用现有的 NAS 和航空器基础设施，如 SWIM、FAA 电信基础设施和电子飞行包（EFB）等，通过传输一致的信息维持与其他 ATM 系统和航空公司运营中心等共同的态势感知，并从依赖语音通信转变为按需访问实时标准化的信息。传输的信息能够支持航空器更好的飞行，如为飞行员提供风、温度和气流等气象信息。AAtS 促使机组人员转变以往的飞行模式，通过订阅 SWIM 系统中的服务，将可以获得增强的气象、航空和交通流量管理等服务和信息。

由上文可知，AAtS 是一个空地解决方案，采用 IP 数据链操作功能和协同的航班活动，利用 SWIM 系统基础设施使机组人员能够接入 NAS 系统相关数据。数据通过 SWIM 系统传输，但要考虑信息优先级和安全问题，并不是所有 SWIM 系统数据对 AAtS 可用。传输的信息将有利于机组人员和地面操作具有共同的态势感知，从而促进共同的策略计划和执行。同时 AAtS 还能够为地面系统提供实时信息，如大气状况等。

图 7.1 描述的是未来 NextGen 环境下空地信息交换的场景描述，其包含重要部分 AAtS。左侧是主要的指令和控制方式，如语音、数据通信、ADS-B 和 ADS-C 等，中间为通过 AAtS 的双向商业数据链。航空公司运营中心（AOC）和航班运行中心（FOC）可以通过 AAtS 数据管理服务（DMS）接收相关信息，DMS 是一个运营商管理的服务，可以访问原始 SWIM 数据，这些 SWIM 数据通过采用一定的格式过滤和验证后部署给消费者。AOC/FOC 也可以从 NAS 边界保护服务接收信息。从图中可以看出，AAtS 对航空器接入 SWIM 起着至关重要的作用，这种实时双向的通信链路将提高 NAS 运行的可预测性、灵活性和安全性。

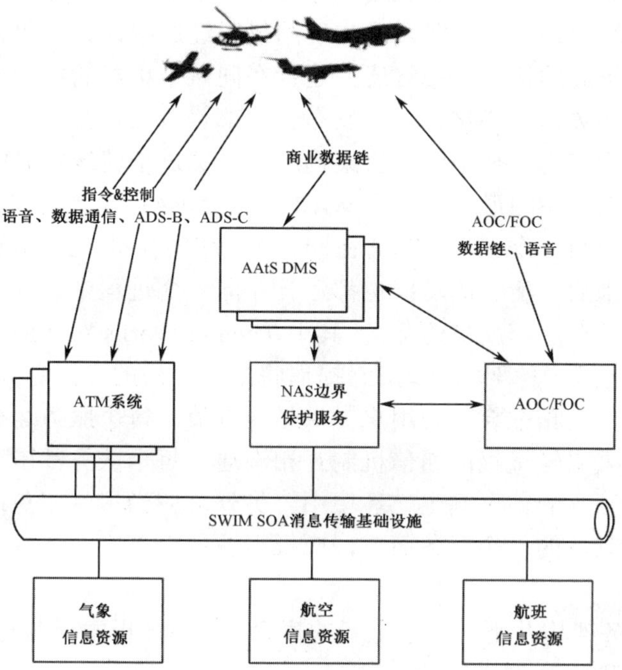

图 7.1　未来 NextGen 空地信息交换

通过航空器接入 SWIM 的研究与开发，将促进 SWIM 实现全空域内所有利益相关者具有共同的态势感知，从而为及时、准确和有效的决策制定奠定了基础，未来通过与其他技术相结合，还可以对航空器进行实时监视，以预防航空器失联等棘手问题。

7.2　新技术融合

SWIM 的建设与实施离不开计算机和网络技术，目前各种不断发展成熟和推广应用的新技术，如微服务、云计算和大数据等，为民航信息化的进一步发展提供了借鉴与思路，也将促进 SWIM 的建设与落地。

7.2.1 微服务

通过前几章的介绍，构建 SWIM 的主要方式是采用 SOA 的架构思想，其能够促使民航各系统服务具有松耦合、透明化和模块化等优势。随着 IT 技术的不断更新与发展，近两年提出了微服务（Microservice）的概念。微服务架构模式（Microservice Architect Pattern）是软件架构模式领域里出现的一个新名词，其是一个新兴的软件架构，将一个大型的单个应用程序和服务拆分为数十个支持微服务。

传统架构为单块架构，即开发团队实现的代码经过编译、打包、部署后，不考虑负载均衡以及水平扩展的情况，最终还是运行在同一个机器的同一个进程中。对于这种功能集中、代码和数据中心化、一个发布包、部署后运行在同一进程的应用程序，通常称之为单块架构应用。典型的单块架构应用，莫过于传统的 J2EE 项目所构建的产品或者项目，它们存在的形态一般是 WAR 包或者 EAR 包。当部署这类应用时，通常是将整个一块都作为一个整体，部署在同一个 WEB 容器，如 Tomcat 或者 Jetty 中。当这类应用运行起来后，所有的功能也都运行在同一个进程中。

微服务本身并没有一个严格的定义，其中 ThoughtWorks 对微服务的描述比较具体和贴切。微服务架构是一种架构模式，它提倡将单块架构的应用划分成一组小的服务，服务之间互相协调、互相配合，为用户提供最终价值。每个服务运行在其独立的进程中，服务与服务间采用轻量级的通信机制互相沟通。每个服务都围绕着具体业务进行构建，并且能够被独立的部署到生产环境中。另外，应当尽量避免统一的、集中式的服务管理机制，对具体的一个服务而言，应根据业务上下文，选择合适的语言、工具对其进行构建。

实际上，微服务架构并不是一个全新的概念，仔细分析发现其与 SOA 的概念几乎一致。它们主要区别如表 7-1 所示。

表 7-1 微服务与 SOA 的区别

SOA 实现	微服务架构实现
企业级，自顶向下开展实施	团队级，自底向上开展实施
服务由多个子系统组成，粒度大	系统被拆分成多个服务，粒度细
企业服务总线，集中式的服务架构	无集中式总线，松散的服务架构
集成方式复杂 （ESB/WS/SOAP）	集成方式简单（HTTP/REST/JSON）
单块架构系统，相互依赖，部署复杂	服务都能独立部署

随着市场的快速发展，业务的不断扩大，单块架构应用面临着越来越多的挑战，其改造与重构势在必行。而微服务架构的诞生，是互联网高速发展，虚拟化技术应用以及持续交付、DevOps 深入人心的综合产物。随着用户需求个性化、产品生命周期

变短，微服务架构是未来软件架构朝着灵活性、扩展性、伸缩性以及高可用性发展的必然方向。同时，以 Docker 为代表的容器虚拟化技术的盛行，将大大降低微服务实施的成本，为微服务落地以及大规模使用提供了坚实的基础和保障。

由于 SOA 与微服务在本质上具有相通之处，并且 SWIM 仍然处于论证和研发阶段，考虑到安全和成熟度等因素，SWIM 主要采用 SOA 的架构思想进行架构设计。可以预见，未来 SWIM 建设技术方案或者建成后的系统升级，微服务架构将是重要的参考，其可以使系统具有更强的灵活性、扩展性、伸缩性和高可用性等优势。

7.2.2 云计算

2006 年谷歌推出了“Google 101 计划”，并正式提出“云计算”的概念和理论。随后亚马逊、微软、惠普、雅虎、英特尔、IBM 等公司都宣布了自己的“云计划”，并且云安全、云存储、内部云、外部云、公共云、私有云等概念应运而生。

传统模式下，企业建立一套 IT 系统不仅仅需要购买硬件等基础设施，还需要购买软件的许可证，需要专门的人员维护。当企业的规模扩大时还要继续升级各种软硬件设施以满足需要。对于企业来说，计算机等硬件和软件本身并非他们真正需要的，它们仅仅是完成工作、提供效率的工具而已。对个人来说，我们想正常使用计算机需要安装许多软件，而许多软件是收费的，对不经常使用该软件的用户来说购买是非常不划算的。

云计算的最终目标是将计算、服务和应用作为一种公共设施提供给公众，使人们能够像使用水、电、煤气和电话那样使用计算机资源。在云计算模式下，用户的计算机会变地十分简单，或许不需要硬盘和各种应用软件，就可以满足需求。因为用户的计算机除了通过浏览器给“云”发送指令和接受数据外基本上什么都不用做便可以使用云服务提供商的计算资源、存储空间和各种应用软件。这就像连接“显示器”和“主机”的电线无限长，从而可以把显示器放在使用者的面前，而主机放在远到甚至计算机使用者本人也不知道的地方。云计算把连接“显示器”和“主机”的电线变成了网络，把“主机”变成云服务提供商的服务器集群。

云计算（Cloud Computing）是由分布式计算（Distributed Computing）、并行处理（Parallel Computing）、效用计算（Utility Computing）、网络存储（Network Storage Technologies）、虚拟化（Virtualization）、负载均衡（Load Balance）、热备份冗余（High Available）等传统计算机和网络技术发展融合的产物。

目前，对于云计算的认识在不断的发展变化，但云计算仍没有普遍一致的定义。美国国家标准与技术研究院（NIST）的定义是：云计算是一种按使用量付费的模式，这种模式提供可用的、便捷的、按需的网络访问，进入可配置的计算资源共享池（资源包括网络、服务器、存储、应用软件和服务），这些资源能够被快速提供，只需投入很少的管理工作，或与服务供应商进行很少的交互。

通俗来讲，云计算的“云“就是存在于互联网上的服务器集群上的资源，它包括硬件资源（服务器、存储器、CPU 等）和软件资源（如应用软件、集成开发环境等），本地计算机只需要通过互联网发送一个需求信息，远端就会有成千上万的计算机为你提供需要的资源并将结果返回到本地计算机，这样，本地计算机几乎不需要做什么，所有的处理都在云计算提供商所提供的计算机群来完成。

云计算的特点包括超大规模、虚拟化、高可靠性、通用性、高可扩展性、按需服务和价格低廉，以及存在潜在的危险性等特点。云计算的主要服务形式包括软件即服务（Software as a Service，SaaS）、平台即服务（Platform as a Service，PaaS）和基础设施即服务（Infrastructure as a Service，IaaS）。

SaaS 是一种通过互联网提供软件的模式，用户无需购买软件，而是向提供商租用基于 Web 的软件，来管理企业经营活动。PaaS 是指将软件研发的平台作为一种服务，以 SaaS 的模式提交给用户。因此，PaaS 也是 SaaS 模式的一种应用，如软件的个性化定制开发。IaaS 是指消费者通过互联网可以从完善的计算机基础设施获得服务，如硬件服务器租用等。

在 SWIM 系统建设与实施过程中，可以借助于具有大规模、高可用、高可扩展性等优势的云计算。云计算可以为服务开发者提供必要的软硬件应用，为服务的开发提供保障，服务消费者也可以基于云计算请求虚拟化的服务。云计算的使用也将会增强 SWIM 系统松耦合、高可用和高可扩展性等优势。

7.2.3 大数据

大数据带来的信息风暴正在变革我们的生活、工作和思维方式，开启了一次重大的时代转型。大数据指无法在可承受的时间范围内用常规软件工具进行捕捉、管理和处理的数据集合，是需要新处理模式才能具有更强的决策力、洞察发现力和流程优化能力来适应海量、高增长率和多样化的信息资产。

在维克托•迈尔-舍恩伯格及肯尼斯•库克耶编写的《大数据时代》中，大数据指不用随机分析法（抽样调查）这样的捷径，而采用所有数据进行分析处理。大数据的 5V 特点（IBM 提出）：大量（Volume）、多样（Variety）、高速（Velocity）、真实性（Veracity）、价值（Value）。其中数据体量大，大型数据集一般在 10TB 规模左右，在实际应用中，很多企业以及形成了 PB 级的数据量；数据类别多，数据来自多种数据源，数据种类和格式日渐丰富，已冲破了以前所限定的结构化数据范畴，囊括了半结构化和非结构化数据；数据处理速度快，在数据量非常庞大的情况下，也能够做到数据的实时处理；数据真实性高，随着社交数据、企业内容、交易与应用数据等新数据源的兴趣，传统数据源的局限被打破，企业愈发需要有效的信息之力以确保其真实性及安全性；数据价值高，真实的大数据包含很多深度的价值，大数据分析挖掘和利用带来巨大的商业价值。

众所周知，大数据已不是简简单单数据大的事实了，而最重要的是对大数据分析，通过分析才能获取智能的、深入的和有价值的信息。大数据的核心是预测，其通常被认为是人工智能的一部分，或一种机器学习。大数据不是教机器像人一样思考，而是将数据算法应用到海量的数据上来预测事情发生的可能性。如一封邮件被作为垃圾邮件过滤掉的可能性，输入的“teh”应该是“the”的可能性等。在不久的将来，世界许多现在单纯依靠人类判断力的领域都会被计算机系统改变甚至取代。通过数据分析和预测，计算机系统可以预测出用户的喜好和用户的潜在行为等，如亚马逊可以帮我们推荐想要的书，谷歌可以为关联网站排序，淘宝知道我们的喜好并进行推荐等。

就像互联网通过给计算机添加通信功能而改变了世界，大数据也将改变我们生活中最重要的方面，因为它为我们的生活创造了前所未有的可量化的维度。大数据已经成为了新发明和新服务的源泉，而更多的改变正蓄势待发。

民航系统也是大数据的源泉，如每天产生的航班相关数据、用户行为数据、飞机状态数据、气象状态数据等。这些数据具有很高的应用价值，如根据航班数据分析该航班绩效、晚点率和服务品质等来决策是否增删航班计划，根据飞机状态数据分析出飞机的健康状态，根据乘客的购买和评价信息，为其推荐优质实惠的飞机票等。在 SWIM 系统中，数据和信息是核心，通过对数据的高度共享实现所有利益相关者的共同态势。未来可以借助大数据相关技术，使 SWIM 系统能够更加完善和更好地服务于用户。

7.3 发展前景及挑战

随着数据信息时代的发展，空管、航空公司、机场以及飞行员等空中交通运输参与者间的合作和决策越来越依赖于及时、准确和可靠地信息交换。基于广域信息管理系统，通过共享历史的、实时的和计划的民航状态信息，将会促使各参与者采用更安全和更高效的方式完成业务活动。

航空器运营者可以根据最新、准确、完整的信息为航班做出决策，服务参与者包括机场运营者将会对航班的运行和计划有更清晰的了解。因此，管制员、飞行员、签派员和航班运营者将具有共同的态势感知，如航空基础设施状态、气象状况、空中交通状况以及其他对操作有意义的信息。基于共享的态势感知，参与者可以协同做出更好更快的决策，更加高效地进行运行管理。

为了促进全球民航系统互联互通，信息实时、高效和准确的交换，欧美提出的 SWIM 概念，得到了全世界各地区和组织的高度认可，同时也被 ICAO 纳入未来民航系统建设计划中，如 SWIM 是全球空中航行计划（GANP，ICAO Doc9750）中必须的部分，其包含在 ASBU 的多个模块中；在 ATM 系统需求手册（Doc9882）中明确表明 SWIM 的实现是未来 ATM 系统的必要需求；SWIM 概念手册（Doc10039）提供了一个在向混合操作环境过渡过程中全球交互信息管理的视图。SWIM 系统将能够改善信息管理的方式和业务系统间的互联性，并提供相关的技术支持。

但 SWIM 系统的建设实施仍然面临着诸多挑战，各国家和地区开展 SWIM 研究的时间不一致，基础设施参差不齐，政策支持不完善、标准不统一，以及开发符合 SWIM 概念的系统也存在互异性等问题，建立全世界 SWIM 系统还有很长的路要走。

以我国为例，由于我国 SWIM 研究起步晚，基础设施建设和理论技术创新相对国外发达国家还存在着一定的差距，我国 SWIM 建设面临着诸多挑战。在 SWIM 系统的研究与建设工作中，需要解决如下问题：

（1）组织架构和监管体系建设

未来建设中，必须建立一套完整的组织架构，由决策层、管理层和执行层等多个层面组成的一套涵盖统筹投资、项目管理、财务管理、团队管理、监管、研发管理和项目实施等职能的组织架构。在监管体系上，不仅要从战略规划、研发、设计和实施等方面开展项目，而且在监管和治理上也需要建设完善的制度，保障 SWIM 系统的安全和性能等各项职能能够满足实际运行需求。

（2）航空业界的支持和参与

SWIM 系统建设是一项整合民航各类信息系统、设备运行数据的工程。SWIM 系统本身是数据共享平台，并没有产生原始业务数据。只有航空业界的相关企业和部门的信息加入其中，SWIM 才能够发挥最大的作用。

（3）政策法规、技术标准和规范制定

针对 SWIM 的政策法规、技术标准和规范有待随发展中不断制定和完善，我国民航应结合各民用航空运行主体单位对信息共享和交换的实际需求，制定一套与国际标准相符合的、满足中国实际运行需求的 SWIM 标准和规范体系，比如航班对象数据结构与交换标准、监视数据结构与交换标准、航线情报数据结构与交换标准，以及航空气象数据结构与交换标准等。

（4）人才队伍建设

欧美等民航强国在 SWIM 的建设中投入了大量的人力、物力和财力，得到了国家层面的重大支持，规划建立了长期发展战略，配备有专职的组织结构和大批信息技术专家队伍，有效支撑了其研究、开发和运行。我国民航目前对 SWIM 开展的研究和开发还处于起步阶段，人才队伍是核心，亟待培养建设专业的技术研发和运行维护的人才队伍。还需要民航局和民航业内各单位的大力支持，

SWIM 将作为未来全世界民航系统互通有无、信息高效共享的基石，积极开展 SWIM 的研究、开发和建设将有力支撑我国新一代空中交通管理系统的开展与建设，提高空管和民航运行效率，降低航班延误、燃油消耗和污染排放，是国际民航系统发展的必然趋势。SWIM 的建设与实施依然面临着诸多困难与挑战，但有挑战就有机会和发展空间。抓住机遇，依托 IT 新技术，结合我国民航新一代民用航空运输系统战略和“十三五”规划，推动 SWIM 的研究开发与建设，这必将促进我国实现民航大国到民航强国的跨越式发展。

本章小结

本章主要介绍民航广域信息管理技术的未来展望，包括航空器接入 SWIM、新技术融合和发展前景及挑战。

根据 SWIM 系统建设规划，对航空器接入 SWIM 系统的研究和发展，将为未来实现地地和空地系统互联互通、信息无缝交换和全球 SWIM 系统互联等奠定坚实基础。随着近年来 IT 技术的不断成熟与应用，如微服务、云计算和大数据等，可以借鉴和融合这些新技术，以促进 SWIM 系统的实施和落地。SWIM 系统能够较好地解决民航各业务系统间信息的交互和共享，以达到共同的态势感知，具有非常大的优势。但其在全球的建设与发展仍然存在诸多挑战，如政策、技术和基础设施等。

思考题

7-1 简要概述 AAtS 的应用场景。

7-2 简要介绍微服务和 SOA 的区别。

7-3 列举我国 SWIM 建设面临的挑战。

缩略语

AAtS　航空器接入广域信息管理系统（Aircraft Access to SWIM）
ACARS　飞机通信寻址与报告系统（Aircraft Communications Addressing and Reporting System）
A-CDM　机场协同决策（Airport Collaborative Decision Making）
ADDS　航空数字数据服务（Aviation Digital Data Service）
ADOC　航空公司直接运营成本（Airline Direct Operating Cost）
ADS-B　广播式自动相关监视（Automatic Dependent Surveillance-Broadcast）
AF　航路设施（Airways Facilities）
AFTN　航空固定电信网（Aeronautical Fixed Telecommunication Network）
AI　航空信息/航行情报（Aeronautical Information）
AICM　航空信息概念模型（Aeronautical Information Conceptual Model）
AID　航空信息/航行情报域（Aeronautical Information Domain）
AIDC　空中交通服务设施间数据通信（ATS Inter-facility Data Communications）
AIM　航空信息/航行情报管理（Aeronautical Information Management）
AIP　航空信息发布（Aeronautical Information Publications）
AIRM　空中交通管理参考模型（ATM Information Reference Model）
AIS　航空信息/航行情报业务(Aeronautical Information Services)
AIXM　航空信息交换模型（Aeronautical Information Exchange Model）
AMDB　机场映射数据库（Aerodrome Mapping Database）
AMHS　航空信息处理系统（Aeronautical Message Handling System）
ANS　航行服务（Air Navigation Services）
ANSP　航行服务提供商（Air Navigation Service Provider）
AO　机场运营/飞机运营商（Aerodrome Operations/Aircraft Operators）
AOC　航空运营控制/航空公司运营中心（Aeronautical Operational Control/Airline Operations Center）
AOP　机场运行规划（Airport Operations Plan）
API　应用程序接口（Application Program Interface）
ARTCC　航路交通管制中心（Air Route Traffic Control Center）

ASBU	航行系统组块升级(Aviation System Block Upgrades)
ASDE-X	机场场面探测设备-型号 X（Airport Surface Detection Equipment- Model X）
ASP	空中交通管理服务提供商（ATM Service Provider）
ATC	空中交通管制（Air Traffic Control）
ATFCM	空中交通流量和容量管理（Air Traffic Flow and Capacity Management）
ATM	空中交通管理（Air Traffic Management）
ATMRPP	航空交通管理需求和性能组（Air Traffic Management Requirements and Performance Panel）
ATN	航空电信网（Aeronautical Telecommunications Network）
ATS	空中交通服务（Air Traffic Services）
AU	空域用户（Airspace User）
AWC	航空气象中心（Aviation Weather Center）
BP	边界保护（Boundary Protection）
BPEL	业务流程执行语言（Business Process Execution Language）
BPM	业务流程管理（Business Process Management）
B2B	企业到企业的电子商务模式（Business to Business ）
CARATS	空中交通系统协同升级行动（Collaborative Action for Renovation of Air Traffic Systems ）
CATMT	协同 ATM 技术（Collaborative Air Traffic Management Technologies）
CBR	基于内容的路由（Content Based Routing）
CDDS	走廊数据分发服务（Corridor Data Distribution Service）
CDM	协同决策（Collaborative Decision Making）
CFMU	中心流量管理单元（Central Flow Management Unit）
CIN	公共信息网络（Common Information Network）
CIWS	走廊集成气象系统（Corridor Integrated Weather System）
COI	利益共同体（Community of Interest ）
COTS	商用现货（Commercial off-the-Shelf）
DAC	自主访问控制（Discretion Access Control）
Data Comm	数据通信（Data Communication）
D-AIM	数字化航空信息管理（Digital Aeronautical Information Management）
DDS	数据分发服务（Data Distribution Service）
DNS	域名服务（Domain Name Service）
EAI	企业应用集成（Enterprise Application Integration）
eAIP	电子航行资料汇编（Electronic Aeronautical Information Publication）
EBP	外部边界保护（External Boundary Protection）
EFB	电子飞行包（Electronic Flight Bags）
EMB	企业消息总线（Enterprise Messaging Bus）

EMS	企业服务管理（Enterprise Service Management）
ERAM	航路自动化升级系统（En Route Automation Modernization）
ESB	企业服务总线（Enterprise Service Bus）
EMS	企业服务管理（Enterprise Service Management）
EUROCAE	欧洲民用航空设备组织（European Organization for Civil Aviation Equipment）
Eurocontrol	欧洲航空安全组织（European Organization for the Safety of Air Navigation）
FAA	联邦航空管理局（Federal Aviation Administration）
FDD	航班数据域（Flight Data Domain）
FMS	飞行管理系统（Flight Management System）
FNS	联邦航行通告分发系统（Federal NOTAMS Distribution System）
FIXM	航班信息交换模型（Flight Information Exchange Model）
FIR	航班信息区域（Flight Information Region）
FIS	航班信息服务（Flight Information Service）
FO	飞行对象（Flight Object）
FOC	航班运营中心（Flight Operations Center）
FTI	FAA 电信基础设施（FAA Telecommunications Infrastructure）
GANP	全球航行计划（Global Air Navigation Plan）
GATMOC	全球空中交通管理运行概念（Global ATM Operational Concept）
GBAS	地基增强系统（Ground-Based Augmentation Systems）
GIS	地理信息系统（Geographic Information Systems）
GML	地理标记语言（Geography Markup Language）
GNSS	全球导航卫星系统（Global Navigation Satellite System）
GUFI	全球航班统一标识符（Globally Unique Flight Identifier）
HTML	超文本标记语言（Hypertext markup language）
HTTP	超文本传输协议（Hypertext Transfer Protocol）
HTTPS	安全超文本传输协议（HTTP over SSL）
ICAO	国际民航组织（International Civil Aviation Organization）
IM	信息管理（Information Management）
IMA	综合模块化航空电子系统（Integrated Module Avionics）
IP	网际协议（Internet Protocol）
IPS	因特网协议簇（Internet Protocol Suite）
ISRM	信息服务参考模型（Information Service Reference Model）
ISS	信息系统安全（Information System Security）
IT	信息技术（Information Technology）
ITWS	集成终端气象服务（Integrated Terminal Weather Service）
J2EE	JAVA 2 平台企业版（Java 2 Platform Enterprise Edition）
J2SE	JAVA 2 平台标准版（Java 2 Platform Standard Edition）

JMS　JAVA 消息服务（Java Messaging Service）
JMX　JAVA 管理扩展（Java Management eXtension）
KDC　密钥分发中心(Key Distribution Center)
LDAP　轻量目录访问协议（Lightweight Directory Access Protocol）
MAC　强制访问控制（Mandatory Access Control）
MEP　消息交换模式（Message Exchange Pattern）
MET　航空气象（Meteorology）
MOM　面向消息的中间件（Message-Oriented Middleware）
MQ　消息队列（Message Queue）
MTOM　消息传输优化机制（Message Transmission Optimization Mechanism）
NAC　NextGen 咨询委员会（NextGen Advisory Committee）
NAS　美国国家空域系统（National Airspace System (U.S.A)）
NDS　航行通告分发系统（NOTAM Distribution Service）
NEMS　NAS 企业消息服务（NAS Enterprise Messaging Service）
NextGen 下一代航空运输系统（Next Generation Air Transportation System ）
NGIP　下一代航空运输系统实施计划（NextGen Implementation Plan）
NNEW　基于 NextGen 网络的气象（NextGen Network Enabled Weather）
NOP　网络运行计划（Network Operations Plan）
NSRR　国家空域服务注册/注册库（NAS Service Registry/Repository）
NTP　网络授时协议（Network Time Protocol）
NWIS　国家空域系统广域信息系统（NAS Wide Information System）
NWP　下一代航空运输系统的气象处理模块（NextGen Weather Processor）
NVS　国家空域系统语音系统（National Airspace System Voice System）
OASIS　结构化信息标准促进组织（Organization for the Advancement of Structured Information Standards）
OGC　开放地理空间信息联盟（Open Geospatial Consortium）
OLDI　在线数据交换（On-line Data Interchange）
OMG　对象管理组织（Object Management Group）
PBN　基于性能导航（Performance Based Navigation）
PEP　策略执行点（Policy Enforcement Point）
PENS　泛欧洲网络服务（Pan-European Network Service）
PIB　飞行前资料公告（Pre-flight Information Bulletin）
PTP　精确授时协议（Precision Time Protocol）
QoS　服务质量（Quality of Service）
RBAC　基于角色的访问控制（Role Based Access Control）
REST　表述性状态转移（Representational State Transfer）
RNAV　区域导航（Regional Area Navigation）

RNP	所需导航性能（Required Navigation Performance）
SAA	特殊活动空域（Special Activity Airspace）
SAML	安全断言标记语言（Security Assertion Markup Language）
SDD	监视数据域（Surveillance Data Domain）
SDM	服务交付管理（Service Delivery Management）
SESAR	单一欧洲天空空中交通管理研究（Single European Sky ATM Research）
SFDPS	SWIM 航班数据发布服务（SWIM Flight Data Publication Service）
SIGMET	重要气象情报（Significant Meteorological Information）
SIPs	SWIM 实施项目（SWIM Implementing Programs）
SJU	SESAR 联合事业体（SESAR Joint Undertaking）
SLA	服务等级协议（Service Level Agreement）
SNMP	简单网络管理协议（Simple Network Management Protocol）
SOA	面向服务架构（Service-Oriented Architecture）
SOAP	简单对象访问协议（Simple Object Access Protocol）
SSL	安全套接层（Secure Sockets Layer）
STDDS	SWIM 终端数据分发系统（SWIM Terminal Data Distribution System）
STDMA	自组织时分多址接入（Self-Organized Time-Division Multiple Access）
SWIM	广域信息管理系统（System Wide Information Management）
SWIM-SUIT	基于创新技术的 SWIM（SWIM-Supported by Innovative Technologies）
TBD	待决定（To be determined）
TBFM	基于时间的流量管理（Time-Based Flow Management）
TCP	传输控制协议（Transmission Control Protocol）
TDMA	时分多址接入（Time Division Multiple Access）
TFDM	终端航班数据管理（Terminal Flight Data Management）
TFMS	交通流量管理系统（Traffic Flow Management System）
TGS	票证许可服务（Ticket Granting Service）
TLS	安全传输层协议（Transport Layer Security）
TMA	交通管理顾问（Traffic Management Advisor）
TRACON	终端雷达进近管制（Terminal Radar Approach Control）
TSA	临时隔离空域（Temporary Segregated Area）
UAT	通用访问收发机（Universal Access Transceiver）
UDDI	通用描述、发现与集成服务（Universal Description, Discovery and Integration）
URL	统一资源定位符（Uniform Resource Locator）
VPN	虚拟专用网络（Virtual Private Network）
WAN	广域网（Wide Area Network）
WARP	气象和雷达处理系统（Weather and Radar Processor）
WFS	Web 要素服务（Web Feature Service）

WMS	Web 地图服务（Web Map Service）
WMSCR	气象信息交换中心升级系统（Weather Message Switching Center Replacement）
WS	Web 服务（Web Services）
WSDL	网络服务描述语言（Web Services Description Language）
WSDM	Web 服务分布式管理（Web Services Distributed Management）
WSF	Web 服务框架（Web Services Framework）
WS-RM	Web 服务可靠消息（WS-Reliable Messaging）
WS-RT	Web 服务资源传输（WS-Resource Transfer）
WXXM	气象交换逻辑模型（Weather Exchange Logical Model）
XML	可扩展标记语言（eXtensible Markup Language）
XPath	XML 路径语言（XML Path Language）
XQuery	XML 查询语言（XML Query Language）
XSD	可扩展标记语言架构（XML Schema Definition）
XSLT	扩展样式表转换语言（eXtensible Stylesheet Language Transformations）

参考文献

[1] 张军. 现代空中交通管理[M]. 北京:北京航空航天大学出版社, 2005

[2] 刘得一，张兆宁，杨新湦著. 民航概论[M]. 北京:中国民航出版社,2011

[3] 方从法，罗茜著. 民用航空概论[M]. 上海:上海交通大学出版社,2012

[4] 江群，王春主著. 民航基础知识应用[M]. 北京:国防工业出版社,2011

[5] 张旭著. 民航管理信息系统[M]. 北京:国防工业出版社，2013

[6] 马玲玉著. 民航基础教程[M]. 北京:航空工业出版社，2013

[7] 李家祥. 世界民用航空与中国民用航空的发展[EB/OL]. 民航资源网. http://news.carnoc.com/list/136/136497.html, 2009,6

[8] 冯宇. 图说中国商业航空百年史[EB/OL]. 民航资源网. http://news.carnoc.com/list/289/289336.html, 2014,7

[9] 徐国基. “八一”开航[N]. 中国民航报:民航记忆. 2015,1

[10] Meserole J S, Moore J W. What is system wide information management (SWIM) [J]. IEEE Aerospace and Electronic Systems Magazine, 2007, 22(5): 13-19.

[11] Stephens B. System-wide information management (swim) demonstration security architecture[C]//25th Digital Avionics Systems Conference, 2006 IEEE/AIAA. IEEE, 2006: 1-12.

[12] Federal Aviation Administration, System Wide Information Management (SWIM) Final Program Requirements Segment 1[R], 2007

[13] Federal Aviation Administration, FAA SWIM Program, Segment 1 to Segment 2 Transition – Industry Input[R], 2008

[14] Federal Aviation Administration, System Wide Information Management (SWIM) Segment 2 Technical Overview[R], 2009

[15] Federal Aviation Administration, System Wide Information Management (SWIM) Final Program Requirements Segment 2[R], 2010

[16] Federal Aviation Administration, System Wide Information Management(SWIM) Solution Guide for Segment 2A[R], 2013

[17] Eurocontrol, SWIM-SUIT WP2.3 Information models and services[R], 2010

[18] Eurocontrol, SWIM Concept of Operations D41[R], 2013

[19] ICAO, Doc I. 9854[J]. Global ATM operational concept, 2005
[20] ICAO, Doc I. 9882[J]. Manual on ATM Requirements, 2008
[21] ICAO, Doc I. 9965[J]. Manual on Collaborative Air Traffic Flow Management, 2012.
[22] ICAO, Doc I. 9750[J]. Global Air Navigation Plan, 4th Edition-2013.
[23] International Civil Aviation Organization , ICAO SWIM Concept Working Version v9c[R]. Nov, 2013
[24] Eurocontrol, SWIM Architecture Alternatives[R], May 2010
[25] 中国民用航空局空中交通管理局，中国民航广域信息管理技术研究报告[R], 2015,7
[26] Federal Aviation Administration, NextGen Programs[EB/OL], http://www.faa.gov/nextgen/programs/, 2016
[27] Federal Aviation Administration, System Wide Information Management（SWIM）Technical Overview[EB/OL]. http://www.faa.gov.html ,2016
[28] Eurocontrol, European ATM Master Plan Edition_2[R], Oct 2012
[29] Eurocontrol, SWIM-SUIT WP2.5, Report on SWIM Prototype Configuration and Integration[R], 2010
[30] SESAR Joint Undertaking (SJU), WP 8 - Information Management Description of Work (DoW)[R], Version 4.0, 2008
[31] SESAR Joint Undertaking (SJU), WP 14 - SWIM Technical Architecture Description of Work (DoW)[R], Version 4.0, 2008
[32] Eurocontrol, WP 1.5-Overall SWIM Users Requirements[R], 2008
[33] SESAR Deployment Manager, Deployment Programme Version 1 (DP v1)[R], 2015
[34] 吕宗平, 张西武. 民航信息化发展现状与展望[J]. 交通运输系统工程与信息, 2001, 1(3):258-260.
[35] 江志强. 中国民航基本完成信息化“八大工程”建设[J]. 国际航空, 2005(7):44-44.
[36] 中国民用航空局, 中国民航航空发展第十一个五年规划[Z], 2006,6
[37] 中国民用航空局，中国民用航空发展第十二个五年规划[EB/OL]. http://www.caac.gov.cn/XXGK/XXGK/FZGH/201511/t20151103_10719.html, 2011,5
[38] 中华人民共和国民用航空行业标准，民用航空空中交通管理管理信息系统技术规范第 1 部分:系统数据与接口[S], MHT 4018.1-2004
[39] 中华人民共和国民用航空行业标准，民用航空空中交通管理管理信息系统技术规范第 2 部分:系统与网络安全[S], MHT 4018.2-2004
[40] 中华人民共和国民用航空行业标准，民用航空空中交通管理管理信息系统技术规范第 3 部分:系统网络与接入[S], MHT 4018.3-2004
[41] 中华人民共和国民用航空行业标准，民用航空空中交通管理管理信息系统技术规范第 4 部分:GNSS 完好性监测数据接口[S], MHT 4018.4-2007
[42] ICAO P. Air Traffic Management[J]. Doc-4444, 2007.

[43] 中国民用航空局空中交通管理局, 民用航空飞行动态固定格式电报管理规定[S], AP-93-TM-2912-01, 2012,10
[44] 吕小平. 中国民航新一代空中交通管理系统发展总体框架[J]. 中国民用航空, 2007(8):24-26
[45] 罗喜伶. 空管系统信息服务规范化研究报告[R]. 北京：北京航空航天大学，2007
[46] 罗喜伶. 空管信息用户身份管理体系架构研究报告[R]. 北京：北京航空航天大学，2010
[47] 罗喜伶. 面向服务的空管数据高效共享机制研究报告[R]. 北京：北京航空航天大学，2013
[48] 罗喜伶. 民航广域信息管理技术与平台课题报告[R]. 北京：北京航空航天大学，2015
[49] 罗喜伶. 中国民航空管 SWIM 技术政策报告[R]. 北京：北京航空航天大学，2016
[50] 罗喜伶. 关键空管业务数据模型研究报告[R]. 北京：北京航空航天大学，2016
[51] 北京航管科技有限责任公司. 中国民航协同空管技术综合应用示范项目可行性研究报告[R]. 北京:中华人民共和国科学技术部, 2010
[52] 刘硕, 罗喜伶, 曾峰,等. 空管信息系统身份管理与访问控制架构设计[J]. 民航科技, 2010(1):52-57
[53] Meng Qingtao, Luo Xiling, Qi Ming, Zeng Feng. A multiform SWIM service delivery platform for air traffic management environment[J]. International Journal of Digital,2010,10: 6.18.393-6.18.400
[54] 左一村. 空管用户身份管理系统信任协商子系统设计与实现[D]. 北京:北京航空航天大学:交通信息工程及控制，2011
[55] 唐屹. 空管生产运行管理信息系统中统一身份管理体系设计与实现[D]. 北京:北京航空航天大学:软件工程，2011
[56] 张博俊. 基于 SOA 的广域信息管理系统服务注册库设计与实现[D]. 北京:北京航空航天大学:交通信息工程及控制，2012
[57] 杨斯. 大型飞机空管服务注册库的语义服务发现机制研究与实现[D]. 北京:北京航空航天大学:大飞机班，2013
[58] 罗喜伶, 范佳欣, 齐鸣. 基于广域信息管理的飞行数据服务设计与实现[J]. 计算机工程与设计, 2015(7):1932-1937.
[59] 罗喜伶, 范佳欣, 齐鸣. 浅谈民航广域信息管理[J]. 国际航空, 2014(5):67-69.
[60] Miller S. ARINC 660B CNS/ATM avionics architectures supporting NextGen/SESAR concepts[C]//2014 Integrated Communications, Navigation and Surveillance Conference (ICNS) Conference Proceedings. 2014
[61] 陈雪珍. 基于 SWIM 平台的航空公司与机场信息共享与交换研究[J]. 中国电子商情:通信市场, 2012,6
[62] 齐鸣. 民航广域信息管理系统构建思路与进程[J]. 民航科技, 2012, (4): 1-5
[63] 范佳欣. 基于广域信息管理平台的飞行数据综合与发布服务设计实现[D]. 北京:北京航空航天大学:交通信息工程及控制，2015
[64] Wang Zhongbo, Luo Xiling, Zhao Milong, Qi Ming. The research of system wide

information management based on SOA.#Software Engineering and Service Science (ICSESS), 2015 6th IEEE International Conference on. IEEE, 2015.
[65] 赵汨龙. 基于面向服务架构（SOA）体系的广域信息管理架构研究与设计[D]. 北京:北京航空航天大学:交通信息工程及控制，2016
[66] 赵汨龙, 罗喜伶, 王忠波. 基于 SOA 的民航广域信息管理架构的研究与设计[J]. 计算机技术与发展, 2016(2):95-100.
[67] （荷）帕派佐格罗，译者：龚玲等，Web 服务原理和技术[M]，机械工业出版社，2010
[68] Newcomer E, Lomow G. Understanding SOA with Web services[M]. Addison-Wesley, 2005.
[69] 顾春红, 于万钦. 面向服务的企业应用架构: SOA 架构特色与全息视角[M]. 电子工业出版社, 2013
[70] 比贝尔施泰因. 面向服务架构(SOA)指南[M]. 人民邮电出版社, 2008:112-116
[71] 焦烈焱, 冯兴智, 杨洪波著. SOA 中国路线图:实施版[M]. 北京:清华大学出版社，2009
[72] Jeff Davis 著. 开源 SOA. 北京:电子工业出版社[M]，2010
[73] Scott M.Glen, Jens Andexer. SOA 的实际应用[EB/OL]. http://www.ibm.com/developerworks/cn/webservices/ws-soa-practical/, 2015,11
[74] Brambilla M, Ceri S, Passamani M, et al. Managing asynchronous web services interactions[C]//Web Services, 2004. Proceedings. IEEE International Conference on. IEEE, 2004: 80-87.
[75] Holt Adams. Asynchronous operations and Web services, Part 2 [EB/OL]. http://www.ibm.com/developerworks/cn/webservices/ws-asynch/part2/index.html, 2002
[76] FAA/Eurocontrol. AIXM - Aeronautical Information Exchange Model [EB/OL]. http://www.aixm.aero/public/subsite_homepage/homepage.html, 2016
[77] 程健, 洪鼎松, 程季锃. 以数据为中心的 AIM 基础——AIXM 5[J]. 中国民航飞行学院学报, 2010, 21(5):26-28.
[78] FAA Aeronautical Information Management AJV-2, FAA AIXM5Viewer User Manual v4[R], 2011
[79] 张宝江. 航班对象技术浅析[J]. 空中交通管理, 2011(2):50-54.
[80] FAA/Eurocontrol. WXXM - Weather Information Exchange Model [EB/OL]. http://www.aixm.aero/public/subsite_homepage/homepage.html, 2016
[81] FAA/Eurocontrol. FIXM - Flight Information Exchange Model [EB/OL]. https://www.fixm.aero/, 2016
[82] 谭敏, 刘连臣, 倪晚成. 基于 UML 的信息模型中数据字典的设计与实现[J]. 计算机工程与设计,2008,04:849-851+854
[83] ICAO FF-ICE, Flight Information Exchange Model Modeling Best Practices v3[R],

2014

[84] ICAO FF-ICE, Globally Unique Flight Identifier (GUFI) Requirements v2.1[R], 2014

[85] ICAO FF-ICE, Globally Unique Flight Identifier (GUFI) Format and Content v2[R].1,2014

[86] ICAO FF-ICE, ATS Message Content to FIXM Logical Model Map v2[R], 2014

[87] Eurocontrol, SESAR SWIM[EB/OL], https://www.eurocontrol.int/swim, 2016

[88] Eurocontrol, D-AIM Trials[R], 2009

[89] Eurocontrol, DELIVERABLE 2 - D-AIM architecture description[R],2007

[90] Eurocontrol, SWIM Registry[EB/OL], http://eur-registry.swim.aero/my-registry, 2016

[91] Eurocontrol, NM B2B Web Service[EB/OL], http://www.eurocontrol.int/services/nm-b2b-web-services, 2016

[92] Eurocontrol, Jumpstart User documentation[EB/OL], http://www.eurocontrol.int/information-management/swim-jumpstart/index.htm#t=HomepageUserDocumentation.htm, 2016

[93] Federal Aviation Administration, Aircraft Access to SWIM (AAtS) Concept of Operations (ConOps)[R], 2013

[94] Federal Aviation Administration, Aircraft Access to SWIM Implementation Guidance Document[R], 2013

[95] Wikipedia , Microservice[EB/OL], https://en.wikipedia.org/wiki/Microservices, 2016

[96] Newman S. Building Microservices[M]. " O'Reilly Media, Inc.", 2015.

[97] Mell P, Grance T. The NIST definition of cloud computing[J]. 2011.

[98] Armbrust M, Fox A, Griffith R, et al. A view of cloud computing[J]. Communications of the ACM, 2010, 53(4): 50-58.

[99] Wikipedia , Big data[EB/OL], https://en.wikipedia.org/wiki/Big_data, 2016

[100] Mayer-Sch©nberger V, Cukier K. Big data: A revolution that will transform how we live, work, and think[M]. Houghton Mifflin Harcourt, 2013.

[101] Federal Aviation Administration, NextGen_Implementation_Plan_2014[R], 2014

[102] 吕小平. 空中交通管理文集[M]. 航空工业出版社, 2009.

[103] Brambilla M, Ceri S, Passamani M, et al. Managing asynchronous web services interactions[C]//Web Services, 2004. Proceedings. IEEE International Conference on. IEEE, 2004: 80-87.

[104] 全国信息安全标准化技术委员会. GB/T 20270-2006,信息安全技术网络基础安全技术要求[S].中国国家标准化管理委员会, 2006

[105] 全国信息安全标准化技术委员会. GB/T 21052-2007,信息安全技术 信息系统物理安全技术要求[S].中国国家标准化管理委员会, 2007